通肯河传

张广学 著

黑龙江人民出版社

图书在版编目(CIP)数据

通肯河传 / 张广学著. —哈尔滨:黑龙江人民出版社,2018.2
ISBN 978-7-207-11280-4

Ⅰ.①通… Ⅱ.①张… Ⅲ.①抗日战争—史料—黑龙江省 Ⅳ.①K265.06

中国版本图书馆 CIP 数据核字(2018)第 032594 号

责任编辑：常　松　杨晓娟
封面设计：笑　彦
封面题字：贾　赠

通肯河传

张广学　著

出版发行	黑龙江人民出版社
地　　址	哈尔滨市南岗区宣庆小区 1 号楼
邮　　编	150008
电子邮箱	hljrmcbs@yeah.net
网　　址	www.longpress.com
印　　刷	北京万博诚印刷有限公司
开　　本	787 毫米×1092 毫米　1/16
印　　张	24.25
字　　数	415 千字
版　　次	2018 年 2 月第 1 版　2021 年 1 月第 2 次印刷
书　　号	ISBN 978-7-207-11280-4
定　　价	55.00 元

版权所有　侵权必究　　　　　举报电话：(0451)82308054
法律顾问：北京市大成律师事务所哈尔滨分所律师赵学利、赵景波

内 容 简 介

九一八事变后,马占山率部反抗日寇的侵略,在泰来江桥对日作战,失利后退守拜泉,继续指挥对日作战。在马占山抵抗侵略、保卫家园的精神的感召下,住在通肯河畔的农民们,在抗日志士的带领下,组织起来,反抗日寇的侵略,并与日寇展开了殊死的搏斗。他们铲除汉奸土匪,夜袭日寇据点,在青纱帐里伏击敌人,支援东北军打击侵略者;用原始的武器同强盗拼杀,用智慧的力量去战胜凶残的倭寇。一群勤劳质朴的庄稼汉,为了保卫家园,面对强敌英勇无畏,前仆后继;为了保护亲人不受凌辱,面对恶魔除之务尽,浴血奋战,在祖宗留下的黑土地上,狠狠地打击了侵略者。他们用血肉之躯铸就了反抗侵略的民族之魂,开东北民众抗日之先河,为后来的全民抗战树立了榜样。

目　录

第一章 …………………………………………………………（ 1 ）
第二章 …………………………………………………………（82）
第三章 …………………………………………………………（138）
第四章 …………………………………………………………（190）
第五章 …………………………………………………………（240）
第六章 …………………………………………………………（285）
第七章 …………………………………………………………（333）

第一章

一

　　天总是阴沉沉的,从入夏以来就没有一个好天气,一连下了四十几天的雨;老人说这是犯了'秋甲子',得阴晴四十天。人们心里像是压了一块石头,沉得很,让人喘不过气来。日本人占领齐市快一年了,这帮强盗在街上横行霸道,抓人杀人,无恶不作;人们轻易不敢在街上走动,提心吊胆地躲在家里,说不准什么时候灾祸就降临在头上。

　　省立一中学的校园里一片沉寂,学校大门紧闭着。由于日寇的入侵,学校已经不能正常上课了。学生有的回家了,有的没来得及走,就在宿舍里待着。教师也大多数在家里待着,只有一小部分老师在校看护学校。

　　学生陈方义从宿舍里急匆匆地走进学校的理化实验室。理化实验室在校园的西北角的一座平房里,很僻静。室内很宽敞,有四个试验台,靠墙的几个装标本的立柜被人移动了,用立柜在实验室隔成一个小房间。从窗外看不到小房间里边的人。

　　实验室里已经有两个人了,一个是学校的语文老师李世明,一个是校工张武。这两个人都是潜伏在省立中学的中共党员,李世明是共产党绥拜地区的地下组织的负责人。他看见陈方义进了实验室,就走到门口向外望了一下,随手关上了门。三个人走进用立柜隔成的房间,坐在一起。李世明对二人说:"日寇侵占咱们东三省,涂炭百姓,掠夺宝藏,无恶不作;其狼子野心是要我们亡国灭种。上级指示:要求我们开展抗日救亡运动,动员全省人民全力支持马占山的抗日行动。"

　　"是的,早就该打日本鬼子了。"陈方义显得有些激动。"我拥护组织的决定。那我们应该怎么办?"张武说完,渴望地看着李世明。李世明用坚定的语气说:"马占山在江桥和日寇打了一仗,长了我中华民族的志气。虽然失利了,退到海拜地区,但是马占山的抗日决心没有变。我们要全力落实上级的指示,支持他的抗日行动,做好老百姓的宣传工作,为马占山抗日筹粮筹款,动员百姓参军参战。老张,你在市里继续组织学生秘密进行宣传抗日活动;小陈回老家去动员老百姓,有钱出钱,有力出力,团结一致,共同对敌。小陈的家乡是马占山的指挥部所在地,你的任务很艰巨。"李世明说到这里,看了看窗外阴沉沉的天空继续对陈方义说:"现在阴雨连绵,通肯河发水,两岸庄稼被洪水淹没,已成大灾;农民的房子也有不少被水冲毁或泡倒了。许多百姓无家可归,加之躲避日军,出现不少难民。帮助难民渡过难关也是我们的任务。希望你在这次活动中接受困难的考验,发挥一名共产党员的作用。"陈方义郑重地站起来,神色凝重地说:"请老师放心,我这就回去准备,和季丽娟一起回去。"李世明接着说:"你要依靠当地的群众,借助他们的力量来发动百姓,支持抗日斗争,比如拜泉教育界的江老师,此人在当地就很有号召力,你要注意联络他,取得他的帮助。"

这时有人敲门,李世明示意陈方义开门,陈方义走到门口轻声问道:"谁呀?"门外应声道:"我,老王。快开门!"陈方义回头对李世明说:"是传达室老王。"

李世明点点头:"让他进来。"陈方义开了门,老王倒提着雨伞闪进了实验室,急匆匆地说:"李老师,刚才有日本宪兵闯进学校,到男生宿舍抓走了几名男同学。我怕出意外,赶紧来通知你们。"

"老王,你快回传达室,继续在学校潜伏。"老王应声走了。李世明又对老张和陈方义说:"咱们就按刚才的分工抓紧行动,散会,大家分开走。"

陈方义出了实验室,冒着雨向女生宿舍走去,找自己的恋人季丽娟。女生宿舍在实验室的前院。陈方义一边走一边观察校园里的动静,他轻轻地走近女生宿舍,发现季丽娟站在宿舍门口向校门张望;陈方义轻轻地叫了一声:"丽娟。"季丽娟一惊,扭回头向西看,发现了陈方义。陈方义这时才看清季丽娟圆圆的脸上挂着焦急不安的神色,大眼睛里充满了恐惧,眼泪在眼圈里快要落下来。季丽娟马上跑过来搂住陈方义的脖子,脸紧紧地贴在陈方义的脸上:"叫人担心死啦!日本宪兵又来抓人,在男生宿舍抓走了几个同学;我担心你也被抓去,又不敢到前面去打听,真是急死人啦!"说完在陈方义的脸上亲了一口,拉着陈方义的手不肯撒开。

二人手拉手地走进了屋,陈方义替季丽娟擦了擦脸上的泪水:"我没有事,

第一章

这不是来看你了吗？我也担心，日本宪兵不管是谁，只要他们怀疑你抗日就抓，不论男生女生；这帮畜生！早晚把他们赶出中国去！"季丽娟让陈方义坐在自己的床上，自己紧挨在陈方义的身旁坐下，把头靠在陈方义的肩头上，双手搂住陈方义的腰，依然是心有余悸："真是吓死人啦！这该死的日本兵，什么时候能把他们赶走呢？"

陈方义轻轻地抚摸着季丽娟被雨水打湿的头发，语调坚定地说："侵略成性的日本鬼子，是不会自己撤回去的，咱们只有抗战到底，像马占山主席那样把日本人消灭掉，日本人才肯罢手，才会从中国滚出去。丽娟，我们要振作起来，和日本人斗争到底，最后的胜利一定是中国的。"

"是得抗战，不然日本人就要奴役我们了，把咱们的国家变成他们的殖民地，四万万同胞就是亡国奴。"季丽娟说完松开了搂着陈方义的手，理了理眼前的头发，坐直了身体。

陈方义双手扶住季丽娟的肩头，瞅着她的眼睛："我要回老家了，你也跟我走吧，现在市里很危险，随时都有被日本宪兵抓走的可能。"

听见陈方义要求自己跟他去陈家，季丽娟眼里流露出犹豫的神色。她知道陈方义已经有一个未婚妻，是他的父亲给定的"娃娃亲"；陈方义在和季丽娟恋爱时就把这件事对季丽娟说了；而且表明自己坚决不同意这门"娃娃亲"，并且发誓："今生非季丽娟不娶。"现在陈方义要带自己一起回陈家，她为难了，她怕见陈家的人，怕陈家的长辈反对他俩的婚事。季丽娟犹豫了半天，才说："你们家还不知道咱俩的事吧？"陈方义说："不知道，前几天我爹来信，让我回去结婚，咳！丑媳妇难免见公婆！这一次就把这件事挑明了。"

季丽娟趴在陈方义的肩头上："我跟你去拜泉吧。"二人就这样站了有一会儿，陈方义放开季丽娟，要帮助季丽娟收拾行李，季丽娟拦住："你自己的行李也要收拾，你整你自己的去吧。"

陈方义嘱咐她："那也好，把所有的东西整理好，都带回去。说不准什么时候能回来呢。"季丽娟答应着，收拾行李。陈方义回到自己的寝室去了。

二

陈方义的家乡拜泉县地处嫩江平原的中心，土地肥沃，物产丰富。在齐北，呼海铁路没有建成之前，大量的农副产品除了部分自用之外，剩余的都需要外销，加之拜泉以北的几个县的输出输入也都经拜泉，过明水，至安达火车站。而这些农副产品全靠畜力车拉运。于是当时就有"拉不完的拜泉县，填不满的安达站"的说法。落后的运输条件和当居要冲的地理位置，给县城带来繁荣的商机，每天都有大量的人、车、马在县城路过、停留、住宿，使得县城街面上商铺林立，人群熙攘，非常繁华。夜晚华灯初上，各酒家人满为患，游乐场、妓院霓虹闪烁直到深夜，有"北上海"之称。一九二七年以后，随着齐北呼海铁路的建成，北部几个县的运输转为铁路，不再经由拜泉，使拜泉的商业受到了影响，拜泉县城已经是繁华不再，逐渐萧条了。可是一九三一年末，县城的街面上突然又热闹起来，猛一下子增加了很多人，而且都是军人，是马占山的队伍来到拜泉。马占山在泰来江桥和日本鬼子打了一仗以后，撤退到拜泉，在县城设置了指挥部，重新组织军事力量，准备同日本鬼子再战。不知道是什么原因，他又把拜泉县长胥玉乾和绥化县长季平对调，胥玉乾去了绥化，季平来到了拜泉任职。

季平就是季丽娟的父亲，季平早年留学日本，对日本的维新强盛十分崇拜，是个亲日分子。九一八事变以后，他看到日本人迅速地占领东三省。张学良又执行蒋介石不抵抗的命令，进了关里打红军去了，剩下的地方长官也都投降了日本人，眼见大势已去。于是季平就在绥化与日本人勾搭在一起，暗地里为日本人筹措军粮和军备物资。这次奉马占山的命令，与拜泉县长胥玉乾对调，他心里有鬼，就想公开投靠日本人；可是日本人却让他来拜泉继续潜伏，暗中破坏马占山的抗日活动。他很不情愿，害怕他投日的事情败露，可是又不敢违背日本人的意志，只好带着他的心腹林凤阳来拜泉上任。马占山和日本人讲和的时候，季平积极地推波助澜，马上在拜泉组织伪县政府。后来见马占山又在黑河通电抗日，他又悄悄地自动取消了伪县政府的牌子。自到任以来，他心里是惴惴不安，担心胥玉乾到绥化以后发现他投日的罪证而告发他。季平整天在他的办公室里冥思苦想怎样掩盖自己的罪行。这天他把秘书林凤阳叫到自己的办公室进行密谋。

林凤阳是清华毕业，在绥化与季平勾结在一起投靠了日本人。此人一米七十的个头，瘦得像根麻秆，风一吹就要倒了似的。小眼睛戴一副五百度的黑框近视镜，头发却挺厚，梳日式分头，瘦长脸白得一点血色都没有，三十多岁。听见县长叫自己，赶紧走到县长办公室门外，他推开门就看见写字台后面季平的脑袋，像一个倭瓜摆在写字台上。季平五十多岁，他和林凤阳正相反，季平是五短身材，身高不超过一米五六；胖胖的，就像一个圆圆的皮球。浑圆的脑袋有些

第一章

秃顶,两个鱼眼睛闪着狡诈的光,腮帮子鼓鼓的,厚厚的嘴唇上留有几根焦黄的胡须。别看胡须少,可是他还特别爱惜,有人没人总是用手捋那几根胡子。他看见林凤阳进来,一摆手:"来,林秘书,你拿把椅子靠近我坐下。"林凤阳受宠若惊,赶紧点头:"县长,有什么事?您吩咐,我不坐。"季平费劲地摇摇他那肥脑袋,坚持说:"过来坐,快!"林凤阳赶紧拿一把椅子放在写字台前,和季平坐个对面:"有什么事?县长,您说。"季平压低声音说:"林秘书,你找一贯道的张明强张坛主,叫他联络地面上的胡子。抢掠一些青年女子,好供皇军享用。"林凤阳疑惑地望着季平:"县长,皇军现在还没有打到咱们这块啊?抓来的女子放在哪里啊?"季平把鱼眼珠子转了几下,笑着对林凤阳说:"你让胡子把人先卖到窑子里去,这样胡子有利可图,咱们把日本人给咱们买女人的钱就给剩下了。"林凤阳大喜,献媚地说:"县长大人可真是诸葛再世啊!真高明,既有女人给皇军交差,又有钱可赚,一举两得。高明啊,县长大人!"

季平制止了林凤阳的吹捧:"你别高兴得太早了,有一块心病搅得我是如坐针毡,这些日子我是吃不好睡不着哇。"林凤阳问:"什么心病?县长大人,您说出来,卑职为您分忧。"季平:"胥玉乾这个混蛋去了绥化,他会把咱们的老底给揭出来,咱们不能不防啊!"季平说出了自己的担心。林凤阳眯缝起小眼睛想了半天,睁开眼,两眼露出凶残的光:"把他给除了!让他张不开嘴不就完了吗?"季平点点头:"也只有这一条道可走了。让一贯道的张明强找胡子去干,你给他做眼线,把胡子引到胥玉乾的办公室就行了。"林凤阳:"是,我这就去找张明强,让他找胡子去做。"

林凤阳来到县城南三道街,东五道街道东的一座院子门前站住。这是一座青砖黑瓦结构的院子;外面围有一圈一人高的木板杖子。上房五间,东西厢房各五间。林凤阳走到用木板钉的大门前要敲门,可他一推门,门是虚掩着的。他是这里的常客,推开大门就进了院里,走到上房门前就敲门,里面应声就出来一个五十多岁的男人。此人正是一贯道坛主张明强,他一身道士打扮,头上梳一个发髻,别一根竹签子,穿一件黑色的道袍,脚下穿一双带布腰的靴子,腰上系一条蓝色的腰带;手里拿着一把拂尘。他和林凤阳认识:"无量天尊!什么风把林秘书给吹来了。快请!快请!"林凤阳也不客气,径直进屋,走进东里屋,坐在椅子上。林凤阳经常来,是熟客;张明强在后面也跟进来。林凤阳示意把门关上,张明强有点狐疑,还是把门关上了。问:"什么事啊?弄得这么神。"

林凤阳向张明强招招手:"你到我跟前来坐,事儿挺急,一定要保密。来,坐下,咱俩商量一下。"

张明强个子比林凤阳矮了一些,中等身材,黄白镜子的面皮;由于房事过度,眼泡浮肿而且发青下垂。哈欠连连;长着两只招风的耳朵向前扇着;色眯眯的眼睛露出邪恶的光。他走到林凤阳的椅子旁边坐了下来:"林秘书,啥事?急三火四的?""好事!让你发财的好事!"林凤阳故意吊张明强的胃口。"直接说,别他妈的卖关子!山人可没有闲工夫跟你逗闷子。"说完向门口瞄了一眼。林凤阳似乎明白了点什么:"哦!是我来得不是时候啊!搅了张坛主的好事啦!又是哪位相好啊?啊!我看看行不?"张明强不耐烦地说:"别扯他妈的犊子!快说,啥事?"

林凤阳把季平给他的任务对张明强说了一遍。张明强一听就大包大揽地说:"就这事?你放心吧,我找人,联系道上的朋友干,抓人杀人他们都是行家。"林凤阳问:"你找谁去联络人啊?"张明强不满意地看了看林凤阳:"我说林大秘书,问得太多了吧?你,我,还有季县长季平,都是有意投靠日本人的人。没有点儿本钱是不行的。至于找谁,嘿嘿!那就不用您老操心了吧?"林凤阳有点儿恼火:"投靠日本人?我不给你牵线,你能和日本人接上头吗?隔着锅台就想上炕啊?"张明强阴笑着:"哼哼!走着瞧,说不准谁给谁牵线呢!"林凤阳疑惑地看着张明强,摇摇头恐吓道:"在县城是县长大人执政,你要小心,办砸了差事,小心你吃饭的家伙搬了家!"张明强不软不硬地说:"这个你放心,该办的事绝不含糊。可是这道上的朋友是拿命换钱的主儿。你空手套白狼,说白话,拿不出大洋来,我也说不动他们啊!"

林凤阳应付他说:"咳!大坛主,你还差这点儿钱,你别着急,等日本人来了就有钱啦!"张明强站起身来一摆手:"得,得。打住!你赶快打住!算你白说,山人我也没听见。你该找谁就找谁去!跟山人我玩儿空手套白狼这一套,山人不干。"林凤阳见张明强软硬不吃,急得直跺脚:"我起誓!县长真的没给钱!你让他们抓住人往窑子里卖,不就换了钱吗?你给他们牵线买卖,这日本人来了可是论功行赏啊!"张明强想了一会:"行,我给他们牵线卖人可以,这老鸨儿都是铁公鸡,一毛不拔,不肯出大价钱。这胡子弄了一溜十三招,没有油水,他们干吗?"林凤阳说:"我打包票,差的钱你先垫上,我回去和县长再要。"张明强:"好吧,见人你就得付钱。一个人十块大洋,不然我不蹚这浑水。"

林凤阳一咬牙:"行!就按你说的办。派去绥化的人,你一定要选准了,下手要狠,一定要灭口。你跟着去,胥玉乾你认得吧?"张明强点点头:"是,我认识他，可是这件事一定得先付钱！不然没有人干。"

林凤阳说："行，多少钱？"张明强翻了翻眼珠子："刺杀县长，一千块大洋吧，先付五百，事后再付五百。"林凤阳瞪大眼珠子看着张明强："啊！一千块？他妈拉巴子的，你比胡子还他妈狠哪！一共是五百块，先付三百，事后再付二百！"张明强把头摇得像拨浪鼓似的，两只招风的耳朵也跟着直扇呼："不行，不行！绝对不行！就一千。要不你找别人！"林凤阳也站起来，转了好几圈，一只手背着，另一只手梳着自己的日式分头，最后一跺脚："算你狠，一千就一千！就按你说的办，如果办不成事，别说我不讲交情！"说完就走了。

张明强送走了林秘书，回到上房的西里屋，这间屋子是他的卧室。他没有家，就一个人住在一贯道总坛。屋里有一个女人躺在床上，看见张明强进屋来，她翻了一个身，坐起来，不满意地瞅瞅张明强："什么王八犊子来扯淡？耽误老娘的青春美梦。"

张明强伸手在女人的胸前乱摸乱抓，把这女人痒得倒在床上，张明强趁机把另一只手伸进被里，在女人的两腿根之间乱抓，把这个女人弄得直嚷："死鬼！你要老娘的命啦！"张明强对女人说："荷香，我有事得出去一趟，你先回堂子里去，晚上再来，山人好好让你享受享受成仙的滋味儿！"荷香把手一伸："拿来！"张明强问："什么？"荷香道："钱哪！五块袁大头。"张明强："晚上一起给。"荷香一伸腿，踹在张明强的小肚子上："想白玩儿老娘啊？你这老鳖犊子，我回堂子叫几个人来收拾你，看你丢人不丢人。睡婊子不给钱，亏你想得出来。"

张明强被踹一趔趄，他急忙站稳，赔着笑脸："好好！我的姑奶奶，给钱！"他从衣兜里掏出来钱递给荷香，荷香拿到手里一看，是三块大洋，荷香把钱往地上一扔："不够老娘回堂子交给老鸨子的呢。你他妈的真是狼心狗肺，还说要赎我出来呢，全都是屁话。我算是看透你啦，净是哄我呀。"张明强又拿出两块大洋给荷香，这才算是摆平了荷香。他把荷香打发走了，已经是快响午了。他走进东厢房，对徒弟交代了几句话。他才骑马出门，奔县城的东南方向的吉福屯去了。

三

吉福屯离县城有四十里路，出了南城门顺着通向海伦的官道向东南方向走，一直走了两个多钟头，张明强才走到吉福屯。此时已经是下午三点了，他骑着马进了屯子,一直走到屯子的最西头的一个院子门前下了马。

这是一个用土堡子围成院墙的农家院落。上房,也就是正房五间,东西厢房也是五间;全都是草房。张明强牵马走到大门前高声叫门:"吉掌柜的在家吗?开门啊!"大门是用厚木板做的,关得严严的,院里有狗叫声,接着有人答话:"谁呀?"张明强听出了是这家的主人吉万福的声音,就答道:"是我,张明强。吉大兄弟开门啊!""是张坛主哇!等着,我去开门。"一阵脚步声来到门前。从门上的小窗里露出一张脸向外看了看,紧接着拉门闩声,门开了。走出一个五十岁左右的男子,一身庄稼人的打扮,光头、白布褂子、青布裤子、扎着裤脚;家做的黑布鞋。这个人的脑袋长得有些特别,上尖下宽,两边腮帮子的肉向下垂着,黄板牙,红红的大蒜头鼻子,好像马戏团的小丑的鼻子,和两只猫眼挤在一起,好像没有长开。看见张明强一拱手:"什么风把坛主给吹来啦?大热的天,快进屋。"边说话边接过马缰绳,二人进了院子里,有长工把马拴在西厢房马圈里,然后关上大门。

二人进了上房,吉万福把张明强让到东外屋,吉万福的老婆从里屋迎了出来:"哎呀!是大哥呀!有日子没有到我们这块儿来啦,可把妹子我给想坏啦。"这个女人边说话边给张明强打扫身上的灰土:"快坐下歇歇,累坏了吧?这四十多里的路程,天气又热,啧啧!真是让人心疼死啦!把衣服脱了,凉快凉快。"说着就动手给张明强解衣扣。

吉万福白了他老婆一眼,斥责道:"快去准备饭吧,大哥一定是饿了,整几个菜,来过水面条,凉快。我们哥俩喝两盅。"吉万福的老婆极不情愿地嘟囔着:"忙什么?也不让人家亲热亲热,我还没有亲近够呢。"张明强伸手拉住吉万福老婆的手,顺便捏了一下:"妹子,有的是工夫,你先去做饭,我和大兄弟有话说,一会咱俩再亲热。"吉万福的老婆笑嘻嘻地去做饭:"今晚上别走了,咱俩好好亲近亲近。"

吉万福的老婆比吉万福小十八岁,二十五岁的年纪。原来是县城里妓院的妓女,艺名叫小翠仙。吉万福的原配媳妇死了,由张明强牵线,吉万福花钱把小翠仙从妓院里给赎出来做媳妇。小翠仙到吉万福家之前就和张明强熟悉,她嫁到吉万福家以后,和张明强的来往几乎就没断过。偏巧吉万福不知道什么原因得了一个性功能丧失的毛病;根本就满足不了他老婆小翠仙的需要。小翠仙寻死觅活地要离开吉家,吉万福知道是自己的毛病,就答应小翠仙,只要他不离开吉家,她愿意和谁搞就和谁搞,他绝不阻拦。这样小翠仙也就不闹着要走了。

第一章

她操起了老本行，只要给钱，她和谁睡觉都行。吉万福觉着太过分了，就要小翠仙给自己留一个脸面，不要在本屯子里乱搞；并且自己给小翠仙拉皮条，介绍了几个道上的朋友。一方面他给这几个胡子当窝主，另一方面也满足了小翠仙的需要。小翠仙也就有所收敛，只和几个胡子交往，张明强没有事也来叙旧。

吉万福让张明强坐在靠北墙的椅子上，自己坐在张明强的东面，中间有一张地八仙桌子。吉万福问："大哥，有什么事要和我说？"张明强故作神秘地说："吉掌柜的，你我十多年的朋友，知道你在黑道上的朋友不少，我给你指一条发财的道，你走不走？"

吉万福在本屯子是大户，有五六十垧地，十几匹牲口。雇了几个长工。财势虽然不算大，可是他结交胡子土匪之类的人物；给他们当窝主，坐地分赃。所以吉万福还是很有实力的。加之他媳妇小翠仙的缘故，四周的胡子土匪都愿意往他这聚。吉万福的名声也就在黑道上有知名度了。一听说有发财的道，吉万福的猫眼瞪得老大，圆圆的："坛主大哥，你给兄弟指道，兄弟哪能不走呢！快说说，是啥道？咋走？"说完把手中的烟袋递给张明强，顺手扯过悬在棚杆上的火绳给张明强点着了烟。张明强接过烟袋抽了一口，眯着眼，从嘴里蹦出两个字："贩人！""贩人？咋贩人？上哪去整人去？"吉万福的猫眼睛瞪得更大了。张明强接着说："你道上的朋友打家劫舍，都是玩儿命的买卖。整不好命都得搭上。不如专拣青年女子下手，由他们抢来，再由你弄到我那里出手。你看咋样？这钱来得快，风险又小，你干不干？"这时小翠仙端着茶水进来搭上话茬："谁家要那些女人干啥？又不开窑子。"张明强说："你还真说对了，弟妹。就是卖到窑子里去。兄弟，干吧！你就是穿针引线的，人让胡子去抢，卖人有人卖，你在中间弄钱。"说完在小翠仙的胸前胡乱抹了一把。小翠仙拉着张明强的手说："那敢情好啦！大哥。"又转过头来对吉万福说："唉，当家的，你就找罗锅孙他们干，你们交情不是很深吗？他们干这种买卖也不是头一回，保准能行。"她边说边给张明强倒了一杯茶。

吉万福眯缝着猫眼想了一会儿，犹豫着说："行是行，就是这帮胡子不好摆弄，要价都挺高。这样吧，他们抢着人，我就让他们往你那送，价钱你们自己讲，我就不掺和啦。你看中不？"吉万福有自己的打算，他知道张明强无利不取，中间没有多大好处可赚。胡子那头更是黑，所以他决定只做介绍人，不给讲价，两边都不得罪。张明强一听先是一愣，接着又是满脸堆笑："中，中，中。兄弟是实在人！好！你要抓紧联络，抓得越多越好。"

张明强从吉家出来已经是下午六点多了。小翠仙百般地挽留，张明强说有急事必须赶回县城。小翠仙拉住张明强的衣襟不撒手。直到张明强给了她两块大洋，又到粮食仓子里鬼混了一会，这才罢休。

张明强一路上催马加鞭，太阳还没落就回到了县城。他要到西大街道北的《盛京日报》驻拜泉办事处去。他找办事处的干事长田平一郎。此人是日本特高课的特务，办事处就是特高课在拜泉的办事机构；《盛京日报》只不过是一个幌子，为了掩人耳目。田平一郎手下有十几个日本浪人，尽干些造谣生事，搜集马占山的军事情报，物色一些亲日分子等勾当。张明强和田平一郎早就勾结在一块儿了，所以他不太听林凤阳的话。

进了城他先回一贯道，把马牵进院子拴好。转身出了院门，徒步走到西大街。来到《盛京日报》办事处。门口的人认识他："张坛主来啦，里面请。"

张明强进了屋里，来到经理室门口敲门，里面有人开门，出来的是田平一郎。他一看是张明强，马上做了一个往屋里请的姿势："张坛主，请！"张明强也不客气，就进了经理室。田平让座，倒茶："张桑，皇军不日就到本县，你要为皇军效劳，应该组织一支队伍，负责县城的秩序。我会向皇军的司令官推荐你的。"张明强赶紧立正鞠躬："多谢田平先生的厚爱。我一定尽全力为皇军效劳。现在已经物色到三十多人啦！只是经费不足，工作开展得不顺利。""这个没有问题，就这几天，齐市占领军会派人来指导工作。到时候经费就不成问题啦！"田平满不在乎地答应着。

张明强马上满脸堆笑："太好啦！只要有了经费，拉起几百人的队伍是不成问题的。另外有一件事情您是知道的，胥玉乾被马占山派到绥化当县长去了。这对皇军是大大地不利呀！不知田平先生有什么打算？"田平一脸骄横之气："谁和大日本皇军作对，就坚决消灭他。胥玉乾在拜泉时就是消灭的目标。不管他走到哪里，都必须消灭他！我派几个人去绥化，把胥玉乾干掉。只是我的人不认识胥玉乾。"张明强对田平一拍胸脯："这个没有问题，我亲自给你的人带路，指认胥玉乾。"

田平一郎非常高兴："要西，张桑，你的朋友大大的，为了我们的合作，来！干一杯！今天就让我的人跟你一起去绥化。"张明强有点受宠若惊，连忙点头："要西，要西，干杯的干活。"张明强很高兴，他的算盘打得很精：他利用日本人恨胥玉乾的情绪，让田平派人去杀害胥玉乾，即完成了林凤阳交给的任务，又省下了林凤阳给的雇杀手的钱，两全其美。

第一章

四

　　陈方义、季丽娟二人坐火车从齐市到克山，住了一宿。第二天又雇了一辆脚车子回拜泉。折腾了两天才到了拜泉。陈方义家在县城里有一家杂货铺子，店铺的字号叫奎祥杂货店。在南三道街北道东，三大间的门面。经营日杂食品，粮油等商品。陈方义对季丽娟说："先把我的行李送到铺子里去，然后再送你到县政府，好不好？"季丽娟说："好吧，咱们一块去见我爹。"陈方义叫车老板把车赶到南街杂货铺子门前。陈方义下了车，走进铺子里。掌柜的一见是少东家回来了，赶紧出了柜台相迎："多咱回来的，少东家？""刚进街。先把我的行李拿进来。"陈方义吩咐着。掌柜的赶紧招呼伙计："快！把少东家的行李搬进来，快点儿！"他走到门外看见季丽娟站在车旁，掌柜的赶紧上前："小姐，店里请。""不必啦，一会儿我和方义还要到县政府去。"季丽娟没有进铺子里。他们刚进城的时候，就听见行人们议论县长季平成立伪县政府的事，二人很是惊讶，季丽娟才知道父亲也到了拜泉，季丽娟决定去县政府找她爸爸。

　　掌柜的一听一愣神："方义！好家伙！这么称呼我们少东家？这里有点儿说道。"他是这么想，也没敢再让。只管招呼伙计："赶紧点儿！伙计们快点儿搬行李，少东家还有事儿。"伙计们答应着："好，好。"

　　伙计们搬完行李。陈方义、季丽娟二人又坐上车来到在北二道街、东二道街的县政府门前。季丽娟叫车老板子把行李搬到县政府的传达室门口。陈方义付了车脚钱（车费）。传达室的门房一脸的疑惑："小姐，您是哪位呀？您找谁呀？"季丽娟："我找季县长。他在吗？"门房回答："在，在。您是他的什么人啊？""我是他的女儿，叫季丽娟。"

　　门房一听马上满脸堆笑："原来是大小姐呀！没有见过面，请大小姐多多包涵！我去通报县长大人去。"一边说一边把二人让进传达室里，擦椅子让二人坐。他走出传达室，进院里找林秘书林凤阳去了。

　　门房跑到林凤阳的办公室门口敲门。林凤阳从屋里走出来，看见是门房，就问："什么事？""传达室来了两位客人，一男一女，女的说是县长的女儿。"门房毕恭毕敬地回答着。林凤阳听说是县长的女儿来了，马上关心起来："什么？县长的女儿？叫什么名字？"他是季平的心腹，二人没事时也拉家常。林凤阳知道季平有一个女儿在齐市读书，叫季丽娟，二十岁左右。门房回答："叫季丽娟，长得挺漂亮的。"

　　林凤阳一听是真的了:"快向县长报告。"说完就向县长办公室走去。来到门口敲门,里面应声:"进来。"林凤阳进了办公室。季平在桌子后面看报纸问:"什么事呀?"林凤阳满脸献媚地说:"县长大人,大小姐来啦!"

　　季平抬起头:"什么?丽娟来啦!这孩子,她怎么会知道我在这里?也不事先告诉一声。她这是从哪里来呀?在哪呢?"季平一连串儿的问号。他边说边站起来。林凤阳回答:"在传达室呢。门房老李来报告的。不知道是从哪里来的;还有一个男的一起来的。"

　　季平捋着他那几根胡子自语:"和一个男的一起来的?让他们进来吧。""是!"林凤阳赶紧答应着出去了。不一会儿,门房和林凤阳提着行李,陪着季丽娟和陈方义走进了季平的办公室。

　　季丽娟一看见季平就叫了一声:"爹!"上前抱住季平:"我可想你了,爹!"季平拍拍女儿的肩头:"乖女儿,爹也想你呀!"他转过身看看陈方义:"丽娟,这位是谁呀?"季丽娟拉着陈方义的手给她爹介绍:"是我的同学,他家是本县的,我们一起从齐市过来的,叫陈方义,是四家店陈家的公子。方义,这是我爹。"

　　陈方义一边问候:"县长好!"一边仔细看了看季平。季平点点头:"好,好,承蒙陈先生一路照顾小女,多谢了!林秘书,我家里的人还没有来,就叫丽娟和我一起住在县政府吧。""是,我这就去安排屋子。"林凤阳赶紧答应着出去了。

　　季丽娟对陈方义说:"方义,你坐呀!"又对季平说:"爹,您是什么时候来拜泉的?事先也不给人家一个信儿。我是到了这街上才知道的,才到您这块儿来的。"

　　"啊!啊!"季平一边应酬季丽娟的话,一边瞅陈方义,他有些狐疑,"事先我也不知道,突然接到马主席的命令,和胥县长对调,就过来了。有好几个月的时间啦。你妈妈她们都回老家了。这年头兵荒马乱的,我也没有想让你知道我在这里;不想让你来我这块儿。日本皇军占领了齐市,你应该留在学校里或者回老家和你妈妈在一起。"他又转过话题问陈方义:"陈先生回到家乡有什么打算啊?"

　　陈方义想借这个机会先摸摸季平的底。就说道:"齐市被日军占领;东三省也所剩无几;国破家亡就在眼前。方义此次回乡,就是想宣传马主席的抗战主张,动员民众起来抗日;不做亡国奴!拿起刀枪保卫咱们自己的家园。方义希望能得到县长的大力支持。不知县长以为如何?"

第一章

季平干笑了几声:"哈!哈!我身为国家公职人员,守土有责;自当尽职尽责,听从省府的号令。可是日本人不好惹呀!武器精良,军力强大,不容易打败呀!马主席前些日子不也是和日本人讲和了吗?难啊!"

陈方义接着季平的话茬说道:"我中华民族从来就没有屈服过外来势力的压迫。不断反抗斗争,许多民族英雄为捍卫国家,保卫领土,前赴后继,以死报国。现在日寇虽然强大,但是只要全国同胞团结努力,同仇敌忾,共同对敌,就一定能打败日本侵略者!马主席江桥抗战打响了对日作战的第一枪;一定还有更多的中国人站起来,反抗日本帝国主义的侵略;一定能把日寇赶出中国去!"

季平很尴尬,他掩饰着说:"陈先生高论,说得对;真是后生可畏呀!后生可畏!"

林凤阳进屋来听到陈方义说的话,他斥责道:"你这青年学生,不好好地读书,轻浮狂躁,妄谈国事。是不是受了共产党的赤化宣传的蛊惑呀?"

季丽娟反驳他:"天下兴亡,匹夫有责。方义说的是实情,有良心的中国人都应该站起来,有钱的出钱,有力的出力;国难当头,还分什么党呀派的。要用我们的生命来拯救我们的祖国,不做亡国奴。林秘书,照你的说法大家都不谈国事,我们的国家岂不就亡国了吗?"

林凤阳赶紧讨好地说:"大小姐说的是,说得对!真是巾帼不让须眉呀!"

季平以教训的口吻说:"年轻人要多读书,国家大事自有人来管;不要受别人的蛊惑,胡言乱语。你们也一路劳累啦!去休息吧。陈先生在哪里住哇?改日我当酬谢陈先生。"季丽娟说:"方义家在城里有一间杂货铺,他就住在那里。"

"无须劳烦季县长啦,告辞!"陈方义说完起身向外就走。季丽娟紧随其后也走出去。季平送到门口就停住了。林凤阳跟着季丽娟把二人送到院子里,就站住了。季丽娟和陈方义走出县政府的大门。

陈方义看看县政府的大门:"多和我联系;我住在铺子里,有事到那里找我。我们明天到县中学去,先组织起一批学生成为宣传员。把学生发动起来,在县城里宣传抗日救国的道理;支持马主席收复失地、驱逐日寇的抗战。然后再扩大到四乡农村百姓,动员广大农民参与抗战,动员乡绅大户捐粮捐钱,支援马主席。"季丽娟点头答应:"好吧,什么时候回乡下家里呀?"陈方义想想:"先不回去,等我爹找到城里时再说。先拖着。"季丽娟有些担心:"能拖过去吗?我真害怕!"陈方义安慰她:"不要怕!只要咱俩一条心就行,到时候再借你爹县长这块牌子吓唬他们一下子。"季丽娟还是忧心忡忡:"能行吗?再说我爹是什么态度,还不知道；我怎么跟他说明咱俩的关系呢？"陈方义鼓励她："还是那句话，只要咱俩一条心，谁也没有办法拆开咱们！先想宣传抗日的事，你明天也去学校，你是县长的女儿，校长也会给面子的。"二人相拥而别。

季丽娟回到县政府的院子里，沿着走廊向县长办公室走去，离门口不远就听见里面的说话声。季平问林凤阳："你说说看，这个陈方义是个什么来路？"林凤阳言不由衷："是大小姐的同学、朋友，两个人很要好的，县长。"季平捋着胡子："我看他出言狂躁，鼓吹抗日，好像和共党是一个鼻孔出气。"林凤阳马上随着季平的口风："啊！是，是，还是县长有眼光，看透了他的政治立场。我看也像是和共党的主张一样。"季平对林凤阳叮嘱说："你要密切注意他的行动，派人监视他！"林凤阳哈腰点头："是，是，我派人监视他。"

季丽娟推门走进去："爹，我在街上听说您在三月份组织了伪县政府？有这事吗？"季平掩饰道："那是马占山命令的，我能不照办吗？小孩子不要乱打听！"季丽娟又说道："我明天到中学去，向学校的学生和老师宣传抗日救国的道理，组织学生走上街头，为抗日募捐。"

季平急忙阻拦："女孩子要学会文静，要有淑女的形象。满世界地乱跑、乱喊，像什么样子？还妄谈国事。喊一些不着边际的口号就能把日本人吓回去吗？在家里待着，住几天就回老家你妈妈那里去。我问你，你和这姓陈的是什么关系？为什么跟他来拜泉？"

季丽娟迟疑了一下："我，我和他是同学，是朋友，非常要好的朋友！"季平阴沉着脸："行为要检点，女孩子不要乱交朋友。免得别人说闲话。你不要和他再有来往，听见没有？"季丽娟急了："爹！都什么年代啦？还给我讲女儿经？我和他是朋友咋地啦？有啥不好啊？惹谁啦？我愿意和他交朋友，还要成为恋人呢！谁也管不着。我走啦。累了，我要休息。"季平惊得目瞪口呆，站在那里唉声叹气。

五

张明强从田平一郎那里领走了三个日本浪人，这三个人多少都会点拳脚，骄横惯了。听说是要刺杀一名反抗侵略的中国地方官，这三个鬼子像打了吗啡似的，兴奋异常："你的朋友大大的，快快地带路。"逼着张明强连夜赶路。四个人马不停蹄赶到海伦火车站，上了去哈尔滨的火车。第二天早上八点多钟就到

第一章

了绥化。张明强带着三个日本浪人找到了县政府,他们在门口偷偷地查看动静。在离他们不远的地方有一个人,似乎对张明强一行人的举动产生特别的兴趣,仔细地观察他们的举动。张明强走到门口被传达室的门房拦住了:"站住!干什么的?"张明强回答:"找胥县长。"门房:"县长不在,下乡为抗日募捐去啦。"张明强又问:"到哪个屯子去啦?什么时候能回来?"门房:"不知道,你请回吧。"

张明强无奈,嘴里嘟囔着:"真不巧。"返身退回巷子里和三个日本浪人解释。因为三个日本浪人不会中国话,张明强只好连比画带说,说点儿带日本味儿的中国话,和三个杀手交谈。这些都让监视他们的人听个清清楚楚。

张明强领着三个浪人来到一家旅馆门前,连字号都没看就进去了。监视他们的人也到了旅馆门口,抬头一看旅馆的字号是祥义旅馆。他也进了旅馆。看见张明强一行人进了一个房间,就到账房也开了一个紧挨着张明强他们的房间,两个房间的间壁墙是用木板隔开的,不隔音。就听见张明强在同三个鬼子说话。

一个日本浪人问张明强:"张桑,为什么不冲进去?胆小的有?"张明强向他解释:"我的问得明白的有,胥玉乾不在那里。我们冲进去只能是打草惊蛇,杀不掉胥玉乾。"另一个浪人也骄横地说:"大日本武士英雄大大的,支那人不可怕,胆小鬼的有。"张明强讨好地说:"太君英雄大大的,我这次奉了田平大太君的命令,一定要完成刺杀胥玉乾的任务。再说各位也都累了,先休息吃饭。你们语言不通,容易暴露。我出去给你们买一些吃的,你们不要动,我再去县政府探听消息。一有消息就回来找你们,夜里动手,神不知鬼不觉,干完活就回大泡子。"说完他带了一个日本浪人出去了。其余的两个待在屋里。隔壁的跟踪人听得清楚,他也不动,就在隔壁盯住在屋里的浪人。不一会儿,跟张明强出去的那个浪人回来了,给留下的浪人送了一些吃的就走了。大约到了下午六点钟,那个浪人又回来了,一进房间就说:"快快的,快快的,张坛主招呼你们的干活。"说的是日本话。跟踪的人听不懂,但是他认定这几个人是日本人无疑,密谋要刺杀县长胥玉乾。这时三个浪人已经出了房间,账房上前要房钱,被一个浪人推了一个跟头。三个人扬长而去。跟踪的人也跟了出去,远远地看见三个日本浪人直奔县政府。自己跟在后面,秘密地接近张明强隐蔽的地方,听他们的谈话。

张明强对三个日本浪人比画着:"胥玉乾回来啦,我查看好啦,这个院子的

◇ 通肯河传

围墙有一个缺口,一会儿咱们就从那里进院子。后院一座房子里就住着胥玉乾一家三口人。老两口,一个女儿。一个也别留,统统地杀死。"三个日本浪人摩拳擦掌,急不可耐。张明强劝道:"现在时间还早,等到人静以后再动手,然后坐火车就走。一会儿我领你们进去,到胥玉乾的门口;动手的时候就看你们的啦。"三个日本浪人点点头,各自找一个地方隐蔽起来。

跟踪的人按照张明强说的地方,果然找到了一个豁口,从那里潜入院子里。来到胥玉乾的住宅前。这时屋里已经亮着灯了。跟踪的人蹑手蹑脚来到窗下,把窗纸捅破向里看,只见屋子靠后墙放着一张地八仙桌子,三个人围坐在桌子边。看样子是刚吃完饭,桌子上的餐具还没有撤下去。在桌子北面坐着一位五十多岁的男人,浓密的头发夹杂着许多白发,一脸忧虑的神情;薄嘴唇,高鼻梁,大眼睛。正面对窗户,被跟踪的人看得一清二楚。在男人的左边坐着一位二十岁左右的女子,在男人的右边坐着一位五十多岁的女人。这三口人正是绥化县长胥玉乾一家人,左边的是他的女儿叫胥君茹,右边的是他的老伴儿。只听见中间的男人声音沉重地说:"唉,国力贫弱,政府腐败,日寇入侵,百姓涂炭哪!"坐在他的左边的女儿劝解道:"爸,您也别太难过啦,愁坏了身体可咋整啊?"

胥玉乾继续说道:"现在是国难当头,政府是靠不住啦!蒋委员长给张少帅下令,不许抵抗;张少帅就听,把东三省拱手让给了日寇。这和汉奸有什么区别?是卖国贼呀!奉天省长和吉林省长都投敌了,只剩下黑龙江了。眼下我们应该动员民众,把老百姓组织起来,抵抗小日本的侵略。保卫咱们的家园。"胥玉乾的妻子说:"马主席不是在抵抗吗?"

胥玉乾摇摇头:"马主席倒是真心抵抗日本子的侵略,可是人单势孤哇!在江桥打了一仗,打不过日本人,退到了拜泉。又把我和季平对调,派我到这里。前些日子他也和日本人议和了,使军心动摇;四月份他又通电全国,组织东北救国抗日联军,继续抗日。我到任以后发现季平早就把绥化卖给日本人啦!日本人在绥化是横行霸道哇。日军虽然还没有来,可是日本特务、浪人在这块儿暗地里刺探军事情报,造谣生事。谁要是说抗日救国的话让他们知道,那这个人就没有活路了。另外绥化的乡绅大户捐献的粮食钱物都让季平偷着送给日本人了。我现在已经查清楚了,有足够的证据证明季平已经叛国投敌了!只是马主席还不知道哇!如果季平在拜泉继续搞鬼,那可就把马主席给坑啦!"

"爸爸,那您咋不向马主席报告呢?"女儿问道。胥玉乾无奈地说:"闺女,你们娘俩是不知道哇!现在绥化的局面糟透了,我哪里离得开呀。在这非常时期,这里的证人怎么能到马主席跟前?电报电话都不通了。和马主席断了联系。除非派人去马主席那里,可这里的人马主席也不认得,去了也见不着马主席。"胥君茹自告奋勇:"爸,我去!我认得马主席。爸爸写好了季县长当汉奸的证据,我去送给马主席,好让马主席防着季县长啊!"

胥玉乾的妻子急忙拦住女儿的话:"不行,不行。你去?你一个姑娘家,这兵荒马乱的年头,可不像以前在兰西老家的时候,你爸不在家,你愿意咋样就咋样;和一个男孩子一样,骑马打枪,上树掏鸟窝,什么都敢干,就差当山大王了。现在到处都是日本人,可恶着呢!杀人不眨眼,你没听说呀?这在家里待着还胆战心惊呢。还敢出门?你快消停着吧!"胥玉乾接着女儿的话茬说:"季平投敌的证据材料我都整理好了,就是没有人送。你妈说的对,你一个女孩子怎么能让人放心呢?"

胥玉乾的妻子提起了女儿的婚事:"他爹,咱们的闺女的婆家也不知是啥心思?这孩子都大啦,也该结婚啦!这乱世道早嫁出去也了了我的一桩心事。"胥君茹反对:"妈!我不出嫁嘛!连人都没见着,怎么嫁呀?你们太封建了,我坚决不同意!谁爱嫁谁嫁,反正我是不嫁!"

胥玉乾对女儿说:"闺女呀,你要相信爸爸的眼力,你的女婿自然是爸爸给你挑的。虽说是娃娃亲,可也是门当户对呀。先不说你女婿本人,就是你公爹那就是大泡子有名的人物。民国十五年,吴俊生吴督军阅边(清乡)到拜泉,说是除暴安良,惩治不法之徒;可他乱杀一气,杀了不少人,其中也有不少好人被诬陷而屈死。因此四乡百姓是人人自危,人心惶惶,乡绅大户都避而不见,躲得远远地。可是你公爹却率领全家老幼三十多口人在官道上列队,把吴督军接到家中,和吴督军谈论古今,说服了吴督军。为当地百姓说了不少好话,在他那里百姓没有一个受害的。众乡亲送给他家一块'业兴公益'的金字牌匾。你女婿我也见过,一表人才,在齐市念书,是一个热血青年。"

胥君茹坚决地摇头:"那也不行,我的女婿得我自己选!谁也当不了我的家。"

胥玉乾的妻子急得直喊天:"哎呀!我的老天爷呀!这都够乱的啦!你还这么任性,都是我把你给惯坏啦!这该死的小日本来捣乱,把世道给搞翻了,你也要造反哪?小祖宗!"胥玉乾:"陈家前些时候捎信来,说是要给儿子结婚。这眼下又没有消息了。咱们只能等着吧。""要等你们等,反正我是不嫁!"女儿坚持着自己的主意。

◇ 通肯河传

　　窗外的跟踪人听到这里就觉得从身后传来脚步声。他侧耳细听，是院外有动静。他立即闪身躲在暗处，回头看。张明强带着三个日本浪人摸到屋子附近，他们靠近窗户，张明强从跟踪人捅破的窗户向里看了一遍，回头对三个浪人低声说："屋里三个人都是反抗大日本皇军的人，统统地杀死！一个也不留，明白？"一个日本人的声音："哈意！通通地死啦死啦地有！"张明强说："我就不露面啦。"说完就按原路返回墙外躲起来。

　　三个日本浪人俯身窜到房门前，咕噜了几句日本话："龟田守住门口，三木和我进屋杀人。动手！"说话的日本浪人抬脚踹开房门，手里拿着寒光闪闪的战刀，领头冲进屋内。胥家三口大吃一惊，胥玉乾立刻镇静下来，把妻子女儿拉在自己的身后，挺身站起喝问："什么人？要干什么？"

　　带头的日本浪人喊着日语："你的反抗皇军，死啦死啦的有。"说完举起战刀就向胥玉乾劈去，胥玉乾抓起一把椅子挡住劈来的战刀。三木举刀冲向胥家母女。就在这时，就听门外一声大喝："平东洋在此！倭寇休得逞凶！"人随声到。门外一声惨叫，守门口的龟田一头栽到屋里不动了。紧接着一个人影冲进屋内，手里也拿着一把日本战刀，架住三木劈向胥家母女的战刀。顺势向下一滑，三木急忙抽刀逼住往下滑来的刀锋。另一个日本浪人一愣神的功夫，胥玉乾的手里已经握着一把手枪，指向日本浪人开枪，可是枪就是打不响。这个日本浪人哇哇直叫，挥刀又砍向胥玉乾。报名"平东洋"的正是那个跟踪人。他已经把三木逼退到墙角了，三木没有退路，就恶狠狠地把刀刺向平东洋。平东洋紧贴着领头的日本浪人的身后闪过，从这个日本浪人侧面的腋下用手把他推向三木刺来的战刀。三木想收刀也来不及了，只听"扑"的一声响，把领头的日本浪人刺了个透心凉，举着的战刀还没有砍下来就脱手落在地上。人也就随着倒地。三木大惊失色，可是已经慢了一拍，平东洋手中的刀搭在三木的刀上平推向三木的双臂，三木扎在同伙的身上的刀还没有抽回来，双手向前伸着，如果不撒手躲避，就得双臂被斩断。三木只好撒手抽身往后退，侧转身躲过刀锋。可是刀尖还是划到了他的软肋。一声惨叫，三木双手捂住伤口，鲜血从手指缝里流出来。这鬼子也是急了眼了。牙一咬，又怪叫着徒手扑了上来。未及近身，平东洋双手握刀往前一刺，把三木扎了一个透穿，刀尖从背后露出来。三木抽搐着倒在地上。

　　张明强在围墙的缺口处听见有人报号"平东洋"，和三个日本浪人打起来，他就进了院里，想帮助三个日本浪人。可没等他走几步，就听见龟田的惨叫声，

第一章

吓得他一哆嗦停住了脚步。他向胥玉乾的住宅看去,一个陌生人把三木逼得直往后退,张明强知道这两个日本浪人不是陌生人的对手,他就留了一心眼,悄悄地退回墙外看。这一看可不要紧,他是目瞪口呆呀!几乎瘫倒在地。他正看到三木的刀刺死领头的日本浪人那一幕。可把他吓坏了,他脑袋什么都没有想,挣扎着撒开腿就逃跑了。平东洋和日本浪人的打斗声惊动了院里的其他人,人们陆续地围拢过来。平东洋吩咐大家在院子里搜查了一遍,也没有找到张明强。平东洋转身进了屋子。

胥玉乾一家人惊魂稍定,胥玉乾看看自己的手枪,原来是没有打开保险。说了一声:"惭愧。"看见平东洋进来,就迎了上去,向平东洋拱手作揖:"多谢好汉出手相救!敢问英雄大名,以当厚报。"

平东洋回了一揖:"在下平东洋,白天我发现了这四个人,这块儿死了三个,还有一个逃跑了。发现他们行动诡异,十分可疑;在县政府门前偷偷打探,被门房给拦住了。随后他们进了旅馆,我也随着跟了进去。听到他们的谈话,知道是一个汉奸领着三个日本浪人,从'大泡子'来,要刺杀县长您。我就跟着他们到了这里,这伙人要等人静以后再动手;我进院里听到你们谈话,正要示警,这几个人就进来了。死在这儿的都是日本人,逃走的那个是汉奸,是他领来的这三个日本人。说事后回'大泡子'。"

这时在门外的人们向胥玉乾一家问安,议论纷纷。胥玉乾吩咐传达室的门房领几个人把三具尸体弄走,叫大家多加小心,回去休息。胥玉乾回到屋里对平东洋说:"我刚才想了一下,一定是季平派来的人。他怕我把他通敌叛国的事报告给马主席,所以他派人来杀我灭口。"

胥君茹在一旁默默地看着平东洋。一米七十的个头;剃的光头,大约三十岁的年纪,浓眉大眼,国字形的脸,嘴角略微下垂,眉宇间露出一股逼人的英气;腰间插一把德国造的驳壳枪;毛蓝色的衣褂,青布裤子;打着绑腿,脚穿布鞋。胥君茹深深地被平东洋的勇猛和身手所折服。她自诩骑马打枪也是可以的,可是没有和别人真打真斗过。刚才一场打斗那可是真杀真砍,招招见血,刀刀要命。可真是惊心动魄。她受到了洗礼,见了世面,明白了战场上真刀真枪的拼杀,生死系于呼吸之间的道理。她由衷地感激平东洋的救命之恩;同时在心中也滋生了一种情愫,她有点儿喜欢上了平东洋。她走到平东洋面前:"谢谢你!多亏你及时出手,救了我们一家人。"自己也不知道为什么心跳比刚才还厉害,而且脸上也发热。说完了这几句话就赶紧走到母亲的身边。胥玉乾的妻子看见女儿脸红红的,气也喘得不均匀,还以为是被刚才的拼杀场面给吓着了,忙安慰着女儿:"不怕,闺女,不怕。这该死的日本鬼子。"

平东洋问胥玉乾:"你打算什么时候把季平通敌的事情报告给马主席呢?"胥玉乾忧虑地说:"我也在发愁哇!没有可信赖的人呐!这证据一旦落入季平的手里,他不但会毁了它,就连送证据的人也会生命不保,他会杀人灭口。继续隐藏下去,破坏抗战哪!"平东洋想了一下:"我有个办法,你写一封信,连同证据一起交给我。我给你送到马主席那里,你看怎么样?"胥君茹赶忙接上话茬儿:"对呀!爸爸,这个办法可行,平东洋一定能送到。"说完脸又红了。胥玉乾叹了一口气:"唉!马主席在哪里都不知道,往哪里送啊!"胥君茹提醒父亲:"他的指挥部就在拜泉,他能不在拜泉吗?"胥玉乾摇摇头:"这是打仗的时候。最高长官的住址是随便让人知道的吗?"平东洋提醒胥玉乾:"看今天这伙人的动机,他们还会派人来的,这证据放在你这块儿不安全哪!"胥玉乾说:"是呀,我何尝不担心那!但是没有办法呀。"

胥君茹想了想,插嘴道:"爸爸,我有一个办法不知行不行?"说完偷偷地看了平东洋一眼。胥玉乾瞅瞅女儿:"你说说看。""我和这位平东洋大哥一起去拜泉。"胥君茹说到这停了一下,又接着说:"如果马主席在,就直接交给他;他不在,我也认识马主席手下的旅长,向他们打听马主席的住处。他们也会告诉我的。你看,这一路上有平东洋大哥照顾我,出不了事;到了地方就找你的同僚和上司,他们也会照顾我的。"她说完,眼睛望着平东洋,心里怦怦直跳。

胥玉乾的妻子急忙拦住:"不行!一个姑娘家怎么和一个陌生人同行呢?……"胥君茹急忙拦住:"妈!你说什么哪?"胥妻又急忙改口:"唉!胡说八道,对不起,老糊涂了。"胥玉乾想了一会儿,对女儿说:"君茹,你去行。但是你得依我一件事,不然不行。"胥君茹疑惑地瞅瞅父亲:"什么事呀?爸,您说吧,我依您。""我给你公爹写一封信,他们的家就住在拜泉县的东南乡的四家店。你办完了公事就不用回来了,直接到你婆家陈百元家,你们虽然没有见过面,但是你带上你公爹的信物,我在信里写明原因,你公爹就会认下你的,你就在那里完婚吧。"胥玉乾说出了自己的打算。

胥君茹听完愣住了,自己暗想:"如果不出去闯一闯,与陈家结婚是早晚的事,连面都没见过,结什么婚哪?出去了就是自己当家了,去不去婆家,结不结婚那就是自己说了算了。"想到这里就答应了,"我听爸的。"

胥玉乾又对平东洋说:"你看就这么办,行不行?你在哪里安身啊?"平东洋说:"我在祥义旅馆住。这里也不能住啦,都去旅馆吧。我看小姐说的办法可行。"

胥君茹听见平东洋同意她的办法,心里很高兴。胥玉乾就叫老伴儿收拾一下东西,好去旅馆住。他们从拜泉来这里时间也不长,都是些随手用的衣物,很简单,娘俩很快就收拾完毕,一家人随着平东洋去了义祥旅馆。旅馆的账房见是县长一家人和平东洋来住店,赶紧打开雅间。胥玉乾吩咐开两个房间,自己一家人住一间,平东洋住一间。他提防日本人再次偷袭,所以一家人住在一起。同时也进一步商量去拜泉的事的细节。

胥玉乾的妻子担心地问:"玉乾,你真的让咱们闺女跟这个平东洋走哇?虽说他对咱们有救命之恩,这个乱世道,咱们得加小心哪!"胥玉乾安慰妻子:"我看这个人不是江湖上的土匪、胡子之类。言谈举止有一种军人的气概。就冲他敢杀日本鬼子,准错不了。"胥君茹对她妈妈说:"妈,就你胆小,我看这位平东洋大哥是个大英雄,绝不会欺负我的,你就放心吧!妈!"

胥玉乾把手枪递给女儿:"你妈说的也不错,为了安全,你和你妈一块儿去,到了拜泉你婆家给你完婚以后,你妈也不用回来了,她就在那儿住下。避乱世到乡下。我自己在这块儿吧。你把这手枪也带上,以防不测。"又从一个箱子里拿出一件玉器,是长四五公分的玉雕鲤鱼。交到君茹的手上:"这玉雕鲤鱼是一对儿,那一条在陈家,陈百元见了这玉雕的鲤鱼就认你这儿媳妇啦!"

胥君茹说:"爸,虽说陈家是家大业大,可是没有见过我的这个女婿,我心里还是不踏实,到了那里再说吧。"说着双手接过玉雕鲤鱼。胥玉乾叮嘱道:"你们路上要小心,不见到马主席,千万别露出有关季平投敌的口风啊!也要告诉平东洋。只说是给你去完婚,不可大意。"

胥君茹答应着:"是,我记下了,把证据缝在衣服里面,我随身带着。"胥妻担心丈夫的安危:"我跟闺女都走了,把你一个人扔下我也不放心哪!"胥玉乾:"你在这里又能怎样?也帮不上什么忙。你们走了,我也没有什么牵挂了。以身许国,死而无憾!"说到这里脸上露出无奈和愤慨。一家人到黎明才合眼。

六

奎祥杂货铺是在正大街道东,南三道街路北。面朝西临正大街的房子是门面,后面还有一座正房五间和东厢房五间,北面是邻居的房子,把中间围成一个

◇ 通肯河传

天井院子。正房五间朝北中间开门，东头住人，西头连接前面柜台的是仓库，东厢房也是仓库。在东厢房的中间开有后门，进出货物。

早上起床，陈方义在院子里做了一套体操，刚要刷牙，就听见临街的门市有人敲门，伙计开门一看，是季丽娟来了。伙计赶紧把季丽娟让到院里。她穿了一件白色连衣裙，乳黄色高筒袜子，戴了一顶粉色的遮阳帽子，穿一双白色的皮凉鞋。显得亭亭玉立，格外精神。

昨天晚上季丽娟和她爹拌了嘴，赌气回到卧室。吃晚饭的时候她又向她爹赔了礼，道了歉，弄得季平哭笑不得。季平有四个儿子，都在哈尔滨做事，只有这一个女儿。他是真心地喜欢。对待季丽娟是千依百顺。看见自己的女儿又是道歉，又是赔礼，他高兴了，喝了几盅酒。又夸了女儿一番，父女俩唠了一阵子贴心话。季丽娟自然是更高兴，她心中暗想："看样子我爹是不会真反对我的婚事的。"天真的她怎么能知道，已经投敌的父亲是不会允许她和一个抗日分子结合的。她不知道，所以早早地就睡了。今天起得特别早，连早饭也没吃，就到奎祥杂货铺来找陈方义。因为要去学校搞宣传，所以她刻意打扮一番。陈方义赶紧刷牙，洗漱完毕，二人就走出院子，来到街上。陈方义领着季丽娟走到一家炸油条的摊子前坐下。陈方义对季丽娟说："我请你吃炸果子（也叫油条），喝豆浆。怎么样？"季丽娟故作不满地说："还怎么样呢？都坐下了，还商量什么呀？吃也得吃，不吃也得吃呀！"看着季丽娟，陈方义认真地说："哎！你是没有吃过我们这儿的油条啊！那真是又酥又脆，香甜可口；嘿！那豆浆更是甭提有多香甜啦！啧！喝一口，哇！那滋味儿真是美呀！我敢说天下没有比我们这儿的浆子再好喝的了。老板，来两碗浆子，三根果子。"摊主应声："好嘞！浆子放糖不？"陈方义："不放，就喝豆浆的原味儿。"摊主从桶里舀了两碗浆子，又夹了三根果子放在一个小木方盘上，端到陈方义二人坐的桌子上，分别把浆子送到二人面前，招呼了一声："二位慢用。"转身又忙活生意去了。

陈方义喝了一口豆浆，吧嗒吧嗒嘴："哇！真热乎！真好喝！"他看看季丽娟："咋样？好喝吧？"季丽娟瞅着豆浆："我没敢喝，怕烫嘴。没有豆腥味儿吧？"陈方义乐了："没有！好喝着呢！保你喝了这一回就想着下一回。这样喝，沿着碗边移动嘴，小口吸，就不烫了。喝浆子得趁热喝，凉了就不好喝啦！快喝！"说完又喝了一口，夹起果子咬了一口，在嘴里嚼着："真酥，真脆，真香啊！"季丽娟被他的举动所感染，也照着样子喝了一口豆浆，热热的甜丝丝的，有点儿豆香。咂咂嘴，还真有回味儿："香！"她也乐了，"你还真没有瞎说，真有点儿味道。"

摊主自豪地说道:"那是不假!我们这嘎达(这块儿、这里的意思)出产的黄豆,天下无双;用这里的黄豆磨出来的豆浆当然好喝啦!这片黑土地是肥得流油,种啥得啥,真是天赐的宝地。要不小日本就眼馋啦?可恶的小日本真不是东西!不好好在自己的家里待着,跑到咱这嘎达来干坏事。"

陈方义问摊主:"掌柜的,家是本街的?"摊主回答:"嗯呢,城南门外的,王大馒头屯的。起早进街里摆摊子养家糊口哇,这该死的日本人要来了,叫人不得安生。"

陈方义:"日本人欺负咱们中国人不齐心。他们才有几个人啊?只要咱们抱成团儿,一心和他们打到底,小日本儿不是咱们的对手。早晚得把这伙畜生赶出中国去!"摊主问陈方义:"听说马占山主席在卜奎那边和小鬼子打了一仗,没有打过人家,退到咱这嘎达了?"陈方义:"啊,那是一时的挫折,小日本儿是小国,人少,东西也不多。这不就来咱们这块儿来抢吗。咱们自己的东西怎么能让强盗给抢了去呢?这帮强盗还杀人放火,奸淫妇女,无恶不作。有血性的中国人能容忍吗?"摊主挥了挥手中的切面刀:"那是不能。谁愿意让别人骑在脖子上啊?"季丽娟插话:"老乡,咱们抱成团,有钱的出钱,有力的出力,跟着马主席一块打日本子。"这时陆续地来了几位食客,大家议论起打日本子的事。

陈方义放下筷子,站起来说:"同胞们!日本人侵占咱们东三省,眼看着就要打到家门口啦!咱们不能坐着等日本人来抢咱们的土地,杀咱们的亲人,奸淫咱们的姐妹;要起来抵抗,把他们赶回去。乡亲们!咱们要有钱的出钱,有力的出力,大家一条心打日本子,保卫咱们的黑土地,保卫咱们的家园,保卫咱们的亲人。"

来吃早饭的人们被他的讲演所感动,议论纷纷。一个中年男子说道:"这位先生说的有道理呀。国家要被小日本儿给灭了,咱们就成了亡国奴啦!那日子还有个过呀?可是眼下官家(政府)也不管了呀?"

陈方义说:"官家不管了,就靠咱们自己呀!我们老百姓拖儿带女的,有老有小,往哪里走?又往哪里逃哇?祖祖辈辈就在这黑土地上过日子是吧?怎么能把这老祖宗留下的家园让给日本子呢?"

另一位学生模样的青年说:"是呀,我们江老师也是这样讲的。他说我们现在就该学文天祥,至死也不投降侵略者。人活着要有民族气节,不当汉奸,不做亡国奴;用我们的血肉来捍卫我们的家园,保护我们的亲人。"陈方义问学生:

"同学,你在哪个学校读书?你叫什么名字?"学生回答:"在县第一中学,叫邹培智。"陈方义拉住学生的手:"太好啦!你是江老师的学生?快吃饭,吃完咱们一起去找江老师,好不好?"邹培智说:"好吧,学校也停课了,学生有的到校,有的不到校。人心惶惶的。"陈方义:"咱们请江老师帮忙召集社会各界群众,参加咱们的抗日宣传讲演会,小邹再联络你的同学,把一中的师生们发动起来,扩大咱们宣传的影响。"邹培智和季丽娟点头答应。

　　三个人吃完饭,由邹培智带路去找一中的教师江坐舟江老先生。在离江老师家有一道街的地方,邹培智指着对面来的一位老者说:"看,那就是江老师。"陈方义顺着邹培智指的方向看去,一位中等身材,走路很快的长者,正向他们走过来。说话间,众人走到了一起。邹培智向江老师行礼:"江老师,早上好!"江老师回答:"好,好!"又指着陈、季二位问邹培智:"这二位是?"邹培智介绍说:"他们是省城一中的学生,陈方义、季丽娟两位同学。这位季丽娟还是季县长的千金。"江老师客气道:"幸会,幸会。"陈方义和季丽娟同时行礼:"江老师好!"江老师问道:"有什么事吗?"陈方义把要对群众宣传抗日,动员民众支援马占山抗日斗争的事说了一遍:"想请老师出面帮助我们召集民众参加讲演会,扩大影响。"江老师略微沉思了一下:"好吧,我年岁大了,跑路不行,我就在学校坐镇,培智,你再找几位咱们学校的学生和老师,就说是我的主意,在学校召开演讲会,要他们参加。然后你们再上街敲锣打鼓宣传在校园里开会的事,就说是我主持的,尽力把市民们拉进会场。"回头对陈方义说:"你们二位就到校园里布置会场吧。"邹培智答应着去了。陈方义和季丽娟跟着江老师来到了一中的校园。

　　到了上午九点多钟,陈方义已经把操场上的领操台布置成一个会场。领操台前挂一条横幅,上面写着"抗日救国宣讲大会";领操台前放一张桌子作为讲台;再往前摆了几排板凳。江老师坐在讲桌旁边,县一中学的学生和老师都来到了这里。校门外陆陆续续地来了几百位市民,站在讲台前。加上一中的师生,有上千人。江老师说:"你们宣传抗日救国的道理,为抗日募捐,这是好事。老朽也参加你们的活动。抗日救国不分男女老幼,我一定参加!堂堂中华,岂容倭奴猖獗!"陈方义双手握住江老师的手:"多谢江老师的支持和帮助。谢谢!"

　　江老师又对大家说:"同学们!抗日救国是我炎黄子孙的责任,是分内的事,对不对呀?"这时场内已有几十名学生和老师了。同学们回答说:"对!是我们的责任哪!"就这样,动员会开始了。

第一章

陈方义发言:"同学们,老师们,九一八事变以来,国家遭受日本的侵略,东三省沦为日寇的殖民地。我们没有了家园,同胞们遭受苦难。中央政府不抵抗,张学良扔下东三省的老百姓,退到关内去打内战。我们不能坐以待毙!不当亡国奴。我们要反抗,学习马占山主席的爱国精神,用我们的血肉之躯筑起保卫家园的长城。支持马主席的抗日斗争,对日寇进行血战,保卫我们的亲人,保卫我们的家园!"

季丽娟接着讲演:"同学们,只要全中国的同胞们团结起来,一致抗日,就能打败日本侵略者。我们要行动起来,走上街头,向市民们宣传抗日救国的道理。为抗日募捐。"

江老师捋了捋胡子说道:"古人云'民存则社稷存,民亡则社稷亡',只要我中华民族在,中国就亡不了!我炎黄子孙,怎么能屈服倭奴呢?同学们!行动起来!靠我们自己来拯救我们的祖国吧!天下兴亡,匹夫有责。让我们担当起救国的重任吧!"

校园外响起了警笛声,一队警察冲进学校,围住了会场上的学生们。领头的警长姓吴,长一双母狗眼,因为这个人熬夜太多,一双眼睛总是带着黑眼圈。吴警长走进人群喊道:"都听好了!接到举报,说这里有共党分子在这里聚众闹事,蛊惑人心。来人!把带头的抓起来!"说完用手一指陈方义。季丽娟拦住冲上来的警察:"住手!我们是在宣传抗日救国的道理。哪里有什么共党分子?闹什么事?"吴警长仔细打量了季丽娟一番:"你是什么人?敢干扰本警长办案!也抓起来!"陈方义继续向警察宣传:"现在日本人都打到家门口啦!警察兄弟们,你们愿意当亡国奴吗?"吴警长把手一挥:"就是你带的头,把他抓起来送局里。你他妈的少啰唆。"挥手就要打陈方义。被江老师拦住:"不许打人!"吴警长把眼一瞪:"老家伙,你也来凑热闹,一起抓起来!"邹培智和学生把江老师围起来。

"同学们闪开,我跟他们去。看他能把我怎么样?"江老师说完推开学生,和陈方义季丽娟一起跟警察走了。邹培智急了:"江老师是自己请来的,让警察给抓去了,这可咋办呐。"他一着急,就追上江老师他们,在旁边扶着江老师。吴警长一声狞笑:"哼哼!还真有不怕事的,一起带走!"

七

林凤阳神色慌张地走进了县长办公室。季平见他的模样就问:"什么事呀?你这样慌张?"说完捋了捋那几根胡子。林凤阳压低声音说:"张明强从绥化回来了,事情没有办好。去的人都死啦,只有他一个人逃回来。"季平捋胡子的手拍在桌子上:"一群废物!去了一帮子人,连一个人都收拾不了?"

林凤阳看看季平,小心地说:"县长大人,不知道张明强在哪里找的日本武士,三个人都让一个叫平东洋的给杀了。当时张明强是没露面,如果在场也难逃一死。"季平一惊,站了起来:"什么?日本武士?三名?都被杀了?平东洋?是什么人?这样厉害?"林凤阳:"听名字像是江湖上的土匪,胡子。张明强也不认识。他没敢露面,就逃回来了。"

季平狐疑地问:"张明强他从哪块儿找的日本武士?他直接和日本人接上了头?不行!你一定要控制住他,监视他。别让他爬到咱们头上来。"林凤阳犹豫不定地答应着:"是,是,卑职一定监视他,看住他。只是,只是……"

季平问道:"还有什么事?"林凤阳吞吞吐吐地说:"大小姐和那姓陈的在中学煽动学生闹事,我叫吴警长带人去给抓了。"

"什么?你叫人去的?把丽娟给抓了?"季平盯住林凤阳的脸,半天他又说:"这个丫头真叫人不省心,先让她在那里待着,收收她的性子也好。不过你给她送些吃的用的,也别委屈着她。那个姓陈的不能放!叫他在那里待着吧,叫吴四审问他,看是不是共党。"

林凤阳立刻答应:"是,我立刻去办。"他出了县政府就奔警察局去了。在离警察局不远的地方就看见吴警长押着陈方义等人刚进警察局。他就尾随其后跟了进去。他没有进审讯室,在外偷听。

吴警长把陈方义等人带进审讯室后,就向警察局长报告。他来到局长办公室门口喊了一声:"报告!"里面应了一声:"进来。"吴警长进了办公室:"报告局长,抓了几名聚众闹事分子。"这位警察局长是人高马大,四方脸,络腮胡子,但是眼睛却小,小圆眼睛放出瘆人的寒光;手里摆弄着一根马棒。他问道:"是什么人哪?"

吴警长:"报告局长,我怀疑是共党分子在捣乱。"局长不耐烦地说:"扯淡!共产党跑这里来干什么?你是不是想起什么幺蛾子,弄俩钱花呀?把人带上

第一章

来！"警察把陈方义等人带到警察局长办公室，林凤阳也跟在后面到了门口，他还是不进去，在外面偷听。

局长一看这些人，认得其中的江老师，问道："江老师，怎么会把您带来呢？他们都是什么人哪？叫什么名字？怎么还有一个女的？"江老师整整衣袖："局长，这位女学生是季县长的女儿，叫季丽娟。我们在一起宣传抗日救国的道理，就叫这位警官先生给抓来啦！"局长吃了一惊："什么？县长的女儿？真的吗？"季丽娟说："你给我爹打一个电话不就清楚了吗！"

局长一听这口气，他转过身来对吴四喊道："你个王八犊子！你他妈的净给老子惹祸，不知道进退的东西。"一边骂，手已经落在吴警长的脸上，"啪"的一声，真是响亮，清脆。这局长是抡圆了手臂，用足了劲哪，打得吴警长原地转了一个圈，已经找不到东南西北了，捂着脸不敢吭声。

局长接着骂："还不快点给大小姐搬椅子，还他妈的愣着干什么？还想再来一巴掌吗？啊！真是气死我啦！"吴警长赶忙去搬椅子，走到季丽娟面前，赔着笑脸："大小姐请坐。误会，误会！"

局长又问陈方义："你是干什么的？叫什么名字？"陈方义回答："东南乡四家店老陈家的，叫陈方义。"局长继续问："四家店老陈家的？那陈百元是你什么人哪？"陈方义回答："正是家父。"局长瞪大了小眼睛瞅了陈方义半天："哎呀！是在卜奎念书的小保恩吧？"保恩是陈方义的乳名。陈方义回道："正是我呀！"

局长一拍大腿："这不是大侄子吗？"他回头又找吴警长，吴警长吓得往后直躲。局长骂道："你他妈拉巴子的真是往老子的眼睛里插棒槌呀！不是抓县长的小姐，就是抓我的亲戚。王八犊子！今天我非把你扒了皮不可！"局长一边骂一边让陈方义坐下。这警察局长姓金叫金丙山，和陈方义的父亲是八拜之交的磕头弟兄。去过陈家，见过陈方义。陈方义向局长鞠了一躬："您是金大叔吧？"

金局长："可不是咋地呢！这是大水冲了龙王庙，一家人不认一家人啦！误会。大侄子你别往心里去，回头我让那小子给你赔礼。你多咱回来的呀？你爹还好吧？"陈方义："我回来刚两天，还没有回乡下老家呢。"金局长："你怎么和季县长的女儿季小姐碰在一起啦？"陈方义说："我们是同学，是朋友。一起从齐市回来的。"金局长把小眼睛转了几转，然后放声大笑："啊！啊！哈哈哈！同学，朋友。大侄子，有眼力，真他妈的不赖。啊！哈哈哈！"

这时林凤阳推门进来。金局长看见林凤阳进来有点意外："林秘书，怎么得闲到我这来呀？"

林凤阳晃着脑袋，拿腔作调地说："我是奉县长大人之命，来看金局长怎么处理这起共党的案子的。"

金局长一听就一愣："这小子的口气和吴四的口气一致呀。这两人是穿一条裤子的主。还没问呢，就定案了。共党的案子？这不是要人命吗？"他想到这里，小眼睛又骨碌了几下，瞪起小眼睛："什么共党的案子？还没有问呢。就定案啦？净他娘的胡扯。你说是共党的案子，有什么证据？这几个人是共党？纯粹是胡扯！县长的千金能是共党？啊？这个是我盟兄陈百元的儿子，他怎么能是共党呢？想当年吴督军阅边到大泡子，我盟兄他带领全家人把督军大人接到家里住。有这样的共党吗？啊？混账王八蛋！都是吴四搞的鬼，长他妈的眼睛了吗？是瞎子吧？啊？这能是共党？还有这位江老师，是咱们大泡子有名的老学究。想当年跟李兴唐李县长打官司，替老百姓说话。李县长都输了。也没给他江老先生安上一个共党的罪名啊！啊？真是他妈的胡说八道啊！"这金局长越说越来气，瞅着吴警长说："吴四，你过来。谁让你去抓人的？人家在讲抗日，你抓人家。马主席讲抗日，你也抓呀？啊？你他妈的是汉奸啊？啊？婊子养的东西！来人！先把他铐起来！"吴警长眼睛看着林凤阳不敢出声。

林凤阳急忙出来打圆场："慢来，慢来。局长息怒。局长说得对，季小姐当然不是共党，但是这几位就保不准啦。季县长为了肃整县治，在这非常时期，公事公办，特命我来传达他的指示，这伙人犯一律收监看押，一个也不许放走。"

金局长问："季小姐也不放吗？"林凤阳："不放！一个也不放。"金局长稍一沉思就说："你他妈的别假传圣旨，我打电话问问。"林凤阳满不在乎地说："请便。"金局长一边拨号码，一边考虑，拨了一个号又停了下来，对林凤阳说："不对！让我给他看孩子？我不干。都拿我二虎（傻的意思）啊！这几个人宣传抗日无罪，我给关起来啦？啊！老百姓告到马主席那里，马主席还不枪毙了我呀？啊？我可不上当。放人！都他妈的放，一个也别留在我这块儿。嘿嘿！想算计我，瞎了你的狗眼。"金局长指桑骂槐，把林凤阳骂了个狗血喷头。

林凤阳假装不明白："季小姐可以放，江老师也可以放，这陈方义和这学生先别放。"

季丽娟生气地说："林秘书，你想要干什么？我们宣传抗日有什么罪？马主席都打日本子抗日，你想当汉奸吗？"

林凤阳献媚地说："大小姐！您别发脾气呀！现在就让您回家，好不好？别人的事您就别管啦，我的大小姐呀！"

第一章

季丽娟鄙夷地看了林凤阳一眼:"别人的事?什么别人?陈方义是我的未婚夫,江老师是我请来的,这位邹培智同学也是我请来的,我们一起宣传抗日。有什么错?为什么要抓我们?要放就一起放;不然就一个也不放。我也不出去!"

金局长一听季丽娟这一番话,很得意地拍拍林凤阳的脑门子:"我说你听清楚了没有?季小姐是我未过门的侄媳妇,好!那我得招待好哇!江先生你做陪客,我请我侄子和侄媳妇吃饭。小学生你也算一个,一起去吃酒。林秘书,你回去报告吧,人我是一个也不放,你放心吧,我都留下当客人啦!他妈拉巴子的,走着!吃酒去,给我侄子压惊。"

林凤阳气急败坏地说:"我找县长去汇报,你别说我告你的状。"金局长举起马棒,在林凤阳的脸前晃了一晃,冷笑一声:"嘿嘿!季县长那是我亲家!你小子去告吧!啊!哈哈哈!"金局长领着陈方义等人一起走了。

八

呼兰河也涨水了。河套地全被水淹了,庄稼倒在泥水里,用不了多久就得被水浸死。河两岸的柳条和芦苇疯了一样地长,就连当年的柳条芽子也蹿得有一人多高。人往里一待,外面根本就看不见。这几天放晴了,官道上有点干爽了。一辆四匹马拉的花轱辘大车在官道上走着,过了呼兰河向绥化走去。车上坐着陈百元和两个伙计。车老板子双手挥舞大鞭,费劲地赶着马车。突然前面响起了枪声,几个人立即下了车,车老板子把马车赶进路边的柳条通里(成片的柳条地)。不一会儿,一帮骑马的人冲了过来,冲在最前面的人双手使匣枪,对后面的人喊:"弟兄们,快撤!我在这里别着!快!快!"说完拨转马头,双手使枪向后面追来的日本兵开火。打死了几个日本兵,剩下的日本兵都趴下了。趁着这个机会大队骑马的人冲过去,把日本兵甩得远远的。只剩下使双枪的一个人了。日本兵冲向他,把他包围了。这时冲过去的马队又折回来向日本兵开火射击。陈百元和伙计躲在柳条墩子后面,一个伙计说:"掌柜的,八成是胡子和日本鬼子干起来啦!"车老板子说:"嗯呢,是日本人,哇啦哇啦叫唤,不说人话!"陈百元点点头:"是胡子打日本人。看样子是没打过,这殿后的胡子叫鬼子给围住啦,咋不开枪啊?"伙计说:"八成是没子弹了吧?"几个人爬向被包围的人的附近。大队的日本兵被前面的枪声吸引,又追了过去;剩下三个日本兵向使双枪的人射击。使双枪的人的马被打死了,人从马身上跳下来;腿上也挨了一枪,瘸着腿跑进柳条通,三个日本兵紧紧追赶。使双枪的人向陈百元躲藏的地方跑来,离陈百元他们不过几步远了。一个鬼子兵在后面把刺刀刺向使双枪的人,陈百元大喊一声:"打!"手里的枪响了,伙计的枪也响了。可是伙计们没打过仗,子弹都飞了。这时车老板子起身舞动大鞭向鬼子抽去,鞭鞘抽在鬼子的脸上就是一道口子,不比刀子划得浅。疼得鬼子双手捂脸哇哇直叫。使双枪的人趁机抽出匕首刺死了他,抄起鬼子的大枪架住另外一个鬼子刺来的刺刀,半跪在地上,甩手飞出匕首刺穿了这个鬼子兵的胸膛。剩下的一个鬼子哇哇叫喊着,端枪又奔向使双枪的人。这时陈百元稳住手开了一枪,打中了鬼子兵。对伙计们说:"快抬人上车,快!上车!快!"伙计们站起来,冲向使双枪的人,架起他就跑向大车。几个人上了车,老板子把大车赶出了柳条通,上了大路。陈百元对老板子说:"只要马不死,有多快就跑多快!快跑!"老板子咬咬牙,双手架起大鞭在空中甩了一个炸响,然后鞭打前三套马,回手鞭鞘打在辕马的耳朵上;四匹马发疯了一样向前跑去。大队日本鬼子被前面退却的队伍所吸引,并没有追赶他们。天色渐渐暗了下来。也不知道跑了多远的路,把马跑得浑身淌汗,直打响鼻,马腿直哆嗦,他们才慢了下来。他们把车赶到一家大车店,陈百元吩咐伙计:"下车,住店。"伙计抬着受伤的人,陈百元在前面走进大车店的院子,院里的伙计迎上来:"各位住店啊?"

　　陈百元说:"住店!掌柜的,烧些开水,要快。我有挂彩的人,要包扎伤口,伙计,把受伤的放炕上。"两个伙计把受伤的人放在了炕上,陈百元发现受伤的人已经昏过去了。陈百元把伤员左腿的裤腿往上挽了一段,露出伤口,陈百元为伤员检查伤口,伤在左小腿肚子上,叫子弹把腿肚子穿了一个窟窿,子弹飞了出去,是个贯穿伤。掌柜的端来开水,拿来新棉花;陈百元又要了一些食盐放在水里,给伤员洗了伤口。这时伤员已经明白过来,发出哼哼声。陈百元从自己的衣袋里掏出两个药瓶,从其中一个里倒出一些药面敷在伤口上;从另一个药瓶里倒出一粒丸药,给受伤的人吃下去,过了一会,受伤的人睁开眼,看了看大伙,想坐起来,陈百元制止了他:"不要动,大当家的,看样子是道上的朋友啦?山头怎样称呼?今天是跟日本子开火啦?"

　　受伤的人点点头:"是的,这该天杀的小鬼子,他妈拉巴子的简直就不是人,猪狗不如哇!他们所到之处无恶不作,杀人放火,挖坟掘墓,坏事干绝。你说,看他们这样横行霸道,你手里拿着枪不揍他们,那你还是人吗?啊?他妈的,小

第一章

鬼子也是人生父母养的,我和弟兄们干死了几十个鬼子兵,出了一口恶气。他妈的,咱的家伙不行,又着了鬼子的道了,没有打过他。可是我不服,早晚有一天,这个仇我得报回来。"说完话伤员坐起来,可能是药劲上来了,他看了看自己的伤口,然后下了地,站在陈百元的面前双手一抱拳:"掌柜的救命之恩我占江龙是一定要报的,请掌柜的甩个蔓子吧(报姓名),在哪里发财?"

陈百元也抱拳当胸:"在下陈百元,是拜泉四家店的人。"

占江龙:"好勒!青山不改,绿水长流。日后有用得着我占江龙的地方,我万死不辞。你这红伤药好使,小鬼子的枪有劲,把我的腿肚子穿了眼儿。子弹没留里头,没伤着骨头,吃了你的药,加上敷了你的外伤药,就没事了。我得找我那帮子弟兄去。"说完又是一揖。

陈百元说:"大当家的,你找绺子我不留你,可是你的马没了,你又带伤,咋走哇?这么着,你看我车上哪匹马你相中了,你就卸哪匹马。把这红伤药也带上。"占江龙又一抱拳:"陈大掌柜的,够朋友!我占江龙落难了,你救命又送马,真比秦琼还仗义!我占江龙这辈子忘不了你的大恩哪!"

陈百元转过身来对掌柜的说:"店掌柜的,有鞍鞯褥套没有?要全的,给大当家的备上。钱我出。"店掌柜的连忙说:"真是巧啦,我这块还真有一副全鞍鞯。陈掌柜的这么仗义,占江龙大当家的打日本鬼子是为国为民,我这套鞍鞯就奉送了,不要钱。"

占江龙双手抱拳做了一个罗圈揖:"多谢各位啦,就此别过,后会有期。"说完出了店房,陈百元陪着来到马槽趟子,老板子在喂马,他看马跑得浑身是汗,心疼马;就牵着马在院外溜,刚回来添上草。看见东家陪着受伤的人来了,不知道要干什么。听见东家说:"大当家的,这四匹马是我的,你随便挑,相中哪匹就牵哪匹。"

占江龙把四匹马打量一番,挑了一匹菊花青色的。这匹马才三岁的样儿,个头不高,四条腿正,身腰长,竹梢子耳朵。占江龙说:"就这匹啦!"

陈百元对老板子说:"老板子,把马牵出来。"老板子听明白了,这是把马送人了。他还真舍不得,这匹马也费了他不少的心血,刚使顺手。可是东家发话了,他到马槽前解开缰绳,把马牵出来。店掌柜的早就抱着鞍鞯等着呢。老板子把鞍鞯备好,又给带了一口袋草料绑在鞍子后边。占江龙二话不说,搬鞍踩蹬,上马出院子走了。

陈百元等一行人进了店房,问店掌柜的:"咱们这块离绥化还有多远?"店掌柜的回答："不远了,还有二十多里路,一上午就到了。"陈百元点点头,心里想："这一阵子可没少跑啊!跑得可不近啊。"回头叫道:"掌柜的来饭哪!"掌柜的应声答道:"好啦!上饭哪!"陈百元就住在了这个大车店里。

第二天,陈百元等人早早起来,吃过早饭,就套车赶路。一路上遇到不少难民,陈百元下车打听消息,得知昨天下午有一股日本鬼子在绥化街里打了一仗,具体的事情难民们也不是知道得太多,也说不清楚。陈百元很着急,他这次是从拜泉回兰西老家办一些事情,打算往回走的时候绕道走绥化,找自己的亲家,绥化县长胥玉乾,商量陈方义和胥君茹的婚事。如果一切顺利,陈百元是想把儿媳妇直接带回拜泉的。现在听了这些消息,他真是心急如焚呢!不停地催促老板子快点赶车。老板子心疼马也没办法,只好狠心打马快跑。

没到中午,一行人进了绥化街里。城里一片狼藉,街道上几乎看不到人。时常看到路上的斑斑血迹和街道两旁倒塌的房屋;还有正在燃烧的房子。他们来到县政府的院子跟前,只见房屋倒塌,余火未尽,血腥和焦煳味扑鼻而来,满院子找不到一个人。陈百元跑了老远才碰见一个老百姓,他抢前一步问道:"老乡,这是怎么啦?县政府失火啦?还是挨了日本子飞机的炸弹啦?""唉!天杀的日本鬼子,昨天进攻县城,烧杀抢掠,无恶不作呀!"走路的人恨恨地说。

陈百元又问:"胥县长呢?"行人说:"胥县长领着警察和日本鬼子干了一仗。哪里打得过鬼子呀!都叫鬼子给打死啦!这些丧天良的东西!连死人都不放过呀,把尸体都扔进火堆里烧啦。"

陈百元绝望了:"这可糟了,胥家三口都没有了。我儿媳妇没有啦!"老板子劝解道:"掌柜的,也不一定,咱再打听打听吧。"陈百元对行人说:"大兄弟,你没听说胥县长的家人都去哪啦?"行人说:"几天前听说有三个日本人来刺杀胥县长,让一个叫平东洋的人给救了。以后他家人住哪就不知道了。仗就是在这个院子打的。院子里没有人活着出来,都死啦!"陈百元沉默了一会:"唉!这可恨的倭寇,这是要灭咱们的国家呀!"

老板子说:"掌柜的,咱们回家吧!回家等信儿。兴许胥家的人没有被鬼子害死,去投奔咱们那儿呢?这也是说不准哪!"伙计说:"那可不是咋的(方言,对,是的意思)。还是回家去等信儿吧。这里乱得很,不保险,赶紧回家吧!"

陈百元一跺脚:"唉!亲家!我就是想给你收尸也办不到哇!我本想到兰西办事回来顺道和你商量孩子的婚事,没想到你一家人没了。亲家!我陈百元在这里给你们送行啦!亲家!一路走好哇!亲家!你在阴曹地府睁着眼睛看着,我陈百元是怎么打鬼子给你报仇的!走!回家!"陈百元满怀悲愤回了拜泉。他哪里知道,胥玉乾的妻子和女儿在平东洋的护送下,也正往拜泉方向去呢。

九

平东洋和胥家母女在绥化坐火车,到海伦下车。雇了一辆拉客的脚车,从海伦向拜泉走。平东洋坐在车辕的外手,老板子坐在车辕子的里手,胥家母女坐在车厢里,脚车是带布篷的,外面看不见车里面的人。

车老板子对三个客人说:"今天晚上到三道沟子住,明天晚上就到拜泉啦。"平东洋问老板子:"这海伦到拜泉有多远的路哇?"车老板子回答说:"一百四十里路,三道沟子在正中间。两天的路程,在三道沟子住一宿。"平东洋又问:"那中午在哪里打尖呢?""今天在三门谢家,明天在四家店。驾!驾!"老板子一边赶车一边回答平东洋的问话。

胥君茹听说明天到四家店打尖,就非常敏感地问道:"什么?明天到四家店打尖?"车老板子说:"是啊,明天到四家店打尖。这条道我走了十几年啦。这一路上有几家大车店,我清楚。"

胥母低声对女儿说:"闺女,咱们先到你婆家认认亲,再到县城里办事。有啥麻烦陈家也知道信儿,好有个照应。正好顺道。"胥君茹问车老板子:"四家店有几家大车店?"车老板子说:"有四家。张家店、赵家店、吴家店、陈家店。顶数陈家店好,出名。屋子宽敞干净,院子大,厨子手艺好,待客也厚道热情。"胥母接着问:"这陈家店掌柜的叫什么名字?"老板子说:"陈百元陈大爷呀!从海伦到拜泉,在这条道上走的人没有不知道的。那人家好,为人仗义,财势大,人缘好。不管是穷是富,他都交。那么大的家业,虽然他家没有护院的,但胡子不抢他。"老板子的话引起了平东洋的注意,他认真地听老板子说话。

胥母低声对女儿说:"你听听,你婆家是多么好的人家呀!"胥君茹反驳说:"妈!人家好不等于本人就好。如果他是一个纨绔子弟,多富有的家也扛不住他败坏。我岂不是跟着遭罪?你们二老依靠得上吗?""那也先到他们家看看再说。"胥母坚持着。胥君茹答应着:"嗯呢,先把你安置下,我好办事情。"

车厢外,平东洋跟车老板子继续唠嗑。平东洋看着路两旁的庄稼问老板子:"老乡,今年的年成怎么样啊?"车老板子说:"唉!能咋样。通肯河涨水啦。

这天也不看晴,岗地的庄稼是好,河两岸的人家就遭罪了。再说庄稼好顶啥用啊?你还没听说呀,日本子都把咱们打败了,眼看这就要打过来了。人心惶惶,谁还有心思侍弄庄稼呀?要不打仗,别看通肯河发水,它成不了大患。这呼(兰)海(伦)巴(彦)拜(泉)都是产粮的县份。那丰收的年头,粮食老鼻子啦!不是有那么一句话吗:拉不完的拜泉县,填不满的安达站。拜泉县就产粮食。"老板子说到这里有些得意地看看平东洋:"你不是本地人吧?"平东洋回答说:"不是本地人。老板子你家是哪的?""就是三道沟子西北的,离三道沟子六里地宋家大院的。"车老板子有些自豪地说:"拜泉县的黑土地是肥得很,攥一把都流油。种啥得啥,你今天插一根干柳条棍,明天都能发出绿叶来。"

平东洋看着路边的庄稼赞叹着:"真高,真密实!""那是不假。等到秋天的时候,遍地都是粮食,这地方就是粮食仓子啊!"老板子赶着马车跑起来,是个下坡路。几个人边看路边的庄稼边说话,也不觉得寂寞。胥母牵挂着老伴,心里很是不踏实,也不好对女儿说,怕女儿也跟着着急。其实她不说,胥君茹也在想着父亲,牵挂着父亲的安危。也只是不说,同样是怕母亲着急,只是往路边的景致上找话茬,分散彼此的心思。第一天的路程很顺利,中午在三门谢家喂马打尖;晚上六点钟到三道沟子,从东门进街里。这三道沟子是拜泉县第二大集镇。有四五百户人家,由于地处海拜官道的中间,地理位置很特殊,又靠通肯河,最初拜泉县的治所设在这里。因为河东岸就是海伦地界,不在拜泉的中心,后来县治所又挪到现在的大泡子了。就有了先有三道沟子后有拜泉县的说法。街道是棋盘街,很整齐,街道两边有许多买卖商家。老板子把车赶进一家带酒幌的大车店,一行人住下了。

第二天早上,老板子起得很早,本来农历六月天亮得就早。老板子说:"赶早走,天凉快。"大家都起来。店家已经把早饭准备好了,众人吃过了早饭,平东洋到账房结了账,出了店房门,胥家母女已经坐上了车。老板子赶车在地上走,平东洋跟在车后边。走出了北门不远,天上传来轰鸣声,五架日本飞机从南边天空飞过来,在镇子的上空盘旋轰炸。

平东洋说道:"大家快下车!往地里跑,快!"说完就扶胥母下了车,架着老太太跑进了地里。车老板子舍不得车,牵着马往路边跑。胥君茹刚刚跳下车,马车就翻在了路边。平东洋在庄稼地里看见胥君茹绊倒了,他又冲出庄稼地返回来,跑到胥君茹跟前,伸手拉起胥君茹向地里跑。胥老太太在地里急得直喊:"快跑啊! 快呀!"他们俩刚跑到地边,日本飞机就俯冲下来扫了一梭子子弹,又

第一章

扔了几颗炸弹,平东洋把胥君茹往地里一推,自己赶紧卧倒,炸弹爆炸了,把官道炸了几个大坑。炸起的泥土把平东洋埋起来。幸亏马车翻在地边上,马也被绊倒了,没有被炸着。胥家母女和车老板子跑过来,用手扒土,把平东洋拽了出来。大家都感到后怕。飞机飞走了,几个人走出了庄稼地,一边拍打着身上的泥土,一边咒骂不止。胥君茹关心平东洋受伤没有,她问:"平大哥,伤着那没有?真是危险哪!多亏了你啦!不然可就叫日本鬼子给炸死了。"她可是真心地喜欢上了平东洋。

胥母说:"唉!这该死的日本子飞机,不知道又去炸哪啦!"车老板子也骂道:"这日本王八羔子!不知道还上哪儿去祸害人。他咋不掉下来呢?保准得摔死他个王八羔子。哼!"平东洋把落在头上的灰土打扫下来,看看远去的飞机:"日本鬼子到处杀人放火,无恶不作呀!"胥母:"唉!老天爷呀!咋不把这些作孽的畜生都瘟死呢?"胥君茹推了平东洋一把:"平大哥,人家问你伤没有,你咋不吱声呢?"平东洋帮助车老板子把马车捯过来,赶上官道。回头对胥君茹说:"没事。小鬼子的炸弹碰不着我,没事。"

车老板子说:"快上车吧,这一折腾,咱们该挨日晒啦。趁凉快赶路,到四间房打尖。"胥母担心地问平东洋:"这日本子飞机不会再来扔炸弹了吧?"平东洋说:"应该不会再来了。飞机带的油有数,在天上飞时间长了不行,就得回飞机场;再说他的炸弹也没有啦,都扔下来了,也得回去重新装上炸弹,一时半会儿来不了。"

一行人上车赶路,车老板子舞动鞭子赶马,马车向前跑去。平东洋看着路两边的庄稼,比起通肯河东岸的还要好。高粱苞米都有一人多高,正是拔节秀穗的时候,绿油油的;满山坡,遍野地,匝匝实实的一片青纱帐。他心里盘算着,这青纱帐能隐藏千军万马,与日寇周旋大有余地。当地的老百姓对本地的地理熟悉,和日寇打游击大可利用。怎么才能组织起老百姓呢?这个问题一直压在他的心头。平东洋的真名叫吉玉平,是东北军的一个营长。九一八事变的时候,一个营的弟兄们全打光了,一连长拼了命掩护他突出重围。他单枪匹马尾随北上的日军,有机会就下手干掉落单的日军士兵,已经杀死几十个了。他听说马占山和日本鬼子开战,撤退到拜泉了。他想投奔到马占山的部下杀鬼子。可是在中途又听说马占山和日本子讲和了,投了日本鬼子。他很失望。过了一个多月,马占山又在黑河通电全国,继续打鬼子,平东洋也给弄得进退两难。他产生了自己拉起一支武装和日本子干的念头。在去绥化的火车上碰见了张明强一伙人,尾随他们救下了胥玉乾一家人。受胥玉乾所托,护送胥家母女去拜泉。平东洋也想趁机见一见马占山,摸摸马占山的底。就答应来拜泉。在听胥玉乾的谈话中平东洋对陈百元有一个印象,对陈百元的为人有了兴趣。在路上车老板子又说起陈百元,平东洋从车老板子口中加深了对陈百元的了解,他想进一步了解陈百元,争取得到陈百元的支持和帮助,拉起一支抗日武装。他认真地观察路两边地形地貌、庄稼和树林草地,想着自己的心事。突然从路边的荒地里窜出一只狍子跑到路上来,马受到了惊吓,猛地向前一窜,车也突然向前一窜,平东洋身子一歪就要闪下车去,他一激灵,惊醒了他的思路。被在车里的胥君茹看见,差点惊叫起来,她急忙从车厢里伸出手抓住了平东洋的胳膊,平东洋才没有掉下去。看见平东洋没有掉下去,胥君茹又咯咯地笑起来。原来胥君茹在车棚里面,从遮挡车门的布帘的缝隙中看着平东洋。自打挨了日本的飞机轰炸后又坐上车,可以说胥君茹的眼睛就没离开过平东洋。她在车棚里偷偷地看着平东洋,越看越是喜欢。两次救了自己和母亲的命,这个人可真了不起。她看着平东洋的脸,因为是在车里头,只能看一个侧面。黑黑的剑眉,刚毅的嘴角都引起了胥君茹的猜想:年纪在三十岁左右吧?是做什么的呢?爹说过这个人有军人的气概,对,是个军人。刚才面对日本飞机轰炸,他临危不惧,从容不迫,应对自如。面对三个凶残的日本武士,他英勇顽强,奋勇向前,手刃顽敌。只有久经战场的军人才有的气质,是个英武的军人。他有没有家室呢?他的妻子是个什么样的人呢?可真是有福气呀!胥君茹想入非非,不觉得脸上发烧。看见平东洋沉思不语,像是想心事,神情是那么专注。冷不防荒地里窜出来一只狍子,跑到官道上来,马受到了惊吓,拉车猛跑,差一点儿把平东洋闪下车去,她才伸手拉住平东洋的胳膊。

平东洋回过神来,看见胥君茹的手还紧紧地握住自己的胳膊,不好意思地说:"谢谢!"胥君茹这才松手,问道:"想什么呢?那么出神!"平东洋说:"啊!我看着庄稼长得真茂盛,特别是低洼地里的柳条子,长得真高。里面能藏很多人呢!要是打鬼子能用得着哇!真是好地方。"说得胥君茹直糊涂。

胥母问车老板子:"还有多远才到四家店啊?啊?"车老板子跳下车说:"快啦!过了这个岗,再过一座桥,七八里路就到啦!老太太,别着急啊!驾!"果然如老板子所说,上到岗顶上下去就是一座桥。过了桥又是上坡,走到岗顶上,车老板子用手指着前方一个村落说:"前面就是四家店啦!"大家随着他指的方向看去,可不是在远远的下坡处有六七十座房舍、院落,一个屯子坐落在官道北

第一章

边。紧靠路边有几座房屋院落。院子里的人影晃动,不时有路过的行人和车马进院子。大约有一袋烟的工夫,胥家母女坐的脚车子走到了屯子前面。平东洋仔细一看,在路北紧靠官道旁从东向西,一字排开四个院落,座座院子的木门的上方都挂着罗圈幌,这是大车店的标志。不同于专供客人吃饭的饭馆,这种大车店兼有供路过行人车辆吃住两方面的功能。车老板子把车赶进东边第二家大车店的院子里。早有伙计从院子里迎出来招呼:"来啦!打尖哪还是住店啊?"(打尖就是客人和车辆马匹稍事休息吃饭喂马,然后继续赶路。住店就是不走路了,在此过夜。)车老板子答话道:"打尖喂马!"伙计接过车老板子手中的赶车鞭子,在空中随手甩了两个空响——"啪!啪!"。把车赶到指定的位置停下,车老板子赶紧从车上拿下小板凳,放在地下,扶胥母和胥君茹下车。店掌柜的马上走过来对胥母说:"来啦!老太太!屋里请。"回头又和平东洋招呼:"各位屋里请。"平东洋问道:"店里有雅间吗?"掌柜的赶紧答应:"有,有。伙计!客人往雅间里请啊!"屋里的伙计答应着。

这大车店里的伙计分两种,在外面专门负责接待车马的伙计叫院心,专门负责指挥车辆的停靠、马匹站槽等事项。得懂得赶车使马的技术,无论什么样的马匹都得使得了。屋里的伙计和饭馆的伙计差不多,叫堂倌,也叫跑堂的;是专门负责客人饮食的。如果是住店那就另有账房先生负责。胥母一行人被让进了雅间就座;车老板子另一处吃饭(他要一边吃饭一边喂马)。平东洋照顾胥家母女喝水吃饭,自己也草草地吃完饭。就到外面听老板子和伙计唠嗑:"你们车店的生意比以前更红火了。"伙计说:"来投店打尖、住店的是不少,多数是穷人家,一家子一家子的。你看,他们连屋子都不进,就在院子里讨碗水喝,吃自己带的干粮。哪像你拉的脚,进雅间吃饭。"车老板子:"是啊!都是这东洋鬼子闹的,搅得人不得安宁。"伙计:"在院子里的还是好的呢,到晚上那就惨了,逃难的一家子老小就在院墙外找一个背风的地方蹲一宿。晴天还好说,阴天下雨就不用说啦。这几天把东家愁够呛,正合计着要开粥棚呢。"车老板子:"哎呀!那可是积德行善的好事呀!你们东家可真是善人啊!哎!这回咋没有看见东家呢?不在家?"伙计说:"我们大东家陈百元不在家,出门啦。"

平东洋在一旁听得清清楚楚。他暗中赞成陈百元的义举,听说陈百元不在家,就赶紧走进雅间对胥母说:"我刚才听店里的伙计说他们陈大掌柜的不在家,出门了。"

胥母一听陈百元不在家,就犯了寻思了,她想了一会儿,对女儿说:"他们陈家只有陈百元认得这一双玉佩,他不在,咱们就别到陈家了吧,直接奔县城吧,到了县里再说。"胥君茹本来就不愿意见到陈家的人。见母亲这么说就痛快地答应了:"嗯呢!平大哥,咱们走吧,赶早到拜泉。"

平东洋走到院子里,正好碰上车老板子往店房这边走。车老板子看见平东洋就说:"先生,马可喂饱啦,不知道多咱起身哪?要不在这歇歇晌吧?""不啦,现在就走。套车吧。"平东洋说完返回屋里招呼胥家母女。车老板子答应着:"好嘞!套车!"可是他一边走一边嘟囔着:"大晌午的,热死人啦。"老板子虽然不愿意,还是把车套好了。胥家母女上了车,一行人又上路了。下午三点多钟,脚车子从南门进了拜泉街里。

十

拜泉是光绪三十二年成立设治局,光绪二十四年成立县。当时县域"四至"为东至通肯河西岸,南至青冈县的北界,西至龙江县的东界,北至乌裕尔河与讷河相望。开始县治设在太平山,后移至三道沟子,都因"地非适中",最后迁到大泡子。大泡子因县城西南的巴拜泉子而得名,当地人把巴拜泉子叫大泡子。巴拜泉又名八百泉,蒙语叫作巴拜布拉克。巴拜蒙语有"宝贝""贵重"之意,而布拉克意为泉水,合称宝贵的泉水,故县名为拜泉。但是当地人还是习惯把县城叫大泡子。由于立县较晚,城四周均掘壕为界,兼有防备匪患的功能。城壕深两米,宽五米,设四个城门。街里南北一条大街与东西一条大街相交呈十字框架,由中心十字街向四周扩展,每二百米一条街道,南北东西均是如此。整个街道规整如棋盘。南北正大街上布满了各种买卖商户十分繁华热闹。车老板子帮着找了一家客店,叫吉兴旅馆。正巧和陈百元的奎祥杂货铺是邻居,在杂货铺的北边。一行人进了旅馆,写了店簿;胥家母女俩住一个房间,平东洋住一个房间。三个人打发走了车老板子,就住在吉兴旅馆。

依着胥君茹马上就要去司令部找马占山马主席。但平东洋不同意:"都这般时候了,马主席也不一定在办公室,他家咱们就更不知道了,不如先歇一晚上,明天早点儿去司令部或许能找到马主席。"胥母也支持平东洋的意见。胥君茹对平东洋的话早已是言听计从了。连连点头说:"好吧,那就明天早上去。"胥母一再叮嘱女儿不要外出,怕惹出意外。胥君茹听母亲的话,待在店里不出去。

第二天早上,吃过早饭,胥母对女儿说:"闺女,咱们以前在这儿住过,保不

第一章

准叫熟人给认出来,走漏了消息,叫季县长知道了就麻烦了。"胥君茹答应着:"嗯呢! 我乔装成男的,咱们这就去司令部,平大哥跟在我的后面,见机行事。"平东洋说:"你先化装,我在旅馆门外等你。"说完自己先出去了。

胥君茹在妈妈的帮助下,化成一名男学生,戴一顶流行的学生帽,帽檐压得很低;一身学生装。她平时在母亲身边就愿意学男孩子打扮,头发也留得很短,一些行为也酷似男孩子。所以这些衣帽也都是现成的。她打扮好以后,走出门外,路过账房的桌前,就连管账的也没有发现。她在门口就看见平东洋站在不远的电线杆子旁,她走过去招呼一声:"平大哥,咱们走吧。"这倒把平东洋吓了一跳,仔细一看,才知道是胥君茹打扮的男学生。很是诧异:"啊! 啊! 好,好。走吧。"

二人走在街上,胥君茹说:"我爹在拜泉时,我和妈妈在兰西;直到他往绥化前两个月我和妈妈才来拜泉住的,认识的人也不是很多,只是县政府的人认识一些。"平东洋:"啊,马占山的司令部就在县政府附近的院子里啊! 所以就要更加小心啦!"胥君茹答应着:"嗯呢! 我小心就是。"

二人一边说着话,一边走路,不大一会儿就到了马占山的司令部门前。就是县政府北边天和盛烧锅的院子。胥君茹很熟悉,只见门口有两个当兵的在站岗。胥君茹和平东洋走到跟前,被哨兵拦住了:"站住! 干什么的?"胥君茹上前答道:"老总,我想见马占山马主席,烦您通报一声。"哨兵不耐烦地说:"去去!一边去,马主席哪有闲工夫见你。是你想见就见的吗?"平东洋赶上一步:"这位兄弟,我们有要紧的军情向马主席报告,这可是军机大事,要是耽误了你能担当得起吗?"哨兵仔细地打量了一下平东洋:"往后站! 等着。"

哨兵进屋打电话,一会儿就出来:"马主席不在,你们走吧。"胥君茹说:"那司令部还有谁在主事?"哨兵说:"朴旅长,怎么的? 你还要找他吗?"胥君茹:"是的,朴旅长也可以,麻烦你再通报一声。"

哨兵又进屋打电话,出来说:"朴旅长也不在,跟马主席一块走的。"胥君茹问:"他们去哪啦?"哨兵:"这我哪知道啊? 请回吧!"胥君茹无奈,只好和平东洋一起往回走。

这时司令部里走出来一位军官问哨兵:"这两个人是干什么的?"哨兵:"报告副司令! 不知道,他们说是来找马主席和朴旅长的。说是有重要军情报告;我说这两位都不在,他们就走了。"军官满脸狐疑,望了望二人的背影,喊了一声:"来人!"一个副官应声从里面跑了出来:"刘副司令,有什么吩咐?"这个军官就是拜泉城防司令部的副司令,叫刘宏轩。四十多岁,高个子,身材挺直,很有军人素质;戴一副眼镜,刀条脸,尖下颏,眼睛老像是睡不醒的样子,眯缝着;阴沉着脸,一副叫人看不透的表情。但是发青的脸色明眼人一看就知道这是一位瘾君子(有大烟瘾)。刘宏轩,字甲三。东北讲武堂毕业,一直在朴炳珊的手下当兵,作战有两下子,朴炳珊当炮兵团长的时候,他就是副团长。只是染上了大烟瘾,他的军饷就不够花了。他偷偷地私卖军装赚钱,供他抽大烟。这件事情被早就注意他的日本特务侦察到了,就以这件事要挟他,让他为日军提供东北军的情报,日军供他大烟抽。他背叛了祖国,当了卖国的汉奸。他对副官耳语了几句就进了院子里去了。副官跟着胥君茹他们去了。

胥君茹和平东洋二人不知道有人在后面跟踪。直接返回旅馆。副官在后面也进了旅馆,看见胥、平二人进了房间;他就到账房跟前打听:"刚才进房间的二人是在这块儿住吗?"账房:"好像有一个是,另一个不是,长官。"账房认出了平东洋,没有认出胥君茹,以为是平东洋从外面领回来的朋友呢。副官骂道:"混蛋!什么好像是,另一个不是。说清楚到底是怎么回事?"

账房先生看副官这架势,知道惹不起:"长官息怒,刚才进去的两个人中有一位是昨晚上住在小店里头的。他们一共是三位,两女一男;可是刚进去的二位只有一个是,另一个男的不是住在本店里的。长官!可能是他领回来的朋友什么的。"副官生气地骂道:"王八蛋!糊涂虫!"骂完自己悄悄地走近胥君茹的房间门口偷听。

房间里胥家母女和平东洋说话,声音很低。胥君茹:"妈!马主席和朴旅长都不在,这可咋办啊?"胥母:"那就先等等吧。他们总不能老不回来吧?咱们小心点儿,待在屋里就得啦!平先生先在这里陪我们几天吧?等到陈家掌柜的回来就好办了。你说行不行啊?"平东洋说:"也只好如此了。我勤出去打听,没人认识我,你们二位就在屋里等候消息。你们先歇着,我出去啦。"胥君茹当然乐意平东洋在这块儿多陪她们几天;她巴不得平东洋说不走才好呢。于是对平东洋说:"平大哥,你也歇着吧,今天就不用出去了。"

平东洋点点头,轻轻地走到门口。在门外偷听的副官并没有听清楚里面的对话,就连平东洋出来的脚步声他也没有听到。当平东洋推开门时,倒是把副官吓了一跳,副官掩饰着:"找岔门儿了,找岔门儿了。"走开了。平东洋起了疑心,他回到自己的房间,把门留个缝,从门缝里向外看,一会儿,副官又溜回到胥君茹的房间门口偷听。让平东洋在门缝里看到了,就轻轻地走出房间,来到副官的身后,拍了拍副官的肩头:"喂!朋友!干什么呢?"

这一回副官可吓得不轻,一哆嗦就坐在地上了。半天才抬起头,讪讪地说:"路过,路过。没什么。没什么。"可是当他看清平东洋是一身平头百姓的打扮,又横了起来;他站起身来,拍拍身上的尘土,一手叉腰,一手往上正了正帽子:"干什么?老子愿意干什么就干什么!你他妈的管得着吗?狗拿耗子,多管闲事!老子毙了你!"说着就要掏枪,平东洋没等他把枪抽出枪套,就把他掏枪的手按住:"长官,别介意,别伤了和气。"

副官一看平东洋的手段不一般,口气不软不硬,自己又下不了台;一迟疑,又硬了起来:"你敢抢我的枪!你八成是日军的探子。要不就是汉奸。你是干什么的?"他这一嚷嚷,店里店外的人就聚拢了不少,乱哄哄的。这时正赶上警察局的金局长路过这里,去隔壁的奎祥杂货铺找陈方义。看见旅馆里吵吵嚷嚷的,他就拐了进来:"他妈拉巴子的!谁在这闹呢?啊?扯着嗓子喊,比他妈的大叫驴还邪乎!闪开!我看看是谁!"众人一看是金局长,立马闪出一条道来。金局长手里拎着马棒,走进人群,来到副官和平东洋面前。副官认识金局长,就抢先告状:"金局长,这小子要抢我的枪。准不是什么好东西,快把他抓起来!"

胥家母女也闻声出来看,见是平东洋被副官诬陷,金局长走进来,胥君茹要上前打招呼,被胥母拦住了。金局长问道:"谁?谁呀?这么大的胆子,光天化日之下,敢抢国军长官的枪,找死啊?啊!"他瞅瞅平东洋:"你啊!叫什么名字?哪里来的?干什么的?说!"说完把马棒就举起来。平东洋这时犯了难:说真名不行,报号更不行。随口应声:"姓陈,叫陈五。"金局长继续问:"从哪块儿来的呀?"平东洋一时答不上来,金局长喝道:"这小子真可疑,来人啊!带回局里审问。"

胥母这时站出来对金局长说:"金局长,你不能冤枉好人啊!"金局长回身看看说话的人,认识:"啊!是胥夫人啊!嫂子,你不是随胥县长去绥化了吗?多咱回来的?"胥母说:"前天回来的,给我姑娘完婚的,这位是我带来的伙计,他可是好人,你可不能冤枉了他呀!"金局长放下举着的马棒:"那他咋和王副官吵吵起来啦?"平东洋说:"我看见他在偷听夫人房里的动静,我以为是坏人,就惊动了他,没有别的意思。对不起王副官。"说着对王副官做了一个揖。

金局长疑惑地看着王副官,把王副官给看毛了。金局长说:"王副官!你为啥要在门外偷听呢?是谁让你偷听的?"王副官只好实说:"刘副司令看二位可疑,叫我跟过来看看。发生了误会,误会。"金局长:"啊!哈哈哈!是一场误会!

大家都散了吧！胥夫人，你说为女儿完婚是怎么回事呀？我可得打听清楚，这杯喜酒兄弟我是得喝的。"

胥母对金局长说："金局长，这里说话不方便，请进房间里说话吧。王副官，对不起啦，我也不留你啦！"王副官灰溜溜地低着头走了。

金局长、胥夫人、平东洋、胥君茹等人一起进了房间里，坐在床上。胥夫人指着女扮男装的胥君茹对金局长说："这就是你的侄女君茹，我这次回来就是给她完婚的。君茹快见过金局长，你金叔叔。"胥君茹向金局长鞠了一躬："金叔叔好！侄女给您行礼啦！"金局长急忙用手拦住："免啦！免啦！"他一瞧：这不是个男的吗？可是听声音却又是一个姑娘的口音。金局长把小眼睛瞪得圆圆的，认真地看了看胥君茹，这才发现是女扮男装："啊！是大侄女啊！怎么这样打扮呢？跟谁结婚啊？婆家是谁家呀？在哪嘎达住哇？闷死我啦！"

胥夫人说："是四家店陈百元家，我们两家的老家都是在兰西，住一个屯子，是世交。你大哥给君茹定的'娃娃亲'。陈百元的儿子陈方义就是你侄女的女婿呀。陈百元家先到这荒上种地的，直到头年你大哥才到这里任职，这又调走了。我们娘俩一直还没有见着女婿是啥样子呢！"

金局长有点儿糊涂，疑惑地问："不是！嫂子，你慢慢地说，陈百元的儿子陈方义是丫头的女婿？不对呀？昨天我看见方义大侄子啦！季县长的大小姐亲口说的，她是方义的未婚妻呀！怎么又出来一个侄媳妇哇？"

胥夫人母女和平东洋都愣住了。胥夫人不信，说："怎么可能啊？陈百元以一双鲤鱼玉佩为定亲信物。你大哥让我们母女来投亲完婚，这还能有假吗？陈百元的儿子的乳名叫宝恩。这怎么能错呢？"胥君茹听说陈方义和季平的女儿订了婚，很诧异："他和季县长的女儿订婚，这季县长……"平东洋急忙拦住她。接着说："我看这事还是看见陈家的人再说吧。"金局长点头说："是，是呀。这位说得对，应该和老陈家当面锣对面鼓地说清楚。那你们到没到老陈家呀？"胥夫人说："我们来时路过四家店，听店里的伙计说陈百元不在家，回兰西老家办事去了。我们就到街里来了；没想到碰见您了。"

金局长眨巴着小眼睛说："这两天我听说绥化那边有日本鬼子在活动。也不知道现在怎么样啦，是啥局面啦。胥县长一个人在那嘎达，也不通个消息，真叫人挂念着哇。"胥夫人忧心忡忡："那可不是咋的呢，真叫人放心不下呀！也不知道陈百元回来没有，我们只好在这里等了。"金局长拦住说："别介呀！隔壁的奎祥杂货铺就是陈百元的买卖。我去看看，打听打听那里的伙计，屯子里来人

第一章

了没有,就知道百元大哥回来没有。"说完就起身告辞,出了旅馆。胥夫人送到旅馆门口:"那就有劳局长兄弟啦!"就转身回去了。

金局长拱拱手,转身进了奎祥杂货铺。掌柜的赶紧迎了上来,弯腰说道:"局长大人光临,快请坐。伙计!泡茶!快点!"伙计应声去泡茶。金局长问掌柜的:"你们少东家在不在?叫他来见我。"掌柜的回答:"在,在。他在后院歇着呢。"回头叫伙计:"快去请少东家出来会见客人,就说金局长来啦!"伙计放下茶碗说:"局长请用茶。"金局长问掌柜的:"屯子来人没有?"掌柜的说:"还没有,要来人也得靠晌午吧!"陈方义从后边屋里出来:"金叔叔来啦!请到后屋里坐吧。"金局长站起身:"好吧,到后院。"

二人走到后院,进了陈方义的屋子里坐下。金局长问道:"我说大侄子啊,你到底有几个媳妇啊?"陈方义很惊讶:"就一个呀!就是季丽娟啊!"金局长摇头:"不对!怎么还有一个胥家的姑娘,说也是你的媳妇呢?就在隔壁吉兴旅馆里住着呢?"

陈方义明白了,是胥家的人结婚来啦。他说:"那是这么一回事,我爹跟我说过,在兰西给我订了一门'娃娃亲'。我们谁也不认识谁,这门亲事我不同意。前些日子我爹给我捎信,让我回来结婚,我一直拖到现在才回来。我和季丽娟是同学,我们恋爱了。我是非她不娶,她是非我不嫁呀!您老得成全侄子的好事啊!"金局长也听明白了:"啊!是这么一回事啊,那你爹这一关可咋过呢?我也没有主意。要是老胥家不松口也不好整。"陈方义说:"我自己去对胥家的人说去。就说我已经成家了,让他们撤婚。"金局长拦住:"不行啊!你直接和胥家说破此事,你爹能答应吗?"陈方义说:"还是说开好。让胥家早点知道,绝了他们的念头。剩下我爹一个人就好说啦!"金局长:"人家老胥家还不认识你这个女婿呢,人家会信吗?"陈方义:"大叔!您和我一起去吧!"金局长把头摇得和拨浪鼓似的:"不行!那你爹知道了,还不埋怨我没正事吗?"陈方义坚定地说:"反正我是不同意。我和季丽娟已经订婚了。我自己说去。"

陈方义和金局长说跟胥家的婚事。隔壁胥家母女也在商议这个问题。胥君茹听金局长说陈方义已经有了媳妇,就趁机和母亲说:"妈,你看看,我爹给我订的婚,女婿已经有媳妇啦!我还和谁结婚?"胥夫人愤愤不平:"我得找陈百元去,告他个悔婚之罪。看他还有什么话说!"平东洋劝解道:"现在的读书的小青年都喜欢自己恋爱,不愿意父母包办的婚姻。既然陈家已经有了媳妇了,我看你们也不必强求,好说好散。"

胥君茹乐得直拍手:"平大哥说得对!好合好散。妈,他陈方义已经有了妻子了,就等于不承认咱们这头的亲事了!难道他还让我给他做妾不成吗?"

胥夫人不同意胥君茹的看法:"事情不能像你们说的那么简单。婚姻大事,双方家长哪能不管呢?还是先见到陈百元再说。现在马主席不在城里,我们不如去四家店找陈百元,看他有啥说法。"胥君茹:"不管他有啥说法,反正我是不同意!"平东洋:"去四家店也好,我完成胥县长所托,见着你们的亲家了。我还有别的事情,明天去吧。"

门外响起了敲门声。平东洋警惕地把手伸向腰间的手枪。胥夫人问了一声:"谁呀?"门外应声:"是我,陈方义。请问这是胥婶母住的房间吗?"胥君茹说:"找上门来啦!妈,趁着他来,咱就把事情说开了得啦!"胥夫人摆手道:"别打岔!是呀!请进来吧!"陈方义进屋来,向胥夫人行礼:"婶母好!小侄四家店陈百元之子陈方义拜见婶母!"说完鞠了一躬。胥夫人连忙搭话:"啊!好,好。你就是叫宝恩的陈方义吗?"陈方义回答:"是。一直在齐市念书,很少回家。我已经和我的同学订婚了。"胥夫人问道:"你不知道你爹给你定的亲吗?"陈方义:"以前不知道,只是前几天才知道的。我不同意这门婚事。"胥君茹反驳道:"你同汉奸的女儿成亲,谁稀罕你呀?趁早退亲!"陈方义:"谁?谁是汉奸?"平东洋把话岔开:"啊,胥姑娘是说你已经有了未婚妻了,就不要再提起胥家的亲事啦。"

胥夫人看着陈方义,心里很是喜欢这个女婿,可是她女儿胥君茹已经和陈方义把话说明白了。就急急忙忙拦住女儿:"小孩子家!大人们办事,你们别乱插嘴,方义,你父亲在家吗?"陈方义说:"我听伙计说我爹已经从兰西回来了。"胥夫人:"那好吧,你们小孩子不要乱说话。我去你们家和你爹商量你们的事咋整。今天就走,快去雇车,平先生。"平东洋答应一声,出门雇车去了。陈方义也跟着告辞了。

十一

王副官灰溜溜地出了吉兴旅馆,回到城防司令部。进了院子看见刘副司令在自己的办公室门口走动,像是在等自己,就紧走了几步,向刘副司令报告:"报告副司令,我跟踪的那两个人进了吉兴旅馆。在他们的门口偷听被伙计发现了。就吵了起来,金局长赶上了,要把伙计带走。房间里走出来一个老太太认识金局长,叫他兄弟;金局长叫她嫂子,并称老太太为胥夫人。说是从绥化来的,给姑娘结婚来啦。我也没有发现有青年女子呀?我就回来啦。"

这时正好林凤阳从旁边路过,听了个清清楚楚。他和二人打了个招呼就走了。刘副司令埋怨道:"真是个废物!啥事也办不了。盯个梢还叫人家发现了。以后学机灵点不行吗?啊?"王副官点头哈腰地答应着:"是,是,以后一定要机灵点。"

林凤阳其实并没有走远,他听见了王副官的半截话,就在隐蔽处躲起来,偷听完王副官的话和刘副司令训斥王副官,看见二人散了,他这才回县政府。他来到县长季平的办公室门口敲门。里面季县长答应:"进来!"林凤阳推门进屋,就对季县长季平说:"县长,胥玉乾的老婆和女儿回来啦!"季平一听这个消息就浑身一激灵:"什么?胥玉乾的老婆孩子回来啦?那胥玉乾呢?啊?"林凤阳摇摇头:"不知道哇!我是听刘副司令的副官说的。王副官盯梢叫胥玉乾的伙计给发现了。金局长认得胥玉乾的老婆。他们互相说话,王副官在旁边听来的。"

季平疑问的眼光在林凤阳的脸上扫过:"他们回来干什么呢?不会是来告我的状的吧?你去找王副官再问问清楚,快去!"林凤阳答应着:"是,卑职马上就去找王副官,问个清楚明白。"

林凤阳出了县政府的院子,远远地就看见王副官没精打采地从司令部的院子里出来。林凤阳赶紧走几步,赶上了王副官,拍了拍王副官的肩头:"王副官,王老弟!干啥去?"王副官歪着脑袋打量林凤阳一下,爱理不理地说:"没干啥,咋的,有事呀?"林凤阳赶紧说:"巧啦!王副官老弟有功夫,咱哥俩得整两盅!走,我请客。眼瞅都晌午啦。走,走!福泰楼。"王副官一听有酒喝,马上就来了精神,却假意推托:"叫你林大秘书破费,不好意思,还是免了吧。"

林凤阳拉着他的胳膊就走:"别见外呀,你我是好朋友哇。好哥们呀!"王副官半推半就地跟着林凤阳走进了福泰楼酒馆,找了一间雅座坐下。林凤阳叫了酒菜,二人对饮。王副官嗜酒如命,虽然酒量不大,喝得还挺快。林凤阳殷勤地给他夹菜,劝酒。二人越喝越高兴,越唠越亲近。

王副官咽下一口酒,眼睛盯着菜盘子,嘴里说着客气话:"真是不好意思,叫林秘书破费了。"林凤阳给王副官夹了一块鱼:"你我兄弟,情投意合;常在一起坐坐,喝点儿酒是应该的嘛!你说这话就见外了吗。"王副官伸直脖子,咽下一块鸡肉,手里的酒杯又举到嘴边:"够朋友,小弟佩服。"说完又干了一杯。林凤阳拍拍王副官的肩膀:"这就对啦!咱们这些都是在外面混的人,全靠朋友帮衬,大家才有钱花,有饭吃,对吧?这一晃贵部驻扎敝县有几个月了吧?"王副官一腔子牢骚:"那可不咋的!都他妈的快半年了。说是要收复齐齐哈尔,我看是吹牛皮。小日本儿不好打!在江桥干了一仗,到归齐末了(最后)还不是失败了吗?要我说不如趁早……嘿嘿!喝酒!"他停住了话荏,不吱声了。店小二上菜。二人喝酒,林凤阳依然是殷勤劝酒,王副官有点到量了:"行!你真够朋友哇!往后你跟兄弟处。保准你不吃亏。"

　　林凤阳顺着他的话荏往上爬:"那是不假,王兄弟腰里有枪,这年头有枪就是草头王啊!谁敢惹呀?是吧?可是今天早上刘副司令对兄弟你可是有点儿过呀!像损儿女似的,因为啥呀?啊!我都有点看不过去了!这不,给兄弟顺顺气,喝几杯。来!喝!"二人又喝了几杯。

　　林凤阳又问王副官:"到底为啥呀?刘副司令发那么大的火?"王副官结结巴巴地说:"林秘书,我这是受人支使的人,受点气也没啥。"说着酒劲往上涌,直打嗝。打完嗝儿又接着说:"其实也没有什么大事。今儿个一早上有两个人到司令部来找马主席,说是有紧急军情报告。哨兵说是马主席不在。他们又说找朴旅长,也不在,他们就走了。让刘副司令给看见了。叫我去跟踪查看一下是什么人。就这么点事。"

　　林凤阳紧接着问:"那你探听清楚了吗?那俩人是谁?是从哪块儿来的?"王副官打了半天饱嗝,缓过劲来才说:"哦!哦!别提啦!我跟到吉兴旅馆,看那两个人进了一个房间,我就在门口听声,他们说的声音比较低,我也就听了个大概。说什么没有见到马主席就得在这儿等。还说不出门,要隐蔽。这时屋里的人要出来,我急忙躲到一旁,屋里出来一个人进了另一个房间。我又过来听声,让出来的那个人发现了。我一嚷嚷,金局长赶上了,结果金局长认识屋里的人。说是姓胥,从绥化来,是给女儿完婚的。就这些,我就回来了。"说话中间,不停地打饱嗝,断断续续的,把个林凤阳急得直转圈。好不容易把话说完。林凤阳一边听一边吃惊:"啊!啊!兄弟,你也算打听明白了,绥化姓胥的,跟金局长认识?那也不是一般人啊!好,好,兄弟,喝酒,干一杯!"说完又干了一杯。王副官也随声附和:"干!"举起酒杯往嘴里倒,可是全倒在嘴上边的鼻子上和脸上了。嘴里还不停地说:"干,干,干一杯,他娘的干一杯……"话还没说完就趴在桌子上了。林凤阳继续问:"那两个人住在吉兴旅馆啦?哪个房间啊?"王副官已经要睡着了,顺嘴回答:"是吉……兴。"说不清楚就睡着了。林凤阳想要摇醒王副官,可是就是摇不醒,气得林凤阳直骂:"真是酒鬼,他妈的!几号房间?

喂！"林凤阳没有办法,摇摇头,一推王副官,就走了。

十二

　　平东洋给胥家母女雇了一辆脚车子。上午十点钟就出了拜泉城,往四家店走。正晌午就到了四家店。车老板子问平东洋："先生,住哪家店？"平东洋说："陈家店。"车老板子把车赶进陈家店的院子里,院心伙计上前接过鞭子把车赶到车位上停好,从车上拿下小板凳放在地上,胥家母女踩着小板凳下车,掌柜的上前招呼："先生！住店啊还是打尖啊？老太太请！"胥夫人问店掌柜的："是陈百元开的大车店吧？"店掌柜的点头回答："正是,正是。老太太请。"胥夫人又问："陈百元在家吗？""我们东家刚从兰西回来。"胥夫人说："你去通报一声,就说绥化胥家的人到啦。"

　　掌柜的有些纳闷,但是嘴上还是赶紧地答应："好,好。我这就去通报。"掌柜的一路小跑进了店房,紧接着就见陈百元跑着出来,后面跟着店掌柜的,陈百元小跑着迎了出来。跑到胥夫人面前："弟妹！你可来啦！这是大侄女吧？你们这是从哪块儿来的呀？我兄弟呢？快进屋！不,到后院吧！"

　　胥夫人拉住陈百元,指着平东洋说："亲家,你先别急,先给你引荐一个人。这位平东洋是我们家的大恩人。救过我们一家三口人的性命。"平东洋一抱拳："在下平东洋。"说完作了一个揖。

　　陈百元急忙还礼,拱手抱拳："哎呀！我在绥化就听老百姓在传说,平东洋刀劈日本武士,救了我亲家一家人。是道上的朋友,今天有缘相见,真是三生有幸啊！既然有恩于我亲家,也就是我陈百元的恩人。快请到后院吧！"平东洋摆手："不麻烦了,就在店房这块儿吧,这挺好的,随便。"胥夫人说："那怎么能行呢？我们到了亲家就扔下恩人啦？"

　　胥君茹一是愿意跟平东洋在一起,二是不愿意见陈家的人。一听平东洋说愿意待在店房里,她就接她妈妈的话茬说："既然这样,那不如咱们就都住在店房里吧,行不行？"胥夫人对陈百元说："亲家,我们就住在店里吧,你这车店没有住满吧？"陈百元赶紧说："没有,没有。伙计！把房间收拾干净了！"转身又对胥夫人说："咱们进屋里唠吧。"陈百元把胥家母女和平东洋让到店房里,自己陪着说话。掌柜的盼咐伙计备饭,招待客人。到了晚上,陈百元、平东洋和胥家母女在灯下唠嗑。

胥夫人对陈百元简单讲了平东洋救她们的经过："亲家,在几天前的一个夜晚,三个日本人闯进我家,要刺杀你兄弟和我们娘俩。幸亏这位平东洋,他杀死了三个日本人,救了我们全家人啊!你兄弟让我们母女来拜泉找你们老陈家商量,给俩孩子办婚事。另外找马主席办点事。"

陈百元又向平东洋致谢："多谢好汉救我亲家一家人啊!你就是我陈百元的恩人!是我陈百元的好朋友。我这陈家店就是你的家,千万别见外。"陈百元又对胥夫人说："亲家母,我在五月节前就让方义回家来,把婚结了,可是一直到现在也没有回来。卜奎呢也不安全啊!我这个不放心啊!就别提啦!咳!"

胥夫人说："我们来的时候路过你们这个车店,跟店里的伙计一打听,说你回兰西啦!我想啊,就你一个人知道这门子亲事,找别人也不知道。所以就没住下,直接去了城里了。在街上碰见了警察局的金局长,他说你家方义已经有媳妇啦!就是本县的季县长的女儿。我也不知道是真是假,听说你回来了,就赶紧地又回到你这块儿来问问清楚。"

陈百元一听把大腿一拍："这小兔崽子!真是反了天啦!我捎信说明啦!已经给他定亲啦!他怎么能私自再定亲呢?金局长是怎么知道方义和季县长的女儿定了亲啦?"

胥夫人说："我也不知道哇!是金局长说了那么一嘴;八成是金局长看见了方义了吧。"胥夫人有意地隐瞒了陈方义当面退亲的事。她是想借助陈百元的意愿来压服陈方义,不让陈方义退亲。好让自己的女儿和陈方义结婚。胥夫人的想法和陈方义当面退亲的事,陈百元自然是不知道,他发狠地说："我明天就去大泡子,把这小兔崽子给抓回来!看他敢在外面胡来不!"

平东洋劝解陈百元："陈掌柜的不要生气,等少东家回来大家见了面,把话说开,事情就搞清楚了。"

陈百元沉默了一阵子,心里犹豫了一下,脸色沉重地对胥夫人说："亲家母,有一件事我说了你可别着急呀!我这回从兰西拐到绥化,日本鬼子已经打到那里啦!满街上杀人放火。我打听了街上的人,只是说胥县长带着警察和日本鬼子打了一仗,他们都遇难了。我在县政府的院子里寻找了大半天,什么也没有发现。人们都说被打死的人叫日本鬼子扔进火堆里烧了,也不知道玉乾他究竟怎么样了,这可这成了活不见人死不见尸啦!他是下落不明啊。当时我想就连你们娘俩也见不着了呢。"

胥家母女和平东洋一听这个消息都是大吃一惊。尤其是胥老太太,都惊呆了,半天才缓过劲来。好一会儿才哭出声来:"哎呀!这天杀的小日本儿呀!这可怎么办呢?"

胥君茹强忍住哭泣,劝妈妈:"妈,你先别哭哇!我爹他不一定就是死了。吉人自有天相,说不定我们还能相见呢。你要是哭坏了身子可叫我怎么整啊?"

陈百元也劝解道:"亲家母,大侄女说得对呀!玉乾不一定就没了,就算是万一真的没了,那我们也得活下去不是?得想办法给玉乾报仇哇!这日本鬼子也太猖狂啦!这不都熊到家门口了吗?咱可不能这么窝囊下去,要起来反抗!亲家母,快节哀吧!"

平东洋也劝道:"陈掌柜的说得对,有道理。中国人应该站起来,反抗日本鬼子的侵略,保卫家园。为死去的亲人报仇!"

胥君茹忍住了哭泣:"要有抗日的队伍,我就参加;打日本鬼子,给我爹报仇!妈,我想回绥化去打听我爹的消息,到底是死是活,搞一个准信。"

胥夫人急忙拦住,摆手说道:"哎呀!不行啊!日本子占了绥化,你一个姑娘家怎么能去呢?不行!先在这儿把你的婚事办了,我自个儿回绥化去打听去!"说完又哭起来。

陈百元说:"亲家母,你不要难过,我明天就把方义叫回来,商议他们的婚事。我再另外派人去绥化探听消息。你看行不?"

众人好歹劝住了她们母女俩,大家都休息了。房间里胥夫人唉声叹气;胥君茹一个人呆呆地想心事。爹爹生死未卜,这婚事是不能够提的,更何况陈方义已经有了未婚妻;自己原本就不同意这门亲事,怎么能和陈方义结婚呢?不如以打听爹爹的消息为理由,离开陈家回到绥化去。母亲要是不同意,就再求一次平东洋,让他跟自己回去,顺便更多地了解他。想到这里她稍微感到一丝慰藉。不觉困意袭来,和衣而卧,就睡着了。胥夫人看女儿睡着了,就吹灭了灯,躺在床上暗自悲痛。

十三

与此同时,在拜泉城里的吉兴旅馆门前,几个蒙面人在门口逡巡。其中一个人命令道:"冲进旅馆里,动作要快,找到那三个人,都抓住,交给县长,县长重重有赏。"其余的蒙面人都点头答应。

说话的人带头冲进旅馆,账房先生看见蒙面人,大惊失色,以为是土匪来砸窑儿,瘫在椅子上不能动弹。带头的蒙面人用刀子逼住账房先生,低声问道:"从绥化来的三个人在哪?快说!"账房吓得结结巴巴地说:"她,她,她们上午就走啦!"蒙面人问道:"去哪块儿啦?"账房:"去哪儿?好像是说去四家店。"蒙面人一挥手:"到里面搜!"众人答应,蜂拥而入,一会儿都回来说:"没有人。"带头的吼了一声:"走!"几个人急匆匆离去。

账房瘫在椅子上坐不起来。隔壁奎祥杂货铺的伙计过来打听消息:"出了什么事?这伙人这么凶?"账房摇摇头:"别问,别问啦!说是找人,什么从绥化来的,哪里有哇!都走啦!"伙计问:"去哪啦?"账房:"说是去四家店,哪知道哇。"杂货铺的伙计回到铺子里,陈方义问:"发生了什么事?"伙计:"有一伙人到旅馆找从绥化来的人,账房先生说是走了。去了咱们老家了。"陈方义惊愕:"糟啦!一定是胥家母女去找我爹啦!可是什么人蒙着脸去找他们呢?一定是对他们不利。"陈方义想也想不明白,这伙人为什么要抓胥家母女。

这伙蒙面人是林凤阳派来的。白天在酒楼和王副官喝酒,林凤阳就把胥家母女的底细已经摸清楚了。他认为胥夫人和姑娘来拜泉结婚是借口,找马占山揭露季平投敌是真。所以他先斩后奏,打算抓住胥家母女好向季平邀功。没承想,他正在家里为自己的安排沾沾自喜的时候,他派出去的人回来向他报告说:"绥化来的人已经在白天就走了。"他气急败坏地问手下的人:"走啦?去哪啦?为什么不早点儿动手?"蒙面人说:"青天白日的抓人,能抓消停吗?谁承想她们会走了呢?"林凤阳挥了挥手,几个人走了。

林凤阳急三火四地走进县长办公室,连门都没关严,就向季平汇报自己白天到夜晚的安排:"县长,我白天在王副官打听明白了,又在金局长那里问了一下,王副官跟踪的人确实是绥化胥家的人。是胥玉乾的妻子和女儿。说是来完婚的,可是他们不到女儿的婆家去,却先到城里来找马主席和朴旅长干什么呢?另外这胥玉乾的女婿就是这个陈方义。据大小姐讲,她已经和陈方义恋爱了。我想无论胥家母女来干什么,都对咱们不利。所以我就找了几个人,晚上去旅馆做了她们。可是却扑了一个空,听账房讲人是去了四家店陈家了。我这才向你汇报。"

季平晃晃圆脑袋,捋着胡子,沉思不语。这时季丽娟正好来看她爹,看见门没有关严,林凤阳在向季平说什么,她就在门外偷听。

老半天,季平停住了捋胡子,长出了一口气:"扑了一个空也好。我的意思是把她们来的意思弄明白了就可以,留下胥玉乾的女儿和陈方义结婚,绝了丽娟的念头。但是她们如果掌握了咱们在绥化的事,那可是大大的不妙啊!这事要是让马小个子(马占山身材矮小)知道了,那马小个子还不活扒了我的皮呀!你小子也活不了!"

林凤阳一听就着急了:"县长!那可咋整啊?现如今人又不在城里,我们抓不着她们娘俩呀!"

季平把圆眼睛转了转,脸上露出了奸笑:"你可以带人去悄悄地把陈方义抓起来,关在一个秘密的地方。不让金丙山他们知道。"

林凤阳有点儿不解,拦住了季平的话头:"县长,抓陈方义干啥呀?他又不知道咱们在绥化的事?"

季平得意地又捋着自己那几根胡子,慢条斯理地说:"据我多年的经验,陈方义这小子一定是共产党。你要严刑讯问,把共党在拜泉和齐市的地下组织破坏掉。然后再去抓胥家母女和陈百元,他们是共党家属,我们出师有名,抓得有据;就是马小个子知道咱抓了胥家的人,他也不好袒护共党家属。陈百元的财势再大也救不了陈方义的命。让陈家倾家荡产。"

林凤阳听完季平的这番话真是佩服得五体投地:"县长大人真是神机妙算!既破坏了共党的地下组织,又打击了反对咱们的势力。陈家一贯是和金大马棒在一起的,在东南乡是德高望重,是首领。他一倒,看谁还敢和咱们作对。真是妙计啊!"

门外的季丽娟听得清清楚楚,她惊得目瞪口呆,愣了半天才缓过神来。她不顾一切地冲进屋去,对季平说:"爹,我现在还叫你一声爹。你不能做出这缺德的事来呀!方义宣传抗日,并不是共产党,我和他两相情愿恋爱,你怎么不顾女儿的感情呢?你这样坑害陈家,还有良心吗?胥家母女和你有什么仇哇?你不能作恶多端,为千夫所指啊!爹!"

季平和林凤阳都被季丽娟的举动和语言惊呆了,一时不知所措。稍微一镇静,林凤阳劝季丽娟:"大小姐,我和县长大人商议如何帮助陈方义先生宣传抗日的事情。是想不让他和共党掺和到一块,这对你有好处。至于胥家母女,她们是从绥化逃回来的;胥玉乾临阵脱逃,失土有责。上峰指示必须捉拿家属归案。这也是为你扫除一个情敌呀!"

这时季平也缓过神来,接着林凤阳的话茬:"小孩子不要参与政治,林秘书说的都是实情。胥家母女必须抓回来,陈方义的言行和共党无疑。委员长说过:'攘外必先安内',对陈方义必须加以限制。你既然与陈方义恋爱,那我就成

51

全你吧！但是你必须保证他不再鼓吹共党的那一套理论,在家里老实地待着。"

季丽娟争辩道:"日本鬼子侵略中国,杀我同胞,奸淫妇女,掠夺财物,无恶不作。难道我们就甘心吗?就俯首贴耳地做亡国奴吗?当走狗,做汉奸吗?你这样做是让亲者痛,仇者快呀!"

季平被女儿骂得恼羞成怒,恶狠狠地吩咐林凤阳:"林秘书,把她关起来!不许她出这个院子,叫人看着。"

林凤阳马上叫来几个佣人:"外面很不安全,你们几个人要看护好大小姐,不准她出这个院子。如果她出了这个院子,你们谁也逃脱不了干系。县长一定要严加惩处你们。"佣人们答应着,簇拥着季丽娟回卧室去了。

季平命令林凤阳:"你赶快带上自己的人,马上去抓陈方义。要保密,要快!"林凤阳答应着出去了。

已经是深夜了。街上静悄悄的,有四个警察急匆匆地在街上走着。他们就是林凤阳的亲信,林凤阳派他们去抓陈方义的。领头的还是警长吴四,此个子不高,有点红眼边,老像是害眼病似的。吴四本是个地痞,专门盘剥地方老百姓,敲诈钱财,欺辱妇女,老百姓都叫他'吴四眼儿'。他和林凤阳有点儿偏亲,自从林凤阳跟季平从绥化来到拜泉以后,吴四就和林凤阳拉上了关系,想在政府弄一个差事。正碰上季平也想培植自己的势力,让林凤阳网罗人手,林凤阳趁机把吴四安排到警察局当上了警察;又打着季平的旗号,逼着金丙山提拔吴四当了警长。这小子当了警长以后气焰就更加嚣张,加之季平明里暗里示意要他取代金丙山,他是更加有恃无恐,对金丙山是阳奉阴违,耍两面手法;他紧紧追随林凤阳,唯命是从。上次在中学抓了陈方义一行人,叫金丙山抽了一个嘴巴,他心里恨得牙根直痒,但是他还没有扳倒金丙山的能力,只好忍了。这次他又是奉了林凤阳的密令,带三个警察去抓陈方义,听林凤阳说县长早已定案,陈方义就是共党。这吴四一边走一边想:"这回要把陈方义的案子坐实了,我看你金丙山,金大马棒咋整!上次你包庇陈方义,这回我就治你个庇护共党之罪。你还想当局长?嘿嘿,别做梦啦。"这小子是越想越高兴,对三个手下的警察说:"快点,把人抓住你们都有功,季县长论功行赏,到时候我就是局长,你们就是警长啦!快走!"

其中有一个警察摇摇头:"上次咱们抓了姓陈的,结果叫局长给放了,您还……"吴四说:"不,这回和上回不一样,回头我跟你们细说。快走!"这几个人一路小跑来到奎祥杂货铺门前。吴四示意敲门,一名警察上前敲门,屋里伙计

第一章

问道:"谁呀?深更半夜的,什么事啊?叫人连觉都睡不好。"他一边埋怨一边披上衣服往外走。门外答道:"警察局的,查户口!"伙计刚拉开门闩,四个警察就涌进门来。把伙计挤得差点儿没摔倒:"你们要干什么呀?"吴四把伙计往旁边一推:"查户口,看看有没有通匪的,通日的,查!搜!"警察一齐到后院搜。陈方义从后院来到前屋:"干什么的?"吴四一看陈方义出来了,狞笑着说:"哼哼!干什么的?就是来抓你的!带走!"伙计上前阻拦,被吴四打倒,他们带走了陈方义。杂货铺的掌柜的惊魂未定,赶紧派伙计骑马回四家店报信。

吴四一行人押着陈方义来到一贯道总坛,把陈方义密密地关押在这里。让三个警察审讯陈方义,自己跑到林凤阳的家里去报信邀功。他一进林凤阳的屋里就得意地说:"报告林秘书,共党分子陈方义已经抓捕归案,现在关押在一贯道总坛。"林凤阳问:"别人不知道吧?""嗯呢,这次我带的都是我的铁哥们,自己人,金大马棒他不知道,保准跑不了风。"林凤阳从抽屉里拿出银圆给吴四:"好样的,等一段时间这局长就是你的啦!跟季县长干,吃不着亏!"吴四哈腰点头:"多谢林秘书栽培。"林凤阳又叮嘱道:"你这几天就别上班啦,防备金局长找你要人,你的手下也别上班,都在一贯道那里看住陈方义。抓紧审问。"吴四答应:"嗯呢!一定照办。"

十四

回四家店送信的伙计在天刚亮的时候就到了四家店,把马跑得浑身是汗,四条腿直哆嗦。伙计还没有下马就大声喊道:"开门!快开门啊!"喊完就跳下马来,跑到大门前砸门。里面的人问道:"谁呀?大清早的就来叫门。"送信的伙计回答:"我!贾殿义,快开门!出大事啦!"他连急带累,声音都不对劲了。看门人开了门说:"咋的啦?咋呼啥呀?叫狼撵啦咋的?"伙计:"不好啦!快叫东家,少爷叫警察抓啦!"看门人说:"净扯淡!这不是笑话吗?谁不知道金局长和咱们东家是拜把子的盟兄弟呀。敢抓咱们的少爷?吃了豹子胆啦?"伙计着急说:"别啰唆啦!我的祖宗,快!快!不是真事我跑了半夜干啥呀?遭这罪?"

看门的也看清楚了,进来的人是街里杂货铺的伙计。知道事儿不好,也急得变了声了:"东家!东家!街里来人啦!快起来吧!"

陈百元家是一座用土堡子围起来的院落。一人多高的土堡子院墙。黑漆刷的木制大门,门上有一块木制的黑漆金字的牌匾,上书"业兴公益"。院里是正房七间,东西厢房也是七间。陈百元住正房东外间,已经起来了,听见院子里有人说话,就咳嗽了一声,走出房门问道:"什么事?"看门人说:"街里贾殿义回来啦!说是少爷出事啦!"

陈百元吃了一惊:"昨天我还说今个儿去街里把他找回来。今天就出事了?真是怪事。"他又问一遍:"是谁回来啦?方义怎么啦?"贾殿义紧走几步,上气不接下气地说:"东家,是少爷被吴四吴警长给抓走了。半夜里抓走的。"陈百元:"方义是什么时候回来的?"贾殿义喘了一口气:"回来已经有几天了,是和季县长的女儿一块儿回来的。住在铺子里,昨个儿半夜里,吴警长带人把少爷抓走的。"陈百元说:"知道啦!你去伙房歇着吧!打更的,备马!我去街里。"

季丽娟自从昨晚被佣人们看着,她是一宿也没有睡着。早上起来,她要出屋,被佣人们拦住。她质问道:"我被软禁了吗?"佣人们赔着笑脸:"大小姐,县长大人有令,不让大小姐出门。"季丽娟说:"我爹说不让我出政府大院,也没说不让我出房门啊?"佣人语塞:"这,这,大小姐息怒,县长大人命令,我们做下人的不好说什么。大小姐千万别为难我们做下人的,求大小姐赏口饭吃吧!"季丽娟无奈:"我在这院子里走走,吃点东西总可以了吧?"

佣人也不好十分为难她,只好跟在她身边。季丽娟一夜没有睡,惦记陈方义,脑袋昏沉沉的,走路就像踩在棉花上一样软软的,摇摇晃晃;佣人怕她摔倒,上前扶她,她一甩手,差点儿真的摔倒了。佣人们急忙去报告季平,季丽娟跟在后面也进去了。

季平看见佣人们进来,就问:"有什么事?小姐昨夜里休息得怎么样?""回县长的话,小姐她一夜未睡。早晨走路已经是摇摇晃晃的啦!"

季平虽然卖国求荣,不计廉耻;可是对自己的唯一的女儿还是疼爱有加的。一听说怕是病了,捋胡子的手停了下来:"怎么的?病啦?"季丽娟接着说:"昨夜一夜没有合眼,早上起来昏头涨脑的,头疼得厉害。我想去看看医生。"说着就要摔倒了。

季平急忙喊道:"来人!"勤务员应声赶来:"县长!有什么吩咐?"季平:"快去叫一辆车来,跟小姐去医院看病。"季平一是疼爱女儿,二是他已经知道陈方义被抓住了,不怕季丽娟去报信;所以就答应了季丽娟的要求。勤务员:"是,请小姐先坐下休息,我叫车去。"季平亲自扶着女儿坐在椅子上,端来一碗热水让女儿喝。

一会儿,勤务员跑进来:"车来啦!请小姐上车吧!"佣人和季平扶着季丽娟

第一章

走出房门,坐在人力车上,勤务员跟在车后面,向医院的方向跑去。季丽娟坐在车上,看看四周没人,就对车夫说:"快点跑,去奎祥杂货铺!快!"车夫加快了脚步,勤务员在后面拼命地赶,车夫跑到奎祥杂货铺门前停下车,季丽娟急忙跳下车,就上前去敲门,里面应了一声:"谁呀?"门开了,出来一个伙计。

季丽娟问道:"陈方义先生在不在?"伙计回答:"不在。昨天半夜里叫警察局的人给抓走啦!"季丽娟这回可是真的要摔倒了,幸亏她的手抓住门框,硬撑着站住了。这时勤务员才赶到跟前,上气不接下气地张着嘴喘:"小,小姐,这,这不是医院,快上车吧,咱们去医院吧。"担心的事情终于发生了,季丽娟镇静了一下,又问了伙计一遍:"你说的是真的吗?"伙计急了:"我怎么能拿我们少爷开玩笑?千真万确呀!为拦警察抓人,我还挨了一个嘴巴。疼得我半宿都没睡好觉!""是警察局抓的人?"季丽娟又追问了一遍。伙计说:"警察局的吴警长带人来抓的。就是他打了我一嘴巴。"季丽娟想了想对车夫说:"去警察局。"说完就上了车。勤务员拦住车:"得上医院啊!大小姐!上医院,您都得病啦!"

季丽娟就像没听见似地,一个劲地催促车夫:"快!去警察局!快,快。"车又跑起来了。勤务员又在车后边追。从奎祥杂货铺向北到十字街,又向东跑了一道街就了到警察局门前了。车还没有停稳,季丽娟就摇摇晃晃地从车上跳下来,向警察局院里走去。门口传达室值班的警察出来拦住:"站住!干什么的?"季丽娟一边向里走一边说:"我找你们金局长。"警察一摆手:"局长还没上班呢,你谁呀?找局长?往后去!"说着就要用手推季丽娟。勤务员从后面赶到了,见警察对季丽娟不客气,立即跑上去,挡在季丽娟和警察中间,狐假虎威低喝道:"混蛋!你瞎了眼啦!这位是咱们县长大人的千金小姐!"警察认识勤务员,忙赔笑脸:"是您啊,大清早的,有什么事啊?"勤务员的劲就更足啦:"奉县长之命,陪大小姐去医院看病。"

警察有点儿蒙,心里想:"去医院到我这儿干什么呀?"可是这话不能说,赶紧点头哈腰地说:"我真不认识大小姐,不知道大小姐驾到,真是该死!快请大小姐屋里坐吧,局长还没有上班呢。"季丽娟只好进了传达室,勤务员把椅子擦了又擦:"大小姐请坐,歇一会儿,咱们还是上医院吧?"季丽娟很不耐烦:"你先回去吧,我的病好啦!我在这儿等金局长。"勤务员无可奈何:"县长亲自交代,让我陪小姐看病的,我怎么敢自己回去呢?"季丽娟说:"那你就在这块待着吧。"这时太阳已经升起很高了。

十五

陈百元带着一个伙计，一路扬鞭催马冲进了南门。伙计从后面赶了上来说："东家，估计金局长现在还不能上班，咱们不如去他家里，有话还好说，方便。"陈百元点点头："好！咱们就去他家里。"二人勒马奔金局长家里就跑了过去。金局长家住在北二道街路东的一座院子里。二人来到门前，伙计上前敲门。里面问道："谁呀？"伙计回答说："四家店陈百元陈大爷来拜会金局长啦！"就听见院里金局长说道："我大哥来啦！快请！"门开了，一名警察出来："陈大爷请！我们局长恭候您呢！"金局长站在房门口，双手抱拳："哎呀！大哥咋这么得空，一大早就上街来了呢？快进屋，泡茶！"陈百元拦住："局长兄弟，我有急事，你先别张罗，我问你，你方义侄子是不是你抓起来啦？"金局长一听就是一愣："大哥！开什么玩笑？我抓谁？方义？我大侄子？笑话！我抓他干啥呀？前几天他到中学组织学生宣传抗日，是让吴警长吴四那个王八犊子给抓了，为这个我把吴四骂了个狗血喷头，还抽了他一个大嘴巴。"陈百元一听，摇摇头："不对，不是前几天的事，是昨个儿半夜里，吴警长又把方义给抓起来啦！你不知道？"

金局长拉着陈百元的胳膊说："大哥，先进屋，咱们细唠唠。我还真不知道吴四这个王八犊子又把大侄子给抓起来啦，这狗娘养的，他这一段日子跟县政府的林秘书勾搭上了，不把我放在眼里，净他妈的往我眼里插棒槌。大哥，您放心，我这就查！"二人进了屋里坐下，金局长回头对外面喊了一声："丁班长！你带三个弟兄快去把吴四给我带来。他要是不听话就把他的枪给下了，把人押来！快，快去！"丁班长应声走了。

金局长又对陈百元说："大哥这么早就进街了，一准没有吃早饭。"他又扭过头对后屋喊："大师傅，多加俩菜，烫酒！我大哥来了，我们哥俩得喝两盅。"金局长吩咐完了，劝陈百元："大哥你放心，不是兄弟我吹牛，就在大泡子这嘎达，我大侄子他出不了事。"陈百元点点头："那是不假，可今天这事有点怪呀！丙山。"这时电话铃响了，金局长的妻子接电话说："局长正在会客，请不要打扰。"就挂了。

这电话是警察局值班室来的，是季丽娟让警察打的。季丽娟在传达室等不及了。她见不着金局长，就对警察说："你给金局长打电话问一下。"警察打的电话，季丽娟听得清楚，局长在会客，请不要打扰。她无奈，只好再等下去。她问

第一章

警察:"你们局里昨天夜里有没有在街上抓人?"值班警察说:"没有哇,据我所知,局里昨个夜里没有行动。"

季丽娟想这就奇怪了,可是她又一想昨夜里她爹和林秘书的谈话,她似乎明白了,陈方义是林秘书派人抓走的。可是自己到哪里去找呢?她想了又想,只有找金局长,让警察局帮助找。因为伙计看见是吴四带人抓走的陈方义;另外季丽娟也知道金局长和陈家的关系,于公于私金局长都不能袖手旁观。于是他对警察说:"你再打电话,就说我在这里向你们要人,要陈方义。快打!"警察无奈,只好再打电话到局长家。金局长的媳妇接的电话:"什么?季县长的女儿在局里等局长?说局里抓了人,她要放人?她要放谁呀?陈方义?啊!我知道啦!让她等着!"局长的媳妇回头对局长说:"丙山,季县长的女儿在局里等你,朝你要人;说你抓了陈家大侄子。"

金局长说:"知道啦!叫她等着。"这时金局长和陈百元二人已经吃完饭了。还不见丁班长带人回来。金丙山可有点坐不住了,他着急了:"他妈拉巴子的!丁班长是怎么办事的?这么拖拖拉拉的,都什么时候啦?还不回来?"正说着丁班长进屋了:"报告局长,没有找到吴警长。"金局长有点诧异:"他没有到局里去?"丁班长回答:"没有,他家里也去找了。他常去的几个地方也都找啦!也没有。要不咋这么长的工夫才回来呢。""这小子钻沙啦?"金丙山头上冒汗了。他在地上来回走着:"嗯,一定是有人指使他抓人,这小子怕我不答应他,抓了人就躲起来了,叫老子找不着他。丁班长,你再带人在城里搜查,一是找到吴四。见着人就给我抓起来。二是找我大侄子陈方义,那天在局里你不是也见过他么?再让刘文礼到我这里来。快去!"丁班长走了。

金局长看着陈百元:"大哥,都是吴四这王八犊子,是受谁的指使呢?专门给我找事。"陈百元摇摇头:"丙山兄弟,我看这事有些蹊跷,恐怕不只是抓你大侄子这么简单。"刘文礼进屋:"报告局长,有什么任务?请吩咐。"金局长对刘文礼说:"文礼,你调查一下,昨天夜里都有谁跟吴四一起行动了。今天还有谁没有上班。到家里去找,一定查出来吴四在哪里!被抓的人关在哪里!"刘文礼:"是!"转身出去了。

金局长又对陈百元说:"大哥!这季小姐前几天在局里亲口对我说她是方义的未婚妻,我咋去见她呀?说没看见?不知道?她能信吗?说知道,人在哪呀?这,这。我怎么交代呀?"陈百元:"丙山,你先别去见她,这媳妇我还没认呢。我给方义定的亲已经到我家啦!胥玉乾生死不明,我怎么能悔婚呢?"金局长:"这个事我知道。胥县长的夫人和女儿我也见着了。是胥夫人跟我说的这个事。胥县长的女儿好像不同意这门婚事。方义也不愿意呀?"陈百元生气地说:"他敢!这是大人定的事情!你先把这小兔崽子找到再说。还反了他了!"金局长:"对!我先不见季大小姐,全力找方义。"电话铃又响了,又是金局长的媳妇接的电话:"季小姐要来家里找金局长啊?"金局长告诉媳妇:"说我下乡查案子去啦,不在家!"金局长媳妇照着丈夫的话说:"局长下乡查案子去啦,不在家!"说完就挂了电话。

十六

在警察局里等候金局长的季丽娟是急得团团转,干等也不见着金局长。让警察打电话催问,又说局长下乡办案子去了;这下子季丽娟可是真的六神无主啦。原本指望金局长能够伸手帮助自己,查找陈方义的下落。现在看来,金局长也是推脱了事,不闻不问。她冷静地想了想,还是没有什么办法,只好回县政府再说。他让勤务员叫了一辆人力车,坐着回到县政府。在院里碰上了林凤阳。林凤阳讨好地上前搭话:"大小姐回来啦?"季丽娟不理睬他,径直奔向季平的办公室去找季平。她推开季平的办公室的门就喊:"爸!是不是您让吴四把方义抓走了?"季平装模作样地一愣,叫道:"林秘书!"林凤阳正拦住勤务员问话:"你陪大小姐出去啦?都到哪啦?"勤务员说:"先到奎祥杂货铺,杂货铺的伙计说他们的少爷叫吴四给抓走了;大小姐就去了警察局。在局里等了大半天,金局长就是不见,也没有看见被抓的人。这不大小姐就回来了。"林凤阳转了几下眼珠子,奸笑了几声,听见季平在喊他,就进了县长办公室:"什么事?县长。""丽娟的朋友、同学叫警察局给抓了,你问问金丙山,怎么搞的?还想不想当这个局长了。"季平眯着眼睛对林凤阳吩咐道。"是!县长。"林凤阳出去了。季平劝女儿:"丽娟,我怎么能派吴四去抓人呢?方义虽然有过激的言行,我当面训导也就是了,哪能叫他进警察局呢?你的病看了吗?别着急,让他们去找陈方义。你先休息去吧,放心,啊!"季丽娟很无奈地回自己的屋里。过了一会儿,林凤阳回到办公室,他根本没有打电话。看见季丽娟不在屋里,脸上露出了奸笑。

季平看见林凤阳一脸得意地奸笑,有些奇怪:"什么事?这么得意。"林凤阳卖弄自己的聪明:"我有一个新的主意,可以一箭三雕!"季平停下了捋胡子的手:"什么主意?这么厉害。"林凤阳低下头,在季平的耳边低语:"现在咱们抓了

第一章

陈方义,不光是大小姐着急,陈百元也着急;他和金局长是拜把子兄弟,金丙山也跟着着急。金丙山帮陈百元找陈方义;可是找不着,都着急。金丙山都不敢见大小姐。我看可以逼大小姐出头去找江先生,江先生在拜泉是社会名流,有很大的号召力。大小姐告诉江先生是警察抓了陈方义,求江先生带领学生去警察局,向金局长要人;说金局长抓捕、迫害抗日青年,破坏抗战,那就要引起社会的公愤。金局长自然不愿意顶着破坏抗战的帽子,不会承认是他抓了陈方义。他不认账,学生就不答应;双方对峙起来,难免发生冲突。如果惹怒了金丙山,他一旦对江先生动了武,把江先生和这些学生给收拾了,这事情就搞大了。那时你再出头撤了金丙山,平息众怒。把抓人这件事按到金局长的头上,治他个对属下管教不严的罪名;换上咱们的人当局长,把枪杆子抓在自己手里。既打击了抗日力量,又镇压了共产党,警察局也就真归了您管啦!怎么样?"

林凤阳这一番话听得季平连连叫好:"好,好,高明啊!"他喊了好之后,那捋着胡子的手又停下了:"江先生真有这样的号召力?"

林凤阳说:"您是不知道哇!这江先生是本县的老学究,教学多年,那可以说是桃李满天下,他的学生在本省做事的和在南京做事的不在少数;这位老先生为人耿直,刚正不阿。为了替老百姓打抱不平,在民国十年他和当时的县长李兴唐打官司,叫李兴唐抓进了监狱,他坐了大狱也不认输。很多人劝他服软,向李兴唐认个错就没事了。他不肯,把官司一直打到省里,最后少帅张学良派人把李兴唐调走,放出了江先生,才算罢休。所以这江先生在拜泉民众的心里就是大英雄。"

季平听完:"好!把江先生这尊菩萨请出来,这事就大了去啦!怎么让丽娟去呢?再说她昨天是否听清了咱们的谈话了呢?"

林凤阳听季平这么说,他想了想:"就算是大小姐听清了咱们的谈话,咱们也是抓共产党,攘外必先安内吗?没有什么把柄可抓的。她听清楚了更好,现在她是找金局长,金局长不见她;求咱们她也知道是求不动;就连打咱们的旗号她都不愿意。我猜她就一条路可走,那就是去找江先生。因为她在拜泉这块儿除了陈方义、金局长和我们俩,就认识江先生;而且在抗日这事上她和江先生他们是一致的。她找江先生带着学生来找金局长,或者找您县长大人,那时您就严厉处理金局长;说陈方义是宣传抗日的爱国青年,而且是您的女婿。一定要找到陈方义。奎祥杂货铺的伙计是认得吴警长的,他们也会一口咬定是警察局抓了人,咱们叫喊着找人,把事全往金丙山身上推。说金局长仗着马主席,不听招呼,要丽娟去请江老师出头。这金丙山就有口难辩啦!"季平:"那咱们就静观其变啦?"林凤阳得意地说:"那可不是咋的,就是坐山观虎斗,趴桥望水流。"正说着,季丽娟又回来了:"爸,找到人没有哇?急死人啦!"季平摇晃着圆脑袋:"咳!金局长不听话,不买账啊!仗着马主席不听你爹的啦!"林凤阳在一旁敲边鼓:"县长,你这官管不了他,就叫百姓管啊!方义那可是宣传抗日啊!叫警察局给抓了,老百姓不能答应啊,县长借助民愿整治他呀。"季丽娟不明白:"咋能组织起老百姓啊?"林凤阳胸有成竹地说道:"找江老师啊!他的民望最好,一呼百应啊!"

十七

　　不出林凤阳所料,季丽娟的确是走投无路,无法可想了。找金局长,金局长不见。想求自己的爹,她又想起了昨晚上自己听到的话,季丽娟知道求季平是不行的。人就是季平和林凤阳密谋抓的。找他们放人那是绝对行不通的。实在没有办法了,这才来找季平的。除了这些人她不知道再去找谁来帮助自己了。她几乎绝望了。她有些恨金局长,因为她对金局长抱有很大的希望,她记得在警察局里金局长是很认可陈方义这个侄子的。可是现在连面都不见了。忽然她想起了金局长在警察局里说的话:"江先生是拜泉有名的老学究,德高望重。"现在姓林的这么说也有道理。一个念头出现在她的脑海中:找江先生!请他出头号召学校师生到县政府请愿,或者到警察局请愿,要求释放陈方义。对!找江老师去。她打定主意就去江老师的家里。

　　江先生家是一座三间的瓦房,中间开门;房子四周用木板围成板障子院墙。院子里种些蔬菜,季丽娟敲门,门开了,出来的是江老师的妻子:"你是谁呀?你找谁呀?"季丽娟向前行礼:"我是江老师的学生,来找江老师有事商量。"江老师的妻子说:"进来吧。"

　　季丽娟走进了院子,进了上房。一进屋就是堂屋,也算是客厅。迎面墙上有一幅《岁寒三友》的中堂挂画,画两边有一副对联:上联"直道而行吾儒本色";下联"不畏强权是老刚肠"。这副对联就是当年江老师与李兴唐打官司以后,拜泉各界士绅商户联名赠送的。江老师从东间屋里出来:"季小姐来访,老朽有失远迎,见谅!"

　　季丽娟急得忘了问候:"出事了!江老师,方义又被警察局抓去啦!是昨天

第一章

夜里的事。在半夜时分,又是吴警长抓的。"

江老师微微一愣:"奇怪了?上次吴警长抓方义,叫金局长臭骂了一顿,难道他没有记性?他怎么又抓了方义呢?"江老师说到这里停了一下,他看了一眼季丽娟:"难道吴警长背后有人指使?"季丽娟点头说:"您分析得对,江老师,是有人指使。就是县政府的林凤阳。"江老师说:"那你和你爹说不就完了吗?"季丽娟迟疑了一下:"我,我爹他不信我的话,他包庇林凤阳。没有办法,我就请您出面号召学校的师生到县政府请愿,要求释放陈方义。"

江老师考虑了一会儿说:'这个可以,方义是宣传抗日的爱国青年,决不能让他们迫害。我们应该救他。这样吧,你去找你认识的学生,就说是我的主意,在学校集合,到县政府去请愿。我也去学校召集师生,咱们一起去县政府,然后再去警察局请愿。季丽娟感激的眼里流下泪水:"谢谢江老师的帮助。多谢啦!我这就去找学生。"

金局长在家里是坐立不安。一会儿打电话查问找到陈方义没有,一会儿咒骂吴四跟他捣乱。刘文礼回来报告:"局长,经调查,昨天夜里跟吴警长一起去抓人的有三名警察,都没上班,也没在家;吴警长也下落不明。"金局长说:"到烟馆,窑子,赌场去找。就是挖地三尺也要把他们找到。"

陈百元拦住:"不行,我看不能到这些地方去找。别看平常你的弟兄常到这些地方混,那是为了捞点外快,图个快活。今个儿他们是为了躲你,他们得找个地方藏起来,不能在老地方待啦。"

金丙山把小眼珠转了半天说:"大哥说的有道理!老刘!你把这三个警察的家人都抓起来,带回局里;再放出风去,说这三个家伙携枪潜逃,当了土匪;家属知情不报,按通匪论处。为首的家属还要枪毙,其余的家属也要坐牢,蹲笆篱子。在大街上走,造声势,让这几个小子听到,他们就稳不住架了;另外家属也害怕,有知道他们藏在哪的就该说啦。这样双管齐下,保准能找到这几个王八羔子。也就查到方义的下落啦。"

刘文礼说:"局长的计策好哇!这叫敲山震虎,我不信他们不出来。我已经把家属们带来了,为的是局长问话。现在正好就按局长说的办。"说完就出去了。他来到院子里对三名警察的家属说:"刚才我向局长汇报了,找不到你们的男人;你们也不知道你们的男人去干什么了。局长说他知道你们的男人干什么去了。他接到人举报,说你们的男人携枪逃跑啦,到东山里当了土匪啦!你们是家属,知情不报就按通匪论处,走,押到局里去,先关进大牢里,等问出谁是领头的再说。"几名警察都愣住了,刘文礼一挥手:"看好他们,别让他们跑了,押到局里去!"警察们只好押着同行的家属向警察局走去。

快到中午了,中学的学生和老师集合在学校里。江老师对师生们说:"同学们,老师们,前几天在学校里宣传抗日的学生陈方义,在昨天夜里又被警察给抓去了。季丽娟同学去警察局要人,局长避而不见,现在把大家召集起来,就是为了营救陈方义同学。我们去县政府请愿去,要求停止迫害爱国青年,立即释放陈方义同学。"学生中间有人高呼口号:"不许迫害爱国青年!""立刻释放陈方义!""团结起来,共同抗日!"师生们打着"释放爱国青年陈方义"的横幅向县政府进发。一路上市民纷纷打听,有不少市民加入学生的队伍,一起来到县政府的门口。邹培志到传达室门口对门房说:"我们要见季县长,请他释放爱国青年陈方义。"

门房说:"别吵,别吵!我去禀告县长大人知道。"说完就往院里走去。一会儿,季平和林凤阳就出来了。一看请愿的队伍人多势众,二人互相对望了一眼,暗自高兴。他俩希望把事态扩大。

季平走到请愿的队伍跟前,振振有词:"刚才门房对我说了你们的事情。我还不大清楚,林秘书,你去打电话,你去打电话给警察局,问一下情况。"林凤阳装模作样地回院子里去了。季平又接着说:"再把奎祥杂货铺的伙计找来核实一下,你们稍等一会儿。我一定主持公道。"人群里有人说话:"我就是奎祥杂货铺的伙计。昨天夜里是警察局的吴四吴警长带三名警察到我们铺子里,把我们少爷陈方义给抓走的。我上前阻拦,还挨了一个嘴巴。"这时林凤阳打电话回来了:"回禀县长大人,卑职刚才向警察局打了电话,警察局的值班的警察说局长不在,他们不知道这件事,把事情给推掉啦!"请愿的人群里有点骚动。有的学生说:"抓了人还说不知道,这不是掩盖事实嘛?"还有的人说:"找警察局要人,他们抓了人,就朝他们要。""迫害宣传抗日的青年就是汉奸!"人们的情绪有点激动,人群有点乱。

季平摆摆手:"父老乡亲们,中学的师生们!你们的心情我能理解。警察局抓宣传抗日的爱国青年这是汉奸行为!我一定严惩不贷!"

江老师说:"县长,至于是谁抓的人,是谁指使吴警长抓爱国青年,我想找到陈方义自然就清楚了。请你出面和警察局联系,尽快释放陈方义。"

季平说:"我也是着急呀!陈方义和丽娟是同学,是要好的朋友,是我未来的女婿。我怎么不着急呢?走!我这就和你们一起到警察局去要人,并且当众处置金丙山。"

刘文礼押着那三个警察的家属去警察局。一伙人拖拖拉拉地走在大街上,刘文礼故意往人多的地方走。家属七嘴八舌地喊冤枉,引起路人们的注意。有的人问刘文礼:"这些人是怎么啦?"刘文礼大声喊道:"通匪!""她们的男人不是警察吗?"刘文礼说:"都他妈的携枪潜逃啦,当了土匪啦!这些人知情不举;不是通匪吗?局长说啦,整不好要枪毙!有的还要坐牢。对不住啦!谁让你们的男人不管你们呢?"一名家属哭哭啼啼地哀求:"求你们啦!别枪毙我呀!我冤啊!"刘文礼喝道:"冤?活该!谁让你们知情不说呢?"

另外一名家属说:"老刘,我知道我家的那口子在哪里,我说了你能放了我吗?"刘文礼一听大喜,故意绷着脸:"你知道不早说?现在想骗我是吧?"家属着急了:"真的是知道他在哪!他叮嘱我不让别人知道,所以先前我就没有告诉你。现在我说了,你能饶了我吗?"刘文礼说::"我说话算数,你告诉我,你丈夫在那里,我就立马放了你。如果还不说,哼哼!进了局子里,想说也没人听啦!还想出来?门儿都没有!快说吧!"家属说:"你过来,我告诉你。"刘文礼走到这名家属跟前,这个女人贴着他的耳朵小声地说了几句话,刘文礼回头对一名警察说:"小朱!快去报告局长,就说找到人啦!"他又对其他警察一挥手:"快!跟我去救人!"众警察跟着刘文礼跑了,小朱也跑了。他是向局长报告消息去了。把三名警察家属扔在大街上没有人管了,两边看热闹的人也被弄得莫名其妙。

十八

金局长的家里,金局长正接电话:"什么?季县长带学生围住了警察局?要我去见他?好啦!知道啦!一会儿就到。"放下电话:"这季县长卖的什么药哇?带学生围住了局子!真他妈的邪行了!"

陈百元点点头:"这就对了。季县长是要对你下手啦!办你个对部下管束不严是轻的,重的是你指使属下抓捕迫害抗日爱国青年,是汉奸罪。告到马主席那里你就是个死。这招就是季县长出的,够狠毒的!"

金局长一听就急了:"他妈拉巴子的,逼急眼了老子先崩了这狗日的县长,再把警察拉出去。"

陈百元:"不行!他把你定为汉奸罪,先把你的名声搞臭了,谁还敢跟你走?再说你那些警察都是拖家带口的,能跟你走吗?先拖一会儿,找到了人一切都好办了。"

正说着,小朱跑进了屋里,气喘吁吁地说:"报,报告局,局长。人,人找,找到啦!"金局长一听大喜过望,拉住小朱的衣领子:"找到啦?在哪里?"小朱回答:"不,不知道。"金局长可真急了,噌的一下子抽出手枪,指向小朱:"婊子养的。这不等于没说嘛?混账东西,你也来耍戏老子!我崩了你个兔崽子!"陈百元急忙拦住:"丙山,不可,你松手,听他慢慢说。"小朱急忙摇手:"别,别,别发火呀!局,局长。是,是刘警长让我来报信的。"陈百元问小朱:"那老刘呢?他在哪里?"小朱回答:"他,他领着弟兄们去救人啦!"

金局长松开手:"你去告诉刘文礼,一定把躲起来的那几个王八犊子给我抓来。"小朱答应:"是!"转身就出去了。电话又响起来,金局长抓起电话就喊:"别他妈的催啦!老子这就去!什么?你是季县长?啊,是县长大人啊?好,好,我这就到。"他放下电话对陈百元说:"大哥,我去会会这个县长。"陈百元说:"兄弟,别吃眼前亏,点到为止。"外面人声嘈杂,是刘文礼押着三个警察进了院子。后面有人扶着浑身是伤的陈方义。金局长走到跟前扶住他:"大侄子,你受委屈啦!"

陈方义忍着伤痛:"金叔叔,我跟你有话说。"他贴着金局长的耳边说了几句话。金局长点头:"嗯,嗯,我知道了。"回头问刘文礼:"知道吴四的下落吗?"刘文礼说:"怕您着急,还没有问这几个王八蛋就赶回来了。"

金局长厉声问三个警察:"你们谁知道吴四的下落?说了就没事了。不然你们也知道金某的厉害!"其中一个警察战战兢兢地向前走了一步:"八成是在他的相好的家里吧?在东二道街往南的一个胡同里。"金局长一挥手:"文礼,你带人去把他抓来。他要反抗就地正法!"刘文礼:"是!你们几个跟我走。"领着人去东二道街了。

金局长对陈方义说:"方义,咱们还得去局里,见一见你的岳父大人。把这几个小子也带上。"金局长让人找了一副担架,把陈方义放在担架上,让那三名警察抬着。自己全副武装打扮,手里提着手枪,后腰带上挂着马棒,带领余下的警察向警察局走去。他们走到离警察局不远的地方就听见林凤阳尖着嗓子在煽动学生冲击警察局。值班的警察持枪阻拦,双方对峙着。林凤阳大声喊着:"同学们!是警察抓走了陈方义,你们不朝他们要人朝谁要去?啊?同学们!你们是抗日的爱国青年,陈方义也是。你们不去救他吗?啊?"

江老师看透了林凤阳的用心,季丽娟也明白了。她和江老师说:"江老师,

第一章

不能让同学们冲击警察局吧。"

江老师点点头,他走到学生们的跟前,向学生们摆摆手,学生们静了下来。江老师说:"同学们不要冲动,我们要等金局长来了给我们一个说法;季县长正和金局长通话,金局长马上就会到的。"

林凤阳又大声喊道:"你们别听金局长胡说,一定是他心虚,心里有鬼。不敢见你们!咱们上他家去要人。一定是他指使人抓的陈方义!走啊!同学们救陈方义去啊!"金丙山听得清清楚楚,他前行几步,走到请愿的人群跟前,大声地喊道:"学生们!我来了啦!姓林的,你煽动学生们和我作对,用心何在?"同学们静了下来,金局长又对学生们说:"同学们,别上当,金某不仅来啦!而且还把人给带来啦!你们看,我把谁给带来啦?"说完用手一指身后。学生们顺着他的手指的方向看去,警察抬着一副担架,担架上躺着陈方义。同学们一拥而上,围住陈方义问长问短。

金局长走到林凤阳跟前,用手枪敲着林凤阳的脑袋:"姓林的,林大秘书!你不帮我找人,却暗中煽动学生冲击警署。他妈的你想暗算老子,用心够毒的。来人!把那三个王八蛋带上来。"那三个没了帽子和武装带的警察,低着头走到金丙山跟前。金丙山问道:"是谁让你们去抓陈方义的?从实说!"

警察甲:"是吴警长领着我们去抓的人。我说上次抓了陈方义,局长不是都给放了吗?吴警长说这回是奉了比局长还大的官的命令,抓了人还有赏钱。"说完从衣兜里掏出吴四分给他的银圆。"都在这呢,请局长过目。"双手捧着递到金丙山面前。

金丙山对另一个警察说:"你,别他妈的装犊子!快说!"

警察乙说:"我们不敢去,怕挨局长您的骂。我说那陈方义是局长的侄子,咱们怎么还抓呀?吴警长说金局长顶个屁用,这是大官的命令,你们不要怕金丙山。陈方义这小子是共产党,抓住他县长大人给赏钱。"

警察丙接着说:"我也说不会吧?县长的大小姐不是说她是陈方义的未婚妻吗?吴警长又说你懂个屁呀!谁也不敢沾共产党的边,沾上就是祸灭九族,你知道吗?他还说,跟他干保准不吃亏,用不了多久他就是局长啦!"

金局长听到这里,心里的火可就压不住了,伸手抓住林凤阳的衣领子:"姓林的,你他妈的听听,啊!在这拜泉的地面上,有比我大的官是谁呀?啊?你现在给我装犊子,我抽你个混账王八蛋!"啪的就是一个大嘴巴,回手又一反抽,又是一个嘴巴。这两下子把个林凤阳打得是天旋地转,找不到东西南北。金丙山还要打,被从局里出来的季平给拦住了。季平不知道刚才发生的一切,看见金局长在打林凤阳,就更觉得自己的阴谋快要得逞,就厉声地责问:"金丙山,你管理下属不严,导致发生今天的事情,你还配当这个局长吗?啊?"

金丙山一听气就不打一处来,针锋相对地问道:"你没有听清楚这三个王八蛋说的话吗?他们是奉了谁的命令抓人的?喂!你们三个再说一遍。"

这时林凤阳已经清醒了,他听见季平在责难金丙山,怕金丙山揭了老底。就急忙拦住警察的回答,抢先说:"这是一场误会,吴四因为上次抓捕陈方义受到局长的责罚,他挟私报复,这次又抓了陈方义,嫁祸金局长,和金局长无关。这三个人可能是跟陈方义有私仇,他们私自抓人,私设监牢。一定重办!"

三个警察喊冤,刘文礼押着吴四的姘头走过来。金丙山问:"吴四呢?"刘文礼说:"跑啦!这小子听到了风声就跑啦。我把他的姘头抓来了。"

林凤阳一看没有抓到吴四,立刻来了精神:"金局长,人找到了,这事情也就算了吧!同学们!"他喊了一嗓子也没有人听他的。学生只顾和陈方义说话了,没有人理他。林凤阳和季平耳语了一阵子,季平瞅了林凤阳一眼,一脸的不满意,稍微一想又点点头;他对金局长说:"看来这件事情是一个误会;金局长,本县命令你尽快抓到吴四,把事情搞清楚。林秘书,回县政府。"金丙山看着他俩的背影使劲吐了一口唾沫。转身去看陈方义了。陈方义在季丽娟的搀扶下站在地上对同学和市民们讲话,他说:"同胞们!行动起来!抵抗日本鬼子的侵略,支持马主席抗战到底!有钱的出钱,有力的出力……"他还没有说完就昏了过去。金丙山喊道:"快送医院!"众人叫来一辆人力车,季丽娟扶着陈方义上了车,去了医院。金局长也随后跟着去了医院。林凤阳的一石三鸟的阴谋没有得逞。反而扩大了陈方义宣传抗日的影响,全县城的人都知道东南乡陈百元的儿子陈方义为了宣传抗日被人陷害的事。

季丽娟扶着陈方义走进汉约瑟医院的诊室。季丽娟按着医生的要求,把陈方义放在病床上。这是一家传教士办的医院,大夫都是西医,大夫给陈方义检查了伤病,对季丽娟说:"患者主要是由于外伤引起的身体虚弱,产生虚脱。马上清洗伤口,进行伤口处理,防止伤口感染。"金局长进了诊室,看见季丽娟帮助大夫给陈方义脱衣服洗伤口。他很是感动,又是气愤。他恨吴四手毒心狠,竟然把人打成这样!陈百元也到了医院。他也看见季丽娟在帮助大夫给陈方义洗伤口上药,心里有说不出的感触。这时陈方义醒了过来,看见父亲,就给介绍季丽娟:"爹,这是季丽娟,我的未婚妻!"他又对季丽娟说:"丽娟,这就是我父亲。"

季丽娟怯生生地叫了一声:"伯父好!"就低下了头。陈百元无可奈何地看着儿子,点点头:"哎,哎。先养着伤,别说别的。"回头对跟来的伙计说:"你留在这里伺候少爷吧。"季丽娟说:"不用了,伯父! 有我呢,我陪方义就可以啦!"

陈百元说:"让他在这吧,跑腿送信也得一个人啊! 我得回屯子,家里的人不知道咋着急呢? 你岳母和媳妇都在咱们家里呢。"陈方义说:"那门婚事我不同意,爹你快点告诉她们吧!"陈百元恨恨地说:"你说得轻巧。这婚姻大事,能说悔就悔的吗? 混账东西! 好好养伤! 我走啦! 没有钱就到铺子里拿。"

金丙山走到病床前:"大侄子,好好的养着。我回去把那三个杂种的皮给扒了。治伤的钱由他们三个出,便宜不了他们三个兔崽子。"他和陈百元一起走出了诊室。金丙山对陈百元说:"大哥,看到了吧? 我大侄子和季县长的女儿是一对儿。双方是铁了心啦! 刚才方义还迷昏着呢,季县长的女儿就帮着大夫给方义脱衣服洗伤口;一点儿都不见外。我看你的心思是白费了。"

陈百元说:"那怎么能行呢? 胥玉乾生死不明,唉! 在这个节骨眼儿上怎么能悔婚呢? 您说说。"

林凤阳跟着季平回到县政府,进了县长办公室,季平屁股还没有坐在椅子上就开始埋怨林凤阳:"这事情让你办的,险些露了底。你赶紧把吴四藏好喽,千万别让金局长抓到。如果吴四落到他手上,你我可就全暴露啦!"

林凤阳连忙点头:"是,是,一定把吴四搞定。万不得已就干掉他! 不让他开口说话。"

季平说:"这事就是你负责。胥家母女还在四家店陈家住着。总是个隐患啊! 此二人不除掉,我寝食难安哪! 说不准哪天就来揭我们的老底。要快点除掉这两个人。"

林凤阳有点犯难:"现在胥家母女住在陈百元家里可不好整啊! 这陈百元在东南乡是德高望重,就连道上的土匪、胡子都不去为难他。如果还让警察去,金丙山这一关就过不去。找胡子去干,我估计这些家伙是光会拿钱,不去干活的,也不能去陈家杀人。"

季平阴沉着脸,右手不断地捋着他那几根儿黄胡子在地上走来走去,半天他停下来,转回身对林凤阳说:"咱们投靠日本人,现在咱们有大麻烦了,去求他们帮忙,你说日本人能拒绝吗? 啊?"

林凤阳有点儿摸不着头脑,就猜测说:"县长大人,您是说去找日本人? 用日本人的手除掉胥家母女俩？"

季平点头："是的。你去《盛京日报》办事处找平田一郎，实话实说，让他马上派人把胥家母女除掉，一天也不能等了！"林凤阳缓过了劲了："对！让日本人干去。太妙啦！日本子准答应。但是这事还真不能急，得先把人物色好，另外也得到四家店踩踩点，摸清胥家母女的具体的住处。看好虚实再下手。"季平一挥手："你去办吧，这回可别再失手啦！"林凤阳答应着去找田平一郎了。

十九

陈百元下午就到家了。他先到大车店对胥家母女说了寻找陈方义的经过。他安慰胥夫人说："方义已经找到了，只是受了点儿皮肉伤，没有大碍。在医院里先养着吧。待几天就能回家了。"胥夫人双手合十，口中念佛："阿弥陀佛！真是老天有眼啊！庇护善人啊！找到人就好！到底是谁干的呢？这没冤没仇的，怎么就抓人呢？真是的，这世道乱套啦！"

胥君茹："妈，陈伯父，我想去绥化打听我爹的消息，是死是活有个准信。"

陈百元急忙摇手说："不行啊！孩子啊！这乱世之时，我哪能让你一弱小女子冒险呢？你不能去！我马上派人去绥化打听你爹的消息，你们娘俩就安心地住在这块儿。"

胥夫人叹了口气："咳！你要是去了还不把我牵挂死！快别乱想啦！亲家，你没有跟方义说他们的婚事吗？方义是咋说的？"

胥夫人这一问把陈百元给问住了：照实说吧，说不出口（他不知道陈方义已经当胥家母女的面挑明了退婚的事）；不照实说吧，又怕日后儿子不给自己做脸。他在医院的所见所闻已经告诉他，陈方义与胥家的婚事是没有指望了。陈百元真是有点儿不知所措了。

正在这时胥君茹说话了："妈，您是糊涂了吧？我爹他生死未卜，您总是急着办我的婚事，这合适吗？"这句话给陈百元提了一个醒，他接着胥君茹的话说下去："是呀！我正犯难呢，大侄女说的有道理呀！我是想玉乾兄弟下落不明，我也不好张罗这婚事呀？我明天派伙计去绥化打听我兄弟的消息。其他的事情以后再说。你看如何？弟妹。"胥夫人也只好不再提女儿的婚事。

胥君茹其实早就打算好了，不能同陈方义结婚。一是两个人从没见过面，没有感情基础，彼此不相识，更谈不上相知相爱了。二是平东洋的出现让胥君

第一章

茹对自己的未来的丈夫有了个雏形;虽然她不知道平东洋是否已有妻室,但她不在乎,她已经喜欢上了平东洋了。三是陈方义一见面就声明自己已有未婚妻了,而且就是汉奸季平的女儿;就更加坚定了她不嫁陈家的决心了。但是这些理由她不好当着陈百元的面说出口。所以她就以打听父亲的下落为由,拖延婚事。胥君茹也是真心地惦记她的父亲。她是个好胜心极强的姑娘,认准的事非要办成不可。她有自己的想法,打听父亲的消息自己去;借机把自己的能力显示给平东洋。她决定谁也不告诉,自己偷偷地走。

吃过晚饭,胥君茹帮助厨师收拾碗筷,来到厨房,厨师赶紧地接过胥君茹手中的碗筷:"胥姑娘受累啦,哪能让您做这些活呢。"

胥君茹说:"大师傅,今天晚上我想吃夜宵,麻烦您给我做四个凉菜,好不好?"

大师傅早就得到东家的嘱咐:"胥家母女和平东洋需要什么就给准备什么,什么时候要就什么时候做,不许怠慢。"大师傅听胥君茹这么说就答道:"姑娘,用的时候您招呼我,我现给您做不成吗?"胥君茹说:"那样就太麻烦您啦,您现在做好了就歇着去,我要用时我自己去端就行了。另外再装四壶酒。"厨师不敢怠慢,按照胥君茹的意思做了四个凉菜,装在托盘里,放在灶台上;又装了四壶酒和凉菜放在一起,自己睡觉去了。

胥君茹回到自己的房间,她妈妈已经睡了。胥君茹和衣躺在母亲身旁。把父亲给他的手枪拿了出来,藏在一个衣服包内,衣服包里有两件换洗的衣服和一些钱;她又把女扮男装的衣服帽子找出来放在身边。然后就闭目养神,等待夜深人静。后半夜鸡叫头遍,胥君茹起来悄悄地换好了男装,拿着衣服包来到马圈。白天她就和院心伙计唠明白了哪匹马好骑,于是拿来马鞍子挂在一匹红白花色的马身上;把布包挂在马鞍子上,并把头上的帽子也摘下来放在布包里。转身进厨房端出来厨师为她准备好的四个凉菜和四壶酒,带上两副碗筷和酒盅,走到打更住的屋子门口敲门。院心伙计在屋里问道:"谁呀?"胥君茹答道:"是我,大叔开门啊!"院心伙计:"有事吗?""没事,睡不着,想和您唠唠嗑。"胥君茹顺口说了一句谎。伙计开了门,胥君茹端着酒菜进了屋里。伙计一看有酒有菜:"嗨,这是干什么呀?"胥君茹笑着说:"和大叔喝两盅,唠唠嗑。请吧!大叔!"边说话边把酒菜放在炕上。给伙计倒上满满一杯酒,伙计爱喝酒,一看胥君茹真心实意地让喝酒,也就不见外,端起酒盅就喝;这伙计爱喝酒也是白天胥君茹和伙计唠嗑唠出来的。所以胥君茹就准备了酒菜,现在端来和伙计对饮起来。伙计本来好喝酒,再加上胥君茹有意劝酒,不一会儿的工夫,四壶高粱烧酒就被伙计喝干了。而胥君茹只有倒酒的份儿,她连一盅酒也没喝。伙计有些到量了:"多谢姑娘看得起我呀!我可乐啦!你真是个好人,好孩子!"说着说着他就迷糊了,歪在一边就睡了。这时东方已经泛起晨曦,胥君茹赶紧走进马圈牵出马来,把布包往腰间一系,戴上帽子,飞身上马,出了院子,顺着去三道沟子的官道就跑了下去。

天亮了,胥夫人起床以后,发现胥君茹不见了,以为到外面溜达去了,也没有在意。到了吃早饭的时候还是不见她回来,胥夫人问平东洋:"你看见君茹了吗?"平东洋摇摇头:"没有哇!她不在房间吗?"胥夫人有点紧张。这时陈百元从家里过来,胥夫人问陈百元:"亲家,你见着君茹了吗?"陈百元也摇头:"我从家里来,没碰见这孩子,她能去哪里呢?"陈百元来到更房子,见伙计还在睡觉,炕桌上杯盘狼藉,陈百元叫醒伙计:"你这是和谁喝的酒?睡到现在还不醒?"伙计睡眼蒙眬,听见东家问话,酒醒了一大半,赶紧下了炕:"昨夜里是胥姑娘说她睡不着觉,要和我喝酒,没承想喝多了。"陈百元说:"不是你喝多啦!是胥姑娘把你给灌多啦!你知道不知道她人去哪啦?"伙计摇头:"不知道。"

胥夫人:"这孩子,一定是去绥化啦。"说完就落下泪来。陈百元赶紧劝解:"弟妹你先别哭,她去绥化?这半夜三更的,她咋走哇?啊!"胥夫人:"我看了一下行李,她带几件衣服和她爹给给她的手枪;再就是带点儿路费。"陈百元醒悟了:"快看看马圈,马匹少了没有?"伙计应声去了马圈。刚进马圈就喊了起来:"东家!少了一匹花马!一副鞍子。"陈百元说:"得啦!这是准啦!骑马奔三道沟子了。平先生,咱们去追!伙计备两匹马,快点,快!"这时天空中传来飞机的轰鸣声。几架日本飞机从天空飞过。平东洋看这飞机说:"这是从南边三道沟子那边飞过来的,向北飞去了。"陈百元说:"有好几回了,都是从那边飞过来,向北到街里扔炸弹。先从南边的三道沟子炸,再到县城里扔炸弹。咳!又该死人啦!"平东洋心里想:"但愿胥君茹别摊上这次轰炸呀!"他没有说出口,怕胥夫人更加担心。

世上的事就是有些说不明白地凑巧。平东洋的担心真发生了。胥君茹真的赶上日本的飞机的轰炸了。

胥君茹骑在马上赶路,她害怕被人发现来追赶她,催马加鞭跑出了几里路,自己也出了一身的汗;被晨风一吹就感觉很冷,于是她下了马走了一段路,才感觉身子有些热乎了,她又上马加鞭。赶到三道沟子北门外上次她们挨日本子飞

第一章

机轰炸的地方,太阳已经升起来了。正赶巧,日本子飞机又来轰炸了。她下了马,想牵马进地里躲避轰炸。可是没等她走下官道,炸弹就下来了,幸亏马匹拦住了炸弹的弹片,马被炸死了,胥君茹被炸弹的爆炸声震得昏了过去;只有小腿被弹片划了一个口子,往外流血。和她同在官道上走路的人有的被炸得尸体破碎,血肉模糊,惨不忍睹;官道上炸出来好几个大坑。飞机飞过去后,从炸翻的土堆里拱出两个人来,一个是中年男子,中等身材,黑脸膛,长得很结实;另一个是位姑娘。这姑娘穿一件蓝色小花布褂子,梳一条大辫子,辫根上扎着红头绳,辫梢上系着一条蓝色丝带,打一个蝴蝶结。下身穿一条青色家织布的裤子。身体矫健。这两个人抹去脸上的泥土向四周寻找着什么,姑娘喊:"奶奶!奶奶!"中年男子四下里查看,在土堆前用手扒土,一边叫道:"娘,娘。你在哪儿啊?"他在土堆旁发现了一只女人穿的鞋子,从土堆的另一面发现了一根银簪子,中年男子认得这些东西是自己老娘的,四周还有几块残缺的肢体。这时就听见姑娘喊道:"爹!这里有个人昏了过去,快来看看啊。"中年男子走过去,到了女儿跟前,有一个人倒在土堆旁,半截身子被土埋上了,他仔细地看了一下被埋的人,发现竟是一个扮男装的女人,他让女儿把埋在女人身上的土扒掉,对女儿说:"凤英,你查看一下,她受伤了没有。"这个被埋的人就是胥君茹。凤英不好意思地说:"爹!人家怎么查看啊?"中年男子说:"她是一个姑娘,你给看看受伤没有,怎么不行呢?"凤英仔细看看胥君茹:"原来是个女扮男装啊!"弄得凤英有点不好意思。她在胥君茹的身上仔细地查看了一遍,只有右小腿肚子上有一处伤;一块弹皮扎进肉里,出了不少血。她对中年男子说:"爹,她是被炸弹震昏的,在小腿肚子上有一处伤。没有伤到骨头。"中年男子说:"那你给他包扎吧。我再找一找你奶奶,八成是被炸没啦!这该杀绝的日本鬼子,你有能耐到地面上来呀!爷爷不怕你!在天上算什么本事?唉!娘啊!儿子一定为您老人家报仇!杀尽东洋鬼子兵。"说完他又到弹坑的四周寻找去了。

  凤英给胥君茹包扎好伤口,又附在胥君茹的耳边轻轻地叫了几声,胥君茹慢慢地醒了过来。她睁开眼,挣扎着想坐起来,可是浑身没有力气;右小腿很疼,她发现自己受了伤。她向四周看看,自己的马被炸死了,身边跪着一个姑娘,正看着自己。她自己想坐起来,身边的女子抱住她说:"你受伤啦!不要动啦!"

  胥君茹摸摸腰间的包袱还在,就是感觉浑身发热,四肢无力。她对凤英说:"大妹子,是你帮我包的伤口?谢谢你!你叫什么名字?""我姓车,叫车凤英,你呢？叫什么名字呀？不是本地人吧？"姑娘反问胥君茹："我叫胥君茹,家住绥化。"车凤英说："哎呀！绥化已经叫日本鬼子给占啦！你回不去啦！"车凤英的话让胥君茹更加担心父亲的安危,禁不住流下泪来："咳！我爹在绥化,我是想回去打听我爹的消息,没想到遇上日本鬼子轰炸,马给炸死了,我还受了伤,唉！真是老天不睁眼呢！"车凤英劝她说："你就别着急啦！你这样怎么走哇？要不先到我家里养伤,等养好了伤以后再去绥化打听你爹的消息。好吗？"说着扶胥君茹站起来。胥君茹也想站起来,她一用力伤口就疼,又昏了过去。胥君茹是半夜起身走路,着了凉,着急赶路身子又出了汗,被晨风一吹受了风,身子发烧;加上飞机轰炸惊吓,受伤流血,身子很虚弱。车凤英又连连呼叫,也叫不醒。车凤英大喊："爹！这个人又昏过去啦！可咋整啊？"

中年男子把几块碎尸骨捡在一起,放在官道旁边的荒地上,用手扒土把尸骨埋起来,做了一个记号。他向土堆扣了三个头,拜了三拜。就听见女儿叫自己,她回到女儿身边问道："你没有叫醒她吗？"车凤英回答："我叫醒她了,跟她说了几句话,她说她家在绥化,姓胥,去绥化打听他爹的消息。我扶她站起来,她一用力又昏过去了。"中年男子俯下身子,摸摸胥君茹的脉说："是很虚弱,先把她抬回家吧,再给她治病。"中年人到附近的屯子借了一块门板和绳子,做了一个担架,父女俩把胥君茹抬回了家。

二十

父女俩抬走胥君茹不到两个钟头,陈百元和平东洋二人就赶到了日本飞机轰炸的现场。他们俩看到了地上被炸的大坑和坑边被炸死的马。二人下马,陈百元走到死马跟前,仔细辨认;他认出来这匹马正是自己家里的花马。被炸得开肠破肚,马肠子流在地上,马鞍子上和地上都有血迹,是胥君茹腿上的伤口流出来的。陈百元对平东洋说："这真是我家的马呀！难道说胥姑娘她……"

平东洋在四周仔细地查看了一遍。只见有好几摊血迹和破碎的衣片,零碎的物件,一片狼藉。回到陈百元的身边又仔细地看了看死马的周围,发现有人的脚印和血迹。他听陈百元说胥君茹可能遇难就说："陈掌柜的,这场轰炸的规模不小,是重复轰炸。从这几个炸弹坑来看,炸弹的威力很大,胥姑娘没有防空经验,十有八九是遇难啦！"陈百元一腔的愤怒："这可恶的日本鬼子,残忍至极;毫无人性啊！咱们到镇里再打听一下吧,弄个准信。顺便再吃点饭。早晨还没

第一章

有吃饭呢！咳！这可咋向我的亲家母说呀？"

二人骑马进街里，来到一处叫宴宾楼的饭馆门口。店小二立刻迎了上来，伸手接过马缰绳，嘴里喊道："里面请！贵客二位！"掌柜的立刻出现在门口相迎："哎呀！是陈大爷呀！您老人家怎么这么得闲呢？里边请！"说着一躬到地，伸手让客。陈百元拱拱手："掌柜的客气，恭喜发财呀！"二人被让到雅间落座。掌柜的高喊着："伙计！快上茶！把我藏着的好茶拿出来！啊！"陈百元对掌柜的说："这该死的日本鬼子又来祸害人啦！"

掌柜的亲自擦桌子："可不是咋的。北门外炸死了好几个人呢！连骑马的都给炸死啦！人给炸得七零八落的，连个囫囵尸首都没落下呀！这日本鬼子可真不是人啊！"陈百元和平东洋互相瞅了一眼。陈百元问掌柜的："炸死的人呢？"掌柜的："都是走道的，好几个呢，跟前儿（附近的意思）屯子的人看不过眼儿，就把炸碎的尸首捡吧捡吧给埋啦！惨啦！"陈百元说："这东洋鬼子真是可恶！掌柜的，来几样菜，两壶酒。"掌柜的答应："好嘞！二位先喝茶。"

陈百元对平东洋说："看来确实是没有啦！唉！可咋跟她妈说呀？我那亲家不知道是死是活；还没几天，这女儿又被炸死了，亲家母咋能受得了哇？"平东洋说："咋说？事到如今，就得往宽处想。尽量安慰胥夫人吧。"二人草草吃过了饭，又到北门外搜寻了一遍，到屯子里打听了一回，和饭店掌柜的说的一样。他们来到新埋尸体的地方，果然一座新土堆。陈百元大声对土堆说："孩子呀！安心地走吧，我会照顾你娘的。一定打听出你爹的消息，把日本鬼子赶走杀光。为你报仇！""陈掌柜的，咱们回家吧。节哀吧，保重身体。你说得对，一定把日本鬼子赶走，赶出中国去，不然咱们就没法活啦！"平东洋说着和陈百元二人牵马上了官道，骑马回四家店。

一路上二人边走边谈论对付日本鬼子的事。谈得很是投机；平东洋很佩服陈百元的爱国情怀，为人仗义有正义感；陈百元对平东洋如何打鬼子的见解很是赞成。不知不觉就到了四家店，还没下官道，平东洋就看见陈家店院里有两个人在说话。其中一个人是店里的院心伙计，另一个是路过打听住店的客人。客人问院心伙计："店里住的客人多吗？"伙计回答说："不多，这个时候路过的客人多数是打尖的，不住店；只有三个人是从绥化来的，说是我们东家的亲戚，住在店里。"客人又问："是亲戚怎么不住在陈家的后院呢？却住在车店里。"伙计说："老太太愿意住店，图一个方便。""啊！是东家的亲戚，姓什么？"客人似乎漫不经心地又问了一句。伙计回答："姓胥。"走路的客人说："我是替我们东家打前站的,看看车店的房头干净不,好安排住店。"伙计一听来了买卖了,就赶紧说道:"您进屋里看,有雅间、单间,男女客房都有,干净得很。"说着,二人进了屋里,伙计领着路人挨个房间看了看才出来。客人说:"好吧,货比三家,我再到邻近的那家车店看看。"说完就走出了院门,正好和陈百元、平东洋打个照面,二人也没有注意就进了院子。伙计把马拴好,卸了鞍子喂马。

二人进了店房。胥夫人就迎了上来,急忙问道:"赶上君茹了没有?"二人无语,半天,陈百元就把在三道沟子北门外发生的一切和他们所见告诉了胥夫人。最后陈百元说:"亲家母啊!君茹这孩子是被日本鬼子给炸没啦!你就不要过于伤心啦,保重身体要紧啊!"胥夫人欲哭无泪:"唉!这才几天,我家就有两口人被鬼子给害死了,我与日寇不共戴天啊!亲家,如今君茹也没了,就不能再耽误方义的婚事啦,方义已经跟我都说了,他已经有未婚妻啦,我是没有告诉你呀。这也是天意吧,就随了他的意愿吧!"陈百元一时语塞:"这,这,么办吧,亲家母,这样吧,我想让方义拜你为干妈,咱两家的亲戚不能断,由他给你养老送终。"胥夫人:"这样也好,也不枉我做了一回他的丈母娘。唉,我那苦命的女儿啊!"

陈百元又说:"亲家母,你一个人在车店里住也挺寂寞的,不如到后院和家人住在一起,给你收拾一个单间屋子,和我小女儿一起住,这样也有个伴。大家多亲近。"胥夫人听亲家一说,马上拒绝了:"不用了,等过了几日在屯子里找一座房子,我自己立火单过吧。就不打扰你们啦!"陈百元摇头:"不行!那就叫我的小女儿过来陪你;她也不小啦,今年都十七岁啦,和你一起住。"他又对平东洋说:"兄弟,你千万别见外,在这儿就是你的家。你住到什么时候都成;我陈百元决不怠慢朋友!伙计,去把我老丫头叫过来,给亲家母做伴。"平东洋说:"别客气,明天我去一趟绥化,打听一下胥县长的准信,也了却胥姑娘的一桩心愿。"陈百元点头道:"也好,你去我更放心,早点回来,必须回来。"平东洋回到自己的客房,收拾一下行李就休息了。

吃过晚饭,陈百元的小女儿小玉就过来了。进了女客房陪着胥夫人唠嗑,劝解着胥夫人,一直到半夜。胥夫人说:"侄女,睡觉吧,我也想开啦,都是这该死的日本鬼子害的,怨不着别人;只有把这害人的日本鬼子杀尽,咱中国人才有好日子过。把眼泪咽到肚子里,记住这深仇大恨,跟马主席抗战到底,给亲人报仇雪恨!"老太太说完吹灭了灯,二人睡了。

平东洋在房间里休息到半夜时分,突然女客房那边传出惨叫声,接着又传

第一章

来呼救声,是胥夫人的声音。平东洋一个鲤鱼打挺从床上跃起跳到地上,一脚踢开房门,冲出了房间,手里已经握了一把手枪。陈家店住宿的客房是外面开门,同时走廊把客房分为东西两部分;东边是男客房和大炕散铺,西边是女客房。平东洋冲出房门向西边女客房跑去,借着屋外的星光他看见女客房门口有一蒙面人站在门口把风。他问了一声:"什么人?"蒙面人也不答话,举起手中的刀就砍,平东洋抬手就是一枪,打在蒙面人的手臂上,蒙面人手中的刀掉在地上。蒙面人怪叫一声,扑向平东洋,平东洋救人心切,飞起一脚,踢在蒙面人的心窝上,蒙面人闷哼了一声倒在地上不动了。平东洋冲进房门,迎面有两个蒙面人从房间里跑出来,手里都拿着日本战刀。平东洋手疾眼快,"啪,啪"两声枪响,两个蒙面人手里的战刀落在地上。蒙面人困兽犹斗,号叫着扑向平东洋,和平东洋对打起来。枪声惊醒了店里的伙计和邻居们,大家纷纷跑过来打听;院心伙计喊道:"老少爷们儿,有人在行凶杀人,大家快抄家伙,别让凶手跑啦!"就这一嗓子提醒了大伙,人们在院子里寻找应手的家伙,把客房门前堵住了。这时门口被平东洋踢倒在地的蒙面人缓过气来,挣扎着站起来,和另外两个同伙一起攻击平东洋。平东洋用枪把子打在其中一个人的头上,把他打昏在地。另外两个看见院里的人们把他俩包围了,知道跑是跑不出去了,咬一咬牙,又号叫着,疯了一样扑向平东洋,被平东洋逐一打倒。

陈百元闻讯从家里赶了过来,看见平东洋把三个凶手打倒,便吩咐伙计把人捆起来。和平东洋一起进了胥夫人和小玉住的房间,陈百元一眼就看见自己的女儿倒在血泊中,他急忙上前抱住女儿,口中不住地呼唤着女儿的乳名:"小玉!小玉呀!爹的老闺女呀!"可是小玉永远也听不到爹爹的呼唤了。平东洋把手放在小玉的鼻孔前,知道小玉已经停止了呼吸。他拉起陈百元走到胥夫人跟前,胥夫人也已经是奄奄一息了,她在坚持着,好像有话要告诉人,张着嘴,嘴唇一张一翕,只是发不出声音来。她看见平东洋和陈百元来到自己的跟前,她艰难地望着平东洋,捂在衣服包上的双手想用力抬起,可是已经无力了,她无奈地闭上了双眼,双手还是按在衣服包上。

陈百元瞪大双眼直直地望着胥夫人,说不出话来。他要呐喊,可是嘴里却发不出声音来,像是有一团东西堵在喉咙里。几天来发生的事情太残酷啦,以致他这久经世面的人不知所措。几天前去绥化找亲家,没有见着人,得到的消息是亲家与日寇做拼死的争斗,生不见人,死不见尸。儿媳妇为了打听爹爹的消息,被日本鬼子的飞机给炸得尸骨不存。而现在亲家母又无端地被害在自己的家里。就连自己的小女儿也不明不白地被杀,他愤怒,可是找不到发泄的对象,是谁!到底是谁!害得我陈家这样?他在自省,他扪心自问:我陈百元这些年在这东南乡没有和谁结下仇哇?也没有做过对不起良心的事呀?我家是门上有匾,坟上有碑的乡绅啊!从没仗势欺人,干过一件有损阴德的事。是什么人来我家杀人?把我女儿和亲家母给害死!

这时候伙计进屋来告诉陈百元:"东家,被捆着的凶手都死啦!"平东洋诧异地问:"什么?都死啦?"伙计说:"是死啦!三个人都死啦!嘴里吐白沫子。"平东洋说:"我没有打死他们,就是要活口。这几个人一定是自杀。听他们的嚎叫声是日本人,武术的套路也是日本人的套路。他们一定是日本人。"

陈百元看看站在院子里的乡亲邻居:"日本人?东洋鬼子真是害人精!欺人太甚。他们侵占了咱们的奉天、吉林,现在又来抢咱们的黑龙江;他们是要灭咱们中国呀。我亲家一家人都死在他们的手里,我那没过门的儿媳妇给炸得尸骨无存啊!这次又害死我的亲生女儿。这国恨家仇我怎能忍下呀?父老乡亲们啊,你们都看见了吧,这鬼子打到家门口啦!有血性的中国人,都站出来和鬼子们拼啦!保卫咱们的家园,保护咱们的亲人,不然咱们还有活路吗?"平东洋对大伙说:"陈掌柜的说得好,你们也看到了吧,日本鬼子的飞机来过好几次了吧?哪次来不死咱们的人啊?等到日本的军队来的时候,我们就成了亡国奴了。现在马主席在和日本子打仗,大伙要支持马主席,和他一起把日本子赶出中国去,保卫咱们的家园和亲人。"

乡邻们纷纷点头称是,大家劝慰陈百元,不要悲伤过度,有损身体。陈百元命人把胥夫人和小玉的遗体停放在一旁,收拾室内。把三个日本鬼子的尸体抬到大门以外,放在院墙根下,弄点杂草苫上。并让人到城里报案,金局长一听盟兄家出了命案,大吃一惊,急忙带人来勘查现场。

二十一

车家父女把胥君茹抬回车家屯自己的家已经两天了,给胥君茹上了自己配制的红伤药,可是胥君茹一直是昏迷不醒,并且发高烧。车凤英的父亲车平起是一名虔诚的佛教徒。自幼和父亲车喜库习武,为人刚直热情。车凤英是他的大女儿,今年十八岁,也跟爷爷习武;车平起还有一个小儿子,今年十四岁;妻子李氏;母亲高氏;一家六口在三道沟子以西车家屯居住,以种地维持生计。今天

第一章

早晨车母要去三道沟子去走亲戚,车凤英跟奶奶一起去,车平起不放心,自己亲自护送娘俩去。想着早走凉快,哪承想啊,挨了日本子飞机的轰炸,把老母亲给炸死了。车平起心里这个恨啊!自己空有一身的本事,却保护不了老娘,他咬牙切齿怒骂日本鬼子,发誓要为老娘报仇,为被日本子飞机炸死的中国人报仇。他和女儿救下了胥君茹,把她抬回了家,向父亲和妻子诉说了事情的经过。老父亲长叹一声:"唉!这日本人是铁了心地要占咱们的地盘啦!是要灭咱们啊。平起,你要记住,为你娘报仇,为这位姑娘报仇。"车喜库懂得一些医术,他看胥君茹这两天昏迷不醒,还发高烧,就给胥君茹平了一下脉,对儿子说:"平起,这姑娘是急火攻心,又受了伤;身子很虚弱。我开一个方子,你去三道沟子抓药,快去快回。我先让凤英用凉手巾冷敷的办法,缓解她的高烧吧。"车平起拿着父亲开的药方子去三道沟子抓药。

  车家屯离三道沟子有五六里的路程,车平起不到一个钟头就进了三道沟子街里,到南街道西吉庆升药铺抓药。他进了药铺,递上药方子,伙计抓药,看见旁边一个顾客和另一个伙计唠嗑。伙计问那位顾客:"这几天没出门吧?"顾客神秘地对伙计说:"昨天从大泡子回来,路过四家店,陈家大车店出事啦!"伙计吃了一惊:"出啥事啦?"顾客摇摇头:"咳!别提啦!听说是住店的客人叫人给杀啦!还有人说是大车店的掌柜的闺女和他的亲戚,我也没太听清楚,就赶着往回来,我家里的病啦。"药铺掌柜的听见了,赶紧走过来问道:"怎么的?陈百元家出事啦?这方圆百里谁不知道四家店陈大爷呀!谁能去他家里害人呢?"顾客说:"听说凶手让一个叫平东洋的人给抓住了。可这几个凶手又都死了,是自杀,嘴里吐白沫,是服了毒啦!可是他们的手脚都被捆着呢,怎么吃的药呢?这三个家伙都是日本鬼子。"伙计停下手中的活计:"啊!又是日本鬼子?真他妈的可恶透了!又来害人。前两天他们的飞机来轰炸咱们这嘎达,就炸死了好几个人呢,如今又到家门口来杀人啦!""可不是咋的。都熊到家啦!咱们中国可要亡国啦!"顾客一副无奈的神情。车平起忍不住,上前插话:"那可不一定,只要咱们中国人齐心,一起打他小鬼子,他还扛打呀?咱们一定能赢。"

  药铺掌柜的说:"这位先生说得对呀,咱们堂堂中华大国,哪能叫小鬼子给熊住呢?现在张大帅叫鬼子给炸死了,少帅年轻,把东三省给整丢了,叫小鬼子得手了。如果咱们老百姓齐心协力,不怕死,也一定能把小鬼子赶出去。""那样可好啦!咳!我得回去煎药啦!"顾客拿着药走了。

  车平起也拿起伙计抓好的药赶回家去,到了家里马上叫凤英娘煎药。自己在外屋和父亲唠嗑,胥君茹在里屋的炕上躺着,车凤英的小弟弟志儿在一旁看着。

车平起对父亲说:"爹,这日本鬼子不光祸害咱们一家呀,我在药铺里听说四家店陈家大车店也出事啦!也是日本鬼子干的。有三个日本人在前天夜里闯进陈家大车店杀了两个人。一个是陈掌柜的女儿,另一个是他的亲戚。三个日本人被抓住以后,不知道是怎么整的,还都自杀了。"

这时恰好胥君茹醒了,她听到这个消息又昏了过去。好一阵子才醒过来,她暗自流泪。志儿见君茹醒了就叫道:"妈,快来呀!姐姐醒了。"车凤英的妈妈走近炕边,看见胥君茹在流泪,就劝她:"姑娘,不要伤心,伤还疼吗?别着急,安心养着吧。过几天就会好的。"胥君茹望着车凤英的妈妈问道:"大婶,这是哪儿呀?""这是我家,屯子叫车家屯儿。孩子啊!你都昏迷两天啦!刚才我看你好像醒过来了,咋又昏过去了呢?我公公给你平过脉,我家凤英她爹去三道沟子给你抓药回来了,凤英正在煎药呢;一会儿吃了药就不疼啦。别着急,你这身子有病带伤的,不能着急。"凤英妈一边劝说着,一边用手给君茹擦眼泪。

胥君茹忍住悲痛:"刚才这位大叔说是哪出事啦?"车平起从堂屋走过来,对胥君茹说:"四家店老陈家,陈百元家。他的大车店去了三个日本人,把一个住店的老太太和陈百元的闺女给杀死啦!"胥君茹强忍悲痛听完了车平起的话,她咬着牙:"这灭绝人性的日本鬼子!又欠下了一笔血债,他们一定要用血来偿还!"车平起说:"姑娘的亲人也受过日本鬼子的害吧?"君茹哭诉着:"是,我爹娘都是鬼子害死的,我和他们不共戴天。我一定要报这个仇!我的家也没啦,让日本鬼子给占啦!"说到这里她说不下去了。凤英妈又是擦泪,又是劝解。车平起说:"你家是哪的?"胥君茹抽泣着:"是绥化的,让鬼子占领了,我一个人逃了出来。父母都被鬼子害死了!"

车喜库走过来说:"姑娘,咱们都叫鬼子害苦啦!就你被炸伤的那天,凤英的奶奶也叫飞机给炸死啦,尸骨无存啊!姑娘,眼泪报不了仇,光哭是没用的。要报仇,大家就得拧成一股绳,齐心跟鬼子干,和他们斗到底。我就不信斗不过小日本儿。"车平起:"咱们多联系和鬼子有仇的人,人多力量大,准能斗过小鬼子。"

车凤英端着药进屋来:"姐,吃药吧。"胥君茹挣扎着要坐起来,被凤英娘扶住:"你别动了,就这样靠着墙,我喂你吧。"胥君茹流着眼泪:"大婶,大叔,爷爷,妹子,你们一家人救了我,我得怎么样才能报答你们啊!"车喜库解劝着:"咳!

都是叫小日本儿给害的。别说客气话,养好伤,治好了病,跟小日本儿斗,把小日本儿打跑了就行啦!"

二十二

陈百元把胥夫人和女儿的后事料理完毕,与平东洋合计亲家母和女儿被害的事,凶手究竟是受谁的指使呢?这时陈方义从外面走进来,他是和金丙山一块儿来的。他一直在后院家里劝解母亲,他问过金局长,凶手因何杀人?凶手是什么人?金局长说他也想不明白是什么原因;不过从抓住的凶手的内衣服饰可以断定,凶手是日本人无疑了。陈方义想不明白原因,心里有一团疑问。他看母亲的情绪有所缓和,就到车店来,他进了大车店没发现胥君茹,就问父亲:"爹,胥君茹去哪啦??"陈百元告诉儿子:"胥姑娘是在出事的前一天夜里,自己偷偷地走了。可能是要到绥化去打听她爹的消息去。走到三道沟子正遇上日本鬼子的飞机轰炸。可能被炸死啦。我和平先生赶到时只看见了被炸死的马,是咱们家的一匹花马,我是认得的,是胥姑娘骑走的。马都被炸死了,人还能活吗?听跟前儿的人说尸体都炸碎了,当地的人看不过眼,给捡到一起埋了。我们也没再动土查看。"陈方义又问道:"我妹子是日本鬼子害死的?"陈百元难过地点点头:"是的,是三个日本畜生干的。叫平东洋抓住了,可是他们又都死了。我和平东洋正合计这事呢。有些奇怪,我想不明白呀?咱们家和东洋鬼子并无仇怨,他们为什么到咱们家行凶?而且单单杀害了你妹子和亲家母。"

平东洋在沉思着,他看看陈百元,又看看陈方义,慢慢地开了口:"依我看,这是有目标地杀人。凶手不知道胥君茹走了;你妹子来陪胥夫人,外人也不知道,凶手把你妹子当成胥君茹了,你妹子被凶手错杀了。凶手真正要害死的是胥家母女!咱们追赶胥姑娘那天回来在院里碰见的路人,就是来打听胥家母女住处的。我也知道是谁指使的了。"

陈方义有些奇怪:"那你说说,是谁指使三个日本人到我家来行凶杀人?"平东洋寻思了一会儿说:"现在胥家的人都没了,我说了也不碍事了。我在绥化救了胥县长一家人,听胥县长讲,他手里掌握着季平在绥化叛国投敌的证据,想对马主席报告,揭发季平。可是电讯中断,他身边又没有可靠的人送这些证据。最后是胥君茹自告奋勇要来拜泉找马主席。他父母不同意,我说陪伴胥君茹一起来,胥夫人不放心,决定和女儿一块儿来。胥县长怕走漏消息,让季平知道杀人灭口,就以给胥君茹结婚为名,实际是想把季平通敌的罪证送给马主席。一到拜泉胥家母女就被盯梢、偷听。我估计季平已经知道她们到了拜泉,季平怕他投敌的行径败露,就杀人灭口。这几个日本人就是季平派来的。胥县长在绥化就说过,去绥化刺杀他们一家的凶手也是季平派去的。"陈百元听了平东洋的一席话,惊讶得半天合不拢嘴。陈方义也很惊诧。但他一边静静地听,一边思考着。听完了平东洋的话,他点点头:"你这么一说,我也想起了一件事,就在我被吴四抓走的那天晚上,也就是你们来这里的那天晚上,就有人到你们住的旅店去抓你们。一进门就喊要抓从绥化来的三个人。当时你们是来到我家这块儿了,没有抓到你们。要不那天就出事了。当时我也没有想明白是什么人要抓你们。那些人可能是在店里的账房先生那儿知道你们的去向,于是就跟踪到了这里行凶。"

"啊!按你说的,我们离开县城的那天夜里就有人去抓我们啦?一定是季平!他怕胥家母女找到马主席,抢先下手灭口。"平东洋肯定地说。陈百元问陈方义:"像季平这种人,咋就没有人惩治他呢?"陈方义说:"马主席不知道季平他投敌了,别人没有他官大,管不了他。就是把胥县长搜集的证据拿到马主席那里,季平也不会认账的。因为前些日子马主席不也是就任了伪满洲国的省长了吗?这是战争时期,调查取证不容易呀!只有抓住他的直接证据,才能惩办他。"陈百元朗声说道:"平东洋兄弟,我陈百元也是堂堂中国人,也有爱国之心。现在亲人被日本鬼子杀害,国土被鬼子侵占,我不能无动于衷啊!"

平东洋说:"中国人都像你一样就好啦!何愁倭寇不除。像季平这样的卖国贼,把咱们国家给整坏了,指望着他们领导抗战是不可能的。马主席前些日子不也是和日本人讲和了吗?现在又在黑河通电抗战,攻打哈尔滨。唉!"陈方义点点头:"是呀,现在咱们的国家政府无能,指望着国联出面给调解,把国家的命运寄托在西方列强的恩赐上,这是幻想,世界的各个强国都想瓜分咱们中国。要救咱们的国家,只有靠咱们自己,靠咱们老百姓。老百姓才是抵抗日本鬼子的主力军,他们的家园、他们的亲人,都在这块黑土地上,他们世世代代生活在这里,他们会用自己的一切来保卫这块黑土地。我们把他们组织起来,和日本鬼子斗争,为中国人树立一个榜样。"平东洋:"我是坚决抗日的,原来的打算是到这里投奔马占山的,但他中途变卦了,投降了日本鬼子。虽然他现在又抗日了,但我对他也拿不准了。一个人单打独斗,是打不过日本鬼子的。"陈方义对父亲说:"爹,南边日军马上就占领海伦了,西面日军从齐市那边逼过来,南北对

第一章

拜泉形成了包围之势。日本鬼子马上就打到家门口啦！到了国破家亡的时候啦！"陈百元说："我炎黄子孙岂能对倭奴俯首？这国恨家仇怎能不报？看来靠政府是不行啦！县长都通敌了，靠不住；我看咱老百姓自己成立一支抗日的队伍。学南宋的辛弃疾，组织民军，和倭奴拼个鱼死网破！"陈方义说："对呀！我从齐市回来这些天就在街里宣传这些道理，动员老百姓参加抗战，保卫家园。办民军是个办法，组织起一支老百姓的队伍和日本鬼子干。"平东洋若有所思："办民军？是个路子。"

陈方义对他父亲说："爹，通肯河涨水，两岸的百姓衣食无着，再加上日军占领区逃过来的难民，他们流离失所，无家可归，咱们得帮助他们啊。"陈百元说："这几天我也寻思着这件事，要不咱们就在大车店旁边开一处粥棚，接济这些难民。"陈方义："好！这既帮了难民，又收拢了人心；让人们扎堆，站住脚，我的宣传队就可以在这里对难民宣讲抗日、保卫家园的道理。稳住人心，号召人们和日本鬼子做斗争，保卫我们的国家。"

陈百元同意儿子的意见："好哇！这就叫伙计们去张罗办吧。"陈方义对平东洋说："平先生，我看你就不要去绥化了，胥县长若是活着，也能独善其身；若是没了，你也寻不着准信。你就在我家这块儿吧，我也在这里帮助开粥棚，咱们一起把难民组织起来，参加抗日。你看咋样？"平东洋想了想，觉得也是这个理，就答应了："好吧，我留下来。陈掌柜的开粥棚救济难民，这些难民是被日本鬼子给害的，他们和鬼子不共戴天。我想民心可用，办民军也行。可是古语说得好'当兵吃粮'咱们办民军虽说不算正规部队，但是性质和军队无疑呀！招来的难民吃穿、使用的武器装备等项费用，可是需要很多的资金啊！"陈方义看看父亲："爹，毁家纾难，把咱们家的产业捐出去，支援抗日。"陈百元鼓励平东洋："打仗拉队伍我不明白，可是为了抗日我是铁了心啦！我愿意出钱出力，哪怕是倾家荡产我也不后悔！只是没有找到领头的呀！平先生肯不肯挑这个头哇？"平东洋："打鬼子我没二心。可是要我现在就挑头，怕是还没有那么大的威信和号召力。因为我是外地人，尽管人们传说我怎么样能打鬼子，受到他们的热爱。但是离号召民众、得到他们的响应和信任，愿意跟我打鬼子还差一大截呢。"陈方义点头道："这是个问题，是得找一个有威信的、在本地有影响力的人领头。"他停下来想了一会儿："这样，咱们先把粥棚开起来，再找领头的人。"于是四家店陈家大车店开粥棚了。

第二章

一

　　拜泉境内没有崇山峻岭，其土埠隆起于地面者，本地人称之为山。据《黑龙江志稿》记载："拜泉境内有：太平山，万宝山……"这万宝山离四间房有二十里路远近，在四间房的东南方向，在四间房和三道沟子之间。这万宝山也是漫川漫岗的地势，只是相对高度差距在七十米左右。万宝山在海拜官道的南边，有六里路之遥，海拜官道在岗顶上通过。在万宝山的南山坡底下，有一个小屯子，因为靠着万宝山，当地人就把这个小屯子也叫万宝山了。屯子里共有二十几户人家，清一色的农民。这个屯子有一个特点就是屯子后面就是山坡，非常陡；坡上长着零星的杂树，坡顶上就是庄稼地。屯子南面是一条宽一千五百米长八九千米，东南西北走向的平坦的大草甸子，里面长着芦苇、苦房草、乌拉草等，其间夹杂着一片一片的柳条通（柳条，多年生的灌木，最高能长到五六米，有大拇指粗细，一簇一簇连成片，密密麻麻，当地人把成片的柳条地叫柳条通）。这样的柳条通在拜泉境内极常见，凡是不能种庄稼的低洼地都栽种柳条。此时正是铲完三遍地，农民称之为挂锄的农闲时节，漫山遍野的庄稼把大地装扮得翠绿一片。

　　万宝山屯子的西头的一个场院里，有一个人正在舞剑，这个人叫陈久思，是本屯的农民，他一边舞剑，一边口里吟诵着岳飞的《满江红》："……壮志饥餐胡虏肉，笑谈渴饮匈奴血……"那架势大有即刻跨马征程的感觉。就在这时他的亲家急急忙忙地跑过来，边跑边喊："亲家！亲家！不好啦！兰芝叫胡子给劫走啦！"

　　跑来的人叫王友德，和练剑的陈久思是儿女亲家；王友德嘴里喊的兰芝是他的女儿，陈久思的没有过门的儿媳妇。陈久思听见亲家的喊声，吃了一惊，急

第二章

忙收剑:"快点叫孩子们啊！叫仲民、元奎他们！快！往东河套方向去两伙,一伙去三道沟子,另一伙去通北,我去大泡子。都骑马去！快！"二人分头去找人。

海拜官道上,逃难的人三五成群,络绎不绝,奔向大泡子。天空阴沉沉的,偶尔落下几滴雨。逃难的人们面带饥色,携儿将雏,挽老扶残,哀声不绝。难民甲:"听说四家店那块儿开粥棚舍粥,赈灾啦？"难民乙:"是吗？听谁说的？""在三道沟子就有人说啦,是陈家店掌柜的陈百元开的粥棚。"难民甲回答。难民甲的母亲双手合十:"阿弥陀佛！救苦救难的观世音菩萨,保佑穷人吧！"难民甲劝他妈说:"妈,还是求陈百元陈大爷多舍点粥吧。"难民乙:"可不是咋的,快点走吧,去晚了赶不上饭时啦。"

这时一声声呼救声从道边的庄稼地里传来,几个人推搡着一个被捆着的青年女子从道东的地里出来,往道西去。其中一个人用手捂着被捆的女子的嘴,不让她喊出声来。众难民纷纷躲避。本地人都知道,这是胡子绑票(当地人把土匪叫胡子。绑票是土匪抓住人,叫被绑的人的家人拿钱来赎)。

胡子扭着青年女子过官道,被绑的女子就是陈久思的儿媳王兰芝。从后面传来一声马的嘶鸣声,一名女子骑马跑过来,看见胡子拉着人往道西的庄稼地里走；就大声喝道:"还不放手,姑奶奶又碰到你们了。"她用手指着一个罗圈腿的胡子:"罗锅孙,你这个十恶不赦的畜生,又来伤天害理了。"

那个被叫出外号的胡子也看见骑马的女子,他吃了一惊:"妈呀！这个煞星,今个又碰上了！金山、飞龙,今天兄弟们并肩子上,把这个丫头也抓住,一起卖到窑子里去。"叫飞龙的胡子应声:"是这话,她送上门来,哥们就别客气了；把她也捎带上,送给县长当姨太太。"另一个叫金山的胡子喝道:"别胡说啦！抓住再说,上！"三个胡子放下被捆的女子,由金山看着,其余两个回过身去,准备和骑马的姑娘打斗。

骑马的女子已经下了马了,直奔那个叫罗锅孙的胡子去了。女子身穿镶蓝边的白布夹袄,腰扎蓝布板带,黑布裤子,黑布鞋。手里拿着马鞭子。这个女子是车凤英。她本来是去走亲戚的,遇上这件事她就要管。她边走边说:"还不放人快滚！等姑奶奶动手打发你们呢？"罗锅孙骂道:"姓车的丫头片子,你是找死,上次在通肯河边上,爷爷我他妈的落了单儿,叫你占了便宜。如今这后背还疼呢。今天,哼！你别想再占便宜啦。兄弟们,上！"

双方打在一起。罗锅孙手里拿一把匕首,飞龙手里拿着一条三节棍。金山怀抱短刀站在被捆着的女子身旁。车凤英一扬手就用马鞭子打掉了飞龙手里的三节棍,疼得飞龙"哎呀!哎呀!"直叫唤。捂着手腕子退回金山身边。狡猾的罗锅孙转到车凤英的身后边偷袭,车凤英回身防备。二人又斗了几个回合,金山等不及了,叫了一声:"没用的东西!"把捆人的绳子交给飞龙,自己迈步奔向车凤英,金山力大刀快,两个照面,车凤英的马鞭子就被金山用刀背砸飞了。罗锅孙趁机上前用匕首逼住车凤英,飞龙把车凤英也捆住了。车凤英怒骂不止,被飞龙用腰带子把嘴给堵上了。金山拉着马,罗锅孙和飞龙两个推推搡搡两个女子,奔道西的柳条通走了过去。逃难的人们纷纷从两旁的庄稼地里走出来,一边议论,一边赶路。

难民甲:"咳!这年头啊!日子没法过啦!通肯河发大水,把庄稼给淹了,没有收成;胡子还横行作恶,趁火打劫;这些还可以忍一忍。可是这可恶的小日本他妈的也来欺负咱,听说已经打到海伦啦!"

难民乙:"可不是咋的。去年九月,日本兵炮轰奉天北大营,东北军群龙无首,少帅领着老婆跑到北平去了,小日本的胆子是越来越大了,他们不仅把辽宁全占了,接着又占了吉林。这不又往北来占咱们江省来了吗?听说马小个子在泰来江桥跟小鬼子打了一仗。这一仗打得挺出气;可咱们没有人家枪炮好哇,小鬼子有飞机大炮,机枪也多;马小个子顶不住了,退到大泡子来了。咳,这四周都是日本子,炮弹都打到家门口啦!往后这日子可咋过呀?"

难民丁不服气地说:"怕什么?大不了同小鬼子拼个你死我活,同归于尽。哎,我听说最近在绥化海伦一带有一个报号平东洋的人;专杀鬼子,已经杀了好几十个鬼子兵了。日本兵一提起平东洋那是又恨又怕呀!我看大不了咱就投平东洋去,跟他一块杀鬼子。"

这时难民们身后又传来马蹄声,转眼间,官道上又跑过来一匹马,这是一匹很扎眼的马,这匹马全身红色,在鼻梁上有一条一寸宽的白色,四个白蹄子,是有名的雪里站。马上坐着一位四十多岁的男子,阔口方面,浓眉毛有点吊眼梢,红黑脸膛,二目有神。上身儿穿白布褂子,下身儿毛蓝布裤子、青布鞋,光着头。骑马人看见难民就跳下马来,这个人就是陈久思。难民都躲到路旁边,其中有一个胆子大的问道:"掌柜的,离四家店还有多远啊?""不远了,还有几里路。"陈久思问道:"你们看见有一个青年女子被人给劫走了吗?""看见啦!不到一个时辰,就在后面的路上,几个胡子劫了一个姑娘从道东往道西过,跟一个路过骑马的女子打了一仗,那几个胡子连骑马的姑娘也给捆了,一起奔道南的柳条通大甸子去了。"一个难民一边说着一边用手指了指刚才打仗的地方和胡子走的

第二章

方向。陈久思问道:"没听说他们劫了这两个姑娘打算咋整啊?"难民丁说:"听其中一个胡子说要卖到窑子里去。肯定是往大泡子那边去啦!"

"多谢啦!"陈久思看了看难民说的胡子走的方向摇摇头。按照难民指的方向,离官道不到一里地远就是柳条通大甸子;甸子上的荒草足有一人多高,别说是藏五六个人,就是五六百人也难找出来。加上连绵不断的柳条通,这片大甸子往南直通三道沟子,往北一直到大泡子。在这片甸子里找胡子就是大海里捞针,没有希望。再说胡子离开官道已经有一个时辰了,他们藏在什么地方谁也不知道。胡子经常来这地方,他们利用这青纱帐藏身,在里面有他们的窝子。胡子们为了逃脱追赶,把他们走过的小道踩得跟迷魂阵一样,只有他们自己人才认得,外人是无法辨别的。这些情况陈久思是比较清楚的。他想:"不能跟在胡子后面追赶,那是赶不上的。难民不是说了吗,胡子要把劫来的人卖到妓院里去?那就必须去县城,只有那里有妓院可以出手。不如早到县城,在妓院附近等他们。"陈久思想好了主意,上马往前走,一路上碰到不少难民,这些难民都是奔四家店的粥棚来的。陈久思赶到四家店已是中午,离屯子老远就看见陈家大车店的大墙外集聚了不少的难民。陈久思骑马下了官道,就看见陈家大车店院外西边有三间草房,房前有一排锅台,安五口大锅,锅里都煮着苞米楂子粥。难民们在锅台前排起了队,等着盛粥吃。有的吃完了粥,在大墙根下歇着,议论着平东洋的故事,他们并不知道平东洋就在陈家大车店里。一个难民说:"日本鬼子到海伦啦!到处杀人放火,抢东西,祸害妇女。"另外一个难民说:"可不是咋的,可凶狠啦!不讲人性!可是咱中国人也不是泥捏的,好欺负。有一个报号平东洋的好汉专杀鬼子,枪法好,就别提有多准啦,那可是枪响见物;武艺还好,能高来高走,飞檐走壁。鬼子一提起平东洋三个字都打哆嗦。这平东洋从不打家劫舍,不祸害老百姓,专打小鬼子。"一个年纪轻的难民听得非常神往:"要是碰见平东洋就好了,我就跟他打小鬼子,给亲人报仇!"给难民盛粥的伙计接着话茬说:"那是不假,平东洋那是大英雄,能耐大了去啦!就前几天,就在我家大车店里,他一个人就活捉了三个日本鬼子呢!"

陈久思下了官道,牵着马往店里走正好听见难民和伙计说的话;他很在意地听着,对平东洋有了一些印象。店里的院心伙计走过来接过马缰绳:"掌柜的,打尖啊?还是住店啊?""打尖。伙计,没听说哪块儿出了胡子打劫女人的事呀?"陈久思向伙计打听消息。伙计摇摇头:"没有。只有逃难的,到这块儿讨碗粥喝就走了。没有听说被劫的。"

陈久思看了看天色，又瞅瞅槽趟子，槽趟子里拴着一匹黑色的马，挂着全鞍鞯。他对伙计说："伙计，把马饮了，多添点料，把马喂饱了。另外告诉厨房来两张豆油饼，一碗鸡蛋汤，要快！"

伙计答应着："好嘞！"他转身冲厨房喊了一嗓子："两张豆油饼，一碗鸡蛋汤啊！"伙计喊完了就去饮马了。

陈久思走进店房。这大车店带客房，正房一溜是七间，中间开门，西边三间是单间客房，多数是住女客人；开门的这一间做账房，东边三间是车老板子和男客人住宿的大炕散铺。靠东头有几个单间是男客人的雅间，一般赶车的老板子和跟车的掌包的都住大炕散铺；因为比较便宜。陈久思和管账的打个招呼，就走进东间屋里，坐在北炕上。六月天窗户都开着，屋里很敞亮，正是麦子将收的时候，本应农闲时节，可是赶上日本鬼子侵占东三省，出门的人很少，更没有人住店，店房很空旷。南炕把西头有一个人头朝里躺着睡觉。睡觉人头枕着一个包袱，身穿一件白布对襟布衫，黑色裤子，扎着裤脚，穿一双黑布鞋。陈久思自己坐了一会儿，伙计进屋放上炕桌，转身端上油饼和鸡蛋汤，又拿来碗筷和汤匙放在桌上，对陈久思说："掌柜的，有上好的高粱酒，来二两呗？"

陈久思说："不用了，把马给喂饱了。"就开始吃饭。南炕睡觉的人这时翻了一个身又睡了。陈久思吃完了饭，叫伙计："算账！"伙计走过来接过陈久思递过来的钱，陈久思说："零钱不用找了，小费。"伙计朝陈久思连连点头称谢："谢谢掌柜的。谢谢掌柜的。"

陈久思对伙计说："伙计，把马饮饮，我要走啦。"伙计答应："好嘞！我这就去饮去，您老先歇会儿。"伙计出去饮马，陈久思也跟了出去，来到院里。伙计牵马过来，帮助紧紧马肚带，扶了扶鞍子，对陈久思说："掌柜的慢走。"陈久思接过缰绳，牵马出院，骑上马向西奔去。

屋里睡觉的人坐起来，这个人正是平东洋。他从窗户往外看着陈久思，打个哈欠，喊伙计："伙计，来饭啊！"

伙计赶紧跑过来："掌柜的，您醒啦？到饭时啦，我看您在睡觉，就没敢惊动您，来什么吃食？喝什么酒？"伙计对平东洋是毕恭毕敬，一是陈百元早有吩咐，平东洋什么时候吃饭，吃什么，是随叫随到，伙计和厨房就随时做。二是平东洋抓鬼子叫店里的人佩服得五体投地，伙计以自己能伺候平东洋而感到荣耀。陈百元还吩咐店里的人不许叫平东洋的号，只叫掌柜的。

平东洋问伙计："刚才的客人你认识不认识？出院向哪去了？""不十分熟

第二章

悉。好像是前屯万宝山的陈久思陈掌柜的,向大泡子那边去了。"平东洋像是自言自语,又像是问伙计:"他去大泡子干什么呢?他骑的马可是挺扎眼啊!"伙计摇头:"不知道干什么去了。"平东洋对伙计说:"你去把陈掌柜的爷俩请过来,我有事。"伙计答应着出去了。平东洋对陈久思的行动、言谈有些疑惑,对陈久思有一种看不透的感觉。

不一会儿,陈家父子从后院家里来到车店。一进门陈方义就问:"平先生,有什么事吗?"平东洋:"刚才来了一位客人,伙计说是万宝山的陈久思。这个人行为很怪,不吃荤,还打听有没有胡子抢劫青年女子的事,我想问问陈掌柜的,了解这陈久思的底细。"陈百元说:"你说的这个人我还真熟悉。他信佛,是个佛教徒,所以不吃荤;住在万宝山,年年进北平到一个什么寺拜佛。弄得万宝山一个屯子的人都跟他信佛,都听他的话。"平东洋又说:"这个人不仅信佛,我看还会武功。可是他为什么打听胡子抢劫的事呢?""八成是和胡子一伙的吧?"陈方义猜测着。"不能!这个人是前几年从奉天那边搬过来的,和万宝山屯子的王友德结为儿女亲家。是一个本分的庄稼人。至于会不会武,我不清楚,也没见他露过。"陈方义插话:"这么说他在屯子里挺有威望啊!"平东洋肯定地说:"这个人一定会武,从走路上就能看出来,他为啥打听胡子的事呢?"陈百元想了想:"备不住是家里的什么人让胡子绑票了吧?他找人,只能打听哪儿发生了劫道啦、绑票啦这些事儿。好从中打探消息。"平东洋点点头:"嗯,有这种可能。这个被绑的人是个女的,因为陈久思问伙计说胡子抢劫女人的事啊。"陈百元恍然道:"对啦!王友德的女儿是他的儿媳妇,还没有过门呢!这就对啦,他人在哪呢?""出了咱们的院子向西走了。伙计说是去大泡子了,是县城吗?"平东洋问。陈百元:"是,我们都把县城叫大泡子。陈久思是怕胡子抢了人卖到妓院去,他到街上去找了。你问这个干什么?"平东洋说:"现在还不好说,不过我想跟着也去一趟街里。如果真的像你们说的那样,我就帮他一把,说不准还能找到一个同道中人呢。"几个人合计了一下,决定让平东洋去街里相机行事,帮助陈久思救人。陈百元派人去万宝山打听王友德家里到底发生了什么事。平东洋吃过饭,背上包袱出了店房,接过伙计递过来的马缰绳,上马出院,也奔大泡子走了。

陈久思离开四家店,一路上认真查看道两边的庄稼地和柳条通。也没发现什么异常情况,他走得不快,下午五点钟才进了街里。他来到南街道东的天升大车店前,骑马进了大车店院里下马。院心伙计过来接过马缰绳,牵马走向井台饮马,然后把马拴在槽子上,添上草料。陈久思进屋里和账房打了个招呼,账房间:"掌柜的,住店啊?"陈久思:"住店,大铺一位,带早晚饭。"账房写好店簿,发给铺号:"明天早上结账。"

陈久思拿着铺号进了客房,客房里面和陈家店里一样的格局,一进门就是南北两铺对着的大炕通铺,靠里边有几个单间客房。陈久思找到自己的铺位,坐了一会儿,伙计来叫吃晚饭,陈久思跟着伙计过去吃饭。

这时平东洋也进了街里了,他在陈久思的后面,离得不算太远。平东洋进了街里挨着大车店找陈久思的那匹马,直到天升店才看见那匹"雪里站"。知道陈久思是住在这家店里,于是他也进店里,伙计牵马去饮,平东洋自己进屋里写店簿。账房写完店簿说:"赶紧去伙房吧,正开晚饭呢。"账房转身喊:"伙计!领客人用饭啦!"

伙计过来:"掌柜的,请跟我走吧。"领着平东洋去了伙房,正碰上陈久思吃完饭回客房,二人打了个照面。陈久思也没有注意,他是一门心思想着怎么找人了。平东洋从陈久思走路的姿势上看出来陈久思是个会武之人,而且不是弱手。平东洋吃过了饭也回到客房,他看见陈久思已经和衣躺下了,不知道是睡了,还是闭目养神。平东洋很奇怪,他也在自己的铺上躺下了。

二

从四家店向东南顺着海拜官道走二里路,有一向南的岔道口,从岔道口再向正南走一里路,有一个小屯子,有七八户人家,屯子紧挨着大草甸子和柳条通。这个屯子就是吉福屯,也叫吉鬼子屯。屯子最西头有一座院子,有五间正房,东西厢房也是五间;土堡子的围墙,有一人多高;墙头上横卧着用高粱秆做成的墙枕头;木板做的大门,关得紧紧的。透过门板的缝隙可以看见西厢房南头的马棚外拴着一匹马,正是车凤英的坐骑。正房亮着灯光。这座院子是这个屯子的首富吉万福的家,门前是一条大车道,道南就是大草甸子和柳条通,院子西边还是柳条通。

五间正房正中间开门,东间屋里亮着灯。东外屋两个被胡子劫来的女子坐在地上,身子依然被捆着,嘴被堵着。东里间屋里是南炕,炕上放着桌子,桌子上是杯盘狼藉;屋里点着带着玻璃罩子的煤油灯,把室内照得很亮。靠东山墙放着一张地八仙桌,旁边放着几条板凳;金山坐在地八仙桌旁。罗锅孙坐在炕里正位,脸朝向炕外,已带醉意。他的左边坐着吉万福;右边坐着吉万福的老婆

第二章

小翠仙,靠着炕边;对面是飞龙,也坐在炕边;原来是金山坐在炕边,他吃得快,下桌了,小翠仙就往外串了一位。

吉万福外号叫吉鬼子,有几十垧地;十几匹马,一年雇三个长工;这样的家底有不少是靠他给罗锅孙这伙胡子当窝主得来的。他给罗锅孙当窝主,罗锅孙贪恋小翠仙的姿色,他们是两相情愿,结成死党,狼狈为奸,祸害乡亲。这次罗锅孙这伙胡子在万宝山屯子后边劫了两个青年女子以后,就窜进官道南的大草甸子里,以柳条通为掩护向西北跑到吉鬼子屯前边,从道南的柳条通里潜入吉万福家里藏匿起来。

罗锅孙有四十七八岁的年纪,略微秃顶,剃个光头,小耳朵,小圆眼睛,嘴唇特别厚,向外翻着,嘴还有些歪,下巴有点向上翘。由于常年骑马,两条腿都变成了O形。背上有一个罗锅,因为姓孙,自己在道上就报号罗锅孙。飞龙有三十多岁,两腮无肉,瘦削脸,很白,高个头,常年抽大烟,浑身瘦得跟麻秆似的。金山五短身材,一身的肌肉,平和的面相。这一伙人是以罗锅孙为首的胡子。其中金山是为了给老娘治病挣钱,叫罗锅孙给骗入伙的。罗锅孙看中金山的一身功夫,人又老实,罗锅孙和金山沾一点偏亲,他连哄带骗把金山拉入了伙。罗锅孙打算让金山手上也有人命,可是这头一次作案就劫了两个女人,他们是听了吉万福的话,专门劫女人卖到窑子里,不能杀死,所以他们躲到吉万福这里,商量怎么卖这两个女人。

到了吉万福这里,小翠仙赶紧张罗做饭。这帮人从中午一直喝到晚上,这时罗锅孙说话了:"咋样?弟兄们,吃好了没有?吉掌柜的,给倒个地方,我和弟兄们快活快活。两个大姑娘,嫩着呢!"说完掐了小翠仙的屁股一把,小翠仙疼得尖叫着:"哎呀!挨枪子的死鬼,掐疼老娘啦!"罗锅孙大笑着说:"比嫂子还嫩着呢!哈哈哈!"小翠仙醋意大发:"挨刀的死鬼,你敢撇了老娘,出门就遇上丘八,叫你吃枪子儿!"

金山也说:"不行!不能碰这两个肉票,不管是叫他们家来出钱赎,还是卖到窑子上去都行,值钱,破了身子就不值钱了。"罗锅孙一瞪眼,歪着嘴,用手擦了一下流出来的口水骂道:"你他妈的就认钱,没有出息的货,要不是看你有两下子,我还不稀罕带你呢!"金山不服,反驳说:"要不是俺娘有病没有钱治,借了你的钱,能上你的当吗?你骗俺说是跟你做买卖,给你当保镖,能挣钱,还你的债。哪承想你干的是丧天良的缺德事。呸!"说完瞪着眼睛看着罗锅孙。吉万福赶紧拦住他们的争吵:"趁天黑,我这有马、有车,你们把他们拉到大泡子卖了算了。以免夜长梦多,走漏了风声就他妈的全完了。快走!"吉万福一是怕走风,二是嫉妒别人做男女之事。

小翠仙更是怕罗锅孙喜新厌旧,怕罗锅孙撇了自己,也一个劲儿地劝罗锅孙:"哎呀!大瓢把子(土匪的首领)!得了吧!兄弟的和气要紧;金山兄弟是个大孝子,你呀!赶紧把她俩给卖了,换钱给金山兄弟,好给老太太治病。你回来嫂子好好陪陪你,叫你过足了瘾。这两个小骚货,还是个雏,不懂风情,嘻嘻!是吧,金山兄弟!"说着话她用手朝金山的裤裆摸了一把,吓得金山直往后退。

罗锅孙也怕走了风声,另外他还惧怕金山,这金山要是真叫起真来,自己和飞龙俩人也不是金山的对手。没有办法,只好忍住:"哼!真他娘的丧气!走!"飞龙讨好地说:"消消气,到了大泡子管你够,有的是窑姐儿,可你挑。"

吉万福嘱咐罗锅孙:"你们一进街南门就往东走,到一贯道坛主张明强家中,叫他出头到窑子找到下家,论好价就出手。你们就别出面啦,免得露相。"原来张明强找吉万福,叫吉万福找胡子抢青年女子,吉万福就找了罗锅孙这帮胡子。飞龙有些疑问:"张明强能帮咱们吗?他不怕粘包?""没事,就是他让抓人的。"吉万福很有把握。小翠仙接着说:"听说是给日本人干的活。"吉万福赶紧呵斥小翠仙:"别多嘴!"

金山有点诧异:"给日本人干活?"飞龙推着金山往外走:"别多问啦!赶紧走,卖了人好乐呵去。"他们说的话被外屋的车凤英听得清清楚楚。

罗锅孙跟在后面:"中,张明强的家我去过。快走,太晚了进街要是遇上查夜的就糟啦!"

三个胡子套上车,把王兰芝和车凤英抬上车里,绑在车厢上。罗锅孙骑着车凤英的马,飞龙赶车,金山坐在外车辕上,一起向大泡子走去。大约夜里九点钟,马车就进了街里,罗锅孙按着吉万福的指引,来到一贯道坛主张明强的家门前。

张明强的家是一个五间正房带东西厢房的院落,四周是木板围起的院套。罗锅孙下了马,走到大门前敲门,敲了两遍,上房有灯光,接着有人问:"谁呀?"罗锅孙答道:"是吉万福的人。"院里传来脚步声,大门打开,张明强披着衣服,探出一个脑袋来打量罗锅孙等人,他认得罗锅孙:"是你老兄啊!进来吧!这么晚了,啥事呀?"罗锅孙一挥手,飞龙和金山就把王兰芝、车凤英拉下车,推推搡搡地走进院子里,把马车也赶进院子里,拴在大门框上。众人进了上房,罗锅孙叫金山在堂屋里看住王兰芝和车凤英,自己和张明强进了里屋。里屋的北墙上挂

第二章

着李聃的画像,画像的上边有一横幅,上面书写着"吾道一以贯之"。下设香案,香案上陈设香炉、蜡烛等物件。香案两旁有两把太师椅。张明强让罗锅孙坐下,接着问罗锅孙:"大当家的,是怎么回事?"罗锅孙说:"是吉万福说的,让我们绑来女人送到你这来,你包出手。这不我们就送来了。"张明强很高兴:"对!对!是有这回事。好吧,我穿上衣服咱们就走。"罗锅孙拦住张明强:"我们不能朝相,你去找下家讲价钱,叫下家带钱来领人就得了。"张明强一想点点头:"也好,我自己去,你们听信。"说完就回西屋里穿衣服。西屋里传来女人的埋怨声:"叫人不得安宁,三更半夜的!"

张明强出了院子,他走得很快,直奔西市场去了。虽是深夜,但是西市场因为是妓院所在地,依然是灯红酒绿,人声喧哗;霓灯闪闪,丝竹声声。十几家妓院花灯高挑,妓女们站在门口卖弄风情地拉客;小贩们在街上来回走着叫卖:"酸梨,瓜子,落花生。""麻花,烧饼,黏火烧。""香烟,白面,金枪不倒。"饭店送外卖的伙计来去匆匆。这里一点也不像夜静更深的光景。所有的妓院都在道西,在妓院的对面的街口处,有一个人在那里徘徊,街口深处还有一个人也在原地看着街口的人。张明强从南边的街口走过来,一直走到一家门面最大的妓院的门口站住。

张明强走进的这家妓院是县城里最大的一家妓院,叫"满堂春"。是一座两层回廊式的建筑,一进门就是天井,张明强走进天井就喊:"老鸨儿!过来,买妞不?"

老鸨儿看见张明强就叫道:"哎呀!哪阵风啊?把张坛主给吹来啦!这一阵子你死哪去啦?也不上老娘我这来啦?这回是相中我们哪位姑娘啦?"她回头冲楼上喊道:"我说姑娘们啊!快来接客呀!"老鸨儿这一番话好不容易停下,张明强急忙说:"哎呀!你先别张罗,今天有事找你。"老鸨儿一听,把脸一沉:"事!事!整天介都是事儿!你到我这儿不叫姑娘,还能有啥事?老娘懒得和你整事!"老鸨儿说完就要走,张明强急忙拉住老鸨儿的手:"别介,你是买卖做大了,是咋的?不想挣钱啦?有财也不想发啦?是不是?"说完顺便亲了老鸨儿的手一下。老鸨儿抽回手,眼珠子骨碌了几下子,堆下笑脸说:"哎呀哦!这是哪跟哪呀!我的张大坛主!啧啧!哪有见财不发的呀?你个死鬼,净吊老娘的胃口,快说吧,什么事?"

张明强一副色眯眯的神情:"有两个嫩得能掐出水的黄花大闺女,你要不要?"老鸨儿把嘴一撇:"哼!我就知道你狗嘴里吐不出象牙来,你还能放出好屁来？从你张坛主手里过的东西是白的也变成黑的啦！姑娘经过你的手还能是姑娘？不带孩子就烧高香啦！骗老娘的银子是吧？滚！"老鸨儿和张明强说话的声音很大，引起了街对面的人的注意，他闻声悄悄地走过来，隐身在灯影里，侧身偷听他们的说话。他身后的那个人也走到街口处观察着。

　　张明强眨巴眨巴眼睛，咽了一口唾沫："老野鸡！你还别不信，这回是道上的朋友刚摘下来的，我不喘气地到你这来送信，我连碰都没碰。长得就别提多水灵啦！特别标致。我敢说你园子里的头牌姑娘都不行！整个大泡子没有能压过的。"说完用手擦了一下流出的口水。老鸨儿认真地看了张明强半天，半信半疑："那么你说说什么价？人在哪呢？"张明强一伸手："十五块大洋一个人，拿钱跟我去领人。"老鸨儿眼睛睁得多老大，跳着脚喊道："杀人啊？这么贵！五块一个！"张明强把脖子一梗，晃了晃脑袋，连带两只耳朵也跟着直呼扇："你也太黑啦！我这贪黑把火的，得弄个辛苦钱，少不了十二块；不行我找别的园子去。"说完做出转身要走的架势。老鸨儿一咬牙，一跺脚："算你狠，十块！不行你就滚！"张明强一拍额头："得啦！算我今天倒霉，瞎了眼，没有找准买家，拿钱领人去。"老鸨儿冲里面喊道："三头！出来！""啥事呀？干妈！"应声从里面出来一个人来，走到老鸨儿跟前，张明强一看吓了一跳，这个人长得太丑陋啦。爆花秃的脑袋，在两个额角上各贴一块膏药，尖尖的秃顶，痄腮的腮帮子一边一块横肉，没有鼻子，嘴唇向上翻着，嘴唇上边有两个窟窿。中等个头，说话没有鼻音儿，闷声闷气的。"你带人跟张坛主去领人，上心点，别弄跑了。"老鸨儿一边跟三头交代任务，一边给张明强数钱。

　　三头回身招呼手下的人："二秃子、迷糊仔，跟我走。"在门口偷听的人转身隐去。三头一伙人跟在张明强身后往一贯道走去，这伙人身后有人跟着，再后面还有一个人也跟着。

三

　　张明强领着三头一伙来到自己的家门口，全然不知后面有人跟踪，他到大门前敲门，里面罗锅孙问道："谁？"张明强："开门吧，是我。""回来啦！"罗锅孙开门，看见三头就问："这几位是谁？""是来领人的。把人交给他们吧。"张明强一边进院子一边说。"那钱呢？一个人卖多少钱？"罗锅孙不放心。张明强边说边往院里走："八块大洋，进屋里把人交给他们，让他们快领走。"罗锅孙满脸狐

第二章

疑："咋这样贱呢？太少啦！老子拼了命,怎么才弄这么俩钱？"张明强一听很不满意："咋的？你们信不着我？那就别来呀？我还真不愿意蹚这趟浑水！"

飞龙在旁边急忙解劝："别介,别介。坛主,有话好说,别伤了和气,自家兄弟,咋的都好说。"张明强咳嗽了一声："各位要想挣大钱也不难,你们跟着我干啊！我保你们有吃、有喝、有钱花,还有官儿做。""咋的？还有官儿做？别他妈的糊弄老子啦？"罗锅孙歪着脑袋看着张明强。张明强一脸不屑的神情："你们要是信着我,以后就听我的,我是大掌柜的。今天我垫上几块大洋,你看咋样？"罗锅孙转转眼珠子,又瞅瞅飞龙："你出多少钱？让我们听你的。"张明强得意地说："今天是小意思,既然兄弟们缺钱花,想发财,来投靠我,那这两个肉票的钱我替妓院花了。一个二十块大洋,也算是我给兄弟们的见面礼。"罗锅孙惊喜地问一句："是真的？张坛主,要这么着,今后我们哥几个就听大哥的啦。"

这几个人进了屋里,金山坐在椅子上看着被捆着的车凤英和王兰芝。王兰芝一脸的愁容和惊恐;车凤英是一脸的怒气,她看见张明强等人进屋,就暗中运劲儿,准备趁来人不备,给他致命的一击。

跟在张明强身后的人在门外一闪身就进了院里,他疾步奔到上房窗前的暗处站住,从门缝往里看,屋里的灯光照在此人的脸上,这个人正是陈久思。他身后的人也闪身进了院子,藏在马车的暗处,看着上房的动静。

张明强指着王兰芝和车凤英对三头说："喂,我说三头,这两个人都在这块儿呢,你带走吧,我们是人钱两清。别再弄跑了,我可不管啦。"

三头大咧咧地晃着尖脑袋："张坛主,放心吧！什么样的烈性的妞我没见过,到三爷我的手里都他妈的服服帖帖。"说这话他走到车凤英跟前,伸手就去摸车凤英的脸,车凤英早就准备好了,冷不防抬腿就踢出一脚,这一脚是用足了劲儿,带着一腔子的怒气踢向三头的裆部,这三头根本没有注意,让车凤英踢个正着,疼得这小子一口气没上来就昏了过去。罗锅孙急忙伸手拽住车凤英的绑绳,不然车凤英跟上再一脚,三头的尖脑袋就非得开花不可。罗锅孙一边拽住绳子一边叫："金山,快抓住这丫头,帮他们送走。"

陈久思在门缝里把屋里的情景看得清楚,听得明白,两个女子,一个正是自己没过门的儿媳妇王兰芝,另一个可能就是难民们所说的救人被捉的骑马的女子了。他看见胡子的作为,不禁怒火中烧,再也忍不住了,他拉开门冲进屋里去。马车暗影里的人跟着来到房门前的暗处,往屋里看。陈久思冲进屋里,把屋里的人都惊呆了。

◇ 通肯河传

　　陈久思质问："抢掠民女,该当何罪?"罗锅孙等人回过神来,问陈久思："你是什么人,敢坏我们的事?"陈久思一摆手："快放人！不然我就不讲情面了。"罗锅孙说："你是哪条道上的朋友,报个蔓吧。"说着双手抱拳举过右肩。眼睛示意飞龙出去查看。飞龙会意,出门去看。在门外头看的人是平东洋,他看见飞龙向门口走来,急忙抽身又藏在马车的暗处。飞龙沿着屋子墙根的暗处走了一遍,又到大门外看了看,回身进屋,对罗锅孙摆了摆脑袋。

　　在屋里,陈久思说道："我是东南乡万宝山的陈久思,被你们抢来的是我未过门的儿媳妇。放人吧。"罗锅孙放下抱拳的双手："啊！陈掌柜的来要人啊,按道上的规矩,我们兄弟不能白忙活吧？拿钱赎人。不然就滚蛋！"陈久思："少说废话,痛快点,放人。"罗锅孙一听,瞪着眼睛："哎！挺硬气,啊！想来横的是吧,好吧,朋友,文赎拿钱,武赎赌命。出手吧,大家玩儿一把,赢了的领人,输了的把命留下。兄弟们上！"

　　罗锅孙手里握一把匕首向陈久思刺来,陈久思退到屋外,使开拳脚,先踢翻了罗锅孙,又转身接住飞龙打来的三节棍,打倒了金山；张明强在后面偷袭。陈久思躲开张明强刺来的匕首,正要转身,躺在地上的金山用剪子腿踢向陈久思,陈久思跳起来躲过金山踢来的一脚,身子正要向下落,在地上的罗锅孙拿匕首向他刺来,陈久思身子在空中往旁边闪过,落在金山的面前,背向金山,金山从后面伸手抓住陈久思的左手腕子,短刀压在陈久思的脖子上,逼住了陈久思。

　　张明强见金山逼住了陈久思,就喊道："宰了他,别漏了窝底,除去后患。"罗锅孙也说："对,金山,送他上路吧,快点。"金山犹豫着："叫他回家拿钱来赎他的人就算了,干什么非要他的命呢?"罗锅孙开口骂道："混蛋,王八犊子,漏了老底,我们还能在道上混吗？快点动手!"金山无奈,拉着陈久思往院外走。

　　平东洋出现在院门口,挡住了去路。罗锅孙吃了一惊,他看了一眼飞龙,一摆手围了上去,金山把陈久思交给张明强看住,也围了上去。

　　平东洋双手抱拳当胸："墙里开花墙外红,墙里墙外访宾朋。"罗锅孙一听也接上话茬说："山丁子开花一小撮,李子开花一排排；当家的是成撮还是论排？"说完也是抱拳当胸。平东洋接着说："一人一马一枝花,五湖四海是我家。"罗锅孙一听不是大绺子的胡子,是一个人,就放下心来,说道："既然都是道上的朋友,见面是缘分；有在下的就有当家的。报个蔓吧。"平东洋："小山头,平东洋。"罗锅孙和飞龙、金山互相看一眼："不熟悉。"张明强忽然叫起来："哎呀！就是杀日本人的平东洋,杀了他,我有赏。"罗锅孙看了一眼张明强,没有理会他："朋

第二章

友,按道上的规矩,见者有份儿,等把这姓陈的打发了,咱们兄弟再亲近。"平东洋摆摆手:"当家的,不可以,各位给在下一个面子,这位陈掌柜的是我的朋友,放了,连两个女子都交给我吧。"罗锅孙的眼珠子都要瞪出来了:"什么?想吃独食?赊现成的,想得美,做梦你!罗锅孙也不是好欺负的主,弟兄们上。"

张明强也喊道:"弟兄们别让这小子跑啦!杀死他我有重赏,一百块大洋,快上啊!"张明强听见平东洋三个字就想起了绥化的那个晚上,他的头皮都发炸,三个日本武士死于非命,幸亏他没露面,不然也和武士一块去了。今天可遇上了,仗着人多,把平东洋拿下,他可在季平那里露大脸啦。

平东洋听张明强喊出赏钱,也有点奇怪,但是他没有多想,不动声色地说:"最好别伤了和气,在道上混最讲的就是义气,还是给在下一个面子为好。"

这时飞龙扬起三节棍就朝平东洋的头上打来,罗锅孙手拿匕首照准平东洋的腹部就扎去,平东洋伸右手抓住飞龙的三节棍往怀里一带;飞龙就感觉对方的劲比自己的劲大,他怕三节棍被平东洋夺去,于是就用力握住三节棍不撒手,可是劲没有平东洋大,人也只好跟着向前迈了一步。三个人几乎是同时动手,动作谁也没有平东洋快!他把飞龙带到自己的身边,右手往上一提三节棍就立起来了,平东洋的右手在飞龙的头上绕一圈,就用三节棍把飞龙的脖子夹住了;接着用力把飞龙向罗锅孙面前一推,堪堪这时罗锅孙的匕首也刺过来,此时飞龙正好挡在平东洋和罗锅孙之间。罗锅孙心狠手黑,这家伙下手就不留情,他这一次是算准了平东洋得先对付飞龙的三节棍,所以用足了劲刺向平东洋,想一击得手。可没有想到平东洋动手非常快,从伸手抓棍、提棍、头上缠绕到最后一推是一气呵成,把个飞龙当成了挡箭牌。罗锅孙的匕首一直向前刺,眼瞅着就扎在飞龙的肚子上,这要是扎上那就是一个透明的窟窿,非把飞龙扎个透心凉不可。这罗锅孙也不赖,他在使用匕首上也是下了功夫的,他之所以选用匕首是因为便于携带,不易给人发现,贴身搏斗突然性强,他惯用的手段就是突然袭击。今天眼看就要扎在飞龙身上,罗锅孙的手腕子一挺,匕首的尖就朝上,胳膊一抬,匕首贴着飞龙的肚皮划过,把飞龙吓得半死。飞龙被平东洋用三节棍夹着,动弹不得,只有挺着挨扎的份儿,他就闭眼等死了,只觉得脸上一股冷气带过。罗锅孙的身子随惯性撞在飞龙的身上,罗锅孙隔着飞龙,匕首就在飞龙的右肩上滑下来,罗锅孙见这招走空,他紧接着把脚向飞龙的右侧迈了一步,上身探出来,右手的匕首倒转回手刺向平东洋的右肋下;这平东洋右手抓着飞龙的三节棍,右肋完全暴露给罗锅孙了。只见平东洋左脚向右前方跨一大步,伸到罗锅孙的两腿之间,左手随着脚同时动作,伸手抓住罗锅孙拿匕首的手腕子一用劲,匕首就掉在地上了,右手往后一带,差一点把飞龙勒死,这几个动作又是一连串的,一点儿也不含糊。平东洋这时已在罗锅孙的身后,他抓罗锅孙手腕子的左手往怀里一带,往上抬起,罗锅孙背向平东洋,自己的手腕子被平东洋牢牢地抓住往上抬,他不得已就得往下低头哈腰。平东洋插在罗锅孙两脚之间的那只脚用力一踢罗锅孙的屁股,罗锅孙一个狗抢食趴在地上,平东洋的左脚随后就踩在他后背的罗锅上,稍一用力,痛得罗锅孙像杀猪一样嚎叫起来。

  平东洋看着金山:"都住手吧,我可不愿意伤了谁的性命。"张明强急忙对金山说:"别听他的,上!金山,快救大当家的。我出二百块大洋!"金山本来就不愿意伤人,再看眼前的形势也不容他再动手,两个人在平东洋手里受制,只要平东洋再一发力,这个两个人非死即伤;而且这时平东洋手里不知道什么时候多了一把二十响的手枪,正对着自己。再看飞龙脸都紫了,平东洋嘴上说话,手上一点儿也没松劲,看到这里金山说话了:"大哥,认了吧,性命要紧呐!"罗锅孙趴在地上哼哼着:"好吧,老子认栽啦!放人!哎呀!轻点儿吧!哎呀!"张明强还在犹豫着,平东洋一看不给点厉害不行,脚下用力一踩说道:"大当家的,你的人不听你的话呀。"这回疼得罗锅孙冷汗直冒叫道:"张坛主!你想害死老子啊?快放人!"

  张明强放了陈久思,回头对屋里叫道:"三头,放人。"这时三头刚被迷糊和二秃子叫醒过来,他在屋里双手捂着裤裆,咧着大嘴对车凤英发狠呢。根本不知道外面的事,听见张明强叫他放人,他有些奇怪,他趴在门口一看,不知什么时候院子里多了两个人,而且有两个胡子叫一个人给制住了。陈久思正朝他走来,他也不敢多问,就说:"那钱得还给我们啊。"

  趴在地上的罗锅孙赶紧说:"给,快给!张坛主快给他们钱,快呀!哎呀!"张明强从腰里掏出大洋交给三头,三头让开门口,叫上两个手下的走了。陈久思进屋里给王兰芝和车凤英松开绳子,三个人活动手脚,车凤英出了房门看见罗锅孙就扑了上去;正好这时平东洋抬起脚放开了罗锅孙,罗锅孙爬起来又趴下,又爬起来勉强支持站住;被扑过来的车凤英一掌又打趴下了。平东洋放了飞龙,拦住了车凤英说:"姑娘,暂且饶他这一次吧。"车凤英这才停住手脚。再看飞龙被放开之后也站不稳,跟跟跄跄地跌坐在地上喘气。罗锅孙又在地上挣扎了几次才站起来;他恶狠狠地瞪着平东洋。张明强一拉他的衣襟,罗锅孙双手抱拳:"青山不改,绿水长流,日后再会。"罗锅孙说完场面话,就躲进里屋去

第二章

了。只剩下飞龙还在地上喘气，金山走近前用力拉起他。平东洋对金山说："朋友日后多亲近，我愿意交你这个朋友。"金山若有所思，茫然地点点头，扶着飞龙也进了屋里。车凤英在门口发现了自己的马，就解开缰绳牵在手里。

陈久思抱拳当胸："惭愧！多谢朋友相救，此地不是说话之处，能否到我的住处一叙。"平东洋也抱拳还礼："正要打扰，一起走吧。这位姑娘怎么称呼？"

车凤英也致谢道："多谢好汉相救，我叫车凤英，三道沟子西车家店住。今天本来是外出办事，半路上碰上罗锅孙劫这姑娘；我救人没有救成，反倒被他们给抓住了，藏在窝主家里。在他们喝酒的时候，说要把我们送到大泡子，找什么张坛主帮忙；窝主的女人说这是日本人让干的。"平东洋一听很惊讶："是日本人叫他们干的？抢劫？"王兰芝惊魂未定："今天早上，我在地里干活，这三个胡子把我抓住了，一路上推推搡搡，说是要去窝主家，半路上遇到这位姑娘相救，连累了她。"陈久思说："走吧，回车店。"

一行人牵马来到天升大车店。进了院子，伙计接过马缰绳，众人进了店房。陈久思叫伙计："伙计，开两个单间，都是双人的。"伙计应声把客人让进单间客房，两个姑娘一个房间，陈久思和平东洋一个房间。客房里有两张床，一个小柜橱，有茶具放在柜橱上面。伙计点着了带玻璃罩子的煤油灯，把房间照得很亮。陈久思二人对坐在床上。

陈久思又作揖致谢："在下陈久思，一个庄稼人，今天要不是好汉出手相救，我已经是没有性命了，救命之恩永当不忘。"说完一揖到地。

平东洋拦住陈久思，二人重新坐下，平东洋瞅着陈久思："陈掌柜的也不只是个种地的庄稼人吧？"陈久思疑惑地望着平东洋："你咋就知道我不只是个庄稼人呢？"平东洋说："今天在四家店大车店咱俩就见过面了，我看你吃饭不动荤，不喝酒，就猜出你可能是一个在教的人，刚才救人的时候，看你出手你是一个会武的人。明明武艺不错，可是却不救人，倒像是切磋武功，点到为止；才给胡子可乘之机，受制于人。这可能和你的信仰有关，不杀生吧？因此我猜陈掌柜的不只是种地的庄稼人。"陈久思睁大眼睛看着平东洋，半晌不语。

此时另一个房间里，王兰芝和车凤英俩人也没睡，二人谈得很投机。王兰芝拉着车凤英的手："妹子，今天你为了我，差一点叫胡子给卖到窑子上去。这救命之恩我是一辈子也不能忘啊！"车凤英拦住她的话："别说啦！今天栽了一个大跟头，救别人，差一点儿把自己搭进去；叫人笑掉大牙。再说也没救成，你也别欠我的情。""那哪能行呢？虽说没有救成，可也是救了的呀！我看你没有我大,今年十几啦?我就叫你妹妹吧?"王兰芝诚恳地看着车凤英。"我十八啦,你呢?多大啦?有婆家吗?"车凤英问。王兰芝不好意思:"我十九,有……有婆家啦,你呢?有没有婆家?""没有,对呀!陈大叔是你公公!哪能没有婆家呢!你瞅我这记性。我叫你姐姐吧,我家里还有一个弟弟叫志儿,就我们姐俩。"车凤英又说:"姐,今天要不是那个平东洋和陈大叔相救,可就糟啦!我想拜平东洋做干爹,就怕人家不愿意呀!"王兰芝也有意认平东洋做干爹:"我也有这个意思,等明儿个我跟我公公说,求他帮帮忙,让平东洋认下你我这两个干女儿吧。"

两个人说了一会儿话就睡了。可是陈久思和平东洋一点睡意也没有,继续他们的谈话。

平东洋对陈久思说:"在四间房店里,我听见你打听胡子劫道的事,就猜测不是你家的人被劫了,就是寻找同伙。可是你吃中午饭的时候,我看你又不像道上的人,我想看个究竟,就跟在你的后边,差半个时辰进的街。看见你的马拴在这天升店里,我也把马拴在这里了。进店里一看,你却睡觉,直到半夜了,你才起来去妓院打听消息,我也随你之后去了妓院。"

陈久思说:"我是在半道上跟难民打听了,说是胡子要把她们卖到妓院去。我估计大白天胡子是不敢捆着人赶路的,他们怕人怀疑,或者走了风声,家里人追上。尤其是近街跟前儿,更害怕警察巡街给撞上。他们一定是先找窝主避风,等到天黑再上路,还不能在前半夜进街。所以一直到后半夜才到西市场打听。"

平东洋听完了点点头:"是啊!我不熟悉这街上的情况,不能乱跑,只能关在店里,跟在你的后面见机行事。"

陈久思感慨地叹了一口气:"我是一个佛教徒,信奉吃斋念佛,修善积德;诸恶不为,见善奉行。持斋守戒,遵守佛祖教诲不杀生。可是今天的事却给了我一个深刻的教训:不杀生不仅换不来胡子的善心,还差一点被杀。难道是我的信仰错啦?"平东洋说:"世上之事,善恶要分辨清楚,你信佛教普度众生,劝恶向善,这是佛祖的本意。我不信佛,但也向善,对于大恶之人必须除掉。古语有'除恶务尽也是大善'的名言。对于今天的胡子,必须制服才能化解危机,不然你连对他们说教的机会都没有。以你之能,制服他们也是可能的,至少不能被胡子所制。"

陈久思赞同平东洋的话:"是啊,也是我心存善念,可是忘了他们是穷凶极恶之人啊。他们作恶多端,三言两语怎么能说动他们呢?"平东洋安慰陈久思:

第二章

"这是教训啊！对于这些祸害百姓的强盗,绝不能姑息迁就,心存仁善啊!"

"对于恩人我也不便多问,你就是难民传说的专杀日本鬼子的平东洋吗?你为什么专和日本人做对头呢?"陈久思一脸的疑惑。平东洋说:"我也不瞒你,虽然我按道上的规矩报号平东洋,可是除了杀鬼子,我没有干过一件坏事。你问我为什么专和鬼子作对,说起这事来话可就长啦!我是从东北军出来的。"陈久思惊讶:"你是当兵的?怪不得你身手这样好呢,你是当兵的,东北军不是都叫日本鬼子打散了吗?你们的少帅不是不让你们抵抗吗?"平东洋说:"是啊,恨就恨在这儿啦!日本鬼子天天搞演习,九一八事变的前两天,他们把演习搞到北大营的门口啦!其实就是为进攻北大营做准备。上级执行蒋委员长的命令,不让弟兄们做准备,把枪都给锁起来了。"陈久思担心地问:"哎呀!那你们不就干挨打了吗?这可咋整啊?"平东洋:"谁说不是啊!我们旅长就以剿匪的名义命令我们营全副武装,只是没有炮,开出北大营,秘密地驻扎在大营的附近,怕日本人搞袭击,没有走远。当天晚上我回家了,我不放心我的老娘和媳妇。"

"你的家里都啥人啊?"陈久思继续问平东洋。

平东洋:"老娘、媳妇连我三个人。媳妇怀孕了,有六个月了。我爹在日俄战争中叫鬼子给杀害了,硬说他给俄国人送情报。当时我刚刚一周岁,是我娘把我抚养大,给我请了师傅,教我练武艺;不怕别人说闲话,把我送进了东北军当了兵。她老人家为的就是能给我爹报仇。她看我回来就问我回来干什么来了?我说日本子要进攻北大营,我不放心家里。我娘说:'儿啊,你忘了你爹是怎么死的啦?忘了让你习武当兵是为了什么啦?'我说是为了报仇。老娘又说:'为的是打日本子为父报仇;只要他敢伸手,咱们就别留情!孩子,你忘掉妈吧!一心去打鬼子吧!去吧!手中的枪不能让你白拿呀!'她对我媳妇说:'拿酒来,我今天给他喝一杯出征酒!壮壮军威!让我儿子为国杀敌,为父报仇!'我妈她接过我媳妇倒的酒说:'孩子,为了咱中国,为了老百姓,你喝下这杯酒,不赶走强盗不许你见我!'我喝了酒说:'娘,你放心吧!儿子一定奋勇杀敌,把小鬼子打回东洋去。'我给我媳妇倒了一杯酒,嘱咐她照顾好老娘,给老娘磕了三个头就回队伍了。"说到这里平东洋眼里充满了泪水。

陈久思被平东洋所说的深深地吸引住了,他张着嘴,看着平东洋问道:"后来呢?"

平东洋说:"我回到部队的当天夜里,日本鬼子就向北大营发动了袭击,日军冲进兵营屠杀手中没有武器的东北军;那个惨啊。我们那个营从大营外冲进来攻击日军的背后,营房里的弟兄们才有机会逃出来一些。结果我们被日军包围了,打到最后,一连长命令勤务兵把我架走,我才免于死在营中。"

陈久思听完喃喃地说:"奉天就这么完啦?"他又问平东洋:"那你以后咋整啊?"平东洋说:"队伍叫鬼子给打散了,我孤身一人潜回奉天;日军到处抓人杀人,我老娘和媳妇下落不明,十有八九是遇害啦。为了给亲人报仇,我一路跟着向北侵犯的日军,见着落单的日军我就把他干掉。一共收拾有二十几个吧。有几次很危险,差点儿叫日军给抓住,是这遍地的庄稼和柳条通掩护了我。最近在绥化救了县长胥玉乾一家,杀了三个日本武士。后来随胥家母女来到这块儿了。"

陈久思听到平东洋杀了不少鬼子,长长地出了一口气:"好样的!干得痛快!叫日本鬼子也知道咱中国人的厉害!兄弟,你竟有这样的经历!特别是伯母的高义,真是叫人敬佩呀!大有古代岳武穆的母亲教子精忠报国之遗风啊!"

平东洋说:"这些天的经历中,我悟出一道理来,一个人的力量是拼不过日本人的;只有联络大多数的中国人一起抗击日军,才能取得赶走日寇光复祖国的胜利。我这一路下来就想寻找志同道合的人,一起拉队伍和日本鬼子干。这几天在陈家大车店观察了解陈百元的为人和志向。陈百元是一位爱国的有民族自尊心的人,而且他也是深受其害的人;他的女儿,他的亲家一家人都是日本鬼子给害死的。他与日寇誓不两立。""陈百元这个人我也知道,他是咱们东南乡的首富,为人好善乐施,不看重钱财,仗义扶危,在这四里八乡很有威望。"听到平东洋说起了陈百元,陈久思马上应和道。平东洋说:"是的,陈百元为人重信义,有中国人的志气,有民族气节,他很想拉起一支队伍和日本鬼子干。今天看你的为人处事,我很想交你这个朋友,想和你、陈百元咱们一块拉起一支队伍抗日,你看咋样?"

陈久思说:"能和你这样的人交朋友,真是太好啦!我害怕高攀不上你呢。我和日寇不共戴天!平东洋兄弟,打日本鬼子我绝不落在别人的后头。"平东洋:"这么说来,陈掌柜的也受过日寇的迫害?"陈久思满腔的悲愤:"兄弟呀!咳!一言难尽啊!我的老家在朝阳,在那里过日子,本来过得好好的,可是自从来了这该杀的日寇,就没有太平日子啦!日本鬼子把我害得是家破人亡啊!我弟弟结婚的时候让日本浪人给打死了,弟媳也自尽了,老父亲一气之下病倒了,不几天就离世了。老母亲想念儿子和丈夫也离开了我们。不到一百天我家就被日本鬼子害死了四口人啊!这还不算,日本鬼子还逼迫官府抓捕我们。在我师兄的帮助下,我们这几口人才逃出虎口,搬家到这块儿了。后来我听说我师兄也叫日本鬼子给害死了。这深仇大恨我岂能忘记？"平东洋说："可恨的日寇,不在自己家里待着,跑到咱中国来祸害人。有许多像你我这样遭遇的老百姓,他们恨透了日本鬼子,我想,只要我们带头行动起来,肯定能有许多人跟随我们一起打鬼子。"

陈久思说："那是不假。日寇作恶多端,天理难容。咱们不能眼瞅着自己的爹娘被杀,家园被毁呀！有良心有血性的中国人都有与日寇血战到底的决心。我们舍了命也要带这个头,把日寇赶出中国去。拉队伍是个大事,咱们得出师有名,要仔细合计合计才中。"平东洋说："是得要仔细商量的。"陈久思："天亮以后,咋地也得和我家里人见上一面,再合计打鬼子的事。"

二人一直唠到天亮。陈久思说："早饭回屯子去吃,不知道家里人咋着急呢！"他叫醒了王兰芝和车凤英。平东洋："可不是咋的。咱们回去晚了,家里人还得打发人出去找。整两岔去了多急人,赶紧往回走吧。"陈久思到账房结了店账,喊伙计备马。车凤英对王兰芝说："咱俩骑一匹马行不？"王兰芝："中啊。"车凤英接过马缰绳,把王兰芝扶上马,自己搬鞍认蹬飞身上马,先出了院子；平东洋二人也上马出了天升店。

陈久思和平东洋二人是一宿没合眼,张明强和罗锅孙他们也是一宿没合眼。陈久思、平东洋他们走了以后,这几个人气急败坏呀！张明强埋怨金山动手太慢,罗锅孙骂平东洋下手太狠,飞龙只顾喘气,喊脖子疼。归其了,张明强说话了："各位,这事不能就这么算了呀！"罗锅孙瞪着眼睛看着张明强："不算了还能咋地？咱们打不过他们。"张明强说："话不能这么说。这平东洋是没把的流星,今天在这,明天在哪说不准。可陈久思是有地方的,他家在万宝山呢！找他好找哇！再说,他俩就算不拆帮,也有别人出屯子的时候,你们抓他的儿媳妇不就是乘其不备吗？你们到万宝山再候着,抽冷子下手,保准能行。说不准逮着谁呢？"

罗锅孙犹豫着,他有点儿打怵了；一是被平东洋踩得真是有点伤筋动骨,现在活动身子后背还很疼,使不出劲来；二是被平东洋的功夫给镇住了,他怕再见着平东洋。他看飞龙在摸自己的脖子,飞龙的脖子被三节棍给夹得都肿了,喘气费劲,使劲喘气还疼；飞龙躺在椅子上直哼哼。只有金山坐在那里不作声,没事人一样。罗锅孙很生气,他埋怨金山不早点动手,把陈久思结果了。可是金山说："打你们俩的只有平东洋一个人,我要不管一切冲上去,张坛主你一个人能看住陈久思啊?"罗锅孙一想也是这么个理,也就不说什么了。

张明强又撺掇地说:"当家的,你们在道上混,名声很重要,这回认栽了,那道上就没有你老兄这一号啦!这个脸你能丢得起吗?再说了,明枪易躲,暗箭难防。这个脸你们一定要找回来呀!"几句话又把罗锅孙给说活了,他挠了挠没有几根头发的脑袋:"张坛主说得对,这个脸得找回来。就在万宝山的屯子外下手,我们再找几个帮手去,咱们先睡一会儿再走。"他们密谋到天快亮才睡。

四

万宝山屯子背靠万宝山。万宝山其实就是这方圆几十里的丘陵地带的最高点,比四周平川地高出六七十米。陡坡上山花遍野,说不上是万紫千红,可也算得上光鲜耀眼;其间杂有林木,枝头上不知名的鸟雀竞相鸣叫,很是悦耳。坡顶上却是平坦的庄稼地。典型的黑土地,肥得流油,由于开垦得比较晚,不用上粪,庄稼依然长得很茂盛。十几户庄稼人依山建房,门前是一片大草甸子和断断续续的柳条通。早炊时候,袅袅炊烟上升,与晨雾相融,飘在村庄的上空,给小村庄罩上了一层白色的轻纱。在山坡上看不清村子里的房舍,只能听到不时传来声声鸡啼鹅鸣,犬吠牛哞。一派恬静安逸的农家田园景象。可此时的万宝山屯子里却是一片不安宁的景象,陈、王两家正在为王兰芝被劫而心焦发愁。

王友德家在屯子中间,土垡子砌成的院墙,有一人多高,墙头上用高粱秆做的墙枕头横卧在墙上(墙枕头,一种防雨、防人爬墙的设施)。院里正房五间,东西厢房各五间,东厢房是仓库,房南头有一口水井;西厢房北头是马圈,南头是碾坊和磨坊;房子的南头是猪圈。在院门西边放着两辆大铁车。

正房是中间开门,进深八米,很宽敞。一进门两侧是锅台,各安两口大锅;这中间的屋子兼有厨房的功能。靠北墙放一个条桌,长有两米,宽有半米,这张条桌平时是家里人吃饭的餐桌,逢年过节在北墙上边悬挂祖先的画像或牌位,这个条桌就成了香案了。东西的间壁墙的中间各开一个门,通往东西两边的屋里,中间这间屋子既是厨房又是堂屋,当地人们把它叫外屋或者外屋地。

东屋的两间房子也隔成里外屋,东外屋是南炕,一般是房主人辈分最高的人居住;接待客人也是这间屋子,所以没有北炕。靠北墙放一张地八仙桌子,旁边有几条板凳;桌子上摆着茶具,墙上贴着一张南无大智文殊师利菩萨的牌位。一条用艾蒿搓成的火绳从棚杆上垂下来,冒着一缕青烟,满屋子里是艾蒿的

第二章

清香。

　　此时王友德和老伴坐在炕沿上,四目相对,满面愁容。老伴泪眼涟涟,已经哭哑了嗓子,只是抽泣着。王友德强忍着悲痛,百般劝解。大儿子元奎、二儿子元方、三儿子元林都站在屋里看着爹妈,也忍不住唉声叹气。看着母亲总是哭,大儿子元奎劝解母亲:"妈!您老人家别着急上火,要是把身子急坏了,我们可咋整啊?妈!"元奎娘说:"我能不急嘛?儿啊!这丧尽天良的胡子什么事干不出来呀?啊!可怜你妹妹啊,一大姑娘啊!怎么能禁得起他们折腾啊?我的老天爷啊!你咋就不睁眼呢?庄稼人还有活路了吗?"王友德劝说老伴:"你再哭那胡子也听不见,也不能发善心,把孩子给你放回来。这叫人善被人欺啦!咱老王家跟老陈家都是信佛向善的人家,哪承想摊上这事。唉!我算是看透了,什么信佛呀,积德呀,都不好使!对恶人就该有恶招才中。"王元方说:"爹,你到西院陈大叔家里去看看吧,陈大叔昨个儿出去至今还没回来,他家也是急得火上房啊!"王友德对老伴说:"可不是咋的,你只顾自己着急上火,亲家母那儿不知道咋样了呢?我也得去看看啊,是不是?"说完,下炕,拿着旱烟袋,脚步沉重地走出屋,几个儿子继续劝着母亲。

　　陈久思的家在王友德的家的西边,院落样式和王家的大致一样。不同的是陈家的院子没土堡子围墙,陈久思的院墙是用柳条夹的杖子围成的;一人多高的柳条杖子都扎根成活,长出新的枝条,杖子夹得非常结实;如果不把柳条杖子砍倒,不走大门,任何人是进不了院子的。王友德出了自己的院子,向西一拐就进了陈久思的院子,两家紧挨着,又是儿女亲家,非常熟悉,不用叫门或喊人,径直奔上屋而来。陈家的正房的格局也是和王家的一样,一进屋东外屋也是只有南炕,不同的是靠北墙有一小条桌,桌上供奉南无大智文殊师利菩萨的铜像,案上有香炉、蜡烛等用具。靠东间壁墙放一张地八仙桌子,上面放有茶具。屋里也点着艾蒿搓成的火绳。

　　陈久思的妻子坐在炕沿边上,一言不发,不时地长长地叹一口气。大儿子,也就是王兰芝的未婚夫陈仲民、二儿子陈仲仁都站在地上看着母亲不言语。王友德走进了屋里,陈仲民连忙挪凳子让座,陈久思的妻子急忙下炕相迎:"亲家,过来啦,吃早饭了吗?"陈仲民把凳子擦擦让座:"大爷!您请坐。"

　　"坐炕上吧,凳子凉。"陈久思的妻子一边让王友德坐炕上,一边把他的烟袋拿在手里,给他装烟。王友德坐在凳子上:"中,坐凳子中。大兄弟还没有回来吧?"陈仲民回答:"嗯呢,我爹还没有回来。我们娘仨刚才合计着,我爹可能打听着信儿了,不然他不能在外边过夜呀。"

王友德点点头:"嗯,对呀。要是没消息,你爹贪黑也得往家里赶啊!"说着接过来陈久思的妻子递过来的烟袋,陈仲民拿火绳给点着了烟。

王友德边抽烟边说:"兰芝她妈一个劲儿地哭,把我哭得心烦意乱的;你们哥几个昨儿从咱们屯子往东,一直到通肯河边儿上都打听了,一点儿信儿也没有。待会看看你爹能不能回来,等吃过早饭你们再往明水、伦河一带打听一下吧。咳!这菩萨咋就不保佑咱们呢?"

陈久思的妻子叹了一口气:"唉!俩孩子半夜前儿(时候)从三道沟子回来,一点儿信儿也没打听着。都到这前儿了,他爹也没回来,真是急死人啦!"王友德劝说着:"亲家母,千万别着急,急坏了身子也不是当不了找人吗?"陈仲民说:"我大爷说得对呀!妈,您千万得给我们拿主意呀!大家别乱套,想办法找人。"王友德叹着气走出屋子,仲民兄弟送出房门。王友德对他们说:"好好劝劝你妈,别上火,一会吃完饭,你们几个再出去找。"仲民弟兄点头答应。

红彤彤的太阳升起来了,飘在屯子上空的晨雾也渐渐散去;庄稼叶子上的露珠在阳光下闪闪发光;原野上的植物像被水洗过了一样,鲜绿鲜绿的,很可爱;迎着阳光,鸟雀们鸣叫得更欢了。陈家兄弟草草地吃了早饭,骑马往屯子外走,想上官道奔伦河镇方向打听消息。他俩刚出屯子就碰上陈久思等人进屯子。仲民哥俩看见了王兰芝和另外两个不认识的男女,就知道王兰芝找到了。陈仲民高兴地对弟弟说:"仲仁,快回去告诉王大爷他们,爹和兰芝都回来啦!"

陈仲仁应声拨马往屯子里跑,边跑边高喊:"我爹回来啦!兰芝姐也回来啦!"一直喊到王家大门口。他没来得及下马就冲院里喊:"王大爷!回来啦!回来啦!我爹和兰芝姐都回来啦!"

院子里王家兄弟正在备马,听见喊声就停下来,也跟着喊:"爹!妈!兰芝回来啦!陈大叔也回来啦!"喊声连成一片。王友德在屋里头听见喊声,端着烟袋边往外跑,边惊喜地问:"回来啦?在哪呢?"他老伴儿没听清楚,就问:"喊什么呢?"大儿媳妇边往外走边告诉婆婆:"是我妹子回来啦!"这回老太太听清楚了。她一扭身儿就下了炕,连鞋都顾不上穿就往外跑:"兰芝!兰芝啊!你在哪呀?哎呀哦,我的闺女呀!"

老太太跑到院子里,全家人已经都在了。陈仲仁进了院子对大家说:"我爹和兰芝姐都回来啦!在屯子头上我们碰在一起的,我哥叫我先回来报信儿,他们随后就到。"

第二章

　　王友德向院外走,兰芝娘也顾不得地面硌脚,也跟着往外走;大儿媳妇看见婆婆没有穿鞋,急转身回屋里去拿鞋。他们走到屯子的大街上,迎面碰上了陈久思一行人。这时大儿媳妇也把鞋拿来了,叫婆婆穿上,兰芝娘也没听见。"哎呀!闺女呀!我的孩儿啊!"兰芝娘抱住兰芝放声大哭。"娘啊!娘!"兰芝扑进娘的怀里痛哭。陈久思的妻子闻讯赶过来,上前劝解道:"大嫂子,孩子回来就好啦,快回家去吧,别在这块哭哇!"回头看见车凤英,就问兰芝:"兰芝啊,这位姑娘是谁呀?"兰芝止住哭泣,向妈妈和婆婆介绍说:"这位是车家店老车家的姑娘,叫车凤英。"又向车凤英说:"这是我妈,这位是陈大婶。"车凤英向两位问好:"二位伯母好。"兰芝说:"车姑娘为了救我,也叫胡子给抓住了。幸亏陈大叔和那位平东洋大叔相救,我们才得脱身。"

　　王友德说:"把人救回来就好哇!久思啊!这位面生啊!是谁呀?"陈久思说:"大哥,他就是报号平东洋的英雄,是咱们的救命恩人啊!进屋再细说吧。"王友德说:"哎呀!多谢呀!多谢呀!快!屋里请!"

　　平东洋仔细地看看王友德:六十多岁,中等身材。虽然是光头,但也看出头发已经花白了。常年在田地里耕作,风吹日晒,红黑色的脸膛。背有点儿驼,有点儿发胖的脸,长长的眉毛略微有点弯,额前几道皱纹刻得很深。由于哭兰芝被劫,一双眼睛已经红了,但是却很有神。手里拿着烟袋。一副典型的当地农民打扮,白布褂子,黑布裤子,扎着裤脚,穿着自家做的青布鞋。平东洋谦让着:"不必客气,您请。"

　　陈久思对平东洋说:"请到我家吧。"回头又对王友德说:"大哥,让她们娘俩好好亲近亲近吧,咱们到屋里,我跟你细说。"又吩咐妻子:"还都没吃饭呢,快做饭吧。"

　　兰芝母女和车凤英一起进了王兰芝的家。陈久思把平东洋让到了自己的家。仲民兄弟把马牵进圈。王友德叫住两个儿媳妇:"帮你大婶做饭。"儿媳妇们答应着去了。王友德又叫大儿子:"元奎,打发人去于家店买鞭炮,杀猪摆酒,庆贺你妹子平安得救,酬谢救命恩人。再给各屯子的老亲少友送信报喜,请他们前来吃喜酒。请一位说书先生来唱堂会。"说完进了陈久思家里。

　　王元奎听完爹爹的吩咐,他把几个弟弟召集在一起:"二弟你去于家店买鞭炮,顺便告诉路过的屯子的亲友,请他们来吃喜酒;我在家杀猪办酒席。""中,我这就骑马去办。"王元方答应着。

　　屯子里邻居们闻讯都来慰问祝贺。王元奎叫住几个年轻人帮忙抓猪,到地里摘菜,搬桌子,借凳子办置酒席,忙做一团。人们一边忙活,一边议论兰芝被劫、胡子横行的事情。

兰芝和车凤英扶着兰芝的娘进了兰芝的家。兰芝娘拉着车凤英的手往炕上拽,兰芝在旁边往炕上推。两个人一人拉着车凤英的一只手,不肯松开。兰芝娘说道:"闺女,多亏你啦!可真得好好谢谢你呀!这是救命的大恩人啊!"车凤英说:"大娘,我也没救成兰芝姐,不用谢我,是陈大叔和平东洋叔叔他们救得兰芝姐。""那你也是好心肠的人,一定有好报!阿弥陀佛!"兰芝娘一边说一边念佛,"菩萨保佑善心的人呐!有婆家了吗?"兰芝替车凤英回答:"还没有呢,妈,你给保个媒吧。给凤英妹子找个婆家;一定要找个好人家,来报答妹子,好不好?"车凤英不好意思了,把手从两个人的手里抽出来:"兰芝姐,你说什么呢?"兰芝娘说:"孩子,别害羞,大娘给你保一个人家,保管你中意。"

兰芝对妈妈说:"妈,我和凤英都想拜平东洋为干爹,我们不就成了干姐妹了吗?"说完用眼睛示意妈妈。兰芝娘不解女儿的意思,有点茫然地看着兰芝:"拜平东洋为干爹?干姊妹?"兰芝用手比画西院陈家。兰芝娘有点儿明白了。点点头:"闺女放心,保准你俩都满意!"院子里传来猪的叫声、邻居干活的喧闹声。兰芝娘说:"你们姐俩先说着话,我得去看他们干活去。"说完就出了屋走了。

兰芝和车凤英两个人又说了一阵子,陈仲仁进来请他们过去吃饭。陈仲仁走到外屋就对里屋喊:"兰芝姐,饭好啦!请你们俩过去吃饭啊!"兰芝在屋里说:"好,好。正好!仲仁你进来,我给你引见一下,这位是车凤英姑娘。"她又转过脸对车凤英说:"他叫陈仲仁,是陈大叔的二儿子;和我同岁,还没有定亲。走,妹子,吃饭去。"说着下了炕,拉着车凤英的手往外走。把刚进屋的陈仲仁落在后面。王兰芝低声对车凤英说:"怎么样?这个人还中吧?"车凤英说:"什么呀?兰芝姐,别乱说啦!"说完只顾往前走。

早饭过后,陈久思、平东洋和王友德三个人继续交谈。陈久思站在地上对王友德说:"大哥,咱们信佛向善,但是没有感化胡子的狠心,我险些命丧匪手哇!要不是平东洋兄弟出手相救,唉!你我是见不着了。"王友德拿下嘴里的烟袋:"兄弟,你是我们两家的大恩人!我们一定要厚报。"平东洋说:"路见不平,拔刀相助是应该的。从昨天发生的这些个事情来看是有些奇怪:胡子经过窝主介绍到一贯道,这些一贯道的人也与胡子串通一气;听车姑娘说他们都是受日本人指使干的。那这件事就不光是胡子勾结一贯道为非作歹了呀!"

第二章

陈久思："是的，车姑娘是听窝主的女人说的，确实是日本人叫他们干的，可是为什么呀？抢女人卖到妓院，日本人有什么好处呀？"平东洋说："在国外有的国家的军队养有军妓，日本叫慰安妇，专门供军队的军官使用。这些胡子抢女人是不是也要为军队服务哇？"王友德吐出嘴里的烟："可这小鬼子离咱们这块儿还挺远呢？""唉！大哥，听说日本鬼子已经打到海伦啦！"陈久思叹了一口气。"啊！·这么快呀？这帮畜生，抢我闺女，不得好死的混账东西！"王友德停住了送往嘴里的烟袋。

外面传来各村亲朋故旧来慰问贺喜的声音，有邻居为之通报贺客姓名："于家店于大掌柜的到！四家店陈百元陈大掌柜的和少东家到……"陈百元昨天就派人来打听消息，知道王兰芝被劫的事。今天又接到王友德派人送的信，说是兰芝救回来了，而且是平东洋出手相助，邀请乡邻亲戚贺喜，父子二人很高兴。陈方义认为这是一个很好的机会，可以宣传抗日，又可以借兰芝被劫的事，以保境安民为由拉起队伍，先把队伍拉起来，再慢慢地往抗日的道路上引导。而陈久思也能担起这个担子。陈方义就跟着父亲来了。陈久思、王友德和平东洋等人一起出房门迎接。平东洋和陈百元拉着手，互相谦让着进了屋，陈久思给各位让座。

陈百元对王友德作揖："大侄女平安回来，可喜可贺呀！"王友德指着平东洋："幸亏这位平英雄及时出手相救哇！大家同喜！"来贺喜的吴掌柜的恨恨地说："这伙胡子真可恶，净他妈的干坏事，祸害老百姓！"平东洋揭露胡子劫道的真相："这次事情不单是胡子干的，还有日本鬼子的份儿，是日本鬼子指使胡子干的。"众人惊愕："什么？日本人？这可能吗？"李大神屯子的李三爷："日本子叫胡子抓女人干什么呀？""眼下是卖到妓院，等到日本军队打过来的时候就让她们充当军妓，日本子叫慰安妇。在奉天那边时常就有青年妇女失踪，后来才知道是日本人干的。"平东洋继续说出日本人的阴谋。

治黑红伤的陈三先生："多亏久思啦，不然可就惨啦！"陈久思郑重地向大家介绍："各位老亲少友。这位朋友就是专门跟小鬼子作对的平东洋好汉；昨天要不是他拔刀相助，我陈久思这条命呀！早就丢在大泡子了，就别说救人了。"

吴掌柜的："这些天没少听难民们说平东洋的事，这回见到真人啦。平东洋没少杀鬼子，是好样的，给咱们中国人长志气！"

陈百元指着平东洋对大伙说："不瞒各位，平东洋在我那里已经住了有几天啦，在我家行凶的鬼子就是他抓住的。这位朋友为国为家，立志驱逐日寇，保卫家园;我陈百元佩服得很。"王友德说:"日本鬼子真可恨。这不是人还没到呢,就指使胡子祸害人啦。要不是平东洋,我女儿可就惨啦!"平东洋谦逊地说:"承蒙各位高看,我愧不敢当;抗日救国不是一个人的事,也不是几个人,几十人的事,'一个篱笆三个桩,一个好汉三个帮'啊。得靠大家齐心协力,靠众位乡亲团结起来,一致抗日,才能把小日本撵出咱们的国家去。"陈百元接着平东洋的话茬说:"是的,抗日救国乃是民族大义,我陈某身为炎黄子孙,自当奋勇向前。往后,不管是为民除害,还是打倭寇,用得着我陈百元的地方尽管吱声。"

陈方义说:"日本鬼子穷凶极恶,豺狼一样,专门祸害咱们。我中华民族有几千年的文明,怎能甘心受当亡国奴的耻辱?平东洋说的好,抗日是全民族的事情,有钱的出钱,有力的出力。大家一条心,驱逐日寇,光复中华。"

王友德:"咱们不能甘心当亡国奴哇!我王家一定学各位,出钱出力,为国尽忠。"

陈久思说:"大家应该团结一致,与日寇血战到底,哪怕我们先死了,也要为乡亲们立个榜样!我陈久思愿意先走一步,希望得到大家的帮助。"

吴掌柜说:"打狼要有棒子,打强盗要有枪杆子,没有武装是打不跑日本鬼子的。日寇作恶多端,天怒人怨;只要有人振臂一呼,一定得到百姓的响应。拉起武装打日寇,应该不在话下。"

王元奎进屋来问他爹:"爹,说书先生请来了,在哪屋里开说呀?"王友德:"就请到这屋里吧,省得大伙再挪窝啦!"

王元奎出去不一会儿,领进一位说书先生来。这位先生年纪在四十岁左右;青布衫,青裤子,戴一顶瓜皮小帽;背上背着一把三弦,肩上斜挎着一只说书用的小鼓和檀板;短头发有些花白,小个头,瘦脸膛,眼睛小却很有神;眉宇间有一股子幽怨之气。走进屋来,作一个罗圈揖:"各位掌柜的好!"大伙回应让座;安排先生说书。说书先生把鼓摘下来放在桌子上支起来,调好三弦,坐在桌子前,清了清嗓子,开始说书。

他说道:"各位明公压言落座,听学徒慢慢地道来呀!"说完他拨动三弦唱起了小段。

秦始皇为了长寿去求仙,
徐福要了五百童女和童男;
海外仙山无处找,

他带着童男童女不回还。
漂流东瀛三岛上，
繁殖后代到今天；
地窄人少个子矮，
狼子野心大如天；
国名叫作大日本，
骚扰中华不得安。
甲午海上一场战，
强占澎湖和台湾。
到如今啊！
倭寇又作乱啊，
九一八事变可真惨，
进攻北大营还不算，
接着就来占奉天；
烧杀抢掠把坏事干，
奸淫妇女把祖坟剜；
眼下打到家门口，
南到海伦北克山。
各位明公想一想，
国要不在哪里还有家园；
泱泱中华遭横祸，
亡国灭种在眼前。
全中国人民都反抗啊！
赶走日寇收复好河山。

　　说书先生说到此停住了说唱，放下三弦，拿起鼓鞭，敲起小鼓："各位明公，众位乡亲！在下说了一个小段奉送各位；常言说得好：说书的不送小段，必死老伴。可是我的媳妇却让日本子给害死啦！"说完泣不成声。
　　平东洋劝道："先生，在座的各位，哪位不是被日本鬼子害得家破人亡啊？人人对日本鬼子有仇，个个有恨！"
　　陈百元说："先生说的小段还真是咱们眼前的事，马占山江桥抗战后，退到咱们这儿,南边日本鬼子真的占了海伦了。日本子的飞机也常来轰炸大泡子和三道沟子,每一次轰炸都死不少人啊。我那粥棚哪天都不下几百口子难民啊,都是从南边躲日本子逃到这边的。这北边也有日本子,还往哪逃哇?"

说书先生说:"逃跑不是办法,老祖宗给咱们留下的家园不能拱手让给日本强盗。要学岳飞抗金的故事,拿起刀枪,和日本鬼子拼了。现在是缺少带头的,如果有人带头起事,打日本鬼子,别看我身子瘦小,但是打日本鬼子我不含糊。正是:可恨倭寇本性残,侵犯中华不得安;若有精忠大帅在,收复失地保家园。几句歪诗勾起正本,今天说一段《岳飞传》中的岳母刺字。请众位坐稳听书哇!"屋里的人继续听书,外面的人忙活着置办酒席。

五

到中午稍过一点,六桌酒席摆在了王友德的院子里。庄稼人讲究的是实在,桌子上的食材说不上是山珍海味,却都是自己地里出产的时鲜菜蔬。满桌子的鸡鸭肉蛋,全都是自己饲养的畜禽;虽不是名厨主灶,却也香味儿扑鼻。万宝山离通肯河就十几里路,王元奎打发三弟骑马到河套的鱼亮子现买的活鱼,给酒席增添了色彩。王元奎来到陈久思的屋里请大伙入席。平东洋和陈百元等乡绅贺客在陈久思和王友德的陪同下坐在首席,车凤英在陈久思的妻子、王兰芝和她娘的陪伴下也坐在席上,其余众屯邻乡亲也都被王元奎请来喝酒。

王友德满满地倒了一杯酒,站起身,高举酒杯:"各位乡邻,各位亲友,小女兰芝遭胡子抢掠,幸亏得遇恩人相救脱险,现在我就向大伙引荐这位英雄!他就是这几天大家议论的专杀鬼子的平东洋好汉!他义薄云天,扶危救难,武艺高强,疾恶如仇,是我王家的大恩人!孩子们快向恩人叩头谢恩!"王友德欲跪下,被平东洋扶住,王元奎等一行兄弟及王兰芝已经跪下叩头行礼。王友德接着说:"我敬平东洋兄弟一杯酒,以谢救命之恩。"说完和大伙一起干了。

陈久思接着话茬说:"另外还有这位车姑娘,见义勇为,为了救兰芝而身陷虎口,令人佩服。兰芝是我家儿媳妇,平东洋兄弟、车姑娘也是我们陈家的恩人。"陈仲民向平东洋叩头,陈久思的妻子拉着车凤英说着感激的话。陈久思提议:"众位老亲少友作陪,大伙一起干了这杯酒,以表对平东洋的敬佩和谢意。"众人喝酒。

车凤英也倒满了一杯酒,站起来:"各位叔叔大爷,婶子大娘,凤英虽然出手

第二章

救人，可技不如人，若不是平东洋叔叔相救，我也已经落难了，今天，我想借王大爷的酒敬平东洋叔叔一杯，多谢救命之恩。"众人相陪饮酒。车凤英又倒上一杯酒说道："小女子还有一个请求，就是想拜平东洋叔叔为干爹，恳请干爹答应。"说着就跪了下去。旁边的王兰芝也跪了下去："我和凤英妹子合计好了，结为干姊妹，也要拜您老为干爹。恳求您老答应。"陈久思对平东洋说："兰芝和凤英这两个孩子都有心拜你老弟为干爹，你就答应了吧！"平东洋稍一犹豫："既然这样，那好吧，我就认下这两个闺女。"陈百元站起身："兰芝大侄女得吉人相救，逢凶化吉，可喜可贺，众位乡邻，咱们敬好汉一杯。"众人响应，向平东洋敬酒。陈百元接着倒上酒，清了清嗓子："兰芝和凤英是患难之交，义结金兰，拜平东洋为干爹，平东洋认下二位义女又是大喜之事，诸位再敬好汉一杯如何？"众人哄然响应，纷纷敬酒。

说书先生站起来作了一个罗圈揖："诸位，我是外乡人，家住吉林。今日赶上王家喜事，按理说不应该提伤心事，可是不提咽不下这口气呀！我媳妇和我靠说书为生，可是遇上了日本兵，欲行非礼；我媳妇至死不从，抓破了日本兵的脸，这家伙恼羞成怒，把我媳妇杀害了。咱们中华大国叫小日本欺负成啥样啦？这位朋友报号平东洋，我看报的好！长咱们中国人的志气。我看让平东洋领着咱们一起打日本子，小日本就狂不到哪去啦！我也敬平东洋一杯，各位赏脸。"他的话博得大伙的响应。

陈久思放下酒杯："先生讲得有理，常言道：天下兴亡，匹夫有责。我们学古人岳飞精忠报国，学平东洋兄弟杀倭寇为亲人报仇。"陈三先生捋着雪白的胡子："现在人人都有杀敌之心，就是叫不齐套。有什么办法能把人心叫齐了？俗语说'人心齐，泰山移'嘛。"说书先生说："办法是有的，顺从天意呗；日本子违背天理，倒行逆施，必遭天谴。"平东洋和陈久思互相看了一眼，他们俩很注意说书先生的这句话。陈方义站起来，举着酒杯："大伙团结在一起，一个心眼儿跟小鬼子拼到底，才能保护咱们的亲人不被杀害，才能保卫咱们的家园不被侵占。"

王友德起身到各个桌子敬酒，他发现缺一位邻居，就问儿子元奎："你没有告诉李二棉裤吗？"王元奎说："爹，别提啦，我怕给您添乱，没有跟您说，昨天夜里李二棉裤家里被'砸孤丁'（胡子入室抢劫，一般挑男人比较少的人家，或者一个男人的家庭）了。爷俩至今下落不明，院子里一摊血。"

全场的人都惊呆了，王友德的二儿子王元方从院外进来说："李二棉裤的儿子回来了。"他身后进来一个光着膀子,只穿一条短裤的孩子,有十五六岁的光景,瘦瘦的,浑身血迹,一拐一拐地走到王友德面前跪下大哭。

王友德弯腰扶起跪在地上的孩子:"秃子别哭,快说是咋回事?"秃子抽泣着:"我爹在南洼子柳条通里呢,昏了过去,我整不回来。"王友德叫儿子:"元奎,快去。把人抬回来,秃子你领道儿,快去!"王元奎、秃子等人去抬人,众人边议论边喝酒。

"这整天提心吊胆,担惊受怕的,这是过的什么日子?"

"多咱能太平呢?除了胡子,这该死的日本鬼子也熊上家门了。"

"菩萨咋就不保佑咱老百姓了呢?你说。"

"这日本子更可恶,听说那是杀人不眨眼啊!"

"没有活路就拼命,我跟平东洋大叔走,一起打他娘的小日本儿。"陈久思的西邻二柱子愤愤地说。

一直跟着陈久思信佛的教书先生看着陈久思:"陈掌柜的信佛,咱们屯子大多数人也信佛;可这佛祖菩萨咋就不显灵了呢?他咋就不保佑咱们庄稼人了呢?"陈方义说:"各位乡亲,大家都觉得这日子没法过了,可是人还是得活着不是?咋活呢?那可就另有说法了;担惊受怕受压迫,受奴役是一种活法;挺起腰来,跟胡子干,跟鬼子斗,理直气壮地活下去,又是一种活法。只要大家联手同心,就不怕胡子,也不怕鬼子。"陈久思说:"陈少东家说得对,就拿昨个晚上的事来说,就是人多力量大,世上还是有良心的人多,向善的人多。只要这些人抱成团,就不怕胡子和日本鬼子啦!"说书先生说:"这倭寇不好好在自己的家里待着,漂洋过海地到咱们家门口抢地盘,杀人放火,无恶不作;这是天理难容,菩萨佛祖不会不管的,佛祖一定会显灵的。佛祖一定保佑咱们的。"一位邻居说:"老祖宗给我们留下的家园是咱们的命根子,就是舍了命也要保住它,好留给我们的后人。"陈方义:"为了保护亲人和我们的家园,发誓扫除胡子,消灭倭寇,保境安民。咱们拉起一支队伍,不知道众乡亲能不能支持?"王友德举着烟袋:"在这万宝山我家是屯子的大户,人口多,地也不少,为保卫家园和亲人我出人出力,出钱出粮,我相信佛祖一定会保佑咱们的。"陈百元接着提出一个问题:"可是没有官家照准,咱们怎么办呢?打什么旗号官家才能同意咱们呢?得好好地合计合计。"陈三先生指着陈方义:"少东家说的保境安民提得好。就是保境安民这个旗帜打出去准行。"说书先生:"在保境安民前面再加上替天行道就更好啦!"平东洋笑了:"这还真有点像水泊梁山的味道,但咱们不打家劫舍,专门对付日本鬼子。"

这时候王元奎和屯邻们用门板抬着一个人走进院子。门板上躺着的人就是李二棉裤,身上盖了一件衣服,人依然昏迷着。陈三先生走近前,仔细查看了一遍伤情,又摸了脉象。这陈三先生是拜泉东南乡一带有名的治黑红伤的郎中,六十多岁,中等身材,留着胡子,瘦瘦的脸。他对大家说:"这个人可能是脑袋受了伤,震了脑子,伤势不轻,我给他吃下一丸儿药,把他放在清静阴凉之处,叫人看着。看什么时候醒过来吧!命大兴许能活过来。"说完吩咐人舀来水,把药丸研碎,用水调匀;陈三先生用自己的胳膊挎起李二棉裤的头,把药给他灌了下去,又把他放在门板上,嘱咐人不要再动他,仍然用门板抬回家去。

六

这李二棉裤就爷俩,他儿子叫小秃,是本屯子最穷的一户人家。农忙的时候在家里租种两垧地,冬天喜欢上山打猎,对山里比较熟悉。最近这二年叫日本人骗到山里种了两年大烟,今年春天才逃回来。秃子靠邻居的帮助才没饿死。有插签的(专门给胡子打听情报的人)报告给胡子,说李二棉裤从山里种大烟回来了,带回来大烟土了。所以昨天夜里就有胡子来"砸孤丁"了。秃子洗干净了身上的血迹,穿了一条破裤子,来到陈久思跟前。

陈久思问:"秃子,昨个儿晚上到底是咋回事?"秃子一边哭一边说昨晚上的事。

昨天半夜的时候,有几个人来到李二棉裤家的房前。有一个人走到门前向屋里喊道:"上亮子!上亮子!(胡子的黑话,点灯的意思)"领头的胡子喊道:"开门,他妈的,快点开门!再不开门老子要砸门啦!"是一伙胡子来砸孤丁。

胡子的砸门声和叫骂声惊醒了熟睡的李二棉裤爷俩,李二棉裤爬起身来叫儿子不要出声,自己跳下炕来,外面又传来胡子叫门声。李二棉裤赤身裸体地站在过堂门的里边,伸手从上门槛上边拿下一把镰刀来,握在手里,不出声地在等待。

外边的胡子砸开了门,进了屋里。前面的一个胡子端着枪,枪的准星上面粘着一节点着的蜡烛,这个胡子双手端枪向里屋走,嘴里不住地说:"上亮子,还他妈的不上亮子?!"他来到过堂门的外边,把枪伸进里屋,想借着枪尖上的蜡烛的亮光看清楚里屋的情况。这时候,门里的李二棉裤用左手抓住枪管往腋下一夹，往后一用力，就把门外的胡子连人带枪给拽进屋里来。紧接着李二棉裤右手的镰刀就狠狠地砍了下来，就听得"啊"的一声惨叫，端枪的胡子扔下枪，捂着脖子，转身就往外跑，李二棉裤随后就追了出去。跑出去的胡子刚跑出房门不远就倒下去了。领头的胡子问道："四海，咋回事？枪呢？"受伤的胡子报山头"四海"。四海说："当家的，我挂彩啦！枪叫人家给抢去啦！快跑吧！"领头的胡子骂道："废物！把枪夺回来，快！"这时李二棉裤追出屋来，剩下的胡子把他围住了，他和胡子们交手打在一起。受伤的四海躺在地上呻吟着："哎呀！我不行啦！快点给我包上啊！血要淌没啦！我挺不住啦！"领头的胡子喝道："不行！得把枪夺回来，你要挺住！别要饭不成，再把口袋搭上。兄弟们把这小子干掉，起他家的烟土。快！"

这几个胡子只有一条枪，被李二棉裤夺了下来扔在屋里。胡子空手与李二棉裤撕打，李二棉裤赤身裸体，浑身溜光，胡子抓不住他，他先后打倒两个胡子，都是用拳头打得，没有伤着要害，倒地的胡子反而乘机扳住他的大腿，几个胡子这才把李二棉裤摔倒，压在底下。李二棉裤对着屋里喊："秃子！你参要被打死啦！还不快上手。"秃子从屋里冲出来，手里端着胡子扔下的那支枪，扣动了扳机，啪的一声响，吓得胡子们都住了手，很快的胡子的头领就冲到秃子跟前，从秃子手里夺过抢来。李二棉裤挣脱了其他胡子的扭打，刚站起来，还没站稳，胡子头领回转身一枪托子朝李二棉裤的后脑勺砸去，李二棉裤正摇晃着呢。这一枪托砸在他的后颈上，李二棉裤眼前一黑，倒在地上，昏了过去。秃子急了，和胡子拼命地撕打。

胡子头领说："扶着四海，带上这小子，走！"胡子们架起负伤的四海，拽着秃子，秃子挣扎着，拖拖拉拉，往南洼子走去。

一切都恢复了寂静，静极了。远处传来了狗叫声；近处蛙叫虫鸣。李二棉裤躺在地上，手动了一下，头也动了一下；他苏醒过来，努力睁开眼，叫了一声："秃子！"没有人答应。他一骨碌爬起来，进屋里去找，没有人，他又喊了一声："秃子！"还是没有人回声。他急了，拿着镰刀出了屋，在院子里查看，一边听四周的动静，突然从南洼子传来秃子的喊声，李二棉裤寻着声音奔南洼子追了下去。

他追到了南洼子柳条通的边上，没有什么发现，只见黑森森的柳条通，什么也看不清，只有风吹柳条的声响。李二棉裤蹲下身子，侧耳细听，隐约听见有人说话的声音；李二棉裤敛息屏气，顺着声音悄悄地摸了过去，说话的声音也近

第二章

了,听得也清楚了。

原来胡子打昏了李二棉裤,拽着秃子逃到柳条通边上,四海就休克了,胡子头领只好停下来,重新给四海包扎止血。他们一停下,秃子缓过劲来就连哭带骂,叫李二棉裤在院子里听见了。胡子把秃子的嘴给堵上了,他们停下有一会儿的工夫,就让李二棉裤撵上了。李二棉裤撵到柳条通边上的时候,就没有了动静,他就找不着了。正好胡子头领安慰四海,他的说话声叫李二棉裤听见了,李二棉裤顺着声音摸到胡子跟前,发现秃子挣扎着,领头的胡子叫同伙赶快走,李二棉裤辨别清楚了,对准看着秃子的胡子就是一镰刀,胡子头领听见动静,本能地一躲,镰刀贴着胡子的肩头下来,把胡子的手臂划了一个口子,血也流了出来。这小子喊道:"我挂彩啦! 带上四海快跑!"他一头钻进柳条通里不见了;另外三个胡子拖拖拽拽也钻进柳条通里。

李二棉裤拽起秃子,一句话没说就又昏了过去。秃子蹲在旁边,不敢大声喊叫,只有用力摇他爹的身子,李二棉裤也没动静,秃子趴在他爹的耳边低声叫着:"爹,爹。你怎么啦? 你醒醒啊!"李二棉裤一声也没有出;秃子也不敢高声叫,只得守在他爹的身旁,不知不觉地秃子也睡着了。等到秃子醒来的时候已经是上午十点钟左右了,他又叫又喊,可李二棉裤还没有醒过来;秃子想把爹整回家里来,他的力气小,李二棉裤个子大,太沉,秃子试了几次,都整不动他。这样折腾了一阵子,秃子没有办法,只好回屯子里来找人帮忙。

众人听完了又是惊骇又是叹息。王友德劝酒道:"各位,咱们接着喝酒。不管怎样难,日子还得过。大家想办法,没有过不去的火焰山。喝酒!"

众人喝完酒,陆续散去,陈久思、王友德、平东洋等送陈百元等人到院外。平东洋示意陈百元父子,仨人走到一旁,平东洋对陈百元父子说:"先前我打算去绥化打听胥县长的消息,听了少东家的话,留了下来了,遇上了陈久思的事就岔到万宝山这里来了。我看陈久思有意拉队伍抗击日寇;我想留下来,帮他一把,一起打鬼子,你们看咋样?"

陈方义看到宴席上群情激奋,抗日的情绪高涨。他认为应该趁热打铁,推动陈久思、平东洋他们成立抗日武装。他说:"陈久思在屯子里有威望,咱们帮他拉起队伍行,别看这个屯子小,先在这个屯子里打出旗号,立住脚,然后再往大了发展。爹,您先回去吧。我留下来和他们商量大事。"

陈百元说:"行! 这陈久思信佛,他这屯子的人大多数都信佛,而且都听陈久思的。咋拉队伍,咋管队伍我不在行,但是要我出钱出粮,我绝不含糊,我坚决支持你们,放心地干吧!"平东洋大喜,连连道谢,陈百元上马而去。

七

　　罗锅孙在张明强家里合计好了,当天中午就坐马车回到吉万福家里,把事情经过一说,惊得吉万福是半天说不出话来。罗锅孙把自己的打算说了出来:"这个脸丢大啦!以后在道上没法混啦!我他妈的不服输,我找朋友,找帮手,报这个仇。"吉万福点点头:"是啊,这个脸要不找回来,那就别在道上混啦!你打算找谁做帮手?"罗锅孙:"我到'耳朵眼儿'找双辫去。他手下有几个兄弟,还有一条快枪,是硬家伙。我找他帮忙,他欠我的情,刚出道时候就栽了,我架了一把手,帮他过了坎子;这回我找他,他能帮我。"吉万福说:"那你们就去'耳朵眼儿'吧,还是坐车去吧,好歇歇身子,明天好办事。"小翠仙心疼地看着罗锅孙:"大当家的,那你也不能陪我啦?"罗锅孙说:"办正事要紧,少扯犊子!"说完三个人又坐上车去'耳朵眼儿',从吉万福家到耳朵眼儿屯子,中间得从万宝山屯子东头经过;在路上罗锅孙正好碰上从万宝山喝酒回家的陈百元等人。陈百元从万宝山屯子出来,上官道往四家店走,迎面来了一辆马车,众人也没在意就过去了,罗锅孙和飞龙坐在车棚子里,金山赶车,罗锅孙从棚子里看见陈百元等人过去,他对飞龙说:"这是给陈久思贺喜去啦,哼!等着瞧,陈久思!"他对金山说:"快点赶车,快!哎呀!颠死我啦!"

　　送走了陈百元等众乡绅,陈久思、王友德、平东洋、陈方义,还有说书先生几个人回到了陈久思的家里。进了东外屋,陈久思请大家坐下;平东洋、陈方义和说书先生坐在靠东墙的地八仙的旁边,王友德坐在靠西墙的板凳上,陈久思自己坐在炕边上。陈久思说:"各位,我陈久思要学古人保家卫国,为乡亲们做点事,只是孤掌难鸣,不知你们肯不肯帮我?"

　　说书先生说:"我今天是巧遇了,我给各位交个底,我家住在吉林榆树,早被日本鬼子占领啦,我媳妇不甘受辱,与倭寇拼命,叫鬼子杀害了。我与倭寇誓不两立!陈掌柜的如果带头举义旗打鬼子,我第一个报名入伙,我虽不能上阵杀敌,但是我能说书,用古人爱国的故事鼓舞人们的斗志,这也是抗日啊!只要你们不嫌弃我就中。"

　　平东洋说:"说句心里话,我看你陈掌柜的是真想为乡亲们出力;讲诚信,讲善心;是一条汉子,如果不嫌弃,我和你一起干。"

第二章

　　陈久思说出了自己的疑虑:"咱们几个只是搭一个架子,真正地把人心收拢起来,听咱们的号令是个难事。用什么办法唤起百姓的觉醒,争取民众的信赖和支持呢?"

　　说书先生:"刚才有乡亲问你佛祖咋不显灵了呢,我不是说了吗?佛祖一定会显灵的。我看就借这个事来效仿一下古人,假托佛祖显灵,用佛祖的名义号召民众,拉起一支抗日的队伍,你看咋样?"陈方义点点头:"是啊,历史上有不少农民起义都假借什么佛的旨意、什么天意呀来号召民众的;这个办法我们也可以试一试。等把队伍拉起来,打起替天行道、保境安民的大旗,先干几件让百姓叫好的事情。捉匪安民,百姓先得到好处,官府也说不出什么来;这样拥护我们的人就会更多,那时再杀鬼子保家园。"王友德磕磕烟袋里的烟灰:"正赶上通肯河发水,两岸农民无家可归,衣食无着。只要我们管吃饭穿衣,不愁招不来人。再说从南边为躲鬼子逃过来的人,听说我们打鬼子那他们还不来投奔我们来?"

　　陈方义:"我们先捉胡子,保一方平安,使地面的庄户人家不受害,咱们向一些乡绅大户筹借粮饷,他们也会支持的。这样也能保证队伍的开销。"

　　陈久思:"可是起一个什么名号呢?用啥法呢?"平东洋:"这拉起的队伍得你当家,我们从旁边协助,起个什么名号,由你来定。"陈方义:"用什么法子?就用佛祖显灵这个题目。至于怎样安排,能让大伙相信是佛祖的旨意就行,哪怕相信十天半月也中。"陈久思:"那咱几个就好好合计合计这佛祖咋显灵吧。"陈方义说:"这事不能拖,要办就在今天晚上,赶上兰芝这件事,大伙的情绪可以利用,怕是过了几天人们就淡忘了。"平东洋赞同:"好,今天晚上咱们就演一场戏,假借佛祖显灵,用佛祖的旨意号召百姓。"几个人小声地商量着。最后陈久思说:"我一生信佛,不见佛显灵,如今为了保卫家园众生,我还得撒谎装佛,真是罪过呀!"陈方义摆摆手:"为国为家为众生,大行不拘小节,就这么定了。"王友德:"我去先做一盏孔明灯,咱们屯子还没有人看见过这玩意儿呢,八成真能蒙住乡亲们。"

　　陈方义说:"你们不是供奉大智文殊师利菩萨吗?她是智慧的化身啊!咱几个人齐心协力,动脑筋来组织民众,用智慧战胜困难,打败日本鬼子。"

　　陈久思拉住平东洋的手:"能得到兄弟你的帮助,咱们就与鬼子干一场,拼死也要赶走日本鬼子,过太平日子。"平东洋握着陈久思的手:"咱们几个人意气相投,都愿意为国为民豁出性命,一起干,赶走日本鬼子,为亲人报仇。"几个人一直合计到晚上八九点钟。

◇ 通肯河传

　　罗锅孙一路颠簸,到了"耳朵眼儿"屯子已经是晚上七点钟了。他们找到了报号"双辫"的胡子,见了面。罗锅孙看见双辫的右胳膊有伤,就问:"咋整的大哥? 咋还挂了彩了呢?"双辫叹了一口气:"咳! 别提啦! 昨个夜里去万宝山'砸孤丁',没承想反叫鹰鸽子眼了,四海受了重伤,眼看就不行了,我也带了彩,但是不重。"罗锅孙把来意说了一遍,双辫想了一下说:"行吧,只能我一个人去了,另外几个弟兄得看护四海啦,他要不行了。这回咱们在路边藏起来,看准了再下手,扎手的咱们不动他。行不行?"罗锅孙:"好,听你的。咱们就在万宝山的屯子外和官道相连的大车道的两边地里躲着。下绊马索等着。行不?"双辫说:"行,几位先在我这住一宿,明天起早走,天亮前就藏好。带足干粮和水。"几个胡子悄悄地准备着。

　　夜深了,人们都睡着了,屯子里静悄悄的。万宝山屯子后面的山坡上有一盏孔明灯亮了起来,飘向屯子的上空;随后一个人影跑下了山坡。

　　李二棉裤家的门前有一个人走来,这个人是王友德,他是来看李二棉裤的。他抬头看看天空中的孔明灯,向屋里喊:"秃子睡着了吗?"

　　秃子在王友德那里吃过饭就回家里看着他爹,一直没有出去。正迷糊地打盹,冷不丁的听见王友德喊他,他就应声道:"没有睡呀,干啥呀? 王大爷。"说着话人也走出屋来。王友德用手指着天空的孔明灯:"秃子,你看那是什么东西呀?"秃子抬头看看叫道:"哎呀! 一团火光啊! 王大爷! 那是一团火光!"秃子惊讶地很,这时候只听得啪的一声响,秃子一愣神,天上的火光不见了,只见在陈久思的院子的方向有一片红光闪过。王友德说:"秃子,你看见没有,老陈家的院子里咋有一片红光呢?"秃子说:"可不是咋的,我看见了一片红光,一闪就没啦! 真亮啊!"王友德说:"秃子,你年轻跑得快,去看看是什么东西那么红? 八成是佛祖显灵吧? 再喊屯子里的人都去看看,是佛祖显灵了。我去看看你爹醒了没有。"

　　秃子应道:"嗯呢,这就去。"说完这孩子撒腿就往陈久思家跑去。他一边跑一边喊:"佛祖显灵啦! 佛祖显灵啦!"王友德进了屋里,屋里很黑,就听见李二棉裤的轻微的呻吟声。王友德摸到炕前,弯下腰,摸着了李二棉裤的脑袋;把嘴贴在他的耳朵边,捏着嗓子学女人的声音说:"佛祖显灵,红衣佛祖显灵啦! 文殊菩萨有令:吃符上法,刀枪不入,杀贼除倭,消灭东洋。"王友德反复说了好几遍,然后悄然出屋,向陈久思家里走去。等他走到陈久思家的院子门口,就看见院子里站着不少的人,听秃子前言不搭后语地在那里说话。王友德走进院子

第二章

里,看见陈久思坐在香案后面的太师椅子上,微闭双目入定。香案上铺着黄布,点着两支蜡烛,中间的香炉里插着三炷香,香炉前边摆着供品,香案上面落满了香灰,香案四周都用黄布围着。陈久思是佛教徒,信佛,在屯子里每年都搞这种仪式,乡亲们都习以为常,并不奇怪。这时平东洋打着哈欠从屋里走出来,好像没睡醒的样子。王友德心里明白,他咳嗽了一声,大伙回头看见了他,都静了下来。

秃子看见王友德进来,就叫道:"王大爷,你给大伙说说吧。"王友德清清嗓子,往香案前走了两步,转回身来对大伙说:"各位邻居,今天我是忙了一天,很累,送走了客人,就想睡觉,可又惦记着李二棉裤,就去了他家,刚好走到他家门口喊秃子,就看见天上一团火光从北方飘过来。这工夫秃子从屋里出来了,他也看见了,他问我是什么东西,这时候听见'轰隆'一声响,接着就看见这院子里一片火光闪过,通红一片啊!我寻思着红光出现,一定是佛祖显灵啦。就叫秃子过来看看,我没小孩跑得快。这不大家都知道了。我进院子里才知道是久思在这设坛请佛祖呢!"

平东洋打个哈欠:"自打酒席散了,陈大哥就很沉闷,到了晚上就排香案在这里入定,不让人打扰;我在西里屋睡觉,刚睡着就被响声惊醒了,出来一看,是这孩子在这儿跟大伙说话,说得不太明白。照王大哥这么说,那是佛祖降临啦?不知佛祖有什么旨意呀?"

王友德说:"老少爷们,快跪下吧!请求佛祖明示,怎样才能消灾避难,保佑平安啊!"说完就跪在地上磕头。

众人一听王友德这么一说,都跟在他的后面跪倒在香案前。嘴里乱呼佛号,祈求平安;一阵祈祷声过后,陈久思双肩微微抖动,运气吹向香案,把香案上的香灰吹落;香案上显出红枪会三个大字。然后慢慢地睁开眼看着众人道:"南无大智文殊师利菩萨被你等诚心所感动,今晚降临此处,你等有什么祈求?"声音不是他本人的声音,却是一个女人的声音。众人一听不是陈久思的声音,都非常惊讶,又是口呼佛号,叩头在地,不敢仰视。

王友德大着胆子,声音发颤,说道:"南无大智……文殊……师利菩萨,我等大众,苦于……匪患……横行,为害乡里,乡亲深受其害呀!"

陈久思嘴在动:"可以听从佛祖的旨意而行。"声音依然是女人的声音。

王友德又说:"日本人犯我家邦,抢掠财物,杀人放火,奸淫妇女,无恶不作,不知菩萨有何指教?"

陈久思的嘴里又发出女人的声音："佛祖明示,众信徒都可加入红枪会,成为会员,菩萨会保佑你们;个个都吃符上法,就能刀枪不入,可以和东洋倭寇作战,战则必胜！符咒法语我佛均已传授给大法师陈久思啦,大众都要听其咒语,服从号令,清除匪患,驱逐倭寇,替天行道,保境安民。大法师明日午时可以验法服众。大众即可散去。"说完就不出声了。

这时候一个瘦小的身影从香案底下钻出来,爬到陈久思的身后站起来,这个人是说书先生,香案前的众人只顾叩头礼拜,并没有看见。众乡亲叩头在地,口呼佛号数遍才起身站立。王友德离香案最近,他站起身子就向前迈了一大步,叫道："大伙快看,香案上有字。"他这一叫,众人都到香案跟前来看,说书先生也走到香案跟前看,他一看就大声地念道："红枪会！"他回头对陈久思说："陈掌柜的,你快看啊！'红枪会！'"大伙也跟着叫陈久思。陈久思长长地出了一口气,伸展双臂打了几个哈欠,活动身子,看到大伙就说："你们干什么来啦？"

教书先生说："刚才佛祖显灵啦！指引我们加入'红枪会',现在香案上又出现'红枪会'三个字,那就是佛祖指引我们,要我们成立'红枪会'呀！指派红枪会的首领是大法师,带领我们替天行道,保境安民;驱逐倭寇,扶正压邪。"陈久思揉了一下眼睛："晚上我是设坛祈求佛祖保佑我等信徒众生,不知不觉就入定了。"说书先生用带有说评书的腔调,边比画边讲："在你入定之时,那是红光普照哇,天雷作响啊;佛祖降临,指派你为红枪会的大法师,并传给你符咒法语呀！"陈久思闭目想了一会："是有佛祖传我符咒法语,并且嘱咐我不可泄露,否则就不灵验了。佛祖还有什么法旨？"

众人纷纷复述陈久思刚才的话语,七嘴八舌,后来说书先生仔细地说了一遍,又添加了一些枝叶。众人又听一遍,都深信佛祖显灵,入红枪会可保平安。

陈久思神色凝重地说："既然如此,我就谨遵佛祖法旨,与众生共进退,替天行道,驱逐倭寇;扶正压邪,保卫家园。择日开坛,成立红枪会！"

教书先生提议："眼看着就到七月十五盂兰盆会啦！不如在盂兰盆会那天开坛立会。怎么样？"

陈久思想了想："盂兰盆会是咱们佛教徒追荐祖先的祭会。在这天开坛立会,祷告在地下的祖先保佑我们成功。地狱不空,誓不成佛,地狱度尽,方证菩提;这是地藏王菩萨的偈语。我们把那些祸害人的东洋魔鬼杀尽,也是秉承菩萨的法旨。"

平东洋在一旁提醒陈久思："那刚才佛祖说明日午时可以验证佛法的威力。

第二章

请大法师定夺。"平东洋故意称陈久思为大法师,是要乡邻们承认陈久思的大法师的身份。王友德会意,跟着也说:"刚才佛祖是这么说的,请大法师分派吧。"

陈久思清了一下嗓子,郑重地站起来宣布:"明日午时,让我二儿子仲仁吃符上法,当众验证佛法的威力。另外派人到四乡八村下请柬,届时请大伙前来观礼。大伙散了吧。"

众人议论纷纷,都觉得很奇怪:"为什么陈久思说话是女人声;香案上本来什么都没有,后来又出现了红枪会三个字。"大伙怎么也想不明白。教书先生解释道:"这就是佛祖显灵啦!咱们供奉的文殊菩萨不就是女人的身子吗?"另一位乡亲说:"看明天验证佛法的威力如何,是不是真的刀枪不入?如果是真的刀枪不入,那可就是菩萨真的显灵啦!有佛祖的保佑,我就入会杀鬼子去。"有不少人响应:"对!是这话,真的刀枪不入,我就去入会,杀鬼子去!保平安。"

原来陈久思、平东洋、王友德、陈方义、说书先生几个人合计了如何让人们相信佛祖显灵的事情以后,决定装佛祖降临来收拢民心,这里陈方义说服了大家。他说:"就像演戏一样,由我来分工,布置任务,咱们是各司其职,一人完成一样工作。"最后,陈方义具体向陈久思、平东洋、王友德和说书先生布置安排了任务。

王友德负责做孔明灯,并且在屯子的后山坡上点燃升起,然后再叫秃子看,叫秃子喊人。因为秃子是小孩子,不会撒谎,人们容易相信。王友德再对李二棉裤耳边说话,使昏迷中的李二棉裤也能听到佛祖说的话;再回到院子里向乡邻们解释所见所闻;再代表人们向佛祖祈问;引导佛祖回答。

平东洋负责击落孔明灯,并在院子里点燃火药,制造一闪即逝的红光叫秃子看。

陈久思负责摆香案入定向佛祖祈祷;只张嘴不出声,回答王友德的祈问。陈方义在香案上用米汤写"红枪会"三个大字;把香灰撒落在香案上,使米汤粘住香灰,再由陈久思吹走香案上的香灰,显出字来。

说书先生则事先就藏在香案底下,四面用黄布围上。别人不知道香案底下有人;说书先生在里面学女人的声音说话(因为人们供奉的文殊菩萨是女性形象),回答王友德的祈问。说书先生和陈久思像演双簧一样,陈久思张嘴不出声,说书先生在香案底下说话不见人,来蒙乡邻们。他们互相问答的话都是陈方义事先写好词,叫王友德按稿发问。说书先生也背熟了稿子,在香案底下回答。加之王友德跪在最前边,乡邻们都跪在他的后面,离香案远;只看见陈久思张嘴,嘴巴在动,发出女人的声音,没有发现声音是从香案底下传出来的。只觉得诧异惊骇,哪里能想到是两个人在演戏;等到再看香案上的字从无到有,那就是信以为真了!一定是佛祖显灵啦!人们从疑惑到相信,纷纷议论,越议论越觉得不可思议,越觉得可信,就越兴奋。人们在兴奋中回家睡觉了,在梦中期待着明天佛法的威力真的能刀枪不入。

八

天亮了,万宝山的村民们像往常一样准时起来,从事天天如是的劳作。就在他们的屯子东头的大车道两旁的庄稼地里,有几个人在忙活着,这几个人就是罗锅孙和双辫他们。他们在道上埋上了绊马索。一边两个人,在地里等候他们猎取的目标出现。

小秃毕竟是小孩子,昨夜折腾了半宿,早上就没能起得早。等他醒来已经是快中午了,他发现他爹也已经醒了过来。就问他爹:"爹,你醒啦?可把我吓坏啦!"

李二棉裤摸着后脖颈:"嗯呢,你怎么睡得这么死,我叫你几遍了,你就是不醒!我这头疼得很厉害。"小秃打着哈欠:"昨天夜里和前天夜里人家都没睡好觉!真困啊!"说完又接连打哈欠。李二棉裤回想起来前天夜里的事情,但昨天他不知道自己昏迷了一天一夜,就问秃子:"昨天夜里你没睡好?你干啥去啦?"

小秃纠正他爹的话:"不是昨天,是前个儿晚上!你前天夜里和胡子干仗,被打晕了,我被胡子拽到南洼子,你赶上了,又砍伤了一个胡子,你又昏过去了。胡子扔下我跑了,我叫你,你也不醒,我也不敢大声叫,只好守在你旁边。后来我睡着了,一直到天亮,我回屯子叫人把你抬回来。老王家的兰芝姐叫胡子给劫走了,陈大叔把她救回来。陈大叔请佛祖保佑乡亲们,在昨天夜里佛祖显灵了,让人们加入红枪会,吃符上法,刀枪不入,扶正压邪,驱逐倭寇,保境安民。一直到后半夜,这不我刚睡着天就亮了。"

李二棉裤听儿子说吃符上法、刀枪不入、佛祖显灵、扶正压邪等话语,好像和自己在昏迷中听到的话一样啊,李二棉裤在昏迷之际好像有人说过这几句话,他影影绰绰地记得,他越想越对:一定是佛祖显灵了。他问儿子:"你陈大叔他们呢?现在干什么呢?"

秃子眯着眼睛又要睡着了,听见爹爹的问话,糊里糊涂地回答:"今天正午,

第二章

陈大法师,就是陈大叔他要吃符上法,验证佛法的威力。"

李二棉裤一听急忙叫道:"秃子!赶快起来,去见大法师,说我有话要对他说,你快去!"说完就拽起儿子,把儿子推下炕,连连摆手叫秃子快去。他找着自己的破棉裤穿上,趔趔趄趄地走到门外,一见日光一晃,他又晕了,他站不稳,摔了一跤,秃子听见动静回身扶起他。这李二棉裤一米八十的个子,膀大腰阔,一身的好力气;他妻子因病半路离他而去,没有人给他做针线活,到了换季的时候脱不下棉衣,只好光着膀子,只穿一条棉裤,因此落下'李二棉裤'的外号。

秃子扶着李二棉裤向陈久思家走去。李二棉裤嘴里不住地叨咕"吃符上法,刀枪不入,红衣佛祖显灵"等话语,走进陈家的院子里。

陈家的院子里已经站满了人,有本屯子的百姓,还有附近的乡亲邻居。昨夜的香案没有撤掉,上面依然供奉着大智文殊师利菩萨的牌位,香烟袅袅。在院子的大门上门槛上挂着一只用红布拴着的活公鸡。众人都莫名其妙地议论着。陈久思是红布包头,青布坎肩,腰扎红色的腰带,正与陈仲仁说着话。

秃子跑到陈久思的跟前:"大法师,我爹醒过来了,他有话要跟你说。"

李二棉裤趔趔趄趄地走到陈久思面前:"陈掌柜的,不!陈大法师,我家被胡子'砸孤丁',我被胡子打晕了,一直不醒,就觉得有个声音对我说:吃符上法,刀枪不入,佛祖显灵,保境安民,替天行道;还说你是大法师,让我们听你的号令。一直说到了下半夜。今天早上醒来还记得呢。你说怪不怪?"

陈久思说:"不怪,昨天晚上佛祖确实是显灵啦!要我带领大伙成立红枪会,清除匪患,驱逐倭寇,替天行道,保境安民。会员吃符上法,对敌打仗就可以刀枪不入。今天就验证佛法,看灵验不灵验。"说着用手一指自己的二儿子陈仲仁:"老二过来!一会儿就拿你验证佛法的威力。"陈仲仁的腰里也扎着红布腰带,穿着青布坎肩。

李二棉裤问道:"怎么个验法?"

陈久思指着平东洋说:"他用枪先打门槛子上的公鸡,然后再开枪打老二,看能不能打死。这样检验佛法的威力。"

李二棉裤一脸的虔诚说:"胡子没把我整死,这个仇是结下了。为了不受胡子的祸害,我这条命是豁出去了,我入红枪会。以身验法,大法师!就让我来验证佛法的威力吧!"

陈久思摇摇头:"不行不行!'言行忠信,表里相应'是我佛一贯主旨,我是佛教的奉行者,佛祖又指定我是大法师,为了公正,为了佛祖的名誉,我必须用我自己的儿子验证佛法，只有这样才能服众。"

李二棉裤执拗地请求："那佛祖也亲自对我说了'吃符上法，刀枪不入'的话啦！我诚心信佛，为验证佛法我死而无怨，我立下生死文书；如果不灵验，算我谣言惑众，死有应得，只求大法师照看我儿子就中。"

平东洋走到他俩跟前："大法师，李乡邻诚信向佛，决心验证佛法；我看就成全他吧。他说的也在理，全屯子的人就只有他单独听见佛祖的旨意，也是与佛有缘啊！"王友德把手里的烟袋别在后腰上，伸手摸摸李二棉裤的光头："也罢，可怜胡子没有把他打死；众乡亲都是证人，咱们当众立下生死文书，写明李二棉裤是心甘情愿的，无人强迫；如出意外，不怨别人。"

在场的乡亲们都说道："这样最好，既成全了李二棉裤一心向佛的愿望，又免除了事后的麻烦。"教书先生拿来纸笔，在香案之上写下了生死文书，李二棉裤按了手印。教书先生宣读生死文书："今有信民李二棉裤一心向佛，自愿以身验证佛法的威力，生死皆有佛祖做主，不怨别人。立此生死文书为凭，众乡亲为证，日后绝不反悔。立据人李二棉裤。民国二十一年六月十九日。"

陈久思看看太阳，走到香案前上了一炷香，在香案前行了头面接足礼（佛教徒礼拜佛像时行的礼）。然后打坐入定。一会儿睁开眼说道："午时已近，吃符上法！"他把事先写上符的黄纸条烧化在酒碗里，端到李二棉裤的面前。李二棉裤也扎一条红腰带，跪在香案前说道："佛祖在上，信徒李二棉裤诚心向佛，情愿以身验证佛法，求我佛保佑。"说完接过酒碗一饮而尽。陈久思手摸李二棉裤头顶，嘴里念念有词。突然陈久思大声喝道："午时已到，吃符上法已毕，验法开始。"李二棉裤站起身来，面向大众，双手合十，双目紧闭，挺胸而立，嘴里念叨："佛祖显灵，刀枪不入。"平东洋站在他的旁边，随着他的话音抬手一枪，门上的公鸡应声中枪，挣扎而死。平东洋回手对着李二棉裤又开了一枪，随着枪响，众人都闭上了眼睛。全场一片寂静，突然又响起了李二棉裤的喊声："刀枪不入，刀枪不入。"众人睁开眼睛一看，李二棉裤依然是挺胸站立，身上有火药熏的黑色，人却安然无恙。

陈久思口呼佛号，大众也一起念佛。陈久思率领众人跪在香案前，向香案上的文殊菩萨牌位叩拜。然后他起身向大家宣布："李二棉裤今天带头入会，舍身验法有功，就请他就任红枪会的二法师。"众人齐声称赞。

王友德趁机向大伙说道："今天大伙都看到了佛法的威力，红枪会一定能为我们保卫家园和亲人。我们家大人都入会；我为红枪会捐粮五石，青布五匹，大

第二章

洋一百五十块。"来看热闹的乡绅们也都表示捐粮、捐钱、捐物,支持红枪会。本屯子的百姓也报名参加红枪会。教书先生执笔代书姓名,陈久思和平东洋挑选健壮的青年农民入会。陈方义把陈久思和平东洋拉到一边:"你们这儿是扯起了旗号,招人了。我再去给你们募集粮饷去。"陈久思问:"你去哪里募捐?""去柳大房子,柳大房子的杨千瑞是我的亲戚,也是佛教徒。我去募捐。"陈久思叫陈仲民给陈方义备马,陈方义从屯子的后面走了。车凤英走到平东洋的身边招呼他:"干爹!"平东洋回头看看车凤英:"什么事?凤英。"车凤英说:"我也想参加红枪会,怕我爹不让,我先回去和我爹合计合计;劝我爹他也来参加红枪会。我爹也是信佛的,年年都去五台山朝拜。"平东洋一听很高兴:"啊!你爹也是佛教徒?那可太好啦!你回去好好跟你爹说,尽量劝他来参加红枪会,一块儿打鬼子。再说你也出来好几天啦,家里一定惦记着,回去吧。"车凤英转过身来对陈久思说:"陈大爷,我先回家了。"陈久思说:"中,回去吧,免得你家里大人牵挂。仲仁,给车姑娘备马。"陈仲仁去马棚备马。

车凤英去和王兰芝告别,王兰芝出来送她,两人一边走一边说话:"妹子,你回去了,还多咱来呀?""兰芝姐,我回去跟我爹说一声就回来,也快,就是几天吧。""妹子,回去告诉车大叔一声就回来,我妈跟你说的事你也给我大婶说一声。我等你的信儿啊!嘻嘻。"车凤英吓唬兰芝:"别胡说!小心我打你!"王兰芝一脸正经:"我说的是正事。别耽误了。我就不远送啦,路上要小心啊!"

原来昨晚上兰芝妈和车凤英、兰芝几个人唠了一晚上,兰芝妈把陈家的情况给车凤英说了,特别说了陈仲仁的为人、脾气,等等。希望车凤英能够嫁给陈仲仁。可是车凤英虽然看到了陈仲仁的相貌(这在当时是非常不容易的)和陈家的其他成员,但是她心里并没有真正动心。一是事出偶然,二是没有真正的交往的基础。所以当王兰芝今天又提起这事,车凤英并未明确回答。她只说:"放心吧,我会加小心的。你请回吧。"

她们说话的时候,陈仲仁已经牵马走到屯子外了。车凤英快步赶上陈仲仁,从他手里接过马缰绳。陈仲仁问道:"多咱还来呀?"说完低着头继续往前走路。车凤英忽然不自然起来,心跳得非常厉害,她扭头看着路边的庄稼地,低声说:"谁知道呢,我爹是啥心思?让不让俺加入红枪会呀?"接着又是沉默,他们两个人又走了一段路,静得厉害,连风都没有,彼此都能听见心跳。

他们俩默默地走到官道的岔道口,车凤英停下脚步:"你回去吧,仲仁哥,我会再来的。"说完也不看陈仲仁就飞身上马,一提缰绳催马向前走去。走出有十余丈远,车凤英才回头向陈仲仁挥手告别。陈仲仁停下脚步也挥手告别,他回身走了几步,又有点不放心,站在原地呆呆地望着车凤英远去的背影,他犹豫了一下,他决心从后面跟着送车凤英一程。他又向前走去。

车凤英骑马加鞭向前赶路,突然马被什么东西绊了一下子,被绊倒了;车凤英早有提防,顺势跳下马来。在路边的庄稼地里窜出来四个胡子,为首的正是双瓣和罗锅孙,还有飞龙和金山。他们围住车凤英打斗。

车凤英看见罗锅孙等人气就不打一处来,骂道:"该死的罗锅孙,你又来找死啊!这一回姑奶奶决不饶你!"说完用马鞭子抽向罗锅孙。这回别看是四个人,但是战斗力还不如前天他们三个人呢。双瓣的胳膊被李二棉裤砍伤了,虽说不重,但不敢用力。他没法驳回罗锅孙的面子,是来捧场助威的;如果得手了他可以分得好处,如果见势不妙,他可以溜之大吉。这样既给了罗锅孙的面子,又还了罗锅孙的人情,还不受什么损失;所以双瓣处处格外地加小心,他是招招架架、躲躲闪闪,并不卖力气。罗锅孙的罗锅差点儿叫平东洋给直过来,现在一用力还疼得直咧嘴。他是为了找回前天夜里的面子,原打算是让双瓣给帮忙出力,没承想双瓣也受了伤,而且是在明处;自己虽说是也受了伤,但是在外面看不出来,又是自己来找双瓣为自己出头,所以自己又不能半路说不干。飞龙原本是在别人面前打肿脸充胖子的主,没有什么本事,硬装好汉;这回叫平东洋连勒带憋差一点咽了气,那脖子到现在都不敢动,硬是直着脖子,说话都不敢用力大声说。只有金山是个健全人,可是他根本就不愿意干这劫道的营生;他是手插在磨眼里,想往外拽也难。所以他只是应付,也不十分出力。因此车凤英虽说被四个人围住,但是真正的对手却只有一个金山。而另外三个前窜后跳还挡着金山的手脚,金山借此机会也就有了偷懒的借口了。车凤英打得时间长了体力渐渐不支,落了下风,罗锅孙咬牙发狠道:"弟兄们,紧紧手,抓住这个丫头。"飞龙一见,表现的时候到了,也顾不得脖子疼,手里的三节鞭挥动得比以前快了,有几次差点儿打在车凤英的后背上,急得车凤英直冒汗,脚步也乱了,头发也散了。

正在这危急时刻,只听到一声喝道:"青天白日竟敢劫道,就不怕吃官司吗?"车凤英听出来是陈仲仁的声音,见来了帮手,立刻精神大振,奋力向前,先是打伤了飞龙的手腕子,使他拿不住三节棍;陈仲仁挡住了金山和罗锅孙;双瓣的胳膊上又添了车凤英的一马鞭子,鲜血直流。双瓣看见车凤英来了帮手,自己又受了伤,不能硬拼下去了;就一声口哨:"走人!"就先跑了。飞龙抱着手腕子随后跟着也钻进了庄稼地。金山本来就是三心二意地在糊弄,不是很上心,就是不好意思先退,这时候看见有人先跑了,他可就不等别人了,也扭身就跑,而且比先跑的那两个人都快。只剩下罗锅孙一个胡子了,他一看同伙都跑了,也要开溜,可是车凤英抽出手来,一挥马鞭子,一顿狠抽,只抽得罗锅孙东躲西闪,吓得是屁滚尿流,几次差点儿被抽在眼睛上。这回罗锅孙真是急了,再不逃就要被抓住啦!他也真不含糊,顾不得背后的罗锅疼痛,一个赖驴打滚就滚出有三丈多远。躲过了车凤英的鞭子。他滚到地边爬起来,忍着疼痛,钻进了庄稼地逃走了。

危险解除了,车凤英情不自禁地上前握住陈仲仁的双手,四目相对,互相看着。许久陈仲仁拽出了手,对车凤英说:"抓紧赶道吧,路上不太平。"车凤英点头:"嗯呢!仲仁哥,我快去快回,一定劝我爹来入会。"说完上马离去。

九

车家屯在三道沟子正西三里路左右,离通肯河也不过六里路,中间隔着三道沟子街。地处低洼地,屯子边上就有成片儿的柳条通。车凤英家在屯子东边,紧挨着一片儿柳条通。院子也是用柳条夹的杖子,有一人多高。三间草房,正房西边有座厢房,北头是仓库,南头是马圈。车凤英在院子门口下了马,牵着马走进院子,她一边在马圈拴马一边对屋里喊:"妈!我回来啦!"凤英妈应声走出屋来:"死丫头!这几天你到哪块儿疯去啦?也不着家。"车凤英问道:"妈,我爹呢?我君茹姐好了吗?"她边说边走进屋里,来到胥君茹的床前,看胥君茹似睡非睡,就退了出来。

凤英娘一边拍打凤英身上的泥土,一边埋怨:"那也是不着家的主,去柳大房子你千瑞大爷那里啦。""干啥去啦?去几天啦?多咱能回来呀?"车凤英一连串地问他娘。"我不知道,你这么着急找他干什么?"凤英她妈反问道。车凤英故意卖关子:"有事呗,不告诉你!"

这时凤英的爷爷车喜库走过来:"你看你,像个什么样子,又跟谁打架了呀?"车凤英奇怪地歪着头看爷爷:"爷爷,你咋知道人家打架了呢?""浑身是土,谁家十七八的姑娘可地打滚?不怕人家笑话呀?"车喜库点出车凤英身上的破绽。"爷爷,你又说人家,今天我是遇上了一伙胡子,打了一仗。"被爷爷说出破绽,车凤英有点撒娇。凤英妈一惊:"老天爷呀!可别再出门啦,让人不放心啊！咋脱的身呢？"车凤英说："陈仲仁帮我打跑了胡子,我就回来了。"

车喜库："不是让你去看你姑姑吗？咋整的今天才回来？"车凤英说："那天去我姑姑家,在半道上就被胡子给劫了,晚上被万宝山的陈大爷和平东洋给救了；回到了万宝山待了两天,拜了平东洋为干爹。人家万宝山陈久思陈大爷请佛祖显灵了,要成立红枪会打胡子,杀日本鬼子。"车凤英的说话声惊醒了屋里的胥君茹,她听说有平东洋的消息,就认真地听着。

车喜库一挥手："这是好事啊！打胡子是小事,打日本鬼子才是大事啊！你爹每年都进关去五台山拜佛,和你杨大爷收了不少信佛的乡亲,能不能也像陈久思一样成立一个什么会,保境安民。你去柳大房子把这事跟你爹和杨大爷说一下,看他们怎么拿主意。"

听见爷爷的指派,车凤英很高兴："好哇！爷爷,我这就去。"说完往外就走。奔马棚去牵马。胥君茹在屋里挣扎着坐起来叫车凤英,车凤英没有听见。胥君茹连伤带病,又加上母亲遇难,这一连串的打击几乎让她崩溃了；幸亏车家一家人的悉心照顾,她的伤病才有所好转。她的身子还很虚弱,叫车凤英的声音非常小。就连在外屋的凤英妈也没有听见,她继续叨咕着："这孩子,也不歇一歇就走,急什么呀？一天到晚在外面瞎跑,这兵荒马乱的年头,真叫人提心吊胆啊！"

车凤英从马圈里牵出马来,听见妈妈在唠叨,就说："没事,我这就去,到杨大爷家歇着去。"说着话就上马而去。

柳大房子坐落在通肯河西岸,通肯河从屯子东头流过,向下游经过徐福礼屯子,直到三道沟子东边,往南流到兰西境内入呼兰河。柳大房子被河套的柳条通所掩藏,在外面只看见成片的柳条通,顺着大车道走到屯子跟前才能看见屯子。屯子的西边北边都是山坡地,这地肥得流油,是个鱼米之乡。杨千瑞是这个屯子的大户,有地五百多垧,杨千瑞为人乐善好施,是五台山佛教会的理事；他年年都进关到五台山朝拜佛祖。附近屯子有许多村民跟随他信佛向善,在村民心中很有威望。

杨千瑞家的院子也是和当地的大户人家一样,用土堡子围成的院墙,木板做的大门；院中的格局也是一正两厢,正房七间,东西厢房也是七间。他家的伙房在东厢房,不设在正房。正房也是中间开门,东西各三间,是家人居住,一进门是堂屋,两侧各开一个门通往东西屋。靠北墙设一张条桌,桌上摆着茶具,两边摆着两只白底蓝花的细瓷掸瓶,两只白底红花的细瓷帽筒,中间有一座钟,这

第二章

是平时的摆设,过年的时候就成了供奉祖先的香案了。平时迎宾会客都在这里,可是今天却不一样了,主人客人都在东外间屋里。

东外间的南炕边坐着车平起、杨千瑞和侯广义,靠北墙有一张地桌,上面供奉大智文殊师利菩萨的铜像,靠墙放着几条板凳,坐着几个农民打扮的人。屋里弥散着艾蒿的清香和叶子烟的辣味。

杨千瑞五十多岁,身体微胖,光头,面目慈祥,中等身材。车平起四十岁左右,中等身材,黑红脸膛,平一字眉,大眼睛。侯广义有四十多岁,小个头,瘦身材,脸上透着机智;他和板凳上坐着的几个人都是在柳大房子东北二十几里远的莽乃镇的人,也是佛教徒,这次他们一起来到杨千瑞家是商量大事情的。他们已经议论了大半天了,没有结果。这时院里有人喊:"掌柜的!来客啦!"杨千瑞出了房门,看见一个人在院门口下马,是一个青年学生。也不认识,正要询问,只见来人向他鞠躬行礼:"伯父,小侄陈方义见过伯父。"杨千瑞依稀记起来了,杨千瑞和陈百元是表亲,在陈方义十一二的时候见过,现在认不出来了。问道:"你是那个陈家的孩子?""四家店陈百元的二儿子保恩啊!"杨千瑞这才记起来:"你不是在江省念书吗?咋回来了?快进屋。"陈方义进了上房,杨千瑞把屋里的人介绍给陈方义,陈方义问:"伯父你们在商议事情吧?"杨千瑞:"是的,不瞒侄子,我们在合计打日本子的事。你从江省回来,知道的消息多,给我们讲讲。"陈方义一听很振奋:"马占山抗日,已经通电全国啦,关里的共产党也主张抗日,不然就得当亡国奴。"

车平起对杨千瑞说:"大哥,说了半天,还是这位陈先生说的对,依照我的打算就拉起一伙人来跟日本鬼子干!我与日本鬼子誓不两立,我娘的仇我一定要报!""一家一户的仇加起来就是咱们大家的仇,一个屯子一个屯子的恨合起来就是大家的恨;日本鬼子侵占咱们东三省,咱们东三省的老百姓都受他们的祸害;这仇这恨就是民族的仇恨,大家就要为国家为民族去战斗去牺牲。"陈方义接着车平起的话动员大伙。

杨千瑞犹豫着:"每年去五台山朝拜佛祖的时候,就眼看着日本鬼子在关里关外横行霸道,我早就忍不住了。可是不杀生是我佛戒律上写着的呀!"侯广义说:"可就在前几天,日本子的飞机把大泡子给炸了呀,那可是血肉横飞呀!有一家子正在吃饭,炸弹落下来,一家子人都没啦!在奉天城,那日本子杀人如麻呀!这些都是造孽呀!做多大的恶呀!除恶务尽,善莫大焉,这是佛祖留下的格言啊!我们几个从莽乃镇来就是听从理事的调遣,杀日本鬼子的。"杨千瑞担心地说:"日本人凶残成性,没有天良,该遭报应。但是他们武器精良,以我们的血肉之躯怎么能抵挡得住他们的飞机大炮?"陈方义说:"你说的也是事实,可是老祖宗说过:'得道多助,失道寡助';日本人占咱们的国家,屠杀咱们的同胞,人心丧尽。我中华大众人人都有同赴国难的志向;人人都有为亲人报仇的决心;人人都有为保卫家园不怕牺牲的精神。道义在我们这一边,民心可用。我们若振臂一呼,响应的人一定不会少。虽说日本鬼子的武器精良,但是我们是守卫疆土,保卫家园,对自己家门口的地理熟悉,可以和日寇周旋。中国人是聪明的,我们信奉的南无大智文殊师利菩萨是智慧的化身,有大智文殊师利菩萨的保佑,就是用大刀长矛这些老祖宗留下的武器,也能打败日本鬼子。"和侯广义一起来的佛教徒王家胜说:"对,像岳飞那样精忠报国,像杨家将那样为国捐躯、战死沙场也是光荣的事。杨理事的老祖宗就是杨老令公吧? 老令公宁死也不吃北国饭,碰死在李陵碑的故事大家都听说过吧?"一起来的另一名教徒张温邦接着说道:"我的一亲戚在绥化住,一家人就跑出一个十多岁的孩子,其余的都叫日本鬼子给杀啦! 他们把人装进麻袋里,然后把麻袋嘴扎上,两个日本兵抬着往地上摔,一直摔死拉倒。真不是人干的事。"

杨千瑞想了一会:"是啊! 日本子已经占了东三省了,我将沦为亡国奴了。现在是国难当头,方义贤侄说得有理,凡我中华同胞不能辱没了祖宗的名声,不能把老祖宗留给我们的美好家园拱手让给东洋倭寇。"陈方义说:"我们国家贫弱,官府腐败,当官的不管百姓的死活,国将不存,哪还有家? 常言道:'天下兴亡,匹夫有责'。历代英烈已给我们做出了榜样,我等咋能吝惜自己的生命,甘心做亡国奴呢?"

杨千瑞下了决心:"好! 各位都有报国之心,我也不甘落后,只是我年纪大了,力不从心。我愿意捐出家资,建立一支武装,各位推举一位来做首领,振臂举旗,怎么样?"对杨千瑞提出的意见,大伙都在沉思。

这时车凤英出现在门口,大伙都一愣神。她一进屋就说:"杨大爷,你们在说什么呢? 这么热闹? 啊! 陈先生也在呀。"车平起问女儿:"你来干什么? 你不是去你姑家了吗?"车凤英把马鞭子挂在门框的钉子上:"没去成。在去我姑家的半道上叫胡子给劫了,被陈久思大爷给救了。""哪个陈久思? 万宝山的?"杨千瑞好像认识陈久思,问了一句。车凤英点点头:"嗯呢! 是万宝山的陈大法师。"

"大法师?"众人都有点诧异"什么大法师?"陈方义解释说:"陈久思也是信

第二章

佛的佛教徒。他们准备成立红枪会,首领就叫大法师,专门抓胡子,杀日本兵的。定于七月十五盂兰盆会开坛立会。"侯广义一拍大腿说:"我们这不是正合计打日本鬼子的事吗?和咱们想到一块儿去啦!"

车凤英趁机说出了自己的心里话:"那咱们也参加他们的红枪会吧。"车平起训斥车凤英:"小孩子,知道什么!瞎起哄!到西屋去待着去!"杨千瑞急忙拦住:"别介,叫大侄女在这吧,让她把万宝山的事给咱们说说。"

车凤英也不推辞:"好吧,陈大法师他们恨胡子祸害庄稼人,更恨日本鬼子侵占咱的国家,烧杀抢掠,无恶不作。昨天晚上佛祖降旨,指定陈久思做大法师,成立红枪会;带领乡亲们保境安民,打击日本鬼子。陈大法师今天验证佛法的威力。那真是刀枪不入哇!有佛祖的保佑,一定能打败日本鬼子。他们决定七月十五日开坛立会,杀日本鬼子。陈先生昨天也在那里了。"陈方义点头:"是的,我也在万宝山那儿啦。"

"这是个好消息呀!咱们也以佛祖为号召,建立一支专门杀鬼子的武装。杨理事说的也是事实,我们五个是外地人,不服众,杨理事又年迈,只有车兄弟年轻,武功又好,为人正直、忠义,就由车兄弟你来领头吧!只是叫什么好呢;得有一个名号。"侯广义说出了意见。

杨千瑞说:"万宝山他们起名叫红枪会,他们供奉的也是南无大智文殊师利菩萨,咱们也是供奉南无大智文殊师利菩萨。但是咱们是五台山佛教会的下属,我们每次朝拜不都称五台山为金色世界吗?那金色就是黄色呀!我们就叫黄枪会吧。车平起就是大法师,总坛就设在本屯,一应用品粮食省着搬运;再说这地方隐蔽,咱们先暗中把人召集起来,秘密地训练,打鬼子一个措手不及。"

车平起从炕沿边站起来:"大家一致推举我当大法师,那我也就不推辞了。遇事还是咱们大伙合计着办。我就挑这个头,一切听杨大哥的安排。"

杨千瑞接着说:"人无头不走,鸟无头不飞。这领头的有了;可是还要定一些规矩,没有规矩不成方圆,没有规矩就会乱套,也打不赢鬼子。咱们这是上阵杀敌,就是军队呀!那就得有军规、军法。谁坏了规矩法度都不行!必须按军法从事。就咱们几个人,先商量一下这些规矩。方义,你来有啥事吗?"陈方义有些茫然,本来是想劝杨千瑞捐助红枪会的,没想到杨千瑞他们自己成立了一个黄枪会,也是打鬼子的。陈方义只好不开口了,但是很兴奋,又多了一支抗日的武装力量。于是他实话实说:"伯父,本来是为红枪会募捐的,现在你们自己成立了黄枪会,我还是免开口吧。"众人大笑,陈方义接着又说:"我回街里给你们募捐去。"说完就走了。

车凤英悄悄地对他爹说:"爹,我还有一件事跟你说,救我的还有一个叫平东洋的人,他也是专门杀鬼子的好汉。我拜他做干爹了。等哪天我去万宝山把他请来,帮你们立军规。"车平起埋怨道:"你这孩子,净在外面惹事!快一边去吧!"

十

柳大房子这几个人在合计着制定队伍的规矩。万宝山这边的人也忙活起来,二法师和平东洋一起接待前来报名的人;王友德负责筹备七月十五开坛立会的事,他指挥人在场院里搭法台;并且接待来捐粮捐款的各村乡绅们。由教书先生负责登记造册,他边写边唱名报数:

四家店陈百元陈大爷捐粮十五石,青布二十匹,生铁三百斤,大洋一千块。

吴家大车店吴掌柜捐粮五石,青布三匹。

于家店于三爷捐粮八石,红布、青布各两匹。

……

王友德的老伴、女儿兰芝、儿媳妇以及陈久思的妻子等一帮妇女缝制会员穿的衣服,扎红腰带。

大法师陈久思和说书先生带领王元奎、陈仲民兄弟等到四家店大车店去招募会员。因为陈百元在那里开设粥棚,在那里聚集不少难民。陈久思到了陈家大车店,陈百元亲自陪同,坐在大车店的院子里摆的条桌前。仲民、仲仁哥俩身穿青布坎肩,扎红布腰带,头包青布头巾,站在陈久思的身后。车店的大门口旁边挂着"红枪会招募处"的牌子,条桌的一头坐着车店的账房先生,他的面前放着一本花名册,已经有几名难民被陈久思看中,招为会员。旁边的粥棚有不少难民在排队等着吃饭,王元奎在难民中间宣传红枪会的抗日的宗旨。王元奎说:"乡亲们,我们红枪会是奉菩萨佛祖的旨意,保境安民,杀鬼子的;是为乡亲们报仇的。佛祖保佑我们,佛法无边,会员上阵杀敌,刀枪不入,一定能打败日本鬼子!有血性的中国人快报名啊,报国杀敌、名垂千古哇!"

难民们议论纷纷,交头接耳,难民吴海明耐不住了:"走,报名去,我早就想打鬼子,可是我一个人没有主心骨,这回可好啦!跟上红枪会,非把鬼子杀光不可。"他的同伴隋林接着说:"对!为打狗日的小日本儿,我也豁出去了,为死去

第二章

的亲人报仇,夺回我们的家园。"二人来到桌子前,对陈久思说自己的遭遇。吴海明稳了稳情绪:"大法师,我要入会,为被小鬼子杀害的亲人报仇!"隋林说:"我也是,我现在是家没有了,父母、老婆孩子、哥哥嫂子、侄子、妹妹都被日本鬼子给杀死了,全家就剩下我一个啦!"陈久思对他们俩说:"你们俩是什么地方的人?日本鬼子打到你们的家啦?慢慢地对大家说,我答应你们入会。"

　　吴海明说:"大法师,那日本鬼子就不是人,没有人性。我是海伦南门外的人,全家靠种地为生。自打日本鬼子从哈尔滨打过来,就听说日本鬼子的凶残,不是东西!可咱们寻思日本人也是人,也是爹生娘养的;咱不惹他,他也不能欺负咱吧?可哪承想啊!日本鬼子那是没把咱们当人看待呀!他们把活人当靶子,叫士兵练习打枪,练刺杀。我亲眼见的,有五个邻村的农民为躲避日本兵的抢掠,骑着马往我们村子里跑,后面日军在追赶,日军的军官命令士兵瞄准跑在他们前面的农民射击,有的士兵没有打中,结果还挨了军官的打,直到把五个农民都打下马才住手。"

　　难民们都围拢过来,当中有个难民插话说:"那日本鬼子比他妈的阎王小鬼儿都恶呀!他们看到青年壮年就说是抗日分子,就抓住拷打,让狼狗咬,惨啊!"吴海明说:"我就是因为日本鬼子要抓我,我爹妈拦住鬼子让我跑;结果家里人一个也没剩,都叫日本鬼子给害死啦!"说完话已经是泣不成声。隋林说:"大法师,日本鬼子不光是祸害活着的人,就是死人也不放过,发现新坟就挖开,如果死者的身上有刀枪伤,就认定死者是抗日分子;就把坟的主人家的人都抓起来。并且放火把整个屯子烧掉。海伦东门外有一个屯子差一点叫鬼子给平了,烧了二十多家房子,全屯子就剩下十八口人。我家里就剩下我自个儿啦!我要入红枪会,一起杀鬼子报仇!"陈久思见大伙群情激奋,就对大伙说:"各位父老乡亲,日本倭奴是杀人的强盗,吃人的豺狼,残害生灵的恶魔呀!佛祖命我红枪会惩罚他们,佛祖保佑红枪会打跑日本鬼子。大众百姓都加入我红枪会,拿起刀枪,杀贼杀敌,报效国家。"众人纷纷报名。

　　在大车店的店房里,入会的会员坐在一起听说书先生讲《岳飞传·大战牛头山》。说书先生讲了一段评书以后说:"各位!那岳飞岳鹏举带领八百精兵,战胜金国十万大兵,靠的是他为国为民的赤胆忠心,靠的是他熟知兵书战策,能智慧用兵,靠的是他能团结他手下的八百士兵,靠的是一心抗敌的勇气。所以呀,我看打小日本儿也是这个理,咱们也要动脑筋想主意,不怕死,奋勇杀敌。日本鬼子也是肉长的,平东洋宰了十几个鬼子啦,可是鬼子连他一根毫毛也没伤着。平东洋杀小鬼子靠的是什么？他靠的是对鬼子的恨，对国家对民族的赤胆忠心，另外就是靠智慧，打有把握的仗，看准机会就下手，三拳两脚就收拾了几个鬼子。打不过的时候就躲开，不能硬拼。这才是大英雄。"

新会员中有人问："先生，那你见过平东洋吗？"王元奎在一旁对那个会员说："他就在咱红枪会总坛万宝山呢！他和咱们一块杀鬼子呀！"会员们一听他们仰慕的杀鬼子的好汉就在红枪会总坛，并且自己能和平东洋一起杀鬼子，给亲人报仇，真是情绪高涨，个个摩拳擦掌，跃跃欲试。王元奎又说："各位，先生说的对，就拿我们屯子的李二棉裤的事说吧，他就是靠勇气，面对拿着快枪的十几个胡子，就用一把镰刀，就把胡子打跑啦！，还砍伤了两个。"他故意把四个胡子说成是十几个，夸大了事实，替李二棉裤吹嘘。他又对说书先生说："你也听说了吧？他孤身一人跟胡子干，硬是把胡子打跑了。我说先生，你能不能把这事儿编成故事，到处说说，给咱们大伙长长劲，叫叫号。"

说书先生："能！这事我在你们屯子里听说啦，听一个大概，有空你再细说说，我就能把它编成小段儿，讲给大家听，鼓舞大伙的斗志，齐心打鬼子。咱们远学岳飞精忠报国，近学李二棉裤奋勇杀贼，不，如今是红枪会的二法师了，应该叫李二法师了，学李二法师，你们看好不好？"王元奎高兴地说："太好啦！先生，大伙都有杀敌之心，就是叫不齐套哇！把大伙的劲叫齐了，还怕小鬼子吗？"会员们一听红枪会里有这样的真英雄，更是兴奋得很，个个是信心大增，发誓和鬼子一拼。

十一

农历七月十五这一天，太阳一出来就显得特别红。天高气爽，一丝云彩也没有，阳光洒在庄稼的叶子上，照得露珠儿闪闪发光，晃得人难睁开眼；偶尔微风吹过，翠绿的庄稼在阳光里摇曳着，发出沙沙的声音，似乎在告诉人们收获的季节就要到了。往常笼罩在屯子上空的晨雾也早早退去，家家炊烟袅袅，禽鸣畜叫，浓浓的农庄气息扑面而来，好一幅田园风景画。

平东洋照自己的惯例，早晨起床就跑步，天天风雨无阻。自从他在万宝山屯子住下来，每天早上就从陈久思家里出来，沿着绕屯子周围的土道跑上两圈后，再跑到屯子后面的山坡上做一套军体操。与往常不同的是从红枪会开始招收会员起，他身边就多了一个人——小秃。这孩子被人们传说的平东洋的事迹

第二章

给迷住了,跟他爹说他要入会。二法师知道红枪会是和日本鬼子玩儿命的,不是闹着玩儿的地方,跟秃子说:"红枪会不要小孩子。"可小秃不干,死活就要入会,把二法师逼得没有办法了,红着脸跟平东洋说了,平东洋说:"这孩子要入会,这件事你可以和陈大法师说说,我不是红枪会的人,不好说什么。"

二法师只好去和陈久思说,陈久思开始也不同意收秃子,因为小秃子还是一个孩子,不能上阵杀敌。这事被陈久思的妻子听见了,她对丈夫说:"这还不好办,让他和平东洋住在一块儿,给平东洋扫地、端水啥的,不省着再派别人了吗?就让他做打杂的,也不收他入会,不叫他和你们一起行动。如果你们去打仗,把他留在家里不就行了吗?"陈仲民在旁边也说:"爹,我妈说的有道理;再说二法师自打入会就在会里忙,也没有工夫管他,就叫他伺候平东洋吧,还能学点儿本事。"

陈久思在老伴和儿子的劝说下,这才答应"不入会,专门伺候平东洋"。就这样小秃子就成了平东洋的影子了,平东洋到哪他就到哪。秃子也机灵,平东洋有空就教他打枪、做军体操,这孩子很是上心,加上原来就跟他爹打猎,也有些胆量和主见,平东洋的二十响匣枪他是拆卸装填自如,就差没有子弹,不能开枪射击;平东洋教他的近身格斗技巧也学得有模有样了。

今天他俩跑到后山坡上停下,做完操,平东洋又教秃子练习擒拿格斗,练完了,秃子看着眼前的一切说:"叔叔,您看,这跟前儿的山坡上绿油油的野草和鲜艳耀眼的野花,叫露水洗得真干净,远处的麦子就要熟了,一片金黄,多美呀!我长大了要学画画,把天上的太阳、地上的庄稼、山坡上的花儿、被庄稼和山花包围着的屯子都画在画上,让大伙都看到我的家乡是多么美呀!"秃子被眼前的景色迷住了。平东洋也赞叹着:"是呀,多么美呀!每个人的家乡都是美丽的,值得热爱的。可是眼前的一切都要被小日本儿给毁了。秃子,你恨不恨日本鬼子?"小秃说:"小日本儿毁了我的家乡,该杀千刀,我恨他们!"平东洋问秃子:"这么好的家乡、可爱的地方,就这样白白地让鬼子去祸害,让他们霸占了,你甘心吗?"秃子摇摇头:"不甘心!咱们屯子的老少爷们都不甘心!""对啦!不甘心,就要和小日本儿拼了,拼命也要保住老祖宗留下的家园啊!"平东洋拍拍秃子的肩膀。秃子举着小拳头:"嗯呢!如果把家丢了,就对不起老祖宗啦,拼死也要保住它。"

平东洋看见陈仲民在屯子边上在向他招手,就和秃子下了陡坡,回到了屯子里。

◇ 通肯河传

　　平东洋和秃子进了陈久思家的上房,迎面碰上了陈久思。陈久思把平东洋让到了东外屋,说道:"今天是开坛立会的日子,也是祭奠祖先的日子。我带领家人先祭祖,同时在祖宗面前立誓,请你和王大哥做个见证;我陈久思为了家乡父老,为了保卫祖宗留下的家园,也为了子孙后代,我陈家与日寇决不妥协,抗战到底,以死报国。"正说着,陈仲仁陪着王友德和二法师进了屋。陈久思让妻子在堂屋摆设香案,供奉祖宗牌位;陈久思拈香拜祭;然后带领全家妻儿跪在香案前三叩首。陈久思抬起头说:"陈家的列祖列宗在上,不肖子孙久思率领妻儿在祖宗面前立誓:倭寇侵略家邦,百姓涂炭,家国不保,久思及妻儿决心抗战到底,杀尽倭寇,不惜性命,以死报国,保卫祖宗留下的家园,绝不卖国求荣。如违此誓,天人不容。"说罢又叩了三个头,起身对二法师说:"二法师,法台那边准备得怎么样了?"二法师说:"准备齐整了。各项事务齐备,就等大法师了,各屯子的乡绅们也有到场的了。"陈久思说:"王大哥、平东洋兄弟,你二人先去接待一下各屯子来的乡绅们,我换上服装就过去。"王友德、平东洋二人答应着和二法师一同来到场院。

　　场院中央搭了一座法台,高三尺,南北一丈九尺,东西三丈八尺,左前角有一台阶直通台上。法台中央靠后设一香案,上面铺着红布,案上供奉南无大智文殊师利菩萨牌位,香炉里插着三炷燃烧着的黄香,香烟袅袅。法台四边上插着红旗,前四后三,东西各一面,共计九面红旗。法台下边东西两侧各设一个鼓架子,上边各有一面大鼓。法台前面摆放一排太师椅。法台前边上的两角各立一个旗杆,上面挂着旗帜;东边的一面上写着:"替天行道",西边的一面上写着"扶正压邪"。法台的正台口处有一根比左右两个旗杆都高的旗杆,红底金字的红枪会的会旗在旗杆顶上迎风飘扬,格外醒目。

　　法台前的空地上站着红枪会的会员们,他们头上包着青布头巾,身穿青布坎肩,腰上系着红布腰带,手执红缨枪,约有百十号人,排着整齐的队伍,个个英姿飒爽,等待着大法师的检阅。平东洋和王友德招呼各屯子的乡绅们到法台前的太师椅就座。

　　将近午时,王友德走上法台大声宣布:"午时已到!请大法师登台!"两边鼓架子跟前的会员擂动大鼓,在隆隆的鼓声中,陈久思身穿红色练武紧身服,头包红布头巾,腰扎红色腰带,披红色斗篷,腰挂红色剑鞘的宝剑,像一团红色火焰,健步走上法台。台下响起热烈的掌声和叫好声,伴随着隆隆的鼓声在旷野中回响,惊起林中的鸟雀纷纷飞起,在法台上空盘旋鸣叫。

第二章

陈久思走到香案前站定,王友德递给他三炷香,陈久思接过香插在香炉中,然后向南无大智文殊师利菩萨牌位行头面接足礼三次,起身转向台下大众一抱拳,做了一个罗圈揖。鼓声停下,王友德大声说道:"请大法师宣读文表。"说书先生双手捧着文告上台,走到陈久思面前,双手捧着文告举过头顶递给陈久思,陈久思双手接过文告,展开大声宣读:"今有佛教信徒陈久思等率众乡亲诚心祈祷并上告佛祖:因匪患横行,民不聊生;倭寇入侵,家国难存;此危机之际,久思等决心秉佛祖好生之德,拯救众生;行忠君爱国之义,杀尽倭寇。保我同胞不受涂炭;护我家园不受凌侵。拳拳此心上告佛祖,切切此情晓知四方;天地唯鉴,以证我心。举家赴难,以死报国;求佛祖保佑中华永存,黎庶安乐。民国二十一年七月十五。"

陈久思读完文表,转身把文表放在香案上,面对菩萨牌位再行头面接足礼,跪在香案前焚烧文表,会员伏地叩首口念佛号。

王友德大声说道:"请县城工商各界代表献匾!"陈方义和邹培智抬着一块木制的牌匾走上台,揭下蒙在匾上的红布,露出匾上面的四个隶书大字"百姓干城",这字出自江老师之手。原来陈方义把陈久思成立红枪会的事在街里大力地宣传,并且募到了一笔捐款,还做了一块匾送给红枪会,助威造势。王友德看着陈方义把匾放好,又大声说道:"请大法师宣布会规。"

陈久思说:"我们秉承佛祖法旨,成立红枪会,杀敌报国,保境安民。凡我会员,一律虔诚向佛,杀尽倭贼;替天行道,扶正压邪;不许侵扰百姓乡邻;会员要团结互爱,友善和睦;临阵杀敌,奋勇向前,不许后退;舍身报国,不许通敌。"

王友德宣布:"立会典礼完毕!会员操演武艺。"队伍在二法师的指挥下列开阵势演练起来。平东洋等人陪同各村的乡绅们进了陈久思家的院子,红枪会准备了酒宴,酬谢各位乡绅们对红枪会的支持。

第三章

一

饭后,陈久思和平东洋等人送走了众乡绅,回到了屋里。陈久思坐在炕沿边上,平东洋坐在板凳上,王友德端着烟袋蹲在靠平东洋的板凳旁,二法师坐在陈久思对面的板凳上。火绳冒着青烟,满屋子是艾蒿的清香味儿。会员下午放假休息,院子里静静的。

陈久思看着另外几个人说:"大旗是扯起来啦!乡民们也很拥护,出钱出物的,出力的,声势挺盛啊!"王友德吸了一口烟:"是啊,这几天大伙都很辛苦,招了一百多名会员,收到各位乡绅捐的粮钱物,还真不少!"二法师说:"咱们挑的严格,不然能招几百人。"平东洋:"咱们刚开始创字号,兵要精,这些是以后扩大队伍的骨干。等咱们的名头大了,来投奔的人多了,这些人都能带新来的人。要抓紧训练,兵不训练就没有战斗力。另外把这些人编成几个小队,各小队都指派队长,便于调度指挥。不然就是一盘散沙,那就不是能打仗的队伍啦。"二法师:"可不是咋的,这些人都是有些手段的,身子灵活,头脑也机敏。就是有的使枪有的使刀,不一致。"陈久思:"别看咱们起名叫红枪会,可是什么武器趁手就使什么,能杀敌就中。按武器分队,便于操练,使枪的分一伙,二十多人一队,使刀的分一伙,也二十多人一队,两伙还有剩余的就和在一队里。二法师你就负责分吧。各队指派队长。""嗯呢,我就把使长枪和使短刀分成两类五队吧。最后把剩下的就编一个混合队。"二法师答应着。

陈久思说:"旗号扯起来了,人也招下了,下一步就该有行动了。应该给乡亲们做出样子,咱们是'言行忠信,表里相应'啊!这头一仗先从家跟前儿下手,让乡亲们得到实际好处;先抓几个胡子树树威。大伙看咋样?"王友德磕掉烟袋里的烟灰:"中,眼下胡子人少,没有快枪,先用他们练练会员们的胆子,较较

第三章

劲。"平东洋:"一是练人,二是给乡亲们做出一个样子,知道咱们红枪会确实是为民除害,保境安民,说到做到。好取信于民。"二法师说:"咱们跟前儿活动的厉害的胡子就是双辫儿,他们一伙只有一条快枪,其他胡子都是耍片子的,他们又被我砍伤了两个人,力量就小得多了。双辫和李家粉坊的李大头关系密切。李大头的老闺女是双辫的姘头,李家是双辫的窝主。从那天晚上砸我家的胡子有快枪和他们跑的方向看,就是双辫他们一伙干的。"王友德说:"我看就拿双辫开刀,这个家伙是个惯匪,他们干胡子这一行已经很长时间了;有枪祸害人也最厉害。这伙胡子一共有四个人,虽说算不上是大绺子,可也是人数不算少的伙匪。我们要是把他给收拾了,别的胡子就都给镇住了。"平东洋同意王友德的话:"王大哥说的对,咱们就挑罪大恶极的先干掉,给四乡百姓出口恶气,树树咱们红枪会的威信,借机让李大头出一些钱财,解决红枪会的费用。"陈久思说:"好,咱们先想法子打听出双辫的准信,咱们才好下手,不能打草惊蛇,让双辫听到风声他再插枪'倒边'就麻烦了。"王友德:"听说双辫这个人抽大烟,烟瘾很大,缺不了烟土。可派人扮成卖烟土的贩子,到李家粉坊一带打听一下虚实。可是谁也不认识双辫本人。这个整不准不行。"二法师说:"我和秃子俩去吧。我估计那天夜里到我家的几个胡子中就有双辫,虽说没有朝相,但语音还是能听出来的,他们也不认识我和秃子,秃子是个小孩儿,不易引起他们的警觉。"平东洋:"行,二法师可以去。但是要少带烟土,别让胡子见财起意,把你们给害了。只带一点样子就行,约好交货的时间、地点就可以了。"二法师点头答应:"好吧,我们爷俩就去准备一下,明天就去李家粉坊。"

二

第二天,二法师和秃子化装成烟贩子,出了屯子,奔李家粉坊走去。二法师从小就爱打猎,一到冬天就进山,在山里打猎胆子大,练就了一身登山走路、追赶猎物的功夫;对山里的生活非常熟悉,一个人敢在深山老林里走路、住宿,从没出过差错。附近有一个姓蔺的财主想在山里种大烟,听说二法师对山里很熟悉,就让他领人给自己种大烟。这个财主很狡猾,开始他骗二法师,说是让二法师给他带路进山,后来就派人把爷俩分开,把秃子当成人质,逼二法师在山里给他种大烟。二法师没有办法只好给姓蔺的财主种大烟。一连种了好几年,对烟土很在行,好坏真假,他一看一闻就知道。后来又让日本人给骗去种大烟,直到

◇ 通肯河传

今年春天才逃回来。一路上爷俩一边走一边说话。秃子问他爹："爹,胡子为啥要砸咱们家呀？"二法师猜测道："那是胡子听了'插签儿'的话,到咱家去抢烟土呗。""啥是'插签儿'的呀？"秃子有点不明白。二法师给儿子解释："插签儿的就是专门给胡子做眼线,送信儿的。看谁家有钱了、有值钱的东西啦,'插签儿'的就给胡子送信,胡子就来砸窑啦。""爹,那咱家也没有烟土哇。"二法师听了儿子的话也觉得有点不对劲："是呀,我也纳闷呢,咱家里啥也没有哇？咋就来'砸孤丁'了呢？我也没有得罪谁呀？一个屯子里住着,也没有仇人啊？"

爷俩都不说话了,闷着头走路,过了好大一阵子,二法师说："对啦！一定是骗我给种烟土的蔺郎倌,是他插的签。因为我不再给他干了,他就设套害我！这个杂种,等我找到机会,一定问他个明白。"

李家粉坊离万宝山有十五里路,中间隔着几个屯子;都是丘陵地,大车道,爷俩尽量拉荒走柳条通边上的小道,免得碰上熟人。快到晌午了,爷俩进了李家粉坊屯子里。

李大头住在最前街靠东头的一个院子,也是土堡子围的大墙,木板大门,院外大门东边有一座五间的东头开门的筒子房,是粉坊。一进门靠东头安着粉磨,两头大犍子牛正在拉磨,靠南墙往西安放着一溜大缸,有十几口,西头有跑浆的木槽子伸出屋外;靠北墙是一铺大炕,把门这头安着一口漏粉的大锅,西山墙跟前垛着十几个粉坨子;挨着东山墙的北边是水槽子和装土豆的木槽子。看样子是刚开磨,还没有拉满班,几个伙计在干活。二法师走进了磨坊,秃子跟在后面站在门外。

二法师跟伙计们答话："辛苦啦！粉匠师傅,口渴了,找口水喝。"

干活的几个人中有人答话："水槽子里有,自己㧟。"二法师抄起水瓢："多谢粉匠师傅！"秃子在屋外说："爹,我要撒尿！"二法师扭回身："找地方撒去,别让狗咬着。"答话的人是粉匠,他说："到大墙根尿去,没有狗。"秃子走到粉坊后面去了。

二法师喝完水："谢谢啦！开磨啦？拉满班了吗？""没有,边拉边养浆,还得几天能拉满班。"粉匠一边往磨上添土豆一边和二法师说话。"咋换粉啊？""那得看土豆咋样啦,好的土豆一百斤换四斤粉条,差一点的换三斤、二斤不等。还要扣除杂质和土。""用别的东西换粉条中不？""别的东西？啥东西？"二法师低声说："用烟土,中不？"粉匠一愣,重新打量了一下二法师："你有那玩意儿？就你？净扯淡！"二法师在粉匠的耳边低声说道："是山里的朋友捎过来的新膏子,

第三章

不信你看看。"边说边从怀里掏出一个油纸包递给粉匠。粉匠接过纸包仔细看看,打开油纸包又闻闻,然后用舌尖舔舔烟土,吧嗒一下嘴:"啧啧,嗯,是好货。你有多少?我们东家正想买一些烟土给双辫呢。"二法师收好纸包"有几两,在家里放着,没有带在身上。双辫咋在你们这块儿?"粉匠说:"可不是咋的,他手下有个报'四海'的胡子,被人砍伤了,在我们东家家里养伤呢;双辫这几天都来看他。"粉匠说到这里停住了,他向四周看了看,压低声音:"我看那个四海要他妈的不行啦!那伤口足有这么长。"粉匠用手比量着:"都生蛆啦!那一刀差点儿把脑袋给砍下来,都露出大梁骨啦!八成是骨头也砍折了。"听粉匠的语气,他很解恨。接着粉匠又说:"这不是双辫和他的两个弟兄今个儿来了,可能是料理四海的后事的;一时半晌走不了。你明天送烟土来,还找我,咱们说好了,你不用露面,我经手抽一份好处。"

　　二法师说:"那是当然的了,按规矩办嘛。都是干这行的,不能坏了规矩。我明天还是到粉坊这块儿找你呗?"粉匠急忙拦住:"别介呀!我家就在这屯子最后一趟街的紧把东头的一座马架子,就我和老伴儿俩人,没有旁人。明天早点来,我在家里等你。说死了,十块大洋一两烟土,一两烟土给我一块大洋。"二法师连忙说:"那中啊,一言为定,明天见。"这时候秃子也回来了,父子俩出了李家粉坊,奔家里走去。

　　到了万宝山已经是下午两点钟了,秃子已经饿得不行了,强撑着进了陈久思的家;在家里的人都吃完午饭了,给秃子爷俩留的饭菜都放在锅里热着。秃子一进门就嚷嚷:"哎呀!饿死我啦!快点拿饭啊!"自己就奔碗橱里拿碗到锅里去盛饭吃。大伙都乐了。陈久思说:"小孩子不抗饿;二法师你也先吃饭吧,吃完饭再说。"二法师看儿子吃得狼吞虎咽,自己也有点饿了。听大法师这么说就点点头:"嗯呢,先吃饭,然后再说,双辫的窝子找到啦!"

　　二法师吃完饭,走进东屋,平东洋、王友德和陈久思都在屋里等着呢。二法师坐在板凳上,对三个人说:"我们爷俩进了李家粉坊的屯子,直接就到了李大头的粉坊,刚开磨,我和李大头的粉匠唠了半天,摸清了底细;双辫一准是在李大头家里。今晚上就住在李大头的家里不能走,给他的手下四海办后事,就是被我砍伤的那个胡子要死了。粉匠说的是有根有蔓的,假不了。双辫手下的两个胡子也在李家。"秃子也进了屋来:"我围着老李家的院墙走了一圈,只有正门,没有角门和后门。一人多高的堡子墙,高粱秆做的墙枕头,不好翻墙。"

　　平东洋夸奖道:"好小子,长心眼儿啦!借撒尿的机会看遍了大院的外围,摸清了地势,很机灵！墙不好翻没问题,让粉匠给叫开嘛！"二法师对平东洋说:"秃子小不能入会,我想让他跟着你学点本事,你看中不中？""我也是这么想的,以后二法师专门办红枪会的事,秃子就跟平东洋兄弟了,叫平东洋兄弟教他一些本事也好。上阵杀敌,孩子小不行,跟着平东洋我放心。"陈久思也同意二法师的主意。

"好吧,就算我又收了一个干儿子。"平东洋答应了。秃子一听,马上趴在地上磕头,嘴里还直嚷嚷:"给干爹磕头啦！"王友德笑着骂道:"这小子真他妈的乖,顺杆就爬上来啦！哈哈哈！"

"咱们晚上就行动,行不行？"陈久思问大家。"行,以免夜长梦多,别叫双辫听到风声。"平东洋同意陈久思的提议。王友德把正在装烟的手停下:"那可不是咋的,兵贵神速,要快刀斩乱麻。不过双辫和他的两个弟兄在一块,咱们咋下手,得合计合计。"

平东洋想了想说:"这得到了粉匠家里,再问问粉匠,这几个胡子是咋住的屋子,都在哪个屋里,那时候咱们再调配人手,就三个能动的,一杆枪,只要咱们把枪看住了就成事啦。"陈久思站起来:"行,就按平东洋说的办,二法师把会员集合起来,就说有行动,不要告诉他们干什么,只是说晚上有任务,任何人不许离开总坛,要好好休息,做好准备。"二法师答应着出去了。平东洋说:"王大哥看家,咱只带上十个人就行了。"陈久思:"带二十人吧,叫大伙都练练胆,见见阵势。"平东洋:"也好,五个小队,每个小队抽四名会员,这样练练骨干吧。"

三

太阳落下山了,余晖把天边的云彩染成了红色,当地人称之为火烧云；红光洒在庄稼上面,在碧绿的田野上又抹了一层红色,大地变得斑驳陆离。草丛中虫鸣蛙叫声反而显得田野更加寂静。一队红枪会会员行进在田间的土道上,会员们穿着青坎肩,头上包着青布头巾,扎着红腰带。有的会员肩扛红缨枪,有的会员扛着大刀,个个提神凝气,快步向李家粉坊走去。二法师在前面带路,陈久思包红头巾,穿青坎肩,扎红腰带,肋下挂着宝剑,平东洋是庄稼人打扮,腰扎青布腰带,斜插着一把二十响的手枪,二人走在队伍的后面。队伍里不时地有人发出提醒声音:"小心点儿,别弄出响动来！""跟上,别落下！""手中的家伙别碰着旁人！""拿好了,按平东洋教的那样拿！"

第三章

　　半夜时分,队伍来到了李家粉坊屯子的东头停下来。平东洋叫二法师清点人数,二十名会员都到齐了。陈久思站在队伍前面低声说:"咱们这次是立会以来的头一仗,一定要打胜;把咱们红枪会的威风打出来。今天咱们去抓罪大恶极的土匪双辫,给乡亲们报仇申冤。把发给你们的符吃下去。"众人吃符,陈久思在一旁念念有词,为会员们祈祷。

　　平东洋对会员们又强调了一遍纪律:"大伙一定要听从指派,沉住气,不要乱动。二法师叫门!"二法师来到粉匠住的马架子门前叫门:"粉匠大哥,开门啊!"粉匠在屋内应声道:"谁呀?深更半夜的!"二法师说:"是我呀,白天见过面的,卖烟土的。"屋里灯亮了,门开了,二法师迎上去就进了屋。粉匠还没反应过来,陈久思和陈仲民也跟着进了屋。平东洋在马架子四周布置了会员警戒,跟着粉匠进了屋里。

　　昏暗的灯光里,粉匠的老伴蜷缩在炕里发抖,粉匠看了看二法师,似乎认出来了,又看看平东洋等人,认为是胡子'砸孤丁'的,他哆嗦着说:"我们老两口子要啥没啥,好汉饶命啊!"说着就要跪下。平东洋急忙扶住:"老哥,别害怕,我们不是胡子,是红枪会的人。今天来是让你帮我们叫开李大头家的大门。我们是来抓双辫的,他还在李大头家吗?"粉匠抖得更厉害了:"双辫还在李大头家里。四海死了,他没有走。可是我领你们去,东家知道了,还不要了我的命啊?你们饶了我吧,好汉爷爷!"又要下跪,被二法师拦住了。二法师劝道:"老哥,别这样,你怕李大头他报复,我们红枪会是专门扶正压邪的,他要报复你他也好不了。"陈久思走到粉匠跟前:"老乡,双辫这伙胡子祸害咱们老百姓,你不恨他?李大头当窝主,为虎作伥。这次收拾他,他胆敢报复,红枪会就灭了他全家,你不用怕。"粉匠听了陈久思的话,迟疑地问道:"那你们说话算数?好汉爷!"陈久思说:"我是红枪会的大法师,你按照二法师说的话去做,红枪会说话算数!"粉匠回头对老伴说:"你不用害怕,这回咱们可为死去的女儿报仇啦!"粉匠的老伴流下了眼泪,捂着嘴哭泣。粉匠诉说着往事。

　　原来粉匠老两口有一个女儿,在女儿十七岁的时候被李大头看上了。李大头起了歹心,就叫双辫绑粉匠女儿的票,双辫按照李大头的意思绑了粉匠的女儿,就在李大头的家里把她给奸污了。李大头的闺女吃醋了,硬是把粉匠的女儿用烟土给毒死了。李大头为了此事和双辫吵了一架。恰巧被找不见女儿的粉匠听见了。可是粉匠也不敢声张啊,只好是忍气吞声到现在。

　　陈久思听完,气得咬牙切齿,恨得怒目圆睁:"这附近有许多百姓家都受过双辫的害呀！老乡，你为女儿报仇的机会来了，红枪会替你出头，你不用害怕。"粉匠把脚一跺："以前我人单势孤，不敢报仇，今个儿有你们为我出头，我豁出去了，走，我给你们叫门去。"平东洋拦住："老哥，先别忙，我问你，双辫住在哪个屋里？他手下的两个胡子住在哪个屋里？"粉匠想了一会儿："双辫每次来都住在西里屋，和李大头的闺女住在一起。他的两个弟兄住在西外屋看着四海；现在四海死了，装在院子里的棺材里，明天早上出殡。这两个人去找阴阳先生了，估摸着还得住西外屋。东屋住的是李大头的家里人，李大头在东外屋，里屋是他的儿子、媳妇和孩子。"陈久思接着问道："那条快枪谁使着呢？"粉匠："看双辫的胳膊上缠着白布，八成是受伤了，他没有使枪。今儿晚上我帮着抬四海的尸体，看见那条枪戳在炕旮旯那儿，也不知道谁使。"平东洋说："好吧，咱们去李大头家里抓胡子去。"

粉匠领着红枪会的人们走到李大头的家门前停下，平东洋安排四个人守住大门两边，不准放走一个人。把剩下的会员分成四组，安排陈仲民带两个会员进院后守住东厢房门口，王元奎带两名会员进院后守住西厢房门口，王元林带四名会员跟随平东洋解决西外屋的两个胡子，陈久思一个人进西里屋抓双辫，二法师带四名会员守在西屋外面的窗户下，防备胡子从窗户逃跑。吴海明跟在平东洋的身后点火把照明。分派完人手以后，陈久思示意粉匠叫门。

粉匠走到门口拍打门板："开门啊！开门。"院里应声道："谁呀？都什么时候啦？还叫门！"粉匠说："是我，粉匠，我给东家送烟土来啦！"门开了，平东洋一个箭步冲上前，用枪顶住开门人的胸前低声喝道："不许出声！"把开门人推到一边问道："双辫在不在？"开门人回答："在西里屋抽大烟呢。"平东洋一看上房，西里屋果然还亮着灯。又问："双辫的两个弟兄在哪里？"开门人："在西外屋睡觉呢。""枪，枪在谁手里？""在'关炮'手里。这两个人喝了半宿的酒，都醉了，都睡了。"平东洋叫陈仲仁看住开门人，自己快步奔向上房。

这时陈久思和二法师带领会员蹑手蹑脚地已经来到上房跟前，陈仲民和王元奎两个组也分别把守住两个厢房门口。陈久思示意二法师带会员去守住窗口，自己来到窗户前，从窗户缝里往屋里看，一个男子头朝里躺在炕上，只穿一件裤衩，在抽大烟，李大头的女儿翠兰给他烧烟泡，那个男子的手在她的身上乱摸，把翠兰弄得哼哼唧唧地直叫唤。这翠兰也只穿了一件裤衩，带一个红色绣花的肚兜。她一边给那男子烧烟泡，一边骂："该死的，嘴里抽着，手还不消停，乱摸啥呀？猴急的样子！哎呀！别整疼了呀！再说你还有伤呢！"双辫："老子

第三章

说不准哪一天就像四海一样蹬了腿儿,我是乐呵一天是一天,哪还管什么天地的。"说着推开烟盘子,伸手去搂翠兰。翠兰撒娇,用手挡住双辫:"用着人家的时候就想起来了,甜哥哥蜜姐姐的哄人家;有钱的时候你死哪里去啦?"说完还用手指戳了一下双辫的额头。双辫用一只手撑起身子嚷道:"天地良心,哪回少给你钱啦?连你爹也算上,少给了吗?你家的家当有多少是你们靠种地积攒下的?还不都是大爷我拿命给你换来的?没良心的东西!"翠兰一看双辫急了,忙赔笑脸:"哎呀!说着玩儿的,还当真了,嘻嘻!我这么大一黄花闺女还换不来你那几个钱?"说着就往双辫的怀里钻。

陈久思在窗外蹑手蹑足,来到房门口用手轻轻地试着拉了一下门,没有插上,他转过身和赶到的平东洋小声说话:"我直接奔西里屋抓双辫,你在外屋用枪逼住他手下的两个胡子。"平东洋点点头,陈久思轻轻地推开房门进屋,平东洋紧跟在他的后面,平东洋身后是吴海明拿着火把,再后面就是王元林领着的会员们。

屋里双辫搂住翠兰:"来吧,小骚货。"说着就往下扒翠兰的裤衩。突然双辫停住了拽裤衩的手,而是把翠兰往外用力一推,翠兰被推到炕下边,正好撞在冲进屋来的陈久思的身上,陈久思后退一躲,炕上的双辫一个鲤鱼打挺坐起来,随着手一扬,一道寒光飞向陈久思,陈久思扭身躲过飞来的匕首。趁着这工夫,双辫双手一用力按在炕上,两脚往后一缩,头向炕外,脚冲窗户用力一蹬,只听咔嚓一声响,把窗户蹬开,人跟着从窗户窜了出去。翠兰被摔在地上,嘴里还骂双辫:"该刀杀的,又抽哪门子风啊?把姑奶奶摔得好疼!"她抬头看见陈久思的打扮,吓得住了嘴,突然她又抱住了陈久思的大腿,嘴里直喊:"好汉爷爷饶命啊!"把陈久思给拖住,陈久思一时脱不开身。

二法师带着会员守在窗口旁边的墙垛子跟前,听见窗户被蹬坏的声音,他一紧张,一愣的功夫,就看见一个人从窗户里窜出来,二法师还没醒过神来,那人落地一滚,一翻身就站起来了;手里已经有了一把匕首。这个人正是双辫。二法师也不含糊,照着双辫的脑袋就是一刀,双辫缩颈藏头躲过一刀的同时,手中的匕首已经刺向二法师,二法师的刀劈空了,就劲一转身,还是慢了一步,双辫的匕首从二法师的腰间划过,开了一个口子,划破了肉皮。这时双辫的胳膊受了伤,使不上劲,不然二法师怕是躲不过去这一匕首。二法师疼得倒吸了一口冷气,他咬住牙喊道:"别叫他跑啦!围住他!"说着话,二法师的手没停,反手用刀背砸向双辫的手腕子。在二法师的提醒下,会员们围住了双辫,双辫撒手回身,飞起一脚,踢在二法师的手腕子上,差点把二法师的刀给踢飞了。这双辫是玩儿了命地想要逃跑,他只当是仇家来捉他,他又带伤,剩下的两个弟兄都喝醉了,指不上能帮忙,所以他下手狠,想拼命地杀出一条路,好逃命。现在他想往外冲,已经晚了,被会员们围住了。他困兽犹斗,手握匕首又刺向二法师。这时,平东洋赶到了。平东洋跟陈久思进了屋里,刚到外屋门口就听见屋里有打呼噜的声音,他叫吴海明点亮火把,他看见在炕上有两个人头朝里、脚冲外睡在炕上,炕上还有一张桌子,桌子上杯盘狼藉;两个睡着了的人酒气熏天,在那里一动也不动。平东洋冲到炕沿边,伸手把两个人拽下了炕,被平东洋拽下炕的两个人中有一个还说醉话:"喝!喝酒!今天有酒今天醉,别像四海那样,到了鬼门关上拉不回呀!兄弟,喝呀!喝!"平东洋叫跟在后面的王元林把这俩人捆上。这时平东洋听到二法师的喊声,他知道陈久思进到里屋没有得手,双辫可能是从窗户跑到院子里了,他急忙抽身冲出屋外,来帮助二法师。在屋里的灯光和火把的照耀下,院子里也很亮堂,平东洋从屋里出来看得很清楚,四个会员围成一个半圆形,里面有两个人在打斗,其中一个是二法师,另外一个人正用匕首刺向他;这个人正是双辫。他面向西、背朝东,平东洋看得清楚,一个箭步冲进半圆里面,抬腿就是一脚踢向双辫,这一脚踢在双辫的右腿弯子上,双辫单腿跪地,右手里的匕首却从地下往后撩起,划向他身后的平东洋的下身,平东洋侧身躲过,伸右手趁势抓住双辫,甩到身后的右手往上一提,左手按住双辫的后脖颈子,把双辫制服。陈久思这时也从窗户里跳出来。他在屋里遭到翠兰的阻拦,李大头的闺女李翠兰不是个简单的妇女,当她被双辫推到地下的时候,她还以为是双辫和她打情骂俏呢。在她看见陈久思的打扮和双辫从窗户跳到屋外的时候,她马上就明白了:是有人来抓双辫来了,她本能地想到要掩护双辫逃跑,她死死地抱住陈久思的双腿不放,嘴里乱喊:"饶命!大爷饶命!"就是不撒开抱着陈久思大腿的手,赤身裸体地趴在陈久思的面前,弄得陈久思是没有办法,手拽不得,脚踢不得,一身的本事用不出来,急得他出了一身的汗。他也听见二法师的喊声了,他知道屋外吃紧,他也急了眼了,也不管那么多了,左手扳住门框,身子一用力往上一跳,连同翠兰也带到炕上,陈久思奔窗户那边走去,翠兰被卡在炕沿儿边,只好撒开手,陈久思这才从窗户那儿跳出来,和二法师会合。

平东洋向陈久思说了经过,二法师拉着被捆着的双辫来到二人面前:"大法师,抓到双辫了。"陈久思:"另外那两个胡子呢?枪呢?"王元林走过来:"叫我

第三章

们捆起来了。枪在我这呢。"说着把枪递过来。陈久思示意给平东洋,平东洋接过枪来一拉枪栓,发现枪膛里没有子弹,就转身问双辫:"你叫什么名字？这枪的子弹呢？"双辫这时认真地看了看和他打斗的几个人,都不认识,他想:"是什么人呢？没有和他们有过交往啊？怎么结的仇呢？"双辫以为是仇人来抓他,现在看来不是那么回事。大法师？是红枪会？陈久思他们成立红枪会双辫也有耳闻,但是他没当回事,可今天来了,把自己给抓了,先认栽了吧,求他们把自己给放了,以后再说别的。想到这里双辫见平东洋问他,他就回答:"没有子弹了。"平东洋不信:"胡说！有枪能没有子弹？"双辫分辨:"没有胡说,就一颗子弹,前几天在万宝山砸窑的时候,给放了,如果有子弹能叫人家撵着跑吗？还搭上了一个弟兄。"平东洋看看陈久思,陈久思点点头:"是实话。把他们都带到屋里吧。"大家都进屋里。

在屋里的李翠兰提上裤衩子,从西里屋出来,向东屋走去,一边走一边喊:"爹！快起来吧！来人啦！把双辫给抓啦！"喊声里带着哭腔,在静静的夜里显得格外瘆人。平东洋检查了三个胡子的绑绳。叫王元林带会员看好,自己和陈久思及二法师来到东外屋门口,碰上李大头披着白色布衫,穿着短裤,从屋里出来。翠兰从她爹的身旁挤进屋里。二法师走近前把李大头推进屋里,吴海明举着火把跟了进去。东外屋是李大头和他老婆住的房间,二法师把李大头的老婆和孩子都撵到东里屋了;平东洋和陈久思进了屋里,二法师拿过一把椅子让陈久思坐下。陈久思细细地打量着李大头,这个人有五十多岁,大脑袋剃着光头,脑瓜子刮得贼亮,大嘴岔,刷子眉,死鱼眼,中等个头。李大头有些紧张,他瞪着眼睛,张着嘴,看着进屋来的一帮人。二法师一把拉过李大头问道:"你是掌柜的,李大头？"李大头点点头:"是,是我。各位好汉,有话好说,千万别伤了和气。"陈久思指着外屋捆着的双辫问他:"他可是双辫？"李大头:"是,是双辫大当家的,好汉是哪个山头的,报个蔓儿吧。"陈久思说:"我们是红枪会的人,今天是来抓双辫的,你窝贼藏匪,坐地分赃,你可知罪？"

李大头仔细地看了看陈久思等人的打扮:"啊！红枪会的朋友,失敬！失敬！各位可有官家（政府）的批文？"

陈久思:"没有官府的批文,是佛祖的旨意。要我们保境安民,扶正压邪,惩恶扬善。你当窝主,勾结匪类,祸害乡亲,罪大恶极,本应严惩,我佛有好生之德,对你网开一面,罚你大洋五百块,粮食八石,青布二十匹;圈里的马也捐给红枪会吧,打日本子好用。大洋和马今天就带走,粮食和布匹明天送到万宝山总坛。"

李大头不服："凭什么罚我？再说，钱也不凑手。拿不出那么多，粮食可以，布匹那得上三道沟去买呀！你们这是'砸孤丁'啊！"

二法师说："李大头！别敬酒不吃吃罚酒，啊！弟兄们！给我搜！"会员们在各个屋里开始搜查，过了一会儿，一名会员端着一个小铁箱子，铁箱子上着锁；另一名会员捧着一个首饰匣子走到陈久思的面前。二法师用手扭断了铁箱子上面的锁头，打开铁箱子一看，里面有二百多块大洋，打开首饰匣子，里面有几件金银首饰。又有几名会员从西屋抱过来几匹青白布。平东洋冷眼观察着李大头，李大头说："就这么多呀！就这些啦！都叫你们拿去了，我们还咋活呀？"

二法师踢了李大头一脚："老实点！别哭穷，附近十里八村的百姓谁不知道你呀！给双辫这伙胡子当窝主，坐地分赃，你闺女是双辫的姘头，双辫这些年在咱们这块儿做了多少伤天害理的勾当，得到的钱都给了你家了，绝不只是这些。"

平东洋不动声色地走进了里屋，李大头不自主地也想跟着平东洋进屋里，叫二法师给拦住了："你别动，站在这里别动！"

平东洋进了里屋，里屋只有南炕，炕上坐着李家的男女老少，有的连衣服都没穿，翠兰在炕边坐着，瞪着大眼睛，恶狠狠地盯着进来的红枪会的人。会员举着火把把屋里照得很亮，平东洋站在屋中间向四周打量了一下，靠屋里的东北角有一口大木柜，敞着盖儿；北墙和间壁墙脚下都没放什么东西，平东洋走到北墙跟前，用枪把子敲了敲墙壁；然后用脚在屋地上使劲儿地跺了几下，他跺到靠东边大柜的跟前，发现了问题，靠东北边大柜下面的屋地声音有些不对，声音发空。平东洋走到柜子跟前，向柜里面看是口空柜。他叫人来把柜抬走，几名会员来抬，却抬不动。这口柜和别人家的柜不一样，又高又长，好像是装粮食的板仓，平东洋叫人拿来灯一照，柜底的木板有缝隙，他用手去掀木板，发现木板下面是空的，平东洋把柜底的木板都拿掉，一个长约四尺、宽约三尺的洞口露了出来。一名会员进到木柜里用火把往洞里头照，洞口有一架梯子立着，会员告诉了平东洋，平东洋叫会员下去，到洞里面看看。会员下到洞底下，他在洞底一看这原来是一个七尺见方的地窖，窖顶用厚木板盖着。窖里面放着一口铁皮箱子，上着锁。这名会员试着搬了搬，很沉，一个人拿不上去。他对窖外面喊道："有一口铁皮箱子，很沉，一个人拿不动，再下来一个人吧！"

平东洋又派了一名会员带着斧子下去，这名会员下到洞底，用斧子把箱子

第三章

上的锁头砸开,二人把箱子打开,都大叫起来:"大法师!箱子里面都是银圆啊!有好几千呢!"在外屋的李大头听见喊声,满脸是汗,牙咬得咯吱咯吱响,但当他看到陈久思和会员们的神态时又无奈地低下了头,不言语了。他老婆扯开嗓子嚎叫起来,二法师举起大刀一声吆喝,她才住了声。会员们把银圆弄出了地窖,用麻袋装好,请大法师查验。陈久思指着李大头说:"今天先饶过你这一次,如果你还不改恶向善,继续作恶,红枪会一定要你的性命,你胆敢报复乡亲,我们一定严惩你全家!你记住了!弟兄们,带上银圆和马匹,押解双辫回总坛。李大头明天把粮食布匹送到!"李大头这时已经支持不住了,瘫倒在地上。李家乱作一团,红枪会凯旋。

四

"双辫被抓啦!"

"双辫的绺子被红枪会给灭啦!"

"双辫叫红枪会给逮住啦!"

"李大头的家叫红枪会给抄啦!"

双辫被红枪会抓住没过两天,这消息不胫而走,整个东南乡都知道了。罗锅孙一伙胡子也听说了,他们吓得够呛,赶紧跑到吉万福家里合计对策。吉万福两口子赶忙办置酒菜招待他们。

罗锅孙一伙胡子坐到了酒桌旁开怀畅饮,酒过半酣,罗锅孙一手端着酒盅,另一只手搂着小翠仙的腰对吉万福说:"这红枪会真他妈的邪行,敢抓双辫!咱们往后的日子也不好过啦!"说完一仰脖,'吱'的一声,一盅酒喝了下去。放下酒盅,拿起筷子夹了一块鸡骨头放在嘴里啃着。吉万福没有吭声,只是抽烟。飞龙也喝了一盅酒,放下酒盅叹了一口气:"唉!可不是咋的,咱哥几个可咋整呢?"金山想散伙:"要不咱们拉倒吧,散伙!我不干啦!回家养老娘去。"罗锅孙立刻瞪起了眼珠子,骂道:"王八犊子!混蛋!你他妈的没听说吗?当一天胡子,怕一辈子兵!你回去?说不准哪一天,叫人家掏你的老窝,抓住你,照样扣你。"金山更害怕了,他埋怨罗锅孙:"那可咋整啊?都是你把老子给骗来,干这伤天害理的缺德事!老子早晚洗手不干了。"飞龙赶紧劝解:"行啦!行啦!快点想出一个办法来吧。别叫红枪会给一勺烩了。"

吉万福的老婆小翠仙从罗锅孙的怀里挣出来,用手理了理头发,说:"呦!

一个大活人还叫尿憋死呀？出了姑家还有姨家呢！挪挪窝还不容易！"说着又给罗锅孙倒了一杯酒："来！喝！别管那一套！"罗锅孙用脸贴着小翠仙的脸："不是舍不得吗！"说着在后面掐了小翠仙的屁股一下，用眼睛瞄着吉万福，吉万福只顾抽烟，连看都没看他们。

　　飞龙一拍大腿："你还别说，嫂子的话也有理，我看咱们不如投奔一贯道去，找张坛主，想想招。"罗锅孙又喝了一盅酒："我也有这个意思，可是上次叫平东洋给整栽了，磨不开（不好意思）去了。"飞龙："大哥，现在这时候就别讲面子啦！以前他说过呀，叫咱们跟他干能有大钱花嘛，如今投奔他去，先避避风再说。"吉万福这时候开口了："去？你们可想好了，张明强有日本人的关系，干的是汉奸活呀！"罗锅孙转了转眼珠子："有奶就是娘，现在还顾得了那些？过一时算一时。"飞龙看罗锅孙和自己的想法一样，就举着酒盅喊道："对！对！乐呵一时是一时，喝酒！"一仰脖，又一盅酒下肚。

　　几个胡子一直喝到天黑，小翠仙缠着罗锅孙，不让他走。飞龙说："大哥，我看咱们今天晚上就别挪窝啦！你和嫂子好好亲近亲近，明个儿起早，天亮前进街，找张明强去。"罗锅孙想了想说："中，今儿个就在这里压下，和嫂子好好玩玩儿，上次许的愿还没还呢。"说着在小翠仙的奶子上抓了一把。小翠仙搂着罗锅孙的脖子撒着娇："把压炕的拿来呀！"罗锅孙顺腰里掏出一副镯子，是一副鎏金的银镯子，放在小翠仙的手上说："小骚货，这个压住压不住你的那铺炕啊？啊！哈哈哈！"吉万福下了地，喂马去了。

　　黎明的时候，三个胡子起身，骑马奔拜泉投一贯道坛主张明强去了。

　　清晨，张明强在西屋里边整理衣服边往外走。他的姘头荷香嘴里叼着香烟，穿一件没有袖子的紧身旗袍，把身子裹得紧紧的，本来就很肥硕的屁股更显得肥大了。她撇着嘴，歪着头问张明强："你日本干爹又给你什么任务啦？"张明强系完衣扣，又扯了扯衣服的下摆："枝下少佐来电报，说他就要来拜泉了。叫我发展力量，帮助皇军占领县城。洋钱大大的有哇！"他刚在卧室里用电台与日寇特高课的枝下联络完，接到枝下的命令，要他发展亲日的汉奸。他的姘头荷香看见他发电报，所以问他。

　　枝下是日军特高课的少佐，随日军到齐齐哈尔；是专门负责刺探情报、抓捕抗日青年的日本特务。在盛京日报驻拜泉办事处的平田一郎的介绍下，他潜入拜泉，与一贯道的张明强、马占山的部下刘宏轩、季平都分别见了面，收买了一批汉奸，为日军占领拜泉以后统治拜泉网罗了一批走狗。枝下给这些人配备了电台,供他们和自己联络。

　　荷香一扭她的大屁股,嘴里吐着烟圈:"哼!给日本子卖命当汉奸,把祖宗八代的脸都丢尽了,比我们做妓女的还下贱!真不是东西!"

　　张明强搂住荷香:"这还不都是为了你这个小骚狐狸吗?你穿绸裹缎的,我哪里去弄钱去?日本人有的是钱,你可劲儿花。"说完在荷香的身上乱摸,荷香半推半就:"你个老色鬼,早晚你得死在这上边!"二人正在调情,门外有人敲门,荷香骂道:"真他妈的败兴,又是什么王八蛋来了?"转身回了西屋。房门被推开了,进来一个道徒:"坛主,罗锅孙他们来要见你。"张明强一听,满脸喜色:"好,好!让他们到东厢房等我,我去会见他们。"他转身进西屋,对荷香说:"宝贝!挣钱的来啦!我正愁手下没有顶硬的人呢,这几个胡子就来了;一定是风紧,来避风的,我正好给他们带上笼头。"说完就在荷香的脸上亲了一口。荷香一边擦脸,一边说:"这几个家伙能听你的吗?"张明强肯定地说:"能,有钱能使鬼推磨,这几个胡子就是认钱的主。为了钱他们可以拼命,有了钱就能支使动他们。他们听钱使唤。"

　　张明强走出上房,来到东厢房门口,咳嗽一声,拉开门看见罗锅孙等人在板凳上坐着,就双手抱拳:"几位辛苦啦!"罗锅孙看见张明强进来,赶紧站起来,也双手抱拳:"张坛主,打扰啦!"张明强明知故问:"几位朋友,什么事呀?到我这块儿来。"罗锅孙说:"当真人不说假话,我们哥几个是来投奔坛主您的。现在风声挺紧,红枪会挺邪乎,把双辫都给抓了,谁说情都不中,听说要给扣了。"张明强故意试探:"那你们是来投靠我来啦?"罗锅孙一脸无可奈何:"上回您不是说跟着您能挣大钱吗?现在哥几个点儿背,就投靠您了。"

　　张明强很高兴:"好!哥几个痛快!只要听我的,我包你们有钱花,还有官儿做,省得你们一天提心吊胆,怕官兵抓你们。"飞龙惊喜地问道:"真的?还有官儿当?那可太好啦!没说的,我跟你干啦!"罗锅孙瞪了飞龙一眼,骂道:"别咋呼!瞎他妈的叫唤啥呀?听张坛主说完了。"

　　张明强接着说:"我明说了吧,咱们一起端日本人的饭碗,为日本人干事儿。听我的,记住这个就行啦!我咋说你们就咋做,很简单。"

　　金山一听是给日本人卖命,当场就表示反对:"我不干,我不给日本人卖命。"罗锅孙想发作,可是他转了几下眼珠又忍住了,劝金山:"兄弟,别耍脾气,听话,过了这一阵子,咱们就另想法子。现在是避风啊!啊!"

　　张明强炫耀说:"几位先在城里待着,住在鸿翔旅馆,吃饭我管,回头叫徒弟拿五十块大洋给兄弟们先花着。"把个飞龙乐得直作揖。张明强继续说："兄弟们，没事就在街上溜达，放点风，制造点谣言，搅乱人心。劝人们做日本人的顺民。"罗锅孙点头答应。

五

双辫被红枪会抓住关在王友德家的东厢房的北头，另外两个胡子被关在东厢房的南头，由会员们看守。此时双辫坐在牢房里的草堆上，低头不语，他在反思自己的过去。

双辫本姓赵，是伦河幺家围子的人，叫赵全武。家境很好，兄弟三人，他排行在二。只因为他和他的三弟媳通奸，气走了他三弟。他要和三弟媳私奔，他三弟媳有一小儿子，不愿意随他私奔，他一怒之下杀死了弟媳。所以为家族所不容，他跑出来当胡子。在海伦和拜泉接壤的地带为非作歹，报山头'双辫'。他和李大头有点儿远亲，就把李大头家里当作窝底，常来常往，就和李大头的老闺女勾搭上了，为李家攒下了不少不义之财。现在被红枪会抓住了，他还以为红枪会也不过是让他出点儿血，破破财，不至于把他真的杀了。所以尽管他被关在牢里，他还是要酒要肉要烟土。

这时他的烟瘾又犯了，直打哈欠，流鼻涕。他对看守他的会员说："朋友，跟你们的大当家的说，不是，跟大法师说，给我整点烟土来，快点儿！"看守的会员进上屋跟大法师报告："大法师，双辫又要烟土啦。"陈久思说："知道啦。你去吧，要严加看守，千万不能让他跑了！"会员答应着走了。王友德进了屋里，一脸的忧虑："这两天各屯子的乡绅大户来了好几拨，他们要保双辫。这可咋整啊？不给他们的面子，以后有事情不好办啊。"陈久思也很为难："是个难事。可是咱们开坛立会，为的是替天行道，扶正压邪，惩恶扬善啊，如果放了双辫，那咱们不也成了胡子了吗？那不就叫黑吃黑吗？"

教会员武艺的平东洋回屋里休息。听完了陈久思的话说："这是红枪会的事情，我也不便于参与，可是大法师的话在理呀！民心不可失，咱们不能失掉信用啊！"王友德无奈地说："我也知道这个理，可是来说情的都是有头有脸的大财主哇！咋整？"

陈久思坚决地说："言行忠信，表里相应。咱们信佛之人应该这样。只要认准了扶正压邪、惩恶扬善这个理，就坚决处死双辫。断了说情的人们的念头，他们还得佩服咱们。"

平东洋接过话茬："其实这些说情的里面也有不少是走走样子给别人看,其实怕咱们放了双辫,日后双辫找他们的麻烦。真心要保双辫的没有几个,多数是探风的。"

这时候二法师进来,他跪在陈久思的面前叩头："大法师!千万不能放了双辫啊!不能再让他祸害人了呀!我死心塌地地跟着你为民除害,打日本子,保卫家园。大法师啊!可别放了他呀!"

陈久思扶二法师起来,二法师不起来："我舍命验法,加入红枪会,为的就是把这些害人的胡子、日本鬼子都杀光。如果大法师畏惧财主们说情,那我就去处死双辫,我再自杀,你就往我身上推算了,我与双辫抵命。绝不能留下双辫呀!大法师!"说完放声大哭。陈久思把二法师扶起来："好兄弟,放心吧。我陈久思一定按会规办理,取信于民,不辜负乡亲们的期望。今天晚上就秘密处决这伙胡子。另外把他们的脑袋留起来,有用。"

自从双辫在李大头家里被红枪会抓走,李大头就不甘心,他也不相信红枪会敢把双辫处死。他先是按照红枪会的要求,把粮食布匹准时送到红枪会总坛万宝山。回到家里,他自己坐在炕沿上想,红枪会的严厉的态度不过是想在双辫身上捞取更多的好处,他必须救双辫。因为他的浮财已经被红枪会拿走了,只有地里的庄稼是他的财产了,要想东山再起,还得靠双辫这棵大树,他女儿翠兰也积极地撺掇他救双辫。李大头想来想去,他首先找到自己的亲家钱承租（外号"钱秧子"）,请他为自己出头救双辫。

提起这钱承租的名字,外人知道的不多,要是说钱秧子,从县城到三道沟子大多数人都知道。一个是他住的屯子就叫钱秧子屯,其实这个屯子本来叫钱褡子屯,因为钱秧子是这个屯子的首富,所以因人起屯子名,又叫钱秧子屯。第二个是这钱秧子为人霸道刻薄,不论穷富,只要与他的利益相冲突,他都不计手段,必然把对方置于死地。举一个例子,他家翻盖房子,给房子苫草,钱秧子他自己有草甸子,他雇工打了苫房草,按照他自己估算的数量把苫房草拉到家里。又雇了苫房的工匠给苫房,他对领工的把头说："我预备下的苫房草就这些捆,你们苫完房,一捆也不能剩,一捆也不能缺。否则不给工钱。"领工的把头干苫房这活也是有一套的。他以为钱秧子预备的苫房草,按自己设计的厚度多也多不了几十捆,缺也缺不了百十捆。这在行规上也说得过去。所以把头就答应了下来。活干到最后,差了十几捆草没有拧完房脊,把头从别处借了苫房草把活干完,他和钱秧子算工钱,钱秧子嘿嘿冷笑道:"把头!咱们咋讲的啊?咋讲的就咋办!还想要工钱?别做梦啦!快他妈的滚吧!"没有办法,把头领一帮人白干了。打官司告状,钱秧子是一点也不怕,他的儿女亲家在江省吴大舌头(省督军吴俊生的外号)手下当师长,连拜泉的县长都惧他三分。因此周围十里八村的人都对他敬而远之。

李大头领着儿媳妇来到钱秧子家里,把双辫的事说了一遍,听得钱秧子是目瞪口呆。半天他才回过神来,对他亲家说:"亲家,你没有对他们说咱们是亲家吗?"李大头哭丧着脸:"哪还倒出嘴来说呀!那阵势就像唱戏里大老爷审案子似的,不容我说话呀。他们的大瓢把子,不对,是叫大法师,是大法师。一是要我指认是不是双辫,第二就是对我的处罚。哎!家底都给抄了呀。不信问问你闺女,她是亲眼所见啊!这回我可是栽到家啦!你要是不出头,那我是没有翻身的机会了。"钱秧子瞅瞅亲家,又看看自己的闺女。他想起了和李大头家定亲的事情来。钱秧子的闺女是李大头的儿媳妇,当初李大头想攀钱秧子这棵大树,把自己的家底都给钱秧子的闺女当彩礼了;为了能娶到钱秧子的闺女当儿媳妇,李大头花了近万元大洋,这才打动了钱秧子的心,答应把闺女嫁给李大头的儿子。现如今亲家摊上事了,自己得出头,不然的话自己在这东南乡还有地位了吗?再说红枪会是什么东西?也敢私自抓人?钱秧子想到这里他板着脸说:"中,谁让咱们是亲家了呢!你把我说的这些人都请到四家店陈家大车店,你现在就去请,明天上午必须到陈家大车店聚齐。就说是我请的他们,你辛苦一趟吧。"李大头赶紧点头:"中,中,亲家!我辛苦点没啥,只要亲家您出头,没有摆不平的事。我这就去通知,都有哪些人呀?"钱秧子说了一串人名,李大头用心记下了,也不在亲家家待了,赶紧骑马到各屯子通知人去了。

第二天上午,是个大晴天,火辣辣的太阳照得人肉皮子疼,空中一丝风也没有,热得人喘不过气来。除非是有非做不可的事,不然人们都找个阴凉地方歇着了。东南响的时候,四家店陈家大车店的门口却是很热闹。车店的伙计在门前接待来店里的客人;伙计们很奇怪,来的客人都是附近的有头有脸的财主们。第一个先到的就是钱秧子,他骑一匹铁青色的儿马子。这钱秧子个子不高,可是贼胖,简直就是一团肉,体重有三百多斤,一般的马都扛不住他骑,他有五十多岁,大刷子眉,一双鹞子眼,大蒜头鼻子,一脸的横肉,光头秃顶。穿一件竹黄色的串绸对襟褂子,蓝府绸的裤子,青礼服呢面的布鞋,扎着裤腿。打一把旱伞,到了大门口甩蹬下马,那匹马的腰立刻上升了好多,直甩尾巴、打响鼻儿。

第三章

伙计上前接过缰绳往院里让客:"钱褡子屯钱掌柜的住店啦!"伙计当着钱秧子的面没有叫钱秧子屯。

车店掌柜的在屋里听见院心伙计这一嗓子喊得有点儿奇怪呀,钱褡子屯离四家店就十几里路,这么早的天也用不着住店啊。他赶紧迎出来,快步走到钱秧子跟前,双手一抱拳,一揖到地:"钱大掌柜的,您住店啊?"说着话接过钱秧子手中的旱伞,替他打着。

钱秧子腆着大肚子、仰着脸,眼睛扫了一下店掌柜的,闷声闷气地说道:"咋的,不住店就不兴来吗?啊?你们东家呢?在不在家?"掌柜的一听明白啦,不是住店的;是来找东家的。赶紧赔笑说道:"哪里,哪里!像您这样的贵客,我们请都怕请不到您,哪能不让来呢!我们东家不在店里,在后院家里呢。"

"去!把他给我请过来,我有事情请他帮忙!"

掌柜的紧忙地答应着:"哎!您先请进屋,大热的天儿,您别在外面晒着,屋里凉快,您请屋里歇着,我这就去请我们东家去。伙计泡茶!雅间伺候!"

钱秧子斜棱着身子,费了好大的劲才挤进了店房门。喘着粗气坐在通铺大炕的炕沿边,摆手对掌柜的说:"这屋敞亮、透风,不去雅间啦!你快去请你们东家来,就说我有事请他帮忙,快去!"因为钱褡子屯在四家店西面,离县城比较近,办什么事钱秧子都去县城,而且去县城也不经过四家店,所以钱秧子对陈百元是敬而远之。但是这次他是非请陈百元出面不可,因为陈百元在东南乡的声望他是知道的,他更清楚,单凭自己的面子怕是救不出双辫的,所以钱秧子今天对店掌柜的说话一连用了好几个"请"字。

掌柜的赶紧走出店房去请陈百元。陈百元听掌柜的说钱秧子钱承租来找他,有事请他帮忙,心里很是纳闷。两家并没有亲戚关系,互相往来也不密切。陈百元讨厌钱秧子的为人,和他保持一定的距离,采取既不远也不近的态度;陈百元也告诉过车店里面的人注意。所以两家几乎没有来往,可是陈百元也不能怠慢钱秧子,他跟着掌柜的往店房走。

这时陈家大车店门口又来了客人,于家店的于三爷在门口遇上了吉万福,吉万福一拱手:"于三爷,这么得闲,您是钱掌柜的请来的吧?"于三爷说:"是,那你呢?也是钱掌柜的面子吧?"吉万福点点头:"嗯呢!请!"伙计拉马往里让客人,吉万福和于三爷边走边唠。于三爷问吉万福:"钱掌柜的为了啥事呀?找这些人。"吉万福小声地说:"可能是双辫的事,保双辫,双辫被红枪会给抓住了,并且罚得李大头不轻。钱李两家是亲家,钱掌柜的能不出头吗?"于三爷点点头:

"啊！我明白啦！"二人进了店房一看，东南乡的财主乡绅都聚集在这块儿啦，有十几位。钱秧子看看来的人差不多了，他让李大头通知的人都来了，就是差陈百元还没有到，就对院里喊："伙计！你们东家咋还没有来呢？"

伙计在院里看见陈百元和掌柜的已经走到大门口了，就对屋里喊："我们东家来啦！"钱秧子在屋里听见了伙计的喊声，他就腆着个大肚子，挤出门来迎接陈百元。钱秧子为了有把握救出双辫，是费了一番心思的，他知道自己领几个乡绅去保双辫，那是没有多大希望的；要有分量的人物和自己一起去帮忙，替双辫说话才行；他想到在东南乡只有陈百元。他知道陈百元和红枪会的关系是非常密切的，如果陈百元能出面帮自己，那救双辫就非常容易了。他为了拉住陈百元帮忙，才把集合财主们的地点选在陈家大车店，防备陈百元借故推脱不参加。所以他一听说陈百元到了，就亲自出迎，也顾不得天热门挤了，紧走几步上前握住陈百元的手："打扰啦！陈掌柜的。"

陈百元："哎呀！大热的天儿，你怎么有空来我这块儿啊？快进屋里，外面热啊！"二人谦让着，还是陈百元把钱秧子推进了屋门里。陈百元一进屋里有点诧异："今儿个是什么日子？人这么全啊！"他一抱拳："各位辛苦，什么风把各位吹到小店来啦，伙计！快泡茶！"钱秧子接着陈百元的话茬说："陈大掌柜的！今儿个是我邀请各家掌柜的到此。钱某有一事相求，那就是红枪会把双辫给抓了，这个事大家也都知道了吧？我想求大伙帮个忙，联手保下双辫这条命。虽说他打家劫舍，可是对咱们在座的各位并没有什么伤害，他抢的都是些小门小户。到如今他落了难，咱们应该出手相救，图个日后在道上有难处，他也能帮咱们不是？"

听了钱秧子这一番话，陈百元才明白钱秧子的打算，是来找大伙去保双辫的。陈百元对红枪会抓住了双辫也是知道的；他很赞成红枪会的行动，为民除害，说了就做，他很高兴。钱秧子找他去保双辫，他有点犯难，去吧，他是给红枪会出难题；不去吧，钱秧子这个人又阴损又霸道。得罪他，日后麻烦也少不了。但是他还是决定跟钱秧子去红枪会，看看红枪会的态度，到底是真心为百姓保家园，还是假的。他不动声色地听大伙的说法。

于三爷说："双辫这些年来在咱们这嘎达作案不少，手上有好几条人命；祸害老百姓也最厉害。这次被红枪会抓住，我看要大费周折呀！"

吉万福摇晃着脑袋："那咱们也不能见死不救哇！这年头黑白两道都得交哇！谁知道什么时候黑道上的朋友找上门来找麻烦？没有朋友咋行呢？是不

是啊？陈大掌柜的？"吉万福看见了钱秧子给他的眼色,让他挤兑陈百元说话表态,所以他最后提名道姓地拉上陈百元。

陈百元一看不说话是不行的,就接过吉万福的话茬:"那是不假,吉万福吉掌柜的这话有点道理。出面救朋友,义不容辞。可是按规矩红枪会也不能白抓了双辫呀?"陈百元想借出钱赎人这个原因难住钱秧子。乡绅们随声附和:"是呀,咱们出面可以,可这大头谁扛着呢?"吴家大车店的东家说:"大家出面都是走个过程,捧个场子,是看钱掌柜的面子,做个人情。真出钱,那就得看谁得利谁就得多出了。另外红枪会是什么意思,我看还得大伙寻思寻思。"钱秧子赶忙说:"各位能捧个人场就不赖了,垫言不垫钱。只要红枪会放人,要什么我都接着,求几位掌柜的陪我走一趟,探个究竟,救人要紧!"说完又向各位乡绅做了一个罗圈揖,他这一哈腰,他的大肚子被挤在中间,憋得他喘不过气来,脸都憋紫了,直往下淌汗,呼哧呼哧喘粗气。但是他还是给常先屯的胡瘸子使了个眼色,让胡瘸子点陈百元出头。

胡瘸子会意:"陈大爷参加过红枪会开坛立会的典礼,跟红枪会有交情,非你老爷子带这个头不可呀!"众人乱推荐别人,自己不愿意去。

陈百元朗声说道:"不错,我是捧了红枪会的场子,而且还捐了布匹粮食等财物,也赞成红枪会替天行道、扶正压邪、惩恶扬善的宗旨。可是今天钱掌柜的出头了,这面子我是得给的,我走一趟,还有谁愿意做个见证,别说我陈某人玩儿花舌子不办事!"吉万福受钱秧子的托付,自告奋勇:"算我一个,去一趟,看看红枪会是他妈的什么龙潭虎穴,钱掌柜的你也得去吧?咱们联手保双辫。"钱秧子说:"中啊,我哪能不去呢?"

众乡绅最后决定推举陈百元领头,钱承租、吉万福、于三爷作为代表,前往万宝山红枪会总坛,代表东南乡的乡绅百姓联名保双辫。

六

四个人出了陈家大车店,搬鞍上马,顺着官道向东南奔万宝山去了。大约有一个时辰,他们来到万宝山屯子后边的岔道口,下了官道就奔屯子走了下去,刚走不远,从道边的地里走出三个人来,都是红枪会的会员,一样的打扮,头上扎着青布的头巾,青坎肩,红腰带,手里握着红缨枪,拦住去路。其中一名上前问话:"什么人?干什么去?"

陈百元催马上前一抱拳："几位弟兄,在下陈百元和几位掌柜的要到贵会拜见陈大法师,烦请通报。"

会员中有人认识陈百元和于三爷,他俩参加过红枪会的开坛典礼,所以认得他俩,就答话道："是陈大爷呀！于三爷也来啦！我们去通报,你们在后面慢慢走吧。"说完有一名会员抄近道回屯子报信去了。这几个乡绅互相看看,都不由得紧张起来。

吉万福骂骂咧咧地说道："装什么大尾巴鸟哇！不就是红枪会吗？还他妈的摆起谱来啦！看是他走得快,还是咱们马走得快。"说完就要打马前进。陈百元拦住他说："家有家法,族有族规。他们红枪会要和日本人开战,不立规矩咋行？不放出瞭水的(放哨)还不叫人家给端了老窝。"几个人骑着马沿着大车道向前走,这大车道盘着山坡左拐右拐往坡下走。因为这山坡陡,不能一直通到坡底下,拐了三四次才算到了坡下平地。突然从屯子里传来阵阵喊杀声。威武雄壮,一阵接一阵,令人震慑。陈百元说："八成是红枪会在操练武艺吧？"钱秧子对红枪会抗日不屑一顾："几杆扎枪和几把大刀能打败日本子？"于三爷反驳他："总比让日本鬼子给杀了强,怎么也能抓几个垫背的；不能任人宰割,当亡国奴。别人靠不住,还得靠咱们自己起来和日本鬼子斗。"吉万福扇呼着耳朵(他的耳朵太大了,一动脑袋耳朵就跟着扇乎)："哼！走着瞧吧,日本子不好惹！"

陈百元说："你说说咱们谁惹他啦？他们不在自己的国家待着,到咱们这来抢东西杀人,占地盘。这不就是外国来的胡子强盗吗？这叫侵略！他们要灭咱们的国家。不好惹也得惹！"吉万福指着屯子头说道："在屯子头那儿,有几个人在干什么呢？"

陈百元等人一看,认得是红枪会的大法师和二法师,还有王友德、平东洋,他们在屯子头上迎接陈百元等人。原来回屯子报信的会员走的是地里的小路(本地人叫毛道),从碰见陈百元那块儿到王友德家也不过几百米远。人一直走下来比陈百元他们骑马走大道快得多了。陈久思听会员说陈百元和于三爷来了,和平东洋、王友德一合计就猜到了,一定是为了双辫的事来的。平东洋说："咱们不能失了礼数,既然会员先回来报信了,咱们得出去迎接。就冲陈百元和于三爷,咱们也得迎接。"

王友德忧心忡忡："另外还有两个会员说不认识,也一定和双辫有关系,咱们得有个准备。"二法师出主意："我去场院把会员拉到村子口,摆摆阵势,给他们一个下马威。"陈久思一摆手："那倒不用,咱们只是不答应他们的要求罢了,

第三章

也不要过分地树敌。走,迎接陈大爷去。"众人来到屯子头上,正好迎个正着。陈百元等人下马,有会员替他们牵着马。陈久思等人抱拳行礼,陈百元等也回礼。大伙谦让着进了屯子,看到场院上会员顶着烈日,汗流浃背,在操练武艺,个个是精神抖擞,认真练习。陈百元称赞道:"果然是我中华健儿,杀敌之志,坚不可摧呀!"平东洋说:"要与倭寇拼命,必须要有真功夫啊!"

王友德在前把众人领到院子里,院子里搭有凉棚,内中有桌椅,众人坐下。陈百元给陈久思介绍钱秧子、吉万福二人。陈久思抱拳当胸:"久仰二位掌柜的名声,今日得见,幸会,幸会。在下陈久思,受佛祖指点,开坛立会,保境安民,忝任红枪会大法师。"钱秧子也抱拳当胸:"不敢当啊,听说大法师举旗安民,抗击日寇,钱某佩服得很。"他虽然恼恨红枪会抓了双辫,可是现在是人在屋檐下,场面的话还是要说的。

陈百元说:"各位就不要客套啦!大法师,我们到贵会打扰,就是为了双辫大当家的事。大法师能否网开一面,法外施恩,饶过双辫一命啊?我们四位代表东南乡百姓联名具保双辫大当家的。"钱秧子赶紧接上话茬说:"我愿意出钱赎双辫这条命。只要放了双辫,贵会要什么,钱某就给什么,只要是我能办到的就中。"陈久思慢慢地说道:"各位乡绅,红枪会立会宗旨就是替天行道,扶正压邪,惩恶扬善,驱逐倭寇。现在敝会仍然是不改当初立会的规矩。双辫为害一方,百姓深受其苦,他是死有余辜。"吉万福说:"大法师,这乱世的年头,大家都后退一步,在黑白两道上混,讲的就是多一位朋友多一条路,多一个冤家多一堵墙啊!红枪会讲出条件来,吉某虽然不是家大业大,可是为了朋友,我愿意两肋插刀!有多大力出多大力。你们就开个价吧!"

王友德点着了手里的烟袋:"红枪会开坛立会以来,就以诚信取得四乡八村的百姓的帮助。我们打的旗号就是保境安民,我们抓了双辫,抄了窝主的家,就是为民除害。如果我们放了双辫,那和胡子有什么两样?""这道上的事还得咱们大家来办。谁也保不准有个马高镫短的时候,有个三灾八难也有朋友好商量。"钱秧子的话里带有威胁的语气。陈久思说:"各位乡绅,你们不要怀疑红枪会的立会宗旨,'言行忠信,表里相应'。我们已经秉承佛祖的旨意,把双辫处决了,各位来晚啦。"吉万福先是一惊,后又摇了摇头不信:"啊!是真的吗?我不信,你们敢把双辫给扣了(胡子杀人叫扣了)。"

"那还能有假吗?来人!把双辫的人头呈上来,请各位乡绅验证一下。"随着王友德的喊声,一名会员拿来一个包袱放在吉万福眼前,吉万福打开一看正

◇ 通肯河传

是双辫的人头,吓得吉万福'嗷'的一声跳了起来,跑出凉棚以外,靠着西厢房马圈竿子打哆嗦。其余三人也是目瞪口呆,面面相觑,出不得声。

陈久思命人把人头拿走:"把双辫的人头连在他的尸体上,找个僻静处掩埋了。"他对三位乡绅说:"陈某借这个机会表明心迹,我一生信佛向善,从不杀生。自佛祖显灵叫我扶正压邪、惩恶扬善、为民除害以来,陈某出言必信,出言必行,绝不反悔。双辫恶贯满盈,各位比我看得清楚,我想各位不能养匪为患,残害乡里吧?"

陈百元现在一颗悬着的心是放下了。红枪会不负众望,除恶务尽。自己不用担心红枪会屈服乡绅的压力,放虎归山,遗留后患,反为其伤。他由衷地说道:"红枪会果然是弘扬佛旨,除暴安良,善莫大焉。百元佩服!佩服!今后如有需要,百元自当继续效力。"

于三爷也是真心佩服红枪会的举措:"你们红枪会真是保境安民,不说假话。我再捐两石黄豆、五匹布、一包棉花,以表达对贵会的敬意。"

平东洋见陈百元和于三爷的表态,很高兴:"除掉几个胡子是小事一件。红枪会要为国为民干大事,太需要各位乡绅们的帮助啦!日本鬼子已经打到海伦了,说不准哪天就打到家门口了。红枪会铲除匪患,诛杀倭寇,舍身忘家,不顾性命;费用自然是少不了的,各位能出钱出物壮大红枪会的实力,打跑了日本鬼子,这可比救双辫有功了,可是一件大善事啊!"

王友德逼视着钱秧子和吉万福:"二位财主对抗日救国不会袖手旁观吧?"

钱秧子正为没有救下双辫而伤心呢,听了王友德的话,很是恼怒,这要是在平常他早就发怒了,现在他也想发火,继而一寻思,紧接着说:"那哪能呢!日本鬼子来了,也没有我什么好处。为了打鬼子,我出二百大洋,六石粮食,十匹布。"吉万福在一旁也在为没有救下双辫而懊恼,听王友德的话,他想发作,说红枪会敲竹杠。可是没等他开口,钱秧子满口应承,捐钱、捐粮、捐布匹。把他给弄糊涂了,他张着嘴巴望着钱秧子:"你这是……"

钱秧子奸笑着:"哼哼!你想当汉奸吗?"

吉万福醒悟过来:"啊?啊!不,不不!我也捐粮食三石、白布两匹。"

陈久思作揖:"两位掌柜的仗义,敝会多谢了。"

陈百元站起身来对陈久思说:"大法师事务繁忙,我们就不打扰了,告辞啦!"

陈久思挽留各位乡绅:"百元兄及各位乡绅对敝会帮助很大,红枪会自当致

第三章

谢,各位在此用过午饭,再走也不迟呀!"

于三爷摇手:"不行,你们为国为民,事务太多,我们不再多待了。"

钱秧子和吉万福哪还有心情吃饭啊,一直推辞,钱秧子说:"咳,我还得回去送信呢!着急,哪有心思吃饭啊!走,走。"陈久思看留不住几位,就叫人牵马送到大门口,几位乡绅拉马走出屯子外边上马。奔官道走去。

钱秧子一边走一边骂:"真他妈的倒霉!人没救出来,倒搭上二百大洋和粮食。"吉万福不解地看着钱秧子:"那不是你自愿的吗?跟谁抱屈!"钱秧子气急败坏地说:"这他妈的不是逼到这了吗?救胡子,人家要啥你都给,打日本鬼子,你一个子儿都不出,这明摆着你是想当汉奸吗?我还不想找这个骂名!"吉万福点点头:"红枪会这几个人可真够绝的,这仇算是做下了。"

陈百元劝他们说:"你们别小肚鸡肠的,日本鬼子都打到家门口了,你们还整这个仇那个仇的,也太不明道理了。"说话间他们走上了官道,于三爷要往南走奔于家店回家,就说:"你们往回走吧,我从这往南回家。不奉陪了。"说完就拉转马头往南走了。钱秧子说:"别介,咱们一起到陈家店啊!这晌午饭还没吃呢!我请各位,于三爷必须赏脸啊,虽说事没办成,也得吃饭不是?"于三爷头也不回:"失陪啦,不用客气!"加鞭往南跑了。

陈百元继续劝说钱秧子和吉万福:"二位好好想一想,国家要没了,我看你们还找谁报仇去?我看你们也顺道回家吧。留在店里的人,我已经告诉伙计安排他们吃午饭了。现在早已回家了。也不用钱掌柜的破费了,我替你招待了。"钱秧子一愣神:"那哪行呢!怎么的我也不能拿野猪还愿啊!"陈百元说:"你要真心还我的情,就把你今天认捐的粮和钱准时送到红枪会去,失陪啦!"说完也不等他俩,自己顺着官道回家了。钱秧子冲着陈百元的背影喊道:"你放心,钱某也是个爷们,说到哪做到哪,明天一准送去。"他和吉万福一道奔西南大车道走了。两个人不说话,走了一段路。吉万福憋不住了,问钱秧子:"钱掌柜的,想什么呢?"钱秧子说:"这事没完。我去县政府告他们红枪会。""你告红枪会?能行?"吉万福有些怀疑钱秧子,瞪着眼睛看着吉万福,把吉万福看得直发毛。钱秧子说:"咋不行?你听我说,双辫一死就没有了口供;说他是土匪?说他是胡子?有啥凭证?抄李大头的家那是抢劫,私闯民宅。罪大了去啦!我告他红枪会私闯民宅,抢夺财物,诬良为盗,草菅人命。我看他陈久思怎么开脱。"吉万福一听觉得有理,立刻拍手叫好:"好哇!好!这一告准能赢,到那时候,说不上谁给谁钱呢。我那三石粮食,哼!"他心疼他认捐的三石粮食。

◇ 通肯河传

　　钱秧子对他说:"你别光想你捐的那点儿破粮食,捐了就捐了,别拉屎往回坐,办那秃噜扣(反悔,反复无常)的事,咱们是吃大烟拔豆根,一码是一码。我明天就给红枪会送去我捐的东西和钱,但是我告他们还是要告他们。你听我跟你说我的打算,你算一个,咱们来一个联名控告。李大头也算一个,明大主意明维利算一个。再找几个和咱们一心的人,人多了,众口一词,假的也说成真的了。我到县政府找林秘书,一告一个准。别找陈百元、于三爷这样的人,他们和咱们不是一路人。就这么定下来,明天到我家里仔细商量一下,你管找人,我说的这几个都找来,你再掂量着多找几个。"

　　吉万福和钱秧子臭味相投,再一个就是吉万福心疼那三石粮食,还有就是他也害怕红枪会抄他的家,他给罗锅孙当窝主,很多人都知道,所以他一拍胸脯:"没说的,我跑腿,明天见。"二人分手各自回家。

　　吉万福一进院就喊:"快整饭!老子饿死啦!"小翠仙扭着屁股从东里屋走出来,撇着嘴瞅瞅吉万福:"呦!这都什么时候啦?还没吃饭?钱秧子找你们办事,连顿饭都不管吗?"吉万福没好气地呵斥道:"别他妈的胡扯了,快给老子整饭,老子还有正经事要办呢,快点!"说完了挥了挥马鞭子,吓得小翠仙麻溜(立刻)闭了嘴,赶紧给吉万福端饭去了。都是中午她吃剩下的,一是吉万福饿极了,二是他着忙去各屯子串联人;也不管凉热,胡乱吃了些,一抹嘴巴,手提马鞭子走出去了。小翠仙问他:"你还干啥去?"吉万福:"你管那么多干什么?回屋里待着去。"说完牵马出院,骑上马奔李大头家里跑去。原来吉万福和钱秧子分手以后,就自己盘算找谁,他心里也没有个谱,事情明摆着呢,双辫已经死了,就没有人再想强出头了。本来双辫就是罪有应得,去讲情的也是硬撑着脸皮。再说人在人情在,双辫没有了,谁都是往后退。他一时没了主意。钱秧子的话他信,因为他知道钱秧子的能耐,可是要他多找几个人和钱秧子一起为双辫去告状,而且是告红枪会,他有点犯难了。因为他听到了老百姓对红枪会抓双辫的反应。那红枪会的举动是深得人心啊!谁还能和红枪会作对呀?而且是为了一个民愤极大的死鬼。他想来想去一直走到家,终于想出来一个主意:先找李大头,李大头是肯出力的,这是不用怀疑的,找他合计还找谁。所以他吃完饭就奔二十里地开外的李家粉坊来了。

第三章

七

　　李大头在家里是诅天咒地,骂红枪会。老婆孩子都不敢出声。听的大门有人喊话,李大头走到门口一看,认得是吉万福。就开了门,吉万福把马跑得出了一身的汗,自己也累得够呛;站在门口直喘气。"吉掌柜的来啦! 屋里请!"李大头往屋里让吉万福。吉万福拉马进院,李大头把马拴在马圈里,把吉万福让到东外屋,从炕上拿起一把蒲扇递给吉万福:"快扇扇! 大热的天,吉掌柜的有事啊?"吉万福接过扇子使劲地扇着扇子,听李大头这么一问,吉万福把脖子一挺,脸一扬:"不有事,谁想热死啊? 还不是受你亲家的托付,串联给双辫报仇,给你出气!"李大头一听,激灵一下子:"什么? 双辫真叫红枪会给杀了?"吉万福:"那还有假,今儿个上午,我和你亲家,还有四间房的陈百元、于家店的于三爷,我们一起亲自到万宝山去救双辫,哪承想啊,这红枪会还真他妈的狠,把双辫的脑袋拿给我们看。你亲家和我咽不下这口气,决定联名上告红枪会,这不我连家都没回就跑你这来了,一是告诉你,双辫已经被红枪会给杀了;二是和你商量一下,双辫活着的时候和谁有过交情,咱们好找他们一起上告,人多势众啊!"李大头听明白了,他喊他老婆:"快给吉掌柜的做饭。快!"他把家人都赶到外面,屋里就剩下他们两个人,二人合计了有一会儿,吉万福说:"我也不吃饭啦,赶早去找人,明天钱褡子屯钱掌柜的家里见。你找明维利明大主意、吴景坤吴大土鳖。我找张国栋和滕俊山。明天钱掌柜的家里会齐。"

　　吉万福说的这几个人是李大头根据双辫活着的时候提供的情况确定的,他们俩还想找其他人,后来又觉得人家不能来,最后就确定这四个人。

　　第二天,在钱秧子家里,钱秧子召集了李大头、明维利、吴景坤、吉万福等人商议告红枪会。钱秧子站在屋地中间,嘴里喷着唾沫星子,给几个人讲自己的主意:"各位,双辫虽说是胡子,可跟我有交情,我就得救他。人嘛,就得讲交情不是? 各位想一想,双辫亏待过你们吗? 抢过你们吗?,还不是看各位讲交情,才没有打你们的主意。没有找你们的麻烦。可红枪会不给面子,把双辫给杀了。这口气我得出,这个仇得大家给报哇! 你们说是不是?"

　　明维利缩头缩脑地左右看看:"这个,这个,啊! 双辫已经死了,咱们再和红枪会作对有什么好处哇?"李大头立刻接上话:"给双辫报仇,你明大主意得出头哇! 双辫活着的时候亲口对我说过,你们的交情可不薄啊!"明维利急忙点头:

"那是,那是,有交情,有交情。不然我就不来了。我听钱掌柜的,你们出主意,我写状子。"吉万福说:"明掌柜的文采好,有学问。这状子是非你写不可啦!钱掌柜的说,你就按着钱掌柜的说的写。"钱秧子用眼睛瞄了一下明维利:"大主意,怎么写是你的事,就告他红枪会私建武装、私闯民宅、强抢财物、诬良为盗、草菅人命这几款大罪。话咋说,你掂量着写。"明维利像鸡啄米似的点头:"这个,这个,拿纸笔来。"吴景坤拍拍明维利的肩膀:"这就对啦!明老哥的文笔在东南乡是有一号的,保准一状就成!"明维利在一旁写状子。钱秧子对另外几个人说:"今天咱们就去城里住店,明天一早就把状子递上去,咱们不回来,在店里住着听信。"吉万福说:"中!咱们是一竿子支到底。不打赢官司绝不回家。"另外两个人也附和吉万福的意见。明维利写好了状纸,几个人都按上了手印,画了押,钱秧子装好了状纸,和大伙一起骑马去了县城。

　　这伙人将近傍晚进了街里,住在南街道东的天升大车店。因为这天升大车店的东家也是东南乡吴发屯的户,所以四家店一带的农民进街里都愿意住在这个店里。一是顺道方便,二是有老乡邻的关系,钱多钱少都好说,甚至没有钱赊欠都可以。老板梁老三把几位安置好,免费送上解暑的绿豆汤。钱秧子喝了几口挺凉快,连说了几声:"好!好!"这绿豆汤是车店专门特制的,用绿豆煮好了汤装在水桶里,吊在水井里,让井里的凉气吸着,来了客人再把水桶提上来,盛碗绿豆汤给客人喝,那凉快劲儿和新打上来的井水一样,还解暑。钱秧子吧嗒吧嗒嘴,问店掌柜的:"县政府现在还有没有办事的在了?"

　　掌柜的看了看墙上的挂钟说:"八成没有了,县长上午问公事,中午就回家啦!下午基本上就没有几个人,就是有也是听差的、跑腿的,不管事儿。怎么的,钱掌柜到县政府有事咋的?"

　　钱秧子用一只手扇着扇子,另一只手端着绿豆汤,咕嘟咕嘟一气又喝了两碗,本来就挺大的肚子这回就滚圆了,喘气就更加费劲了。他说:"老子他妈的要告状,到县公署打官司去!"店掌柜的一听就一哆嗦:"妈呀!打官司告状,可不知道是谁又倒霉啦!敢惹钱秧子?那是好惹的吗?"这是店掌柜的心里想的,他可是没敢说出来,他赔着笑脸:"钱掌柜的,啊!告状啊!那得明天早上去,县长接了状子,好发票抓人,当天就能有结果呀!今天晚了,您老人家先歇歇,消停地睡一宿,养足精神,明天好上堂打官司,保你准赢!"店掌柜的为了讨好钱秧子,也不问问是和谁打官司,就下断言说钱秧子赢。不过钱秧子几个人愿意听这个,都乐了。

第三章

吉万福说:"好!钱掌柜的,咱们就听店掌柜的话,今儿个先歇歇,晚上到西市场去找乐子去。明天投状子,"钱秧子听店掌柜的说官司准赢,非常高兴,正乐着呢,一听吉万福要去西市场找乐子去,马上把横脸沉了下来:"混账王八犊子!到那个败兴的地方去?找倒霉呀?不去!"

吉万福这个马屁没有拍好。吉万福本来就性功能丧失,娶了小翠仙以后就落下这个病根,到西市场他也是白搭。他是给钱秧子开道,以为钱秧子好这口;没承想钱秧子心疼钱,这四五个人逛窑子,那得多少钱呐?!吉万福挨了骂,不作声了。别人也知趣,纷纷说不出去找乐子,在店里休息。

第二天早上,钱秧子几个人吃过早饭。钱秧子对吉万福几个人说:"你们在这店里等着,我自己去递状子,你们就听好信吧。一定像店掌柜的说的那样,准赢!"吉万福等几个人点头称是。明维利讨好地说:"是,是的。钱掌柜的亲自去,这场官司没跑,准赢!我们就敬候佳音啦!"

钱秧子带上钱褡子,揣好状纸,挤出店房门,走出了大车店的院子,在门口叫了一辆洋车,把他拉到县政府。可把拉车的车夫给累坏了,到了县政府门口,拉车的只顾喘气了,也顾不上说话了。钱秧子在车上闭目养神,忽然车停下了,他很奇怪,睁开眼一看,拉车的站在那里喘气,他刚要开口骂人,他又看见了县政府的木牌子,他明白了,是到了县政府了,拉车的没告诉他,他得着理啦,他下了车骂道:"混账王八犊子,到了地方咋不吱声呢?误了这么长的工夫!"他抬腿就往县政府门口走。拉车的说:"掌柜的,车钱!"钱秧子两眼瞪得像鸡蛋似的:"你他妈的误了老子的事,还敢要车钱?快滚!"拉车的一看惹不起,快别找事儿啦,咳!白挨累啦!拉车的拉起车往回走。可是他发现这空车也不轻,他回过头仔细地看了一下车,原来车圈都压变形了,车胎也没气了,还折了好几根车辐条。车夫大骂坐车的该千刀万剐,一路走了。

钱秧子来到收发室门前敲门,门房出来拉着长声问:"什么事呀?"钱秧子赶紧点头哈腰:"我找林秘书林凤阳,麻烦你给通报一声,就说东南乡钱褡子屯的钱承租求见。"说着话随手塞给门房一块银圆。门房马上满脸堆笑:"哎呀!钱掌柜的!你老人家先屋里坐着,喝口水,我这就去看看,林秘书上班没有。您老先坐着。"门房把钱秧子推进门,到屋里边坐下,给钱秧子倒了一碗水,转身就出去通报了。不一会儿的工夫,门房回来对钱秧子说:"钱掌柜的,您来得真巧啦!林秘书刚进屋。林秘书有请!您跟我来吧。"钱秧子跟着门房一起来到林凤阳的办公室门口,门房敲了几下门,屋里边说"进来",门房推开了门侧身伸手做了一个请的姿势:"大掌柜的！请进！"钱秧子冲门房一点头,回身斜棱着身子挤进了门,双手抱拳:"打扰了,林秘书！请多担待。"边说边弯腰鞠躬。林凤阳正在看报纸,他放下报纸,看见钱秧子又是抱拳,又是弯腰鞠躬的,累得直喘粗气,心里想:"这家伙准是有事求我。"他立刻起身:"不客气,钱大财东！是什么风把你给吹来啦?"钱秧子喘着粗气:"无事不登三宝殿！今天是有事打扰秘书大人了。"说着转头瞅瞅门房,林凤阳对门房一挥手:"你先去吧,这块没有你的事啦。"门房知趣地退了出去。林凤阳伸手让座,钱秧子把椅子搬到办公桌前坐下。掏出状子递给林凤阳,林凤阳扫了一眼:"说吧,什么事呀?"

钱秧子坐在桌前:"我有一把兄弟,叫红枪会给抓住杀了,说他是土匪,还把我亲家说成窝主,把家也给抄了。我们东南乡的士绅百姓看不过去,就联名状告红枪会大法师陈久思诬良为盗、草菅人命、私闯民宅、抢夺财物、私建武装这五款大罪。请秘书大人做主。"说着从钱褡子里摸出一个布口袋往林凤阳的面前一推:"这点小意思,请秘书大人喝茶用,事后另外再孝敬秘书大人。"林凤阳瞅了一眼布口袋,慢条斯理地说:"钱财东,这样的案子得县长大人亲自审呐！县长大人可是心明眼亮啊！不好糊弄啊！"说着把布口袋放进抽屉里。钱秧子赶紧说:"你放心,秘书大人,只要您把这状子递到县长那块,县长准了我的状子。我少不了县长的银圆。我只想为拜把子兄弟报仇。"说着又从钱褡子里掏出一个布口袋:"这是送给县长的。"林凤阳伸手接过钱口袋:"可以帮你递状子,也可以帮你说话,可这上下的弟兄们跑腿传差的都得吃喝呀！"钱秧子赶快又从钱褡子里掏出五十块银圆:"这是办事的兄弟们的茶钱。"林凤阳捏捏手里的钱口袋,看看桌子上的银圆:"你先回去吧,明天再来听信吧！""我和另外几个乡绅都住在南街的天升大车店里,随时听秘书大人的传唤。"钱秧子费劲地从椅子上站起来。

林凤阳把钱秧子送到门口,帮他挤出办公室的门,就急忙转身回到桌子跟前,把桌子上的钱都装进抽屉里。拿起状子仔细地看起来。

红枪会处决双辫的事林凤阳也知道,他还真为红枪会叫了一声好。可眼下是钱秧子把大洋堆在自己的面前,要告倒红枪会,这可是个捞钱的好机会呀。他知道钱秧子的底细,省城里有亲家给撑腰,现在又花钱买理。何不顺水推舟,自己捞点钱才是真的呢。于是他打定主意,只拿着状子来到县长办公室门前,他敲了敲门,季平在屋里说了声:"进来。"林凤阳推门进了办公室,看见季县长坐在桌子后面闭目养神。他来到县长面前没等他说话,季县长就问:"钱秧子干

第三章

什么来啦?"就这一句,把个林凤阳问得有点儿晕,他想:县长怎么这么快就知道了呢?县长都知道了什么?给我钱的事他知道不知道?林凤阳到底是头脑反应得快,他以为县长只知道自己屋里来人了,不知道干什么来啦,也不可能知道给钱的事。他立刻镇静下来。

"报告县长,卑职正是来向您汇报这件事的。"林凤阳边说边把状子递给县长:"钱秧子状告红枪会,把状子递到我这里了,我想这得县长您发话呀!就拿到您这儿来了,您看应该怎么办?"林凤阳决定先拿状子,不露钱的事,看看情形再说。季县长也不看状子,问林凤阳:"为什么事要告红枪会?为啥呀?"林凤阳说:"钱秧子钱承租有一个拜把子兄弟叫红枪会给抓住杀了,还抢了钱承租亲家李大头家的财物。钱承租串联了东南乡的几家大户,联名告红枪会大法师陈久思。"

季县长看着林凤阳:"这件事情你怎么看?"林凤阳一看为钱秧子说话的机会来了,赶紧说道:"县长大人,以卑职看是陈久思私建武装,诬良为盗,私闯民宅,抢掠财物,草菅人命,应该严办!"林凤阳把钱秧子的状子上的话都背给季平听。

季县长沉思了片刻,捋胡子的手停了下来:"我听说红枪会是杀了胡子双辫呀,是大得人心的好事。咱们替钱承租出头不是引火烧身吗?另外红枪会举的是抗日的大旗,保境安民。咱们现在去问罪,老百姓还不把咱们当汉奸告到马占山那里,不把咱们剐了呀?你想一想吧,现在跟红枪会作对还不是时候。眼看着日军就要打到这块儿了,等到日军来了以后,咱们就说了算了,那时候再跟红枪会算账吧。"

林凤阳听了这番话,浑身一激灵,赶紧说:"是,是,还是县长大人高瞻远瞩,那怎么回复钱秧子呢?"

季县长瞅了瞅林凤阳:"这几个财主对我们有用,你把他们都叫来,把我的意思透露给他们,叫他们别急着报仇,把眼光放远一点,啊!忍一忍,稳住他们,将来为日本人办事,手底下没有人可不行,啊!你先把他们拉住,可以许愿,将来为我所用。"林凤阳马上奉承道:"对,对,还是县长大人高明啊!时刻不忘为皇军拉拢人马。我这就派人送信,把他们都找来,我当面给他们讲。"

钱秧子回到天升大车店,对吉万福他们吹嘘自己如何见的林凤阳,林凤阳如何对他客气,如何答应帮忙,一定让他们打赢这场官司。正说得兴高采烈的时候,就听见屋外有人打听:"东南乡钱褡子屯钱掌柜的住在你们的店里吗?"钱秧子听见有人找自己,赶紧出屋迎接,一看是县政府的门房,两人一见面都认识。门房说:"钱掌柜的,林秘书叫你们都去县政府呢。"钱秧子一听门房说"你们",心里有点疑惑,心里想:原打算是拉这几个人助阵,将来官司真是用大钱了,就叫他们出出血,拿钱来帮助自己,压根就不想让这几个人见着县政府的官员,自己好从中渔利。可是门房说"你们",他怕是听错了,就问了一句:"是让我自己去吗?"门房说:"林秘书说凡是在状子上签字画押的都去,一个也不落下!"门房说完就走了。

钱秧子这回听明白了,赶紧说:"好,好。我们这就去。"他转身进屋,屋里的人也都听见了,问钱秧子:"叫咱们都去是啥意思?是过堂吧?还是准了咱们的状子?"明维利慢吞吞地说:"八成是咱们的状子没有准,要把咱们抓进大狱吧?"

钱秧子正在兴头上,叫门房这一招呼,心里就不顺茬儿,可是不能在门房身上发火。这时候听见明维利这么一说,他的火再也压不住了,腾地一下子就冒上来了,指着明维利的鼻子骂道:"丧门星,胡说个屁,混账王八犊子!都别他妈的瞎吵吵啦!到了县政府,见了林秘书不就都知道啦?走!"

钱秧子一甩袖子在前面挤出了房门,其他几个人都不作声,跟在后面出了大车店。钱秧子站在阳沟边上叫人力车,拉车的一看钱秧子他这个身板,就都低着头跑过去,不敢拉他,连钱秧子身后的几位想叫车也叫不着。钱秧子气得直冒火,骂骂咧咧地往县政府走。钱秧子一行人走到县政府,门房把他们让进收发室歇着,自己先去向林凤阳通报。

门房来到林凤阳的办公室门口,门开着,往里一瞅,林凤阳在里边坐着。门房咳嗽一声,林凤阳说:"进来吧,让你叫的人来了吗?""来啦!都在传达室里待着呢,我来报告一声。"门房站在门外,没有进屋。林凤阳满意地点点头:"好,好。你去把他们领到我的办公室来,就说我在办别的事情,叫他们在我的办公室里等着。你听明白没有,这屋里就留一把椅子,其余的先都搬走。"

门房答应:"是,把他们领到这儿来,就说您在办别的公事,叫他们在这块儿等您。"说着话把椅子都搬到别的屋里去了。门房走了以后,林凤阳转身进办公室的里间的床上躺着去了。林凤阳这样做为的是先杀杀几个财主的性子,叫他们知道官府的威风,特别是让钱秧子不敢开口往回要钱,然后再把季县长的话说给他们。

门房把钱秧子一干人等领进了林凤阳的办公室,叫钱秧子他们在屋里等林秘书,林秘书非常忙,正在办别的公事。几个财主唯唯诺诺,满口答应。办公室

第三章

里只有林秘书的一把椅子,几个财主谁也不敢去坐,足足有一个时辰,他们互相看着,都不作声。钱秧子累得不行,他索性坐在地上,他心里七上八下的没有了底,心想八成是要糟,状子是不是被县长驳回来了,为什么连座位都没有了呢?先前自己来的时候还有椅子呢,这回咋就都站着了呢?他越想越不对劲,越想越害怕。加上天再热,四五个人挤在一个屋子里,钱秧子本来就胖,这一下这汗可就出来了,把衣服都湿透了。其他几个人看钱秧子的神色不定,直冒虚汗,心里头都在打鼓,互相看着,连大气也不敢出了。屋子里就跟没有人儿似的静,静得都能听见彼此的心跳。吉万福实在是憋不住了:"钱掌柜的,这是干啥呀?叫咱们来,还他妈的不见面,摆啥架势呀?啊!"

钱秧子此时是真的没有主见了。他猜想:状可能是告不赢啦!是打是罚可就不好说啦!可是想到这他心里反倒踏实了许多,不就是没告赢吗?没有什么大不了的,搭几百块大洋不算什么。还能定我个什么罪啊?再罚钱就是了。等我去江省找我亲家去,那时候再说。想到在省城齐齐哈尔当师长的亲家他的心里忽悠一下子凉了!对呀!日本鬼子打齐齐哈尔啦!打仗的军队都跑哪去了?亲家也没有信儿,是死是活还不知道。想到这儿他全明白了,亲家那里是靠不上了,肯定是季县长知道亲家跑没有影了,不给面子,不向着自己。这官司指定是输啦!他在心里反反复复地想他的主意,叫吉万福这么一问,他竟张口结舌,无言以对。这时只听得办公室里间的门响,有人咳嗽,桌子旁边的门开了,林凤阳迈着方步,不紧不慢地走了出来,好像在想着什么,猛抬头看见几个财主,稍微一愣。钱秧子赶紧从地上爬起来,整个人像是从水里捞出来一样,浑身湿漉漉的。

林凤阳瞅瞅几个财主,又看看屋子:"啊!对啦!刚才县长开个会,把这屋里的椅子都搬走了。"他向屋外喊:"来人!把椅子搬回来。"随着喊声,有几个人搬过椅子来,放在几个人的面前。

林凤阳说道:"各位都坐,别客气,让各位久等啦!"

钱秧子急不可耐,急忙问道:"秘书大人,我的状子县长大人准了吗?"

林凤阳一脸无可奈何的神情:"咳!别提啦!为了你们的状子,我可是受了不少的委屈呀!县长大人发了火啦!我把状子递到县长的手里,县长看了骂我无知。县长说了,红枪会除暴安良,抗日救国,是全县百姓之楷模。众百姓应该效仿他们,为国家,为政府分忧,怎么说是私建武装呢?双辫是惯匪,罪大恶极,罪该万死,红枪会杀得有理,怎么能说是草菅人命呢?李大头窝贼藏匪,坐地分赃,应该严惩,红枪会抄他的家抄得对,怎么说是私闯民宅,抢夺财物呢?立刻和警察局联系,派人抓捕李大头。"林凤阳说到这里把李大头吓得趴在地上直磕头。其他几个乡绅也都面面相觑,一脸的惊恐,明维利吓得有点发抖。林凤阳看见他们的表情,知道自己的招数收效了,他接着说:"多亏我呀!唉!我是左右周旋呐!为你们开脱呀!好说歹说才把县长大人劝住,没有和警察局联系。这不就连钱掌柜的给弟兄们的茶水钱也都搭进去了,这才平息了这场乱子。咳!兄弟我是同情你们呐!可是现在是什么时候哇?凭你们和我的力量是扳不倒红枪会的!为什么?现在是马主席全力主张抗日,红枪会响应马主席的号召,打出的是抗日的大旗呀!"

钱秧子是全听明白了:林凤阳最后说的话是真话。谁也不敢和抗日唱反调。至于县长发怒拘捕李大头,那是林凤阳为了独吞那几百块大洋找的借口,都推到县长那里去了。他想到这里就问林凤阳:"秘书大人,那我这仇是报不了啦?气也出不了啦?"林凤阳摇摇头,慢条斯理地说:"话也不能那么说,钱掌柜的,俗话说'君子报仇,十年不晚'呐!各位再忍耐一时,等待时机。到那时候啊!哈哈哈!红枪会可就玩不转喽。"明维利见有机会接近县政府的官员,当然不能错过,马上接过话茬问道:"为什么就玩不转了呢?"林凤阳看了一眼明维利,不屑地说:"红枪会现在打鬼子抗日,可是到了那时候,就怕他们抗不了啦!就叫人家给收拾啦!"明维利眼睛一亮,卖起了小聪明:"秘书大人,您是说日本人来了这个仇就能报啦?"林凤阳走到明维利身边,用手拍拍明维利的肩头:"聪明啊!读过书吧?你们自己寻思寻思吧!啊!"李大头从地上爬起来,抹抹脸上的汗:"嗯,是,是呀。那就再忍一下吧。"吉万福擦着汗,眨巴着眼睛问明维利:"我咋就没明白呢?"

明维利受到了林凤阳的夸奖,有点飘飘然了,对吉万福也不那么客气了:"你呀,就慢慢地明白吧。林秘书,到时候可得多关照关照我呀!我叫明维利。"他一高兴连对林凤阳的称呼都变了,他连比画带写地把自己的名字写在桌子上。他满手都是汗水,写在桌子上的字倒是很清晰。林凤阳一边看明维利写字,一边说:"那还用说吗?各位只要是信得过我,林某一定是不拘一格,全力推荐各位,保你们都有差事干。"他又问明维利:"你们告状的状子是你写的吧?"这一问把个明维利差点乐昏过去,他高兴啊!挨钱秧子臭骂的不愉快早已飞到九霄云外去了。他连连给林凤阳作揖,道谢:"是我写的,秘书大人见笑,见笑。"转过身来面对其他几个财主,得意之情溢于言表。

第三章

钱秧子窝囊透了,他心疼自己的几百块大洋。可是林凤阳把口子堵得严严实实,为了救李大头,林凤阳把钱都给了县长啦!不然就抓李大头。这可是偷鸡不成倒搭一把米,他狠狠地说:"算我倒霉!这件事到此就算拉倒。我可不往前摊了,我还不想借日本人的手报这个仇。走吧!回家!"说完他白了明维利一眼,头也不回地挤出了林凤阳的办公室。林凤阳也不挽留,众人离开林凤阳的办公室回家了。

八

日军占领了海伦以后,为了巩固占领区,补充军需,休整部队,在海伦停留一段时间。在此期间日军对占领区的中国人进行了残酷的镇压屠杀。县城方圆百里的老百姓几乎都跑光了,只剩一些老弱病残的人在家里。县城内也是十室九空,街面上萧条冷落,胆大主意正的人没有跑的也是整天关在家里,不敢在街上走动。整个海伦县城就像一座死城,没有一丝活气。

在火车站日军侵略军的司令部里,吉冈旅团长、桥本大队长、岩崎久男宪兵队长等人在开会。参谋进来报告:"报告旅团长,从哈尔滨运来的军用物资已经到站了,可是没有办法卸车,哈尔滨方面催着调车皮,命令我们抓紧卸车。"吉冈问参谋:"为什么卸不了车?"参谋回答说:"没有苦力卸车,人都跑光了。"吉冈发怒道:"八嘎!抓人!到村子里去抓,抓人来卸车。"

岩崎久男拦住道:"旅团长阁下,现在中国人对大日本帝国有很强的反抗情绪,我们刚刚占领海伦,应该以怀柔政策来安抚人心,建立由中国人组成的政府,叫中国人去抓苦力可以转移他们的反抗情绪。这是土肥原机关长的以华治华的政策,是很高明的。"吉冈眨巴几下眼睛:"可由中国人组成的政府还没有建立,怎么办?""还得派士兵去抓苦力。"桥本发狠道。岩崎久男点点头:"是得抓,但是不能在我们占领区内抓,更不能让我们的士兵去抓。"桥有些不解,问岩崎:"那怎么抓?"

岩崎:"在齐齐哈尔的枝下少佐已经在拜泉发展了不少亲日华人,让枝下在拜泉收买土匪,叫他们在我们还没有占领的拜泉抓,然后秘密押送到这里来。这样就解决了卸车和皇军其他用工的问题。"吉冈大加称赞:"很好!很好!马上给枝下发报,命令他快快地执行这项计划。车站先由士兵卸车。"

枝下接到吉冈的命令以后,立即通过电台给一贯道的张明强下达命令,让张明强收买当地的土匪替皇军抓夫。收买土匪的钱由《盛京日报》驻拜泉办事处的田平一郎付给张明强。

张明强收到枝下的电报,美滋滋地对姘头荷香说:"宝贝儿!发财的机会来啦!枝下太君叫我给皇军抓夫,每抓一个人就给十块大洋。真是好差事!"荷香撇撇嘴:"瞧你那份德性!活像一只哈巴狗。日本鬼子是你亲爹呀?看把你美得不知道姓啥了吧?"张明强说:"这年头,有奶就是娘。中国已经不行了,咱们可不当殉葬的,赶紧投靠日本人。好让你过上好日子啊!"他说完出了上房,到东厢房把几个道徒派出去邀请各路土匪,到他这里来议事。说来也是凑巧,在海伦、兰西等日军占领区活动的土匪,有几股'倒边'到拜泉来了。张明强通过罗锅孙把这几股绺子留下来,在拜泉城外的窝主家招待。他原打算把这些绺子收编成警察或者伪军,可是现在不到时候,日本人还没来,所以他还不敢开口和这些当家的挑明。今天正好借这个机会探探各绺子的态度。

道徒出去有两个小时,就有草上飞、占江龙、窜地龙、双胜等土匪头目进了一贯道的院子。罗锅孙只是一个人,也被张明强叫来参加会议。张明强多了个心眼儿,他怕金山和飞龙是当地人走漏了消息,所以他只让罗锅孙一个人来,而且还叮嘱罗锅孙不让金山和飞龙知道。

张明强早就在东厢房里等着呢,他看看要找的人都来了,就对大伙说:"各位当家的,发财的机会来了,你们干不干?""什么机会?"占江龙自打在兰西和日本鬼子打了一仗,丢了大柜(胡子保管钱物的头目),还折损了几十个弟兄,在兰西地面上就活动不开了,'倒边'过来到拜泉,叫张明强给留下了。他现在是非常缺钱,一听张明强说发财的机会来了,就先搭上话了。张明强看着占江龙:"绑票。你们的老本行啊!"

草上飞不耐烦了:"这算什么机会?老子哪天不花赎票的钱?有什么事快说,别扯犊子。"张明强耐着性子:"别着急啊!你们往常绑票,是向肉票家里要钱赎人,这回你们绑来一个人,我就给你五块大洋,你们向肉票家里再要一笔钱。怎么样?两笔收入,是不是机会?"双胜问:"你他妈的要这人有啥用?是男的还是女的?""这回我要的全是男的。各位大当家的,干不干?四天之内每个当家的交十个人,青壮年最好。"张明强扇呼着两只招风的耳朵大声说。

窜地龙问道:"是给日本人干的差事吧?"双胜等匪首都看着张明强。张明强没有直接回答窜地龙的话:"你就别管是谁,你们就数钱得啦。"占江龙此时也顾不上是给谁抓人了:"这十个大活人,一两天整不齐数,先整来的往哪藏啊?"

第三章

草上飞也说:"是啊,我们绺子走州过府的,在这块也没有窝主,只能站个三天四天的,就得往别处挪窝。这绑着人往哪搁呢?"窜地龙说:"现在这庄稼地里能藏人,往地里搁吧。"罗锅孙说:"是能藏人,一个不留神,绑的票钻进庄稼地里,咱们也不是找不着吗?"

张明强眼珠子转了几转:"这样,你们找一块大片的高粱地,在中间挖一个一人多深的大坑,绑来的肉票往坑里一推,坑沿上用人看着,三五天就完事。咋样?"草上飞:"张坛主你真想绝啦!你把钱预备着吧,今晚上就交人,你派人数人头交钱吧。"占江龙对罗锅孙说:"老弟,你是坐地虎,地面上熟,你找个地方吧。"罗锅孙眨巴眨巴眼睛:"嗯呢,就在离县城十里地的'倒养伤'的北边那块地吧,是高粱地,那块背静,离县城又不远。我去办,让绑来的肉票挖坑,一个坑不行,太大,不好挖,多挖几个小一点的坑。我的人手少,你们绑票,我选地方。"张明强又强调一遍:"说好了,一个人五块大洋,四天交齐。"众匪答应着散去。

九

万宝山红枪会的总坛,也就是陈久思的家里,陈久思和平东洋、王友德等人正在合计事情。会员进来报告:"大法师,吕家岗孙掌柜的求见大法师。"陈久思:"请进来吧。"不一会儿的工夫,会员领进一个三十多岁的庄稼人,小个,圆脸上有几颗浅浅的麻子,一脸着急的神情。王友德知道他叫孙义,就问:"孙老弟,咋这么早就过来了?有事吧?"孙义说:"王大哥,前个儿(前天)我大哥去大泡子办事至今没有回来,昨个(昨天)我到街上一打听,说回来了。可是昨个一天也没找着人呐!我寻思着是不是有胡子绑票了?可是没有'花舌子'(专门给胡子联络事的中间人)来送信呐!把我急坏了。我大嫂寻死觅活的,我没有办法了,一大早就到你们这块来打听一下消息。"他们正说着,又有几个屯子来人打听消息,来人也是说丢了人的事。丢的人都是青壮年男子,家境贫富不等,有十几个人。众人诧异:这就怪啦!是怎么一回事啊?

陈久思有些疑惑:"这就怪了,附近常活动的胡子就那么几伙,一天之内绑了这些人也说不通啊!再说往哪里搁呢?"王友德出主意:"先派人出去打听一下吧。三个人一伙,别拆帮,都带上防身的家伙,换上便装,往四下里找一找吧。"平东洋说:"这事可不简单,人少了干不了。是得打听打听。派出去的兄弟要早点回来,别搭上。"陈久思对孙义说:"孙掌柜的,现在我们也不知道是怎么一回事。看来不只是你们一家,我们打探明白了,你听信,中不中?"孙义:"中,中啊!那我回去再找找。"王友德送走了孙义。众人议论不止。

二法师把仲民等人叫进屋里,分派他们:"仲民、吴海明、元奎、隋林,你们四个人各带上两个人,一共是十二人,分四伙,仲民向城里方向找,元奎从家里向南三道沟子找,吴明仁向西南伦河找,隋林向通北找。多注意庄稼地里的动静,最好是拉荒道走,每个人带一把匕首。"仲民等随即出发。

陈仲民带了两名会员沿着官道北边的庄稼地往县城方向搜索。三个年轻人在庄稼地里窜横垄地拉横线搜索,每个人间隔二十米,互相照应往前走,走到'倒养伤'的桥北的时候已经过了晌午了,三个人坐在地里喝水吃干粮。这叫'倒养伤'的地方是一个高岗中北坡的洼地,因为海拜官道从此处经过,在这里修了一座桥,桥南是高坡,桥北一直顺下去,到叶大瞎屯子前边的沟子都是洼地。当地的人们都习惯南为下北为上,所以把这座桥这个地方叫'倒养伤'(即大头朝下的意思)。三伏天,地里不透风,热得人直出汗,水喝没了,仲民说:"这地北头就是叶大瞎屯子,屯子前边有一条小河沟子,那里有水,我们再往北走走,这个地方很背静,说不准能有什么线索,再到小河沟子喝点水。再渴下去可真受不了啦!"其他两个会员也渴得够呛,齐声赞成。他们起身顺着垄沟往北走,刚走出有一百多步,冷不丁就听见对面传来有人叫骂的声音和哀求的声音。仲民一摆手,三个人一起趴下,仲民朝两个同伴示意向前爬,三人顺着垄沟往北爬了大约有四十多丈远,看见了一片空地,庄稼被割倒了,空地中间有几个大坑,看不见里面有什么,坑沿上有五六个人坐着,其中有三个人背着短枪,看样子是在看着什么东西。陈仲民一摆手三个人趴在地上不动了,仔细地听动静。坐在坑沿上的人向地坑里说话:"别吵吵,再出声老子扣了你们,你们家里再不拿钱来赎你们,就把你们的耳朵割下来,看你们家里人着急不着急!"

啊!是土匪绑票,被绑的肉票(人质)在大坑里!陈仲民瞅瞅同伴,两个会员也看看他,都点了一下头。这时从坑里传出了哀求声:"大当家的别生气呀,容期缓限吧,家里哪有现钱呀?只能是卖地了。可是立马就卖,也不好找买主哇!"坐在坑沿上的胡子没好气地说:"哪有工夫等啊?老子就要挪窑啦,谁愿意在这野地里挨蚊子咬哇?都热死人啦!"

陈仲民示意同伴往后退,三个人爬回原来吃干粮的地方刚要站起来,又听见从南边传来说话声。三个人急忙又蹲下,仔细听了听,大约有七八个人从南边往北走,好像是和土坑边上的那伙胡子是一块的。陈仲民领着两名会员往东

第三章

爬了十几个垄沟,避开了从南边来的胡子,他们蹲在地上继续听声。

从南边来的胡子是占江龙的绺子的人,他们一边走一边说着话,往北去和土坑边上的胡子会合。占江龙:"草上飞,你们绑了几个啦?"草上飞:"四个啦,现在这一带的人都惊啦!几乎没有人敢出门啦!"占江龙说:"是呀,你住的屯子人丢了,你不害怕呀?还敢出门?这人数是难凑齐啦!哎!双胜这王八蛋没有朝相啊,八成是挪窑啦!真不仗义!"草上飞反驳道:"占江龙,要说这事还真得佩服人家双胜。还有窜地龙,人家挪窑就对了。咱们这趟浑水趟得不值啊!压窑,绑票,叫秧子。在道上混这都是应该的。不然弟兄们吃什么,喝什么,抽什么?不然谁跟咱们混呐?可这回咱们是当了奴才啦!给他妈的小日本儿干活,缺德不说,还丢了祖宗的脸啦!日后子孙都得骂咱们是汉奸呐!到今天为止,我是不干了。那个王八蛋的张坛主一会儿派人来查数给钱,我拿了钱就挪窑,不扯这王八犊子了。阴损啊!"占江龙迟疑道:"那还没有够数哇!"草上飞:"顾不了那么多啦!我是他妈的不干啦!"几个胡子过去了,陈仲民往东又走了几十个垄,三个人又蹲下来合计怎么办。

"看来咱们家跟前儿丢的人都在这呢。这样,我和占柱在这看着。"陈仲民又向另一个会员说:"成江,你回去报信,记住咱们待的地方,来人好找。学三声牛叫,回一声牛叫。这么办中不中?""我往回走,你们可别挪窝啊?啊!"李成江低声回答道。陈仲民叮嘱道:"嗯呢,你再辨认一下,记住!咱们吃干粮的地方见面。啊!记住啦?"李成江答应一声,他猫腰低头,顺着垄沟往南就走了下去。一口气走到地头附近,他又趴在地上向四周仔细地看了一遍,发现没有人,这才出了高粱地上了官道。他是连跑带走往万宝山就奔了下去。

李成江跑回万宝山已经是傍晚时分。他气喘吁吁地跑进了院子就倒下了,会员过来把他扶起来,报告给大法师,陈久思和平东洋等人正在合计派出去的人没有消息,怎么办呢。听说李成江回来了,而且是只回来他一个,还累倒了,有些吃惊。陈久思第一个从屋里冲出来,到了李成江跟前,他扶住李成江问道:"怎么只回来你一个人?"李成江这时候缓过来一口气:"水,给我一口水喝。"李成江他们从中午就口渴,一直到现在,加上李成江一路小跑三十多里路,已经是快脱水啦!这工夫王友德也到了李成江跟前,拦住去扛水的人:"不行,你跑了很远的路,不能马上就喝水,会呛肺的,你先忍一忍,我去摘一根黄瓜给你吃,解渴。"说完就出院子了。

陈久思看看李成江的身上没有伤,稍微放了一点心:"咋回事?仲民他们俩呢？他们在哪里？怎么就你一个人回来啦？"李成江坐在会员拿来的板凳上，喘了一口气："大法师，陈队长和占柱在地里呢。"陈久思很奇怪："在哪块地里呢？干什么呢？""在'倒养伤'的高粱地里呢。看胡子呢。"平东洋也走到了李成江的身边："看什么胡子？你慢慢说，别着急。"王友德回到院里，走到李成江跟前，递给他一根黄瓜，李成江接过黄瓜就咬了一口，嚼了嚼咽了下去："大法师，我与仲民队长三个人在'倒养伤'道北的高粱地里发现了胡子藏人的地方。是在高粱地的中间挖了几个大坑，被绑去的人都在坑里待着。坑沿上有胡子看着。仲民他们俩在那里盯着，叫我回来报信。"说完把一根黄瓜吃了下去，伸手又把王友德手里的黄瓜拿过来继续吃。

陈久思看看平东洋，二人互相交换了一下眼神，陈久思又问："有多少胡子在那儿看着？"李成江咽下一口黄瓜："我看见的时候有六个，后来又去了四五个，庄稼挡着，又不敢靠得太近，听动静像是那些。报山头的有占江龙、草上飞，还有双胜、窜地龙。听他们说双胜和窜地龙没有跟他们一块干，挪窑了，就剩下草上飞和占江龙了。"李成江又拿起一根黄瓜吃着。

平东洋问王友德："王大哥，这些绺子常在这块活动吗？"王友德很纳闷："没有，没有听说这些山头啊！头一回听说这些名号。"平东洋也不明白："双胜我听说过，是一支三十多人的绺子，大当家的报号双胜。可是常在绥化一带活动啊，怎么倒边了？占江龙也是绺子啊，听说在绥化兰西一带跟鬼子还打了一仗。他们咋都倒边了呢？"

陈久思神色凝重："看样子是大绺子胡子，不像双辫这些散匪。这回可是有对手了，把队伍拉出去练练吧。"平东洋问陈久思："怎么和胡子过招呢？"陈久思说："大绺子胡子有快枪，但是数量不是太多，匪首和他的四梁八柱使快枪。这些人的枪法很准，他们打仗没有章法，能打就打，不能打就溜。咱们得抓紧救人，不然胡子挪窑很可能就撕票。"

李成江嘴里正嚼着黄瓜，听见陈久思的话，就一伸脖子往下咽，他太着急说话，黄瓜倒卡在嗓子里，急得他用手直比画。王友德在他的背上拍了几下，李成江才缓过气来："对了，听草上飞说有一个什么张坛主晚上派人查数给钱，得了钱就不朝肉票家里要钱了，就挪窑了。"

陈久思听见李成江说出张坛主："张坛主？是不是一贯道的张明强啊？他掺和进来一准害人！"

平东洋也想起在一贯道那天夜里的事："张明强不是正路上的人，说不准他

第三章

八成是汉奸,和日本鬼子勾搭上了。上次在他家里,我报出平东洋的名号,他就大喊大叫,要杀了我,还给赏钱。只有日本鬼子恨我,他与我素不相识,为什么那样急着要我的命呢?"

王友德抽了一口烟:"先救人要紧,咱们不能只打散匪,不敢碰大帮胡子。那样咱们的威信也树不起来。老百姓对咱们会失望的,这回是较真啦!""对,救人要紧。"陈久思同意王友德的意见,他进一步分析:"看样子是草上飞和占江龙两伙胡子为张明强干事。而且草上飞要走人,到了夜里只剩下占江龙一伙了。咱们去救人也得后半夜,占江龙的人也不能都在大坑那里看着,得轮流值班,也就留四五个人,大帮胡子得睡觉。咱们带上三个小队去,在外围留下两个小队,进地一个小队。人多了动静大,没等到胡子跟前就被发现了。在外围打接应的两个小队要堵住占江龙来救援的人。进地里的分成几伙散开,从四面向大坑聚,把看票的胡子制住。再说在坑边看票的胡子时间长了也容易困,咱们突然冲进去打他个措手不及。你们看看,这么整中不中?"平东洋:"这样行。得把占江龙的老营在那块整明白了,要摸准了。草上飞到底走没走,也要摸准了。这样咱们救人的把握就大了。"王友德提醒:"仲民他们不是还在那块盯着呢嘛,见到他们就能知道个八成了。"

陈久思吩咐二法师:"你去叫仲仁、元奎两个小队和你的小队做好出发的准备,检查武器,身上收拾利索,带上干粮和水。""是!我去通知他们。"二法师答应着走了。

平东洋建议:"大队等人静以后再动身。我和李成江先走,和仲民会合,再探一下占江龙的底。""好!我带大队随后,在'倒养伤'的桥上见面。大队不能靠得太近,王大哥看家。"陈久思同意平东洋的意见。

在大家合计怎么和胡子过招救人的时候,李成江在伙房里吃了两碗饭,听说马上就走,他立马走出伙房,和平东洋一起骑马上了官道。太阳已经落山了,只有余晖把天边的云染得红红的,二人迎着晚霞向西北跑去。天渐渐地黑了,路上一个人也没有,偶尔一阵风过后,带来一片沙沙的响声,淹没了马蹄声和草丛中的蛙鸣声。夏末秋初的夜晚静得令人感到有些恐惧。在离'倒养伤'的桥有一里路的地方二人下了马,牵着马下了官道,沿着地头向'倒养伤'走去。到了'倒养伤'的桥下,他们把马拴在桥桩子上,然后走到桥上面站住,仔细地听了听四周的动静,就奔道北的高粱地走去,李成江在前,平东洋在后,向地里摸去。他俩摸到离白天他们吃干粮的地方不远处,李成江学了三声牛叫,地里回了一声。二人顺着声音摸过去,只看见张占柱一个人蹲在地上。李成江爬到他近前问:"陈队长呢?"张占柱向大坑的方向指了指:"在大坑跟前盯着呢。叫我在这里等你们。"平东洋低声说:"你领我们去大坑那块。"

　　张占柱在前,平东洋和李成江在后,爬向大坑与陈仲民会合。四个人见了面,陈仲民叫张占柱和李成江二人继续盯着。他和平东洋往回爬了有二十多丈远才停下,陈仲民向平东洋报告情况。陈仲民说:"傍晚的时候,张明强派人来查绑来的人数,给了钱,草上飞的人就走了。只剩下占江龙一股胡子。占江龙叫张明强加钱,来的人说做不了主,得回去和张明强商量才行。占江龙留下一个叫靠山好的胡子领三个人在这里看着,说是后半夜来人换班,到现在还没来呢。靠山好在这里骂大街,说再不来人换他,他也要走人。"二人正说着听见庄稼叶子哗哗地响,是人走动时碰撞庄稼发出的声音,二人不出声,蹲在地上听动静。大坑边靠山好和来换班的人发牢骚:"他妈拉巴子的,才他妈的来,老子的烟瘾早就犯了,再不来老子就走人啦!"来接班的胡子跟他开玩笑:"得,得,你是大爷,您过瘾去吧。屯子里的小寡妇正等着您呐!"靠山好喝道:"交的宽,你别扯犊子,老子就好抽一口,女人?哼!别粘我的边。"说完带着三个胡子往北走了。交的宽往坑里瞅瞅说:"都他妈的老实点,别起刺儿。老子可是好说话,不收拾你们。"说完就坐在坑沿上边抽烟,另外三个胡子也坐在坑沿上。

　　平东洋问陈仲民:"叶大瞎是什么人?"陈仲民:"是在这北边,离这有三里地的一个屯子的名,屯子里有一个地主外号也叫叶大瞎。这块地的北头有一条小河沟子,过了河沟子有一里地就是叶大瞎屯子了。"平东洋分析道:"看样子占江龙的老营就压在这个屯子里,咱们再等一会儿,等靠山好进了屯子再动手。这四个胡子站四个角,得想办法让他们聚堆。你去桥上接你爹他们,叫他把外围的人布置在叶大瞎屯子南边就行。叫仲仁领十个人进地里来,这块就四个胡子,好收拾。我看好像就是交的宽有一把手枪。另外那三个都是空手,可能腰里有匕首之类的武器。只要制住交的宽就好办了。"

　　陈仲民向南走出高粱地,到了桥边,等了有一个时辰的工夫,陈久思的大队才到,仲民又把地里的情况向他说了一遍:"平东洋大叔的意见是把外围的人放在叶大瞎屯子的南边,就是这块地的北头。让二弟带十个人进地里,大坑那块就有四个胡子,一把手枪,另外的三个人可能有匕首。"

　　陈久思对二法师说:"好吧,你带大队从原道往回走半里路,道北有一条荒道,顺着这条荒道往北走,直到叶大瞎屯子前面那条河沟子。你们就在那条河

第三章

沟子埋伏,不管是进屯子的还是出屯子的都截住,但是别伤人。特别是出屯子的人兴许是老百姓。走路时一定要肃静,不许弄出动静来。把符吃下去!"所有的会员都吃了符,大法师在一旁做法念咒,然后由二法师带领返回去,到叶大瞎屯子前边埋伏去了。

陈久思又吩咐陈仲仁:"从你的队里挑十名会员,要有些手段的,带上匕首,跟你哥去会合平东洋,听他的指挥。剩下的在此听候命令。快去!"仲仁挑好人手,分成组,跟着仲民进了高粱地。他们悄悄地爬到了平东洋的跟前与他会合。

平东洋把人分开:"交的宽有枪,他在东面,由我负责,仲民你带一组先去北面截住胡子的退路,仲仁往西,李成江往南,你们先不要动手,听见大坑里有喊声,咱们一起上,动手制住胡子。"大伙点头答应,各自向目的地爬去。

平东洋让占柱和两名会员在东面不要动,要他们听到那边吃紧就去支援,自己跟在仲民的身后,握着手枪,左手里拿着一个土块,悄悄地前行,走到大坑的东北角,他停住了。等了一会儿,他左手一扬,一块土块飞向大坑中,打在一个肉票的身上,疼得这个人直喊:"哎呀!好汉饶命呀,别打啦!"这一喊把交的宽给弄糊涂了,几个胡子都往坑里看:"谁打你啦!净他妈的扯犊子!再喊老子扣了你!"

交的宽说话了:"不是我心眼好使,就把你们的嘴都给堵上,憋死你们。这些王八蛋!老实点,啊!"他刚想坐下,就觉得身后有人活动,他转身抬手,推上子弹。嘴里喝问:"什么人?"可眼前一花,拿枪的手腕子叫人给抓住了,只觉得半条胳膊发麻不会动弹,手中的枪叫人给硬掰去了。同时觉得自己的胸前有一个硬东西顶住了,一个声音传过来:"朋友,不要动!"对面的人低声喝道。交的宽在道上混的时间不短,一听对方说朋友就立刻说:"好说,朋友!好说!"又大声对同伙说:"都不要动手!弟兄们放下家伙。"其余三个胡子刚觉得不对劲,就听见交的宽说"不要动手",一迟疑,手就慢了一慢,都被仲民等人用刀子逼住了。他们也没有反抗。

平东洋:"朋友,报个山头吧!"交的宽说:"小山头'交的宽',在占江龙大当家的手下当炮头。当家的在哪个山头发财?报个蔓吧?""小山头,平东洋。"平东洋回答道。交的宽一听很是惊诧:"啊!平东洋?你就是平东洋?怪不得呢?名不虚传呐!栽倒你手上不丢人。弟兄们!这位是抗日的,专打小鬼子的平东洋大英雄!是咱绿林中的豪杰。我交的宽佩服!"平东洋问:"坑里是什么人?抓他们来干什么?"交的宽迟疑了一下:"说起来可是丢人的事。我们绺子原来在绥化、兰西一带压窑发财。可是天杀的日本鬼子来了。他们是烧杀抢掠,无恶不作呀!我们为匪做盗的还讲一个'七不抢,八不夺'呢,这日本鬼子比我们还缺德,奸淫妇女,残害老幼,净干一些不是人干的事。我们大当家的气不过,找一个机会跟鬼子干了一仗。弟兄们拼死杀敌,没少杀死鬼子。可是后来鬼子拉来了大炮,火力比我们厉害,我们吃了大亏,伤了十几个兄弟,大柜被鬼子打死了,粮台(胡子储存的财物)也弄丢了。大当家的亲自断后,掩护我们冲出包围,好在是没有被鬼子给包圆了。大当家的受了伤,多亏了四家店的陈百元给救了,又赠给大当家的全鞍马,这样我们绺子才没有被打散。可是日本鬼子不依不饶,到处找我们,跟着屁股后面追。我们就从南边'倒边'过来,和一个叫张明强的坛主搭上了,姓张的让我们给他绑票,一个票五块大洋,听说是给日本鬼子干的活。兄弟们虽说是'刀口舔血,吃的是掉头的饭',可是这替日本鬼子祸害同胞、丢祖宗的脸的事大伙都不愿意干。可是没有办法,大柜死了,粮台丢了,没有钱花,大当家的又答应了人家,只好抓了十几个人,这不都在这块呢吗?草上飞今晚上就不干了,挪窑了。细想挨了日本鬼子一顿打,绕了一圈又给他卖命,兄弟们都顺不过气来。"

平东洋派李成江去给大法师送信。他又问:"这些人交给谁?""交给姓张的,他派人来接。""你们大当家的现在在哪块?"交的宽有点犹豫:"这……"平东洋说:"你不说是吧?不说我们也知道,在叶大瞎屯子里吧?就在这块地的北头,沟子北就是!"交的宽点点头:"是,是。是压(住在)在叶大瞎屯子老叶家院子里。"平东洋又问:"你们绺子有多少人?多少条枪?"交的宽说:"连挂柱的(没有正式入伙的土匪)加起来是二十五人,二十三匹马,大小十一条枪,其余的都是大刀片子、小攮子、七节鞭。"

平东洋:"我不难为人,你自己想想,日本鬼子都打到家门口了,你们还干这缺德事。你们应该改邪归正,杀真正的敌人小日本鬼子。保卫我们的父母姐妹,保卫我们的家园,这才是男子汉大丈夫。更何况小日本鬼子还杀过你们的弟兄啊!你们不应该为死去的弟兄们报仇吗?好好想想吧!"交的宽:"细一想真他妈的脸红啊!你说的是个理。我们应该改邪归正,杀鬼子为死去的弟兄们报仇,为国家出力。应该,应该,我领你们去见我们的大当家的。"平东洋称赞说:"这就对啦!这才是正道。把坑里的人放了吧。"回身对坑里的人说:"放你们回家了。"

坑里的人一听放他们回家,都是争先恐后地往坑外爬,仲民他们也往外拉,

第三章

帮助坑里的人爬出来。有胆子大的肉票问平东洋："你们是什么人呐？来救我们，你们是我的大恩人呐！"平东洋对大伙说："乡亲们！我们是红枪会的人，是红枪会救了你们，你们要感谢就感谢红枪会吧！你们多支持红枪会打鬼子，抓你们是日本鬼子叫他们干的。"这些肉票又是作揖又是磕头，平东洋拦住了他们，叫他们赶快回家。然后押着交的宽等四个胡子和大法师会合。

众人来到桥边，陈久思在桥上迎着，平东洋把交的宽等人带到跟前，说明了事情的经过，被抓的人都放了，四个胡子都押过来了。陈久思很高兴："好哇！救了人是最要紧的事！这件事办完了，咱们再合计下步咋办。"平东洋想了一下，说出了自己的打算："咱们去叶大瞎那里会会占江龙。占江龙和日本鬼子有仇，咱们去说服他们留下来，和咱们一块儿打鬼子。最不济，也不能在拜泉境内祸害老百姓。"陈久思有点担心："怕是说服不了哇！"平东洋说："就是这位交的宽说的，四家店陈百元救过占江龙。我看现在就派人去四家店，请陈百元来帮忙，如果我们说不和，陈百元来了也能调节一下子，不至于出大乱子。"陈久思点头同意："仲仁，你带俩人回去请陈百元来叶大瞎屯子，就说占江龙在这块叫咱们给围了，咱们想收服他们，一块打鬼子。快去！"平东洋说："骑马去！越快越好。"仲仁和两名会员走了。

陈久思带着红枪会的人，押着交的宽等四个胡子向叶大瞎屯子走去。黎明时分，他们与二法师会合了。二法师说："屯子里还没有动静。"正说着，在屯子头监视的会员来报告："有四个人往屯子外走来，看样子是来换班的。"交的宽："八成是来换我的，我上前问问。"陈久思提醒交的宽："交的宽，你报号是交的宽，讲的是交情，不重杀戮，你可想好了！"平东洋警告交的宽："临时变卦先死的是谁？你明白。"说完伸手一拽交的宽的右手往外一送，往下一抻，只听"喀"的一声，交的宽的一个膀子就错位了。疼得他龇牙咧嘴："哎呀啊！我明白。我一定领你们去见我们大当家的。"

平东洋紧靠着交的宽并排向前走。对面来的果然又是四个人，慢慢悠悠地向前走，有的还伸胳膊打哈欠，带着睡意。交的宽问道："是谁呀？"对面来人听见交的宽的问话："哎！是交的宽的动静啊！"就喊道："交的宽吗？我们还没有到地方你们就回来啦？"交的宽："到时辰啦！都啥时候啦？你们磨磨蹭蹭的，我他妈的都困死啦！留下俩，回来俩。"说话间对面的人走近了，交的宽一看是报号'青山'的总催（土匪中的督战的头目），领三个胡子来换班的。就对平东洋说:"是'青山'。这小子手黑,枪法准,而且还有一把匕首,身手也麻利(敏捷,快的意思)。"

平东洋把手枪插在腰带子上,用右手食指顶着交的宽的后腰,空出左手,跟着交的宽往前走。天已经大亮了,平东洋看清了对面来人的眉目,走在最前面的人是五短身材,长得挺壮实,剃的光头,穿一件白布褂子,扎着青大布的腰带子,外罩一件对襟灰布上衣,敞着怀,腰带子斜插着一把手枪,两手空着往前走。

青山问:"交的宽,姓张的来人没有哇?大当家的今天也挪窑了,让姓张的把人领走。要不是差一百多块大洋,咱们现在都奔中灵观压下去了。管他妈的有人接没人接呢。"青山一边走一边叨咕着,冷不防对面的平东洋突然从交的宽身后窜了上来,右手直奔青山的咽喉掐去。也是事出意外,青山一点防备也没有,加上他是刚起来,睡意还没退去,就昏头涨脑地走出来。平东洋这一招青山就没有躲过去,咽喉被扣住了。平东洋手上一用力,青山就窒息了,浑身无力。平东洋左手拽出青山的手枪,右手往怀里一带,青山整个身子就随着一个转身,脸朝北,背靠平东洋的胸膛。完全被平东洋控制住了。青山这时才清醒过来,他本能地去拔枪,枪没了,他想弯腰拔插在右小腿旁的匕首,可是腰弯不下去,两只手干忙活。交的宽对青山说:"青山,老实点吧,别找罪遭啦!"他对另外三个胡子说:"都别乱动!是朋友。谁不听话就扣了他!"那三个胡子也是糊里糊涂地被二法师和仲民等人用刀子给逼住了,不敢动。

陈久思带领众人走到他们跟前。平东洋把青山放开,青山这才喘过气来,他转过身,两只眼睛直直地瞅着平东洋,突然青山左手冲着平东洋一扬,平东洋往后一撤身,青山趁机弯腰拔出小腿旁的匕首,他还没有直起身子,右手握着匕首向前就刺向平东洋的腹部。平东洋身子向后撤的时候两只眼睛就没离开青山的两只手,看见青山的右手握着匕首向自己刺来,平东洋照准青山的右手腕子就是一脚,可是用上力气了,就听青山"哎呀"地叫了一声,手中的匕首也跟着掉在地上。另一只手攥住被踢的手腕子,龇牙咧嘴地原地转圈。青山是不甘心呢!他在转圈的工夫,眼睛就找到了逃跑的路线。他不停地叫唤,在转第三圈的时候,他突然向陈久思踢出一脚,这一脚是虚招,如果陈久思要躲,他身后就是高粱地,青山窜出去就可以跑掉。陈久思见青山对平东洋使诈,往外抽匕首,就对他有了戒心,又见他大喊大叫转圈,就更加小心,暗中运劲。看他向自己踢来一脚,陈久思不仅没退,反而向前伸手抓住青山的脚脖子向上一举,青山本来是虚踢一脚,是借机向外跑,后脚也提起来了,这样两只脚都在空中,人也在空

第三章

中横躺着。青山也是真了得，人在空中，后脚又踢向陈久思的面门，脚尖眼看着就踢中眼窝了，陈久思一偏头躲过青山这一脚，握着青山前脚脖子的手一用力，青山的一条腿都麻木了。咕咚一声，人重重地摔在地上，再也起不来了。二法师把青山捆上，青山瞅瞅交的宽："你敢卖我们？"

交的宽用手指着平东洋说："哎！青山兄弟，这位就是平东洋！专门跟日本鬼子干的主。大英雄！你我败在他手下不丢人。咱们叫他奶奶的小日本鬼子给熊得往这边跑，还打死了咱们十多个弟兄呀！临了还给他们卖命，咱们对得起死去的弟兄吗？啊？咱找大当家的讨个说法去！"

青山听交的宽这么一说，他又仔细地打量了一下平东洋，将信将疑："你就是平东洋？专杀鬼子的平东洋？"平东洋指着红枪会的人说："不只我专杀鬼子，这些红枪会的弟兄们也专杀鬼子。日本鬼子都熊到家门口啦，追着你们的屁股杀你们，你们还帮助他们祸害自己的乡亲们，还算人吗？还报什么山头啊？还好汉呢？都给祖宗丢脸，抹黑！"二法师说："我们红枪会为了保卫家园，保护亲人不怕死，不怕日本鬼子！豁出命去跟鬼子干！抗战到底！"青山低头不语。交的宽一条胳膊不能动，平东洋给他端上去了，他对青山说："领我们见大当家的去。走！"青山不由自主地跟着大伙向屯子里走去。陈久思示意二法师看着青山，交的宽和另外几个胡子，拉着平东洋走到一边，对平东洋说："先别着急进屯子，把占江龙住的院子搞清楚了再说。"平东洋摇摇头："让交的宽领着去，不会搞错的。"

陈久思分派人手："现在把人分开，元奎、仲民分别带人从东西两头进屯子，把占江龙的院子围起来。要悄悄地进行，尽量别让胡子们发现。二法师的人先不要动，跟我行动，没有我的号令谁也不许现身。"平东洋说："对。大家没有命令不能现身，胡子枪法准，说不好真打起来伤亡可就大了。我去和他们大当家的说去，争取他们弃暗投明，和咱们一起打鬼子。"陈久思还是信心不足："我看说不成，他们都野惯了，能服咱们管吗？"

平东洋对陈久思解释："咱们也不让他们入伙。只要他们能和咱们一道打日本鬼子就成。多一个人打日本鬼子就多一分力量啊！占江龙的绺子咱们得尽量地争取他们。再说这些胡子也不能都杀死，把他们放了，这个仇也就做下了，又多了一个冤家。如果咱们不降服他们，老百姓就看不起咱们，说你不敢碰大绺子。连大绺子的胡子都不敢惹，那还咋打日本鬼子？现在就一条道，劝他们和咱们做朋友，打日本鬼子。"

陈久思担心平东洋一个人去会占江龙吃亏:"你一个人去人单势孤,我和你一起去,见机行事。大队由二法师和仲民他们带着,如果说崩了就困住他们,他们往外冲,你们就截住厮杀。"平东洋不同意:"不行!不能动武。只能劝说,他们叫日本鬼子打败了,死了不少的兄弟,心里恨死了日本人。咱们和他们合起来打鬼子,是为他们死去的弟兄报仇,出气。他们是会和咱们在一起的。再说他们已经很困难了,咱们帮他们解决人吃马喂的,他们应该感谢咱们。"陈久思坚持和平东洋一块去:"那就试试吧。我和你一块去。"平东洋拦住:"不行,那可不行!红枪会不能没有你。有你在外面,他们也不托底,也不敢轻举妄动。如果你去了,他们一把你扣留了,红枪会就没有办法啦,只能认输。我不是红枪会的人,弄得再不好,也都是道上的人,各走各的路,他们也不能把我咋样,放心吧。另外陈百元救过占江龙的命,过一会儿陈百元来了,又多一成把握。"

陈久思沉思了一会儿:"行吧。你千万要加小心呐!"

平东洋答应着走到青山身边:"和我去见你们大当家的,我看你的功夫不错,人还有一股子不服输的劲儿。我很喜欢你,以后交个朋友。"说着给青山松了绑。青山愣住了,他看看平东洋,又看看大伙,平东洋已经走在前面了,他跟着平东洋进了屯子。

这时候太阳已经升起来了,红红的,照在人的身上暖暖的。屯子里的人们都起来做早饭了,家家升起了炊烟,屯子里有了生气。平东洋和青山俩人走到占江龙住的院子门前,瞭水(放哨)的胡子看见青山和一个不认识的人走过来,就上前打招呼:"总催爷,怎么回来啦?"青山哼了一声,和平东洋一起向院子里走去。

这个院子就是叶家地主的院子。上房五间,东西厢房也是五间。胡子都住在东厢房里,占江龙住在上房东屋,伺候他的有一个小崽子(胡子大当家的干儿子)和一个炮头(打仗时带头冲锋的头目)。早晨起来占江龙有练功的习惯。但是他不出屋,在屋里打拳,小崽子和炮头在一旁看着,房门开着,小崽子一回头看见青山和一个陌生人进了院子,就对占江龙说:"爹,青山咋领一个生人回来啦?"

占江龙说:"怎么的?他没去换交的宽吗?怎么回来啦?"说着停下练拳也往外看,可不是咋的,青山领着一个人,不认识。就对炮头一努嘴儿:"去,看看,是咋回事?"说完自己就进里屋了。炮头出了门把青山和平东洋拦在了院子里:"你咋没去换交的宽他们?这位是谁呀?干什么的呀?"平东洋对炮头一抱拳:

第三章

"在下平东洋,有事要见占江龙大当家的,麻烦朋友给揭门帘子(给通报的意思)。"炮头一愣:"你是平东洋?"他看看青山,青山点点头。炮头也一抱拳:"久仰!久仰大名!请稍候。我回报一声。"说完转身回上屋。这时占江龙已经坐在炕头上了,开着窗户,院里说话他都听见了。听说是平东洋来了,占江龙急忙下地往外迎,和炮头走个脸对脸。"大当家的!平东洋来拜山门,见不见?"炮头问占江龙。"咋不见?打日本子的!咋不见?出迎!"边说边往外走。炮头喊了一嗓子:"大当家的出迎啊!"出了房门占江龙双手抱拳:"平东洋?你真是平东洋吗?请!屋里请!"平东洋听了炮头的喊声,知道出来的就是占江龙了,也双手抱拳:"有幸见到打日本子的英雄,在下真是荣幸得很呐!"占江龙边说话边做出往屋里让客的姿态。双手拉住平东洋的手,两个人的手一搭上,占江龙稍一用力就知道对方的劲儿比自己的大,再一用力拽平东洋的手,可是自己的身子却往前迈了一步才站住。觉得对方的功夫比自己高,自己不是对手,就笑着拉着平东洋的手往屋里走。平东洋把自己的枪抽出来,炮头的手也不由自主地把手枪拽出来,平东洋把手枪交给小崽子,炮头不好意思,哈哈一笑,收起手枪,众人进屋。占江龙让平东洋坐在炕沿上,自己紧挨着坐下。

占江龙说:"久闻平东洋的大名,专门跟东洋鬼子作对,今日有缘见面,真是我占江龙的福分呐!"平东洋谦让着:"小弟不才,却也知道国家兴亡,匹夫有责呀!听说大当家的被日本鬼子给暗算啦?此事可真?"占江龙愤愤地骂道:"他妈的小日本儿这帮兔崽子,无恶不作,净欺负中国人。我看不下去了,就带着弟兄们跟他打了一仗,咱们的家伙不称手。没占着上风,失落了十几个弟兄,死了大柜,没了家底,败走麦城。这不'倒边'到这块了吗!"

"大当家的没有忘记自己是中国人,奋勇抗日。虽说没有占着上风,却也给中国人长了脸,让日本鬼子知道咱们不是好欺负的。咱们中国人都像大当家的这样有血性,有骨气,小日本子还敢来欺负咱吗?兄弟来见大当家的就想结识大当家的。因为咱们都是打过日本鬼子的人,同气连枝,是兄弟呀!"平东洋努力地拉近和占江龙的距离。

占江龙:"打过日本子是不假。我现在是两手空空啊!要养不住手下的兄弟啦!现在还给日本鬼子卖命,帮助小鬼子祸害自己的乡亲。咳!我对不住死去的弟兄们呐!对不住乡亲呐!更对不起祖宗啊!我这是干什么呢?"说完低头不语。平东洋看占江龙说了实话,就向他摊了底:"大当家的实在,跟兄弟我说实话,那我也不藏着掖着,也不瞒着啦!你知道错啦,我们帮你改过来,咋样?"占江龙愣住了:"你帮我改过来? 怎么改呀?"平东洋看看青山:"我把你抓的人都放了。"说完他看着占江龙。占江龙问青山:"咋回事?"青山指着平东洋:"他把我和交的宽都制住了,另外六个弟兄也都被制服了。放了我们绑来的人。"

占江龙听明白了,平东洋是从高粱地藏人的地方来的。自己一共八名弟兄都落在平东洋的手里。眼下自己还有十八个人,刚才试过了,青山、交的宽根本不是平东洋的对手,此人手段很高,可究竟是不是平东洋,他心里拿不准。从说话上看是打日本鬼子的人,可是为什么管我的闲事? 眼看到手的钱没啦,以后弟兄们怎么过呀? 他想到这拔出手枪:"平东洋,凭什么敢撅我的钱串子? 太不仗义了吧? 给我一个说法。"

平东洋不动声色地坐在炕沿边:"大当家的,听你刚才的话,我非常佩服你有中国人的骨气,敢跟日本鬼子叫板。可是不该为他们抓人呐! 这不是为虎作伥吗? 你已经知道是错的,就应该改过来才是。跟日本鬼子打仗打败了,再打,一直把他们打出中国去! 你败了我帮你,你我都败了还有众兄弟,还有全中国的老百姓,大家都来打鬼子,那将是一个怎样的结果呢? 不要坏了自己的名声啊!"占江龙收起了手枪:"我现在手头紧,怎么办?""只要你打日本鬼子,那老百姓还不支持你,为咱们捐粮筹款? 你落难了也会有人救你。听说上次打日本鬼子你受了伤,还是四家店的陈百元救的你,你的马被日本鬼子打死了,陈百元还送你一匹马,那不就是佩服你是抗日的英雄吗?"平东洋一席话说得占江龙默默无语。

停了一会儿,占江龙问平东洋:"这事你怎么知道?"

"交的宽说的,而且我和陈百元也是朋友。他的老闺女被日本鬼子杀害了,凶手就是我抓住的。现在红枪会扯起抗日的大旗,平贼除倭。四乡百姓都出钱出力,支援红枪会的弟兄们。陈百元也捐了粮食布匹和钱呐! 如今红枪会声势大振,大当家的何不去和他们联手呢?"平东洋又进一步劝占江龙。

"你认识陈百元?"占江龙眼前一亮。他想:你敢说你认识陈百元,还知道陈百元救过我,不怕我找陈百元和你对质,看样子是平东洋了。可是听他的意思不单是打日本鬼子,还有让我投红枪会的意思。占江龙想到这里又开口了:"你是说让我们投红枪会? 那不是扯呢吗? 我的兄弟们都散漫惯了,能受红枪会管制吗?"

"如今国难当头,有良心的中国人都应该站出来,为国出力,舍生忘死,与日

第三章

寇拼命。咱们这些江湖好汉是真好汉,还是假好汉。大当家的好好想一想吧。"
"这个打日本鬼子我没有二话。可是投红枪会有点儿那啥吧?"占江龙还是有点犹豫。平东洋用话激占江龙:"我们和日寇打仗连命都不要了,还有啥舍不得呢?"占江龙牙一咬:"对!命都不要了!为了打日本鬼子还有啥舍不得的。小崽子,去把弟兄们全都叫来,我有话说。"

小崽子答应一声出去了,一会儿,厢房的胡子都进了上房,一共是十八人。另外七个在红枪会那块押着呢。

占江龙咳嗽一声:"弟兄们!这次绑票你们都有怨言,不愿意干。现在我告诉你们,咱们不干这票买卖啦!绑的人都放啦!"众胡子交头接耳,都说放得对。占江龙接着说:"我给弟兄们介绍一位朋友。这位是咱们仰慕已久的平东洋。今天到咱们窑上来给咱们指了一条明路,投红枪会去,打日本鬼子,给死去的弟兄们报仇。各位弟兄有什么话说出来,不愿意去的,请自便。有话说在当场,我绝不为难谁。我再说一遍,投红枪会是为了打鬼子,给死去的弟兄们报仇。到了红枪会就得服从红枪会的规矩,各位可都想好了。"

众胡子很是惊讶,议论纷纷,乱哄哄的,有的说去投红枪会,有的说不去红枪会,没有一个结论。青山喊了一嗓子:"别他妈吵!听大当家的!咱占江龙的绺子去哪也不是孬种。打日本鬼子是老早就想的事啦。上次叫鬼子占了便宜,这回咱们和红枪会在一起打他个狗日的,给死去的弟兄报仇。好不好?"占江龙说:"我们不能忘记死去的弟兄们啊!"众胡子齐声说:"对!不能忘记死去的弟兄!为他们报仇!投红枪会去!"平东洋趁机说道:"各位兄弟,我给你们引荐红枪会的大法师。怎么样?"占江龙说:"好啊!我这就去见大法师。"说着他下地穿上鞋,带领众弟兄向院外走去。

陈久思在屯子外边等得直着急。他怕平东洋出现意外,他有些沉不住气了,就把二法师、仲民和元奎等人召集在一起合计:"咱们不能干等,得想办法帮助平东洋说服占江龙。"王元奎劝道:"大法师,先不要着急。依我看平东洋有把握说服占江龙。工夫越长,越说明有成功的把握。如果咱们在外面有啥动静,反而叫占江龙起疑心了。我的意思咱们在外边围着他们,先不动,加小心别让他们跑了就行,等平东洋的信。"陈仲民也说:"只能是等平东洋的消息。"陈久思提议:"我进屯子里去看看,他们不知道我是大法师,也不注意我,我找一个机会制服占江龙。"陈仲民急忙拦住:"那可不行啊!那样抓住容易放可就难啦!这些人不能都杀了,他们在咱们这块还没有太大的罪恶行径,民愤也不大,找不着杀他们的理由,而放了他们这仇也就结下了。日后得时刻提防着他们。不如说服他们联手打鬼子,日后合作不好也不留什么怨恨。"

陈久思想来想去,认为仲民说得有道理:"这样也好,等平东洋的消息吧!可别出啥意外呀!你们都回去在原地看好了,别让他们逃走了就行。"众人分开。元奎、仲民回去领人继续围住院子。他们刚隐蔽好,平东洋和占江龙就带领胡子们从院子里走出来。元奎和仲民二人没有听到大法师的命令,不敢轻举妄动,继续隐蔽。平东洋带领胡子们走出屯子外,占江龙和平东洋走在最前边。二法师看见了,对大法师说:"大法师,平东洋出来了,还领一帮子人。"陈久思吩咐道:"你们先别动,别露面,在地里藏好,我带几个人去打探一下。"二法师拦住:"不行,我去看看,别上当,大法师在这块坐镇。"说完一挥手,有四个会员跟着他出了高粱地,向占江龙他们走去。两伙人越走越近,占江龙叫住队伍:"弟兄们停下,在这里等候。我去见大法师。"说完抽出手枪交给小崽子,和平东洋一起走到二法师跟前。

平东洋问二法师:"大法师在哪里?""在前边地里。"二法师转回身向后面招招手。陈久思等人都出了高粱地,向前走来。占江龙抢行几步,平东洋紧随其后,来到陈久思跟前。平东洋对占江龙说:"戴红头巾的就是大法师。"占江龙冲陈久思一抱拳:"占江龙给大法师行礼啦!"陈久思急忙还礼:"久闻大当家的打日本鬼子,是大英雄。今日有缘见面。幸会!幸会!"抱拳当胸行礼。占江龙:"惭愧呀!没有打赢日本鬼子,叫他妈的小鬼子撵得可哪儿跑。丢人呐!"

这时从南边跑过来一伙骑马的人,二法师说:"是仲仁请陈百元回来了吧?"占江龙一听是陈百元来了,急忙向前跑去,众人随后跟着也向回走去。来人正是陈百元,他看见大伙都来迎接他,最前面还跑着一个人,估计是占江龙,就下马步行。越走越近,占江龙大声地说道:"来人可是陈百元大恩人吗?占江龙想你呀!"陈百元应声道:"正是陈百元。大当家的一向可好啊?"二人走到一起,占江龙下跪行大礼,被陈百元拦住。二人拉住对方的手不松开。占江龙:"陈大掌柜的,我占江龙愧对你的救命之恩呐!"

陈仲仁带领两名会员一路加鞭,跑到四家店陈家大车店,店掌柜的问明事情缘由,急忙请陈百元到车店见陈仲仁。陈仲仁把要和占江龙联合的事情对陈百元说了一遍,陈百元非常赞成,立刻骑马和陈仲仁一起来了。陈百元看见平东洋在后面和一帮不认识的人在一起,陈久思也不像很紧张的样子,估计双方是联手了,没有出现分歧。就说:"大当家的知错就改,善莫大焉。大当家的能

第三章

和红枪会合在一处打日本鬼子,就是好汉,就是大英雄!"

陈久思和平东洋等人都赶到了,陈久思接着陈百元的话茬:"哎!胜败不争一仗吗!打日本鬼子就是英雄,就是好汉!我听说你遇到难处了,我想帮帮你们,不知道大当家的是啥心思?"占江龙说:"肉票放了就放了,白拿张明强的钱也不算咱不人性。他是日本鬼子的一条狗,拿日本鬼子的钱雇咱们卖命。如今我不干了。就听陈大掌柜的话,投你们红枪会,一起打鬼子。不知大法师收不收我们?"

陈久思拉着占江龙的手:"红枪会欢迎所有打鬼子的好汉!哪能不收呢?!平东洋对你们讲了吧?红枪会秉承佛祖的旨意,扶正压邪,除贼杀倭。会规严明,各位兄弟都是江湖上行走的好汉,怕是习惯不了会规。我看这样,咱们先联合在一起打鬼子,互相帮衬,互相支援。日后有不如意的时候,大当家的随时可以拔腿走人。你看如何?"

"我占江龙为杀日本鬼子,给死去的弟兄们报仇,什么难处也不怕,众兄弟也是爹娘养的,为报国家,护爹娘,为死去的弟兄报仇,改邪归正。统一在你红枪会的大旗下。永不反悔!"占江龙回过头来对手下的弟兄们说:"弟兄们,我说的话你们听见了吗?"众人应声:"为报国家,护爹娘,给死去的弟兄报仇,改邪归正,永不反悔!"

平东洋说:"大当家的,大法师,我有一个想法,大当家的投红枪会的事不要往外说。以免有人找麻烦,就说是朋友暂住。"占江龙和陈久思合计了一下认为有道理,就同意了。陈久思对占江龙说:"那就请众兄弟一块移营,到万宝山歇马吧!"大家迎着东升的太阳向万宝山开拔。

第四章

一

　　黄枪会自立会以来,很快就招了不少人入会。和红枪会不同,黄枪会在招男会员的同时,也招了不少女会员,男女加在一起有三百五六十人。在车平起、车凤英的带领下苦练杀敌的本领。女会员有三十几名,编了一个小队,由车凤英率领,终日操练刀法。有一个叫小玉的姑娘向车凤英打听红枪会的事情:"凤英姐,咱们黄枪会有女会员,那红枪会有没有女会员呢?"车凤英随口说道:"没有。如果要有我就入红枪会了,就不回来了。"小玉说:"为什么呀?咋就不回来了呢?"说者无心,听者有意。车凤英被小玉给问住了。脸也红了,答不上来。小玉一看凤英的脸红了,就猜到了凤英的心思。就故意逼问她:"说呀!咋就不回来了呢?啊!你说呀!啊!我知道啦!一定是看上了一个人啦!啊!对不对呀?嘻嘻嘻!"凤英被说中了心事,脸更红了,感觉热辣辣的,心跳得厉害。她急忙掩饰道:"净胡说!什么人呢?还看中了!再瞎说看我不打烂你的嘴!"看到车凤英的脸上快挂不住了,小玉撺掇女伴们一起起哄:"吆!瞧哇!脸红啦!那是真的啦!""长什么样啊?啊!多咱领过来叫我们看看呐!""谁家的呀?快说吧!"车凤英假怒真嗔:"死丫头!看我不打烂你的嘴!"说着就动手抓小玉。女伴们一哄而散逃避着。凤英只追小玉,小玉向杨千瑞的院子跑去,凤英跟在后面追。小玉跑进了院子里,凤英跟着追过来。

　　这时从屯子外边迎面跑过来一匹马,也奔杨千瑞的院子而来。马上骑着一位有五十岁左右的男子,到了近前男子下了马,牵着马走到院子的大门前,被看门的会员拦住,凤英也走到了门前,她问骑马人:"是哪个屯子的?到这块干什么来了?"骑马人回答:"四家店陈家大车店的,来送请帖的。"看门的会员进屋里禀报。一会儿就出来了:"有请陈家店管事的!"会员接过马缰绳,把马拴在大门

第四章

旁边的拴马桩上。车凤英和送请帖的人一起进了院子,来到上房。屋里的人起立相迎。

骑马人问道:"哪位是杨千瑞杨掌柜的?我是四家店陈家大车店东家陈百元派来送请帖的。"说完从背的钱褡子里取出一张大红请帖,双手递上。车凤英在旁边接过请帖递向杨千瑞,杨千瑞从炕沿边向前走了一步:"我就是杨千瑞。"边说边从车凤英手里接过请帖:"管事的辛苦啦!请坐。"

骑马人说道:"杨掌柜的客气了。我们东家的二少爷于本月二十二日结婚。我们东家恭候各位届时光临。在下还有几个屯子要去送请帖,告辞了。"杨千瑞说:"那就不挽留了。回禀你们东家,届时一定到场观礼。凤英替我送客。"车凤英送骑马人出了屋子。

杨千瑞对车平起和侯广义说:"二位,这陈百元,字雨辰,是我的亲戚。是咱们东南乡的首富。仅在本县就有好地上千垧,在泰安镇还有地几千垧,老家兰西也有地。家里人口近百,家大业大。那是门上有匾、坟上有碑的人家。上次来的青年学生就是陈百元的三儿子。这陈百元为人乐善好施,靠的是讲交情,讲仁义。这不是在车店旁开了一处粥棚,已有二十多天了吧?救了多少人的命啊!陈百元是财大不压人,势大不欺人。咱们黄枪会以后的花销费用得靠他帮助。他家的婚礼咱得去。"车平起摇摇头:"你去行,你们是亲戚,有过交情。我们咋去呀?又没请我们。"杨千瑞笑了笑:"这回咱得露脸啦!你是黄枪会的大法师,我和侯兄弟是佛教协会的理事,也是黄枪会的理事。借这个机会见见面,以后好说话。"侯广义赞成杨千瑞的意见:"中,都有什么人物到他家,借机会多联络一些人,多交一些朋友。"车凤英送走了送请帖的人返回屋里,正好听见他们说话,就问:"你们干啥去?我也去四家店,中不中?"车平起不同意:"你去干啥?在家里和成林大哥一起领着会员练武。"侯广义急忙拦住车平起:"别介,车兄弟,叫大侄女去吧。说不准万宝山红枪会的人也去,大侄女认识他们,到时候给咱们引荐引荐,不是很好吗?"杨千瑞也说:"对呀!就这么定啦!咱们四个人去。家里交给老大成林照管,就一天,快去快回。"

陈百元兄弟四人,他排行老大,子侄辈的有十四个。陈百元有三子四女:长子方春,已经结婚,并有两子;次子方武;三子方义。在家族里兄弟排行分别是老三、老六、老十二。陈百元此次为儿子操办婚事,以及催促陈方义结婚,都是因为两个儿媳妇的娘家着急,战乱年头,早结婚,少操心。陈方义因为不同意他爹给定的娃娃亲而耽搁了结婚。这次单是给老六方武结婚。虽然事情很仓促,但是陈百元有钱有人,把喜事办得还是排场得很。陈家大院子里外张灯结彩,人来人往,鼓乐声声。当地的风俗娶亲必须是抢在寅卯时拜堂成亲。新媳妇娘家住得远的,在正日子的头一天就把新娘送到婆家住的屯子,临时找一家亲属或邻居住下,称之为"打下处",好赶上第二天正日子寅卯时拜堂。陈百元不用麻烦街坊邻居,直接把送亲的娘家人和新娘子都安排在大车店里住下。凡是住店的打尖的,这一天一律免费,算是贺喜。

正日子半夜子时,娶亲的人们都起来,赶紧洗漱穿戴,吃过了饭,就去大车店迎娶新娘了。前面有两面铜锣开道,随后是两盏提灯(因为天还没有亮),跟着四匹红色的对子马,四个男青年挺胸正坐在马上,一律是戴青呢子礼帽,白府绸的上衣,湖蓝色的缎子裤子。新郎跟在对子马的后面,十字披红,青礼帽上双插金花,上身穿青缎子坎肩,白纺绸的汗衫,蓝串绸的裤子,青礼服呢的布鞋,骑一匹菊花青色的骑马(专门供人骑乘的马),马戴响串銮铃,走起来哗哗直响。后跟着娶亲的花轿和喜车(供迎亲的人坐的),以及乐队等人。一行人来到大车店,新娘这边也早已收拾妥当,乐队在大门外吹起喜乐,新娘的哥哥把新娘抱上花轿,娶亲的队伍往回返。

此时陈家帮忙的人早已经在正房门前摆好天地桌。桌上放了一个称粮食的斗,内装高粱,插上一杆秤,斗前放有供品,烧香点烛。大门口里面放了一个装有高粱的口袋,挨着放了一个马鞍子。鼓乐声中陈方武在大门口下了马进院。后面花轿也到了,有傧相(司仪)高喊:"落轿!"花轿稳稳地落地。"搀新人!"新娘子被两个姑娘搀出轿来,花轿前面有两个帮忙的青年人互相倒换着铺红毡。新娘在两边姑娘的扶持下走在红毡上,迈过马鞍子,踩在高粱口袋上。有娶亲的人递给新娘一条系着花结的红绸子,另一端递给新郎,新郎在前,新娘在后,两位新人在红毡上,走到天地桌前站定。傧相赞礼,新人行跪拜礼,三拜九叩。陈百元夫妇分坐在天地桌两侧受拜,礼毕。新人被送入洞房。这时天上传来飞机的轰鸣声,三架日本飞机从天空中向北飞过,人们咒骂着。飞机的骚扰依然挡不住人们办喜事的热情。婚礼在继续,陈家大门口贺礼的客人不断。

陈百元偕长子方春、三子方义在大门里迎接客人,司仪不断地引导客人进院里。东厢房是接待客人的场所。陈家临时在院子里搭了席棚,里面摆了十几张桌子、板凳,有的人图个凉快,就在院中的席棚里就座,喝茶,吃瓜子,谈天说地。乱吵吵的一片。司仪在大门口喊了一嗓子:"红枪会大法师陈久思到!"陈久思、平东洋和王友德等一行人走进了院子。陈百元立刻迎了上去,他们是老

第四章

熟人,双方作揖招呼。陈百元把陈久思一行人让到东厢房里边的一个八仙桌子旁坐下来。有人递上凉手巾,众人擦了擦脸,坐下。

陈久思向陈百元道喜:"恭喜陈大掌柜的,贺喜陈大掌柜的!"王友德也作揖:"祝贺陈大掌柜的娶儿媳妇!"平东洋作揖道:"大喜!大喜!"三个人同时递上红包,平东洋手里拿着两个红包:"占江龙不便在此露面,托兄弟带来贺礼。"陈百元回礼:"多谢啦!多谢啦!红枪会出言必行,有信用,为百姓除害,保境安民。让陈某佩服!各位光临寒舍,为小儿捧场,陈某脸上有光啊!哈哈哈!"

门口的司仪又喊道:"钱承租钱大掌柜的到!"

陈百元出迎到厢房门口,钱秧子汗流满面,挺着个大肚子,斜着身子挤进了房门。累得他呼哧呼哧直喘气:"陈,陈掌柜的,大,大喜!恭喜陈掌柜的娶儿媳妇啊!"他喘匀了气儿,从怀里掏出红包递给陈百元。红包已经湿湿的了,这个红包是他在大门外从钱褡子拿出来放在身上的。陈百元接过红包,赶紧招呼伙计:"快给钱掌柜的看座!"有人把两条板凳并在一起,扶着钱秧子坐下。钱秧子坐下以后,斜着眼睛看了看红枪会的一伙人,把脸扭向门外。陈百元回礼:"同喜!同喜!"有伙计拿来凉手巾给钱秧子,钱秧子擦了脸。又说话了:"百元兄,把大侄子和侄媳妇请过来,让我们一睹新人的风采,怎么样啊?"众贺客叫好。

司仪又在大门口喊道:"五台山佛教会理事杨千瑞、侯广义及黄枪会大法师车平起到!"陈百元和众人都一愣神,陈百元自言自语道:"我这千瑞兄又搞什么花样啊?"钱秧子骂骂咧咧:"已经有一个红枪会,咋又冒出一个黄枪会?什么大法师?净他妈的蒙人!"钱秧子借着黄枪会这个茬骂红枪会。陈方义遵从杨千瑞的意见,没有把黄枪会的事情对父亲说,所以陈百元不知道杨千瑞的事。陈百元快步出迎,在房门口迎上杨千瑞一行人。杨千瑞和陈百元是亲戚,熟悉。杨千瑞先开口了:"雨辰,我给你领来两位朋友,我给你引荐引荐,这位是黄枪会的大法师车平起,这位是理事侯广义,以后你们要多亲近。"陈百元说:"好,好,幸会!幸会!屋里请!"车平起、侯广义作揖行礼,谦让着进屋,被陈百元让到了红枪会的桌子前。车凤英抢前走到平东洋跟前:"干爹,陈大爷,王大爷你们早来啦?"陈久思等人站起来答话。平东洋说:"凤英,哪位是你爹,快给我们引荐引荐。"车凤英拉着平东洋的手对车平起说:"爹,这位就是救我命的我干爹,平东洋。"车平起抱拳当胸:"多谢好汉出手相救小女,在下车平起拜谢了。"说罢一躬到地。平东洋急忙还礼:"别多礼,都是道义中人,应该的。请兄长给我们引荐引荐另外这两位吧。"陈百元给大家介绍,同坐一席,很是亲热。车凤英没有看见陈仲仁,就小声问平东洋:"干爹,仲仁哥咋没来呢?"平东洋说:"在家训练会员呢。新招来的人多,要训练,不然没有战斗力,也不好指挥,咋打鬼子?"门外传来说书的声音,屋里众人压声听书。

原来说书先生自打红枪会成立以来,天天就在陈家大车店给过往的难民和行人说书,讲红枪会如何受佛祖指点,功夫如何了得。特别是新编的小段他是每天必讲啊,给红枪会做宣传。晚上就回红枪会,再给会员们讲《杨家将》《岳飞传》和戚继光、郑成功等民族英雄的故事,鼓励会员们的爱国情绪和斗志。今天为陈家说堂会,说书先生当然不会放过这个好机会。开场还是他自编的小段《二法师刀劈四海,力战群匪》,众人叫好。

说书先生:"红枪会的人个个是英雄,人人是好汉。佛祖法力无边。红枪会为民除害,那日本鬼子就该玩儿完啦! 大众百姓都参加红枪会,杀东洋鬼子,保卫家园!"

这边司仪吩咐帮忙的伙计摆上餐具,众人调配座位,接着就上菜开席了。红黄两会的首领都在一张桌子吃酒,陈百元亲自作陪,众人正喝得酒酣耳热的时候,司仪喊道:"新郎新娘拜席啦!"房门口,陈方武偕新娘进屋拜席。司仪介绍道:"这位就是今天的新郎官,陈大掌柜的二公子陈方武先生,他和新娘给各位行礼致谢,敬酒来啦! 一鞠躬! 二鞠躬! 三鞠躬! 礼毕! 各位入座畅饮!"陈方武夫妇到各桌前敬酒。众宾客高谈阔论,喝酒叙旧。

陈方义进屋了,他手里举着一只酒杯,清了清嗓子:"各位父老乡亲,今天是家兄大喜的日子,承蒙各位亲朋到场祝贺,方义在此多谢了! 借此机会向各位乡亲说几句题外话。现如今我中华民族到了最危急的关头了! 各位叔叔大爷,日本鬼子已经占领了东三省了,我们成了亡国奴了! 日本鬼子的恶行是人所共知的。我们不能再麻木不仁、无动于衷啦! 同胞们要团结起来,赶走日寇,光复河山。有志气的中国人勇敢地站出来,保护我们的妻子儿女,保护我们的爹娘,保卫我们的美好家园! 不要等到鬼子的刺刀刺穿了我们的胸膛,我们才想起反抗。万宝山已经成立了红枪会,柳大房子也成立了黄枪会,他们立志和日本侵略者拼到底。他们做得好! 做得对! 他们就是我们的榜样,我们应该有钱的出钱,有力的出力,大家万众一心,不做亡国奴! 与日寇血战到底! 打败日寇! 重振我中华国威! 再树民族雄风!"陈方义的话博得了热烈的掌声。

掌声刚落,平东洋就接上话茬:"方义先生说得好! 有种的中国人就拿起刀枪,和日本鬼子血战到底,把日寇赶出中国去! 光复我们的好河山!"

第四章

杨千瑞站起来说："诸位,我们黄枪会的宗旨也是抗日救国,保卫家园。希望各位乡亲大力帮助。咱们要做一个有骨气的中国人,像岳飞那样直捣黄龙府,收复失去土地。做一个民族的英雄好汉!"陈方义又说:"省主席马占山将军在江桥和日本人打了一仗,消灭了几百个日本鬼子。现在撤到了咱们拜泉,准备收复省会齐齐哈尔,继续抗日。咱们四邻八乡的老百姓都应该积极参加到抗日的队伍里来,不做任人宰割的羔羊,不当亡国奴!"陈久思:"陈先生的话讲得好啊!有道理!我中华民族是礼仪之邦,与邻友善。可这日本人是恶魔下界,到人间作恶来啦!久思等人受佛祖点化,率先举旗抗日,决心以死报国。向杨千瑞理事说的那样,学岳武穆,打败日寇收复失地,还我河山。"

陈百元对儿子说:"方义,敬各位抗日志士三杯酒!我陈家与各位共进退,坚决打败日寇!在座的各位父老乡亲共同举杯,为抗击日寇,收复河山,干杯!"众人响应起立干杯。

陈方义走到两会首领坐的桌前敬酒:"后天,马主席的部队在县城举行誓师大会,请各位抗日志士也参加大会。"陈久思、车平起二位点头答应。车凤英没有看到陈仲仁,若有所失,茫然不语。王友德把这一切看在眼里。酒席散去,陈百元一一送别。陈方义把两会的首领让到正房东外屋喝茶,陪两会首领说话:"方义特意挽留两会的首领再坐一会儿,就是想让红黄两会多交往,加深感情,拧成一股绳,共同抗日,多杀倭寇,保卫咱们的家园。"杨千瑞说:"多谢贤侄的美意。陈大法师是佛教徒,千瑞和广义、平起兄弟也是佛教徒。'同念一佛无别道,远通四海皆兄弟',都信菩萨,是一家人。更何况大敌当前,凡我中华儿女更应该团结一致,共同对敌!"王友德把烟袋拿在手里:"千瑞兄言之在理,我是个庄户人,但是忠君爱国的心我还是有的。我支持久思立会为的就是打跑了日本鬼子,过上太平日子。人多力量大,大伙劲儿往一块使,刀往鬼子身上砍,杀他个片甲不留!"车平起站起身来:"我信奉佛祖仁爱之心,恨欺压良善的恶人。日本鬼子炸死了我的老娘,还想灭了我们的国家,真是可恶!中国人不是好欺负的。我车平起就是跟他们拼了性命,也不当亡国奴。往后陈大法师就睛好吧。我车平起杀鬼子不是孬种!只要陈大法师一声招呼,黄枪会一定全力以赴,跟随你们。平东洋,我再次谢谢你救了凤英!"

平东洋见两会的首领谈得很投机,抗日的力量在壮大,很是高兴:"车兄,一家人不说两家话,都是打日本鬼子,往后多杀倭寇就是了。""我们共同的敌人就是倭奴。大家为杀鬼子多出力,为保卫家园多流血,舍生报国就是我们的共同心愿。在誓师会上,我再介绍几位报国杀敌的英雄给你们。"陈方义边给大伙倒茶边说道。大家又坐了一会儿,陈久思站起来告辞,杨千瑞说:"大家一起走,省得雨辰两次送客。"众人离开陈家,各自回家。

陈久思一行人骑马前行。平东洋问陈久思:"大法师,王大哥,今天陈家少东家的一番话怎么样?""有道理,中国人应该抱成团,把日本子赶出去。"陈久思很赞成陈方义的话。平东洋又说:"上阵杀敌,刀枪无眼。我说一句不该说的话,大法师你就该像陈百元那样把大侄子的婚事给办了。以备不测,也能给陈家留下后人。"王友德接着说:"平东洋兄弟说得在理,这世道乱得没法说!还是让他们早点结婚吧,我也少操点心。"陈久思解释说:"我想在秋后办,好好地准备一下,再给他们成亲。现在什么都没预备呀?"王友德:"预备啥呀?也不请外屯子的客人,就请本屯子的,他们俩一拜天地就得了。要热闹就请一伙二人转班子来唱二人转,或者请说书的来热闹一下。咳!现成的说书先生,就这么定了,咱们去大泡子回来就办。"

二

在陈百元给儿子娶媳妇的那一天,在齐齐哈尔日本占领军司令部里正在开会。日军司令、日军骑兵旅团长高波主持会议,布置下步军事行动。

会议室里,长桌子上铺着绿军毯,墙上挂着日本国旗,旁边挂着军用地图。会议桌前正位坐着高波,右手坐着黑田联队长,左手坐着日本特高课的枝下。依次还坐着几位军官。

高波:"马占山部在江桥一战已溃不成军,现溃退到拜泉、克山等地,企图打通进小兴安岭的通道,把残部撤到山里休整,以图再起。我们应对其采取北进南守的战略。即北面先击败富裕、克山一带的东北军,把他们像赶猪一样赶到克拜地区。然后配合海伦的吉冈旅团长一起南北夹击,把马占山的残部全歼在海拜地区。另外枝下少佐潜入拜泉,收买亲日的支那人做内应,配合我军的正面进攻,诱降要投靠大日本皇军的人,为大东亚圣战服务。"

枝下起立立正:"哈意!旅团长阁下!据我的情报得知,我去拜泉将有重大突破,请旅团长静候佳音吧!"黑田大佐用怀疑口气说:"枝下君,不要盲目乐观。支那人不是那么好对付的,小心为妙啊!"枝下回答:"联队长请放心,如果我劝降成功,请联队长给我设宴庆功。"黑田满不在乎地说:"一言为定。"高波对黑田

第四章

说:"联队长,带领你的联队向北攻击讷河,然后南下克山,我率领骑兵进攻富裕、依安。你我在拜泉北边的癞马沟会师。"黑田起立敬礼:"哈意!"高波宣布散会。

枝下立即带着自己的翻译官金哲奎,两个人骑马奔拜泉去了。第二天傍晚的时候,这两个人来到拜泉的西门里。金翻译下马问路,被枝下制止了:"金翻译官,你的要干什么?"金翻译官:"我的去问路的干活,去一贯道怎么走哇?"枝下不耐烦地说:"大大的不要! 去一贯道我的知道。开路! 开路的有! 快快地!"金翻译又上了马,二人经过十字街往南一直走到南门里,又往东拐走了三道街,到了一贯道总坛。

金翻译下马敲门,里面一贯道的人应声开门。"找谁呀?"开门的人问金翻译。枝下在马上不耐烦:"找张明强,张坛主的干活!"把开门的人吓了一跳,赶紧关门回去了。一会儿张明强从门缝里露出一个脑袋看,一看认识,是枝下。就赶忙出了门走到枝下马前,拉住马缰绳:"是枝下太君呐! 快请下马! 快请!"张明强奴颜婢膝地给枝下拉着马,让枝下下了马。他又给枝下推开大门,把枝下请进了院子里。回身又向四周看了看,关好大门。把枝下二人请到了上房东屋。叫人安排晚饭,自己陪着枝下说话。

枝下:"张先生,过得可快活呀? 为皇军抓苦力的事情办得怎么样啦?"张明强有点心虚,他把枝下给他的钱都给胡子了。可是一个苦力也没有。他只好硬着头皮说:"占江龙这些胡子反水了,放跑了已经抓到的苦力。我手上没有人手,压不住这些胡子,请太君治罪。"说完立正站着,低头任凭枝下骂他。枝下怒不可遏:"八嘎! 死啦死啦的有! 废物大大的!"抬手给张明强几个嘴巴,把张明强打得直打趔趄,可是张明强还是站回原来的姿势,挺着挨打:"哈意! 哈意!"枝下不知是打得累了,还是出够了气。他停住不打了,坐在椅子上喘粗气。

张明强看枝下停了手,就哈着腰凑到枝下跟前,赔着笑脸说:"太君! 我为太君物色了一批人,他们可以作为皇军忠实的同盟者,只是经费不足。"枝下的怒气稍减,扶了扶眼镜:"嗯! 经费不足不成问题。我的大大的给! 只要你忠心为大日本帝国办事,我不会亏待你。"

张明强又一挺胸脯:"哈意!"然后又哈腰低头说道:"愿意为皇军效劳! 多谢太君的信任。一会儿我把他们找来见您,可以吧?"枝下说:"可以,你把他们召集来吧。"这时道徒进来告诉晚饭做好了。张明强请枝下二人吃晚饭。自己出去找罗锅孙他们去了。

◇ 通肯河传

鸿翔旅馆里，罗锅孙、飞龙两个人躺在炕上喷云吐雾，正抽着大烟，金山在自己的铺上坐着不吭气。

罗锅孙眯着眼睛，狠狠地抽了最后一口，慢慢地呼出吸进去的烟，睁开眼，打个哈欠，伸伸懒腰，又吧嗒吧嗒嘴，回味着大烟的余香，开始骂大街了："他妈的张明强光许愿，也不给钱。绑的票都叫红枪会给放了。他要是再不给钱，咱们还是干老营生去。"飞龙在一旁帮腔："可不是咋的，张坛主投了日本人，可咱们没有看见日本子啥样啊，咱们得直接和日本人接头，别让张明强给俺们卖了。"金山把头一扭骂道："哼！都没好揍！舔他妈的日本鬼子的腚沟子，丢了祖宗八代的脸了。我不干了！"罗锅孙说："那张明强给的钱你花了没有？还他妈的犟！"金山叫道："花他的钱咋的啦？也不是好道来的！我还想抢他的呢！他别惹我，惹急了我宰了他个王八犊子！"飞龙拦着："别胡说！咱们先吃着他，看以后咋样再说。"

金山听见门外有脚步声，打手势给罗锅孙和飞龙，三个人都不作声了。门开了，张明强进了屋。张明强闻着满屋子的大烟味，又看见罗锅孙和飞龙俩人还躺着没有起来，被枝下打得火一下子就冒出来了："你们他妈的就知道抽，抽死拉倒！叫你们绑的人呢？都跑了吧？还想要钱花。就你们？"

罗锅孙躺在炕上，本来想起来，一听张明强说自己没绑着人，就炸了，索性继续躺着跟张明强两个吵："姓张的！今天你得把话说清楚，你叫我给你绑人了吗？啊？"罗锅孙这一句还真把张明强给问住了。他确实没有叫罗锅孙去绑人，只是让他负责挖坑，张明强一时语塞。罗锅孙逮着理啦，他慢慢地坐起来接着说下去："我不就是管找地方挖坑吗？还不让我的弟兄知道！怕我人去多了分钱吧？占江龙他妈的反水了，我一个人有啥招？啊？"罗锅孙有理了，自然不会服张明强的教训，他索性把怨气都发出来："你说让我们跟你干，可是你还防着我的人，我给你卖命，到现在你也没给我们几个钱呐！连他妈的日本子长的什么熊样我们都没看见。咋的？你可别哄着我们白给你卖命啊？"

张明强原想在几个胡子身上撒撒气，没承想倒让罗锅孙乱七八糟地数落了一顿。他心里的火就更大了，冷冷地说道："咋的？想耍翅儿是咋的？跑了肉票这事先不说了。想直接找日本人？还想过河拆桥是不是？想甩了我？那好！今个儿我还就告诉你们，现在是来领你们去见日本人，看谁的道行大。日本人可不是那么好伺候的。走！起来跟我走！去见日本人。"说完扭身就出屋了，头也不回地走了。

第四章

罗锅孙看了看两个同伙没出声,飞龙挠挠脑袋:"还是去吧。"金山一脸的不服:"咋的?还有事瞒着我?把我当成了二虎(傻子)啦?"罗锅孙劝着:"走吧,没啥!我跟张明强打嘴仗,走吧,去看看再说。"三个人穿上鞋子,远远地跟在张明强的后面。张明强一路上很不舒服,他本想几个胡子对自己会百依百顺,没承想这几个家伙不知天高地厚,公然想直接见日本人。幸亏自己提出让枝下见见这几个人,不然还真让这几个胡子给叫住了。想来想去还是带来见枝下吧,让枝下知道自己手下有人,也能增加自己在日本人眼里的分量。等日后再找到更多的人,再把这几个胡子甩了,张明强想到了这里,也打定了主意。他在门口等了一会儿,罗锅孙一伙也到了,一起进了院子,进了屋。

枝下刚吃完饭,在屋里听见门响,金翻译赶紧放下碗筷,擦擦嘴,站在枝下的身后。枝下坐在椅子上,脸冲着房门。张明强进了屋向枝下行礼:"报告太君,我手下的人来向您报到!"枝下点点头,张明强回身招手,让锣锅孙他们进来。然后把身子往旁边斜跨了一大步,站在枝下的左边,立正行礼。正好叫刚到门口的罗锅孙他们看见,罗锅孙和飞龙俩人也学着张明强的样子点头哈腰,站在枝下的正面。张明强对枝下说:"报告太君!这几位就是我发展的人,他们都是大日本皇军忠实的朋友。"

"要西!大大的好!"枝下对罗锅孙说:"你们要服从张先生的命令,听从他的指挥。钱、钞票我统统地给!让张先生发给你们。"

金翻译站在枝下的身后给罗锅孙他们翻译:"听明白了吧?对大日本帝国要绝对忠心。听张先生的话,为皇军效力。不然就死啦死啦的有!"说完从口袋里掏出一打钞票递给张明强:"这是皇军发给你们的经费。"金翻译又对罗锅孙说:"你们到他那里去领钱。"罗锅孙点头道:"一定为皇军效力!"边说边哈腰行礼,飞龙也学着样子哈腰鞠躬。金山扭着头看着张明强手上的钱,枝下得意地狞笑着:"哼哼!张先生,你把他们安置好地方住下。"张明强赶紧哈腰点头:"哈意!他们有地方住。"转身对罗锅孙说:"你们回旅馆吧。"罗锅孙对枝下又哈腰行礼,回身对张明强说:"把钱给我们呐!"张明强气得咬牙切齿:"就他妈的知道要钱!给你!"边说边把钱分给三个人。三个人出去了。

枝下对张明强说:"你去请季县长和刘宏轩他们来吧。"张明强讨好地说:"太君!我看你应该亲自去季县长府上,拜访他。然后再单独会见刘宏轩,不能让他们见面呐!"枝下很高兴:"你的大大的聪明!对皇军大大的忠心!我这就去季县长府上。你的带路的干活。"张明强受宠若惊:"哈意!"领着枝下二人出去了。

　　季县长没有自己的住宅,他就住在县政府院里,他没有带家眷。女儿季丽娟随陈方义来到拜泉才知道他在这里任职,才和季平住在一个屋里。已经是晚上九点多钟了,季氏父女已经各自休息了。季丽娟并没有睡着。她在想事情,想她自己和陈方义的婚事。虽说在陈方义住院时见到了方义的父亲陈百元,但从陈百元的神情上看得出,是不同意她和陈方义的婚姻的。事前季丽娟也知道陈方义有一桩娃娃亲,是陈方义的父亲给定的,她以为只要陈方义不同意,她和陈方义就可以订婚了。为此陈方义也向她表白过自己的态度,要坚决和娃娃亲一刀两断,并且告诉季丽娟,他已经向胥家母女当面表示不承认这桩娃娃亲。后来胥老太太被日本人杀害,胥君茹生死不明,她以为她和陈方义的婚事没有什么阻碍了。她这几天的心情特别好,天天到奎祥杂货铺去约陈方义,两个人一起组织学生宣传,上街募捐。昨天定的本来想跟陈方义一起回四家店参加方义二哥的婚礼。结果今天早上她又变卦了,她还是没有勇气面对陈百元和他的家人,害怕在大庭广众之下不被陈家接纳,不敢去陈家,可是又后悔自己没有跟陈方义去陈家。加上今天早上敌机的轰炸,她今天是在恐慌和矛盾之中度过的。虽说也和学生们一起上街,但是她经常精神溜号。到了晚上,她草草地吃了点饭,就回到自己的卧室里躺下了。她和他爹爹住一个屋,开一个门。季平住在东屋,季丽娟住在西屋,中间是堂屋。季丽娟想自己的事情想困了,正昏昏欲睡,就听得有人敲房门,季丽娟睁开眼刚要问话,就听见门外有人说话:"季县长,有人拜访。"

　　睡在东屋的季平答话道:"是谁呀?这么晚了还来?"

　　屋外的人回答:"是一贯道的张坛主和另外两个人,我不认识。"季丽娟听声音屋外说话的人是传达室的老赵。又听季平说道:"你去把他们让到会客室里等着,我这就过去。"外面的人答应着走了。季平穿上衣服走出卧室,站在堂屋地上对西屋叫道:"丽娟!丽娟!"季丽娟这会儿多了个心眼儿,自从上次他听到爸爸和林凤阳密谋要害陈方义以后,他处处留心观察爸爸和林凤阳的举动。这么晚了,还有人来,她想一定有背人的事,自己不作声,听见爹叫她也不出声。季县长见喊了两声没有回声,他以为季丽娟是睡着了,就自己出去见客人去了。季丽娟仔细听听外屋没有动静,就起身穿好衣服,悄悄地出了房门,蹑手蹑脚地来到会客室的窗下。看见屋里亮着灯,从窗户的缝隙往里看,只见沙发上坐着一个戴黑框眼镜的人,有点秃顶,镜片后面一双狡诈凶残的眼睛,正瞅着季县

第四章

长,他身旁站着一个穿西装的人,对坐着的戴眼镜的人是毕恭毕敬。在会客室的门里还站着一个穿着长衫戴着道冠的人。季丽娟猜想,戴道冠的人可能是什么坛主的张明强,那么另外两个人是谁呢？特别是坐着的那个戴眼镜的秃顶,还有点儿眼熟。她想好像在哪儿见过这个人。这是戴眼镜的人突然喊了一句:"八嘎！死啦死啦的有！"把季丽娟吓了一跳。于是她马上想起了这个人。她在齐市学校里见过日本兵抓学生时就是他带的队。当时季丽娟在宿舍里隔着玻璃窗户,她看见了这个人一面。当时喊得就是这句话。日本兵抓走了贴传单的同学,她的印象太深刻了:啊！日本人！日本军人,他来找我爹干什么？夜深人静的时候,肯定没有好事。她往门口靠了靠,就听见自己的父亲说话:"枝下太君,不要生气。以前我在绥化并没有和您联络过,所以不认识您。也是为了安全起见,这个地方皇军还没有占领,所以我的活动应该隐蔽一些才好,还望枝下太君能够谅解。"听了这番话,季丽娟是彻底绝望了。在此之前,她还对父亲存在幻想,以为季平迫害陈方义是因为怀疑陈方义是共产党,是国共两党的斗争,爹爹还不至于当汉奸。总以为爹爹能够回心转意,回到共同抗日的立场上来。现在自己亲眼看见他与日寇勾结,在谋划出卖国家民族利益、破坏抗战的一幕,她恨不能冲进屋内当面质问自己的爹爹,为什么出卖自己的灵魂？但理智克服了冲动,她冷静地听下去。季平继续说:"我掌握着全县百姓捐献的粮食、钱款、布匹、棉花等军用物资。退到拜泉的东北军现在是既无军饷又无军粮,眼看着就要到冬天了,士兵过冬的棉衣尚无着落。我如果断了他们的这些供给,东北军就会军心不稳,不战自乱呐！还有什么战斗力？还能抵挡得住皇军的进攻吗？"

枝下听完季平说的这番话,高兴得手舞足蹈:"要西！要西！大大的好！季桑！你的大日本帝国忠实的朋友,皇军的大大的信任你。刚才的误会,请你不要介意。"回头对张明强说:"你以后听季县长的调遣,听他的指挥。你的明白？"张明强点头答应:"哈意！我的大大的明白,我的坚决服从县长的调遣和指挥！"

季平听到枝下的夸奖,自己很是得意,继续向枝下献殷勤:"我把这些物资粮食都藏在社仓里,别人不知道,我派警察日夜看守。"季丽娟在门外看见自己的父亲奴颜婢膝的样子,她愤怒,悲伤,她恨父亲,恨自己。恨父亲出卖祖国当汉奸,恨自己为什么要有这样的父亲。这时听到屋里张明强说话了:"太君！时间不早了,该回去休息了。"枝下点点头:"对！季桑！不打扰了,你的休息的干活。我的开路的有！"季丽娟急忙闪身退到会客室的房后,回卧室去了。她一宿没有合眼,直到第二天的清晨才迷迷糊糊地睡了一会儿。醒了以后她草草地梳洗了一下,就急匆匆地去奎祥杂货铺找陈方义去了。

三

陈方义在老家帮助父亲操办完了二哥的婚事,于婚礼的当天下午就返回了县城。因为后天东北军朴旅长要在县里搞誓师大会,他被约去帮助筹备会务。季丽娟进了杂货铺子,伙计迎了上来。季丽娟问:"你们少东家在不在?"伙计回答:"在后院呢,昨晚上从乡下回来的。"季丽娟不用通报,走到后院,径直来到陈方义的住处。陈方义正准备去朴旅长的司令部和旅部的参谋们筹划会议程序等事务。见季丽娟来了赶紧让座。他发现季丽娟的脸色不好就关心地问:"咋地啦?是不是病啦?"季丽娟说:"没咋的,没有病。你从乡下回来啦?婚礼很热闹吧?"陈方义:"嗯呢!很热闹,红枪会的人、黄枪会的人都参加婚礼啦!大家的抗日热情很高,很受鼓舞。大家已经达成了共识:不能等死,要起来抗日!"

季丽娟感慨地自语道:"中国人要都这样该有多好啊!"陈方义有些奇怪:"你怎么啦?这么消沉呢?"

季丽娟自己想了一夜,也没有想出一个好办法来阻止她爹当汉奸。她恨自己无能,恨爹无耻,恨日本侵略者无道。她恨来恨去忽然眼前一亮,她认为目前她面对的一切都是日本特务造成的,只有把日本特务抓住消灭掉,断绝了父亲与日本人的联系,父亲就当不成汉奸了。于是她对陈方义说:"昨天我在街上发现了在齐市抓学生的日本特务,可是没有能够抓住他,你能不能和东北军的长官说一下,让他们帮助抓日本特务。"陈方义握住季丽娟的手:"你看准了吗?特务住在哪里?都和谁有联系?"季丽娟低声说:"没有。只是在街上匆匆而过。我发现好像是那个日本特务。"陈方义失望地说:"那怎么能行呢?这是拿不准的事情,咋和东北军的长官说呢?这样吧,这几天咱们都细心点,特别是明天誓师大会。日本特务如果来了准会在会场露面,你仔细留心,如果发现了,也不要惊动他,避免打草惊蛇,叫他溜了。咱们派人先监视他,然后再和东北军联系,就能抓住他了。"季丽娟点点头,陈方义说:"走吧,咱们一起去旅部,帮他们写标语,布置会场去。"二人出了杂货铺。

第二天早上,天际有一片阴云,太阳在氤氲里挣扎向上升起,慢慢地,慢慢地向上升,终于冲破了阴云的遮盖,露出了它那火红的脸庞,把遮盖它的阴云照

第四章

射得也改变了颜色,形成了布满天际的朝霞,把大地映衬得灿烂多彩。市民们从四面八方走向西北街的广场。

靠广场北边搭了一座主席台,主席台上方挂了一幅红底白字的横幅,上书"拜泉军民抗日杀敌誓师大会"。左右两边配有对联,是第一中学江老师的手笔,上一联为"抗日守土大丈夫本色",下一联为"杀敌报国好男儿志向"。主席台上一条长桌,上面铺着白色桌布,桌子后面有几把椅子,台前插着十面红旗,椅子后面的席棚上悬挂着青天白日满地红的国旗和中山先生像。

台下已经站了很多百姓、学生和列队的东北军士兵,还有从各乡来的保卫团的武装。红枪会、黄枪会的大法师等人一起走进会场,在会场碰见了陈方义。

陈方义对两会的首领说:"我向你们介绍几位朋友,也是抗日的好汉。""是吗?那我们可得认识认识。"平东洋很高兴地说。

陈方义领着众人来到街北自卫团的队伍前:"各位,这几位是街北赵掌包屯的赵临成、赵临祥、赵维东、刘海峰,都是立志抗日杀敌的英雄!"他又对刘海峰等人说:"这几位是东南乡红枪会、黄枪会的人,大家都是杀敌报国的朋友!"刘海峰等人和两会的人互相认识,大家志向相投,同气连枝,自然就说到一块去,很是投机。陈方义又把在一旁的兴安屯垦军邓文部队的谭营长介绍给大家:"谭营长,这些人都是民间自发的抗日武装的首领,以后打鬼子大家互相救助,多杀鬼子。"谭营长立正敬礼:"谭子欣有幸见到各位,杀敌的战场上见!"

主席台上已经有人登台了,首先是大会的主持人县长季平,他走到主席台上的扩音话筒前站住,向台下说道:"请国军驻拜泉城防司令朴旅长及各界代表登主席台就座。"朴旅长、刘宏轩及各界代表陆续登台,在长条桌后面的椅子上就座。在广场的入口处,枝下、金翻译、张明强也偷偷地溜进会场,混在围观的群众里观望,被到处寻找他们的季丽娟发现了。季丽娟急忙找到陈方义:"方义,我看见那个日本特务了,就在广场东边的人群里。"陈方义大喜:"真的吗?太好啦!我找人监视他们,跟踪他们。先不要惊动他们,咱们好顺藤摸瓜,把与他联络的汉奸找出来。"季丽娟犹豫了一下:"那……那好吧,咱们一块去,一会儿他们该溜了!"

陈方义找到陈仲仁和车凤英,把季丽娟介绍给他们俩。低声对陈仲仁和车凤英说:"丽娟发现了日本特务,你们俩去监视他们,不要被特务发现了。"二人点头随季丽娟走到枝下一伙人的附近。季丽娟从旁边低声对陈仲仁说:"那个戴黑框眼镜、黑礼帽,穿黑色西装的小个子就是日本特务。他身边还有两个人,他们是一伙的。"二人顺着季丽娟的指引看去,车凤英认得张明强,就说:"啊!戴眼镜的身边的那个穿长衫的是一贯道的坛主叫张明强,他们在一起,一定不干好事。"

陈方义也跟了过来:"咱们得跟紧他,看他都和谁联系,千万别让他发觉了,一点也不能马虎!"陈仲仁、车凤英答应着。

"誓师大会现在开始!"季平在主席台上清了清嗓子,"全县的同胞们!东北军的弟兄们!今天全县民众和驻县的东北军一起举行抗日杀敌誓师大会!现在请朴旅长讲话!"

随着季平的话音刚落,朴旅长站起来,他个子不高,一位典型的军人姿态,向全场的人们举手敬礼。他说:"东北军的弟兄们,全县的父老乡亲!在马主席的指挥下,我军重创日军于江桥两岸!此役大长了我中华之国威、中华之志气!现在我们收缩兵力,准备在海拜一线给日寇以打击,收复江省,为阵亡的弟兄们报仇!为日寇残杀的同胞雪恨!倭寇侵我国土,杀我同胞,抢我宝藏,其狼子野心,世人皆知。我等炎黄子孙,华夏胄裔,今逢其时,当负干戈,抗击日寇,与倭贼决一死战!保卫国家!弟兄们!打小鬼子、保卫家园是我们军人的光荣职责!为国尽忠的时刻到了!用我们的血肉之躯抗击日寇的侵略,不当亡国奴,把日本子赶出中国去!"

陈方义在台下领着喊口号:"打倒日本帝国主义!""把日本鬼子赶出中国去!""杀敌报国!不当亡国奴!"

季平接着主持会议:"请乡绅代表讲话!"

陈百元站在话筒前:"倭奴侵我河山,人神共愤!我等华夏子孙誓当以死报国!誓死不当亡国奴!陈某愿献家资,支援抗战,决不给祖先脸上抹黑!全县同胞们!行动起来,出钱出力,支援朴旅长打日本鬼子!把日本强盗赶出中国去!"

台下学生呼口号:"出钱出力!支援抗战!""团结一致,共同对敌!打败日本侵略者!""还我河山!"

季县长说:"请学生代表讲话!"

邹培志走到话筒前:"同胞们!日寇侵占东三省,我们的国家已经到了生死存亡的关头。大家要行动起来,打垮日本强盗,把他们赶出中国去!同学们!组织起来,走出课堂,向民众宣传抗日救国的道理。为抗日募捐,参军参战。支援我们的军队,保卫我们的家园!"

第四章

台下陈方义领呼口号:"打败日寇！保卫我们的家园！""不当亡国奴！""严惩汉奸卖国贼！"

在广场边上的人群里,枝下和张明强互相看了一眼,低头溜出人群。陈仲仁和车凤英悄悄地跟在后面。枝下等人奔鸿翔旅馆去了。

鸿翔旅馆里,罗锅孙和飞龙两个人正劝着金山。金山是满脸泪痕,愁容悲戚。他的老娘在前天早上让日本子的飞机给炸死了。昨天早上金山拿着张明强给的钱回家,准备把老娘接到街里来,找个大夫看病。谁知道他一进屯子就看见自己的那座草房已经坍塌了,还冒着青烟,像是失火给烧了一样。金山惦记老娘,急忙问邻居,邻居把他领到坍塌的屋子前边,金山老娘的遗体被乡亲们停放在废墟里面。金山趴在娘的遗体上哭得死去活来。金山自幼丧父,母子两个人相依为命,全靠他娘把他抚养成人。邻居告诉金山是昨天早上日本飞机来轰炸,把房子炸塌了,把他娘压在里面,等飞机飞走了,乡亲们把他娘从房子里面找出来,他娘已经不行了。金山怒不可遏:"老少爷们儿,我金山发誓,一定为我娘报仇！"在相亲们的帮助下,金山安葬了老娘,今天早上就进了城。金山知道,张明强和日本人有勾结,通过张明强一定能找到日本人,所以他回到了鸿翔旅馆。

罗锅孙劝金山:"行啦！行啦！金山,人死啦,不能复生！你就别哭啦！"金山咬牙切齿骂日本鬼子:"操他日本子八辈祖宗！没事来到咱们这嘎达扔他妈的什么炸弹呢？把我老娘给炸死了。这个仇我是非报不可！"飞龙不耐烦地说:"知道你是孝子,行了吧？别再乱叫唤啦！让日本子听见就全完啦！老子还等着日本子这龟儿子孝敬我呢！"金山骂道:"你他妈的愿意给日本子卖命你去卖！老子可不干啦！我非整死几个日本子不可,好给我娘报仇。不然对不起她老人家。"

这时候张明强和枝下等人进了旅馆的房门,账房先生起身相迎。张明强问账房:"罗锅孙他们在吗？"账房:"在,在,我领你们去。"账房在前面走,张明强一行人在后面来到罗锅孙的房间门口。账房敲门,罗锅孙在屋里没好气地回答:"谁呀？乱他妈的敲！"张明强回答:"是我！开门！"

罗锅孙把门打开一条缝,他从门缝里往外看,看见张明强和枝下,还有金翻译,这才把门打开,自己闪在一旁。张明强等人进了屋里,示意账房出去望风。账房点头出去了,迎面碰上了陈仲仁和车凤英二人进店。车凤英戴一顶草帽,帽檐压得低低的,穿一件黑布褂子,乍一看像一个男的。他们俩跟踪枝下这伙人,见他们进了鸿翔旅馆,二人就在外面停下来看着,可是没有看见人出来。他们两个人就跟进来了,看见账房从里往外走,就断定枝下这几个人是进了房间了。二人对望了一眼,估计枝下一伙人是进了账房出来的那个房间。

账房问:"二位是住宿哇,还是临时歇脚哇?"车凤英看看陈仲仁,陈仲仁说:"临时休息,开一个房间。"说完了又停住了,瞅瞅车凤英,正好车凤英也在看着他,二人目光一对,不由得脸都红了。账房赶紧让客人:"往里请,房间干净亮堂,又肃静,歇着舒坦,请二位!"

车凤英直奔里面走,账房在后面紧跟着撵了几步,赶到车凤英的前头,站在罗锅孙的房间的门口前,往里让客人。陈仲仁就明白了,这个房间是刚进去的枝下的房间了。因为上午一般是没有客人来住店的。所以他走过了这个门口,在紧挨着的房间的房门口站住了:"行啦!先生,就住这间吧。歇一会儿就走,不麻烦了。"账房迟疑了一下,打开房门:"请!二位。"

陈仲仁和车凤英二人进了房间,把房门虚掩上,陈仲仁把耳朵贴在间壁墙上听,车凤英从门缝往外看。墙很厚,什么也听不见。车凤英在门缝里也没看见什么。

在罗锅孙的房间里,枝下正在对几个胡子和张明强训话:"支那军人誓师,和皇军作对,那是以卵击石,自取灭亡。学生也要下乡宣传抗日,更是不自量力,你们要阻止他们。你们杀死一个宣传的学生,我赏给你们二十块大洋。由张坛主兑现。现在先发给你们每个人二十块大洋,事后按杀人多少补齐。"

张明强在旁边吹风:"日本皇军就要到这里了。那时候各位都是功臣,枝下太君会给你们在县政府安排官做,到时候你们就有权,有钱,有女人,有烟抽,逍遥自在。不过现在可得露两手哇!何况现在就有钱挣呢!"

罗锅孙兴奋地两眼放光:"好!他妈的,谁跟皇军过不去,我就跟他过不去。弟兄们!今天咱就出城联络道上的朋友,大家联手在四间房一带活动。学生下乡,头一站就是四间房,第二站就是三道沟子。这两个地方来往人多,咱们地面熟,别的地方咱们不熟,咱们就在这两个地方下手。女的玩够了卖到窑子里去,男的杀死,谁也别当孬种!"

金山说:"罗锅孙,咱们在黑道上混,求财。尽量不伤人命,更不能为日本子卖命,出卖良心,杀害自己的同胞,祸害自己的乡亲呐!"飞龙:"金山,别耍脾气!人这一辈子不就是图个快活自在吗?管他是日本人,还是中国人,有奶就是娘。

第四章

我这一百多斤就卖给他了。别想那么多,听我的没有亏吃。"金山骂道:"飞龙,你他妈的不是人!你为了日本人的几个臭钱,就去杀害抗日的学生,这不是汉奸吗?出卖祖宗,你还要脸不要?没有廉耻的东西!你们爱找谁就找谁去。我不干!"

张明强一看金山的态度坚决,就说道:"怎么的?这位兄弟不愿意为皇军效劳?"他一边说一边走近金山身旁,冷不防抽出匕首,要对金山下手。金山早有防备,他看见张明强往自己身边凑,就暗中运劲,看见张明强抽出匕首的手刚抬起来,金山的手比他的手快,伸手就攥住了他拿匕首的手腕子一较劲,张明强手中的匕首就往下掉,金山用脚一踢,这要落地的匕首就飞向正在拔枪的枝下,正打在枝下的太阳穴上。枝下立刻就被打昏了过去,金翻译吓得只会发抖,张明强只顾"哎呀!哎呀!"地叫唤。飞龙劝金山说:"兄弟,别发脾气,听哥跟你说,咱们别伤了和气。有话好好说,行不?"金山教训张明强:"姓张的!还想暗算老子!瞎了你的狗眼。你快把这鬼子整走,不然我连你一起扣啦!"金山不想在这里就把枝下整死,他怕自己脱不了身。张明强求饶:"是,是,好汉饶命!好汉撒手吧!快撒手吧!哎呀!"张明强的手腕子快要折了。

金山又一用力捏了一下张明强的手腕子才撒手,张明强手腕子的骨头已经是碎了。他只觉得手腕子麻木,无知觉,不知道疼。他急忙和金翻译一块扶起枝下出了房间,进了另一个房间抢救去了。这一番打斗被隔壁的陈仲仁听了一个大概,车凤英在门缝里看见张明强和金翻译架着枝下出来进了另一个房间。二人觉得很奇怪。

罗锅孙一脸怒气,想发作,又一想金山的身手,自己和飞龙两个人也不是对手,弄不好是非死即伤,再说现在就三个人,干啥都不够用,还得哄着他,多把子力量。于是他长叹了一口气:"唉!金山呐!我也看张明强这小子不是东西,仗着日本人欺负咱们,咱们不是没有办法吗?其实我也不愿意跟日本人混呐!你是好样的!杀母之仇,怎能不报?只是现在不行啊!咱们人单势孤啊!红枪会抓咱们,杀咱们,咱们再和日本人干起来,那不是四面树敌吗?不如咱借日本人的实力消灭红枪会,把咱自己的队伍拉起来。等到有机会再跟他妈的小日本干,再给大娘报仇,你看咋样?"罗锅孙这一番话说得很有迷惑性。

在一旁的飞龙也帮腔说:"大哥的话说得对呀!我咋就没想透呢?这不就分出里外了吗?先干掉红枪会,再打他妈的小日本儿报仇。金山呐!就这么干吧!老大说得对呀!"

金山也想好了自己的打算,现在就闹翻了,准是拼个你死我活。不如以后找个机会投他们红枪会去。脱掉这个"匪"字,杀鬼子,只要能给老娘报仇,红枪会是杀是剐由他们,就是死了也无怨了。金山拿定了主意,他对罗锅孙说:"大哥的话中听,说到给我娘报仇,我愿意听。我也仰仗两位哥哥帮我报仇,我听大哥的。"

罗锅孙见金山情绪缓和了,答应听自己的,心里很得意。对飞龙和金山说:"你们俩先去南门里等我,我去看一下,看看那个日本鬼子醒过来没有,再向张明强这小子把钱弄过来。枝下见不到金山也没有辙。你们看中不?"

金山和飞龙二人点头应允。罗锅孙开门探头向外面看看,回头一招手,金山二人闪身出了房间。金山手里多了两把手枪,一把是从张明强身上抽出来的,另一把是枝下掉在地上的,也被金山捡起来。二人出了旅馆往南走去。只剩下罗锅孙一个人了,他走到账房先生跟前:"张坛主在哪块呢?"账房先生用手一指:"那个房间,架进去的那个人怎么啦?"罗锅孙也不理会账房的问话,径直走到房间门口敲门,门开了,张明强咧着嘴,端着右胳臂闪身出来,关上门,问罗锅孙:"那俩小子呢?""叫我打发走啦,不然枝下太君看见金山,还不得开枪打死他呀?金山这个人是头犟驴,你得顺毛来,戗着不行。这家伙的身手你也见过了,真是要玩命,我们十个人也抵不过他一个人。得哄,再说明天就抓下乡的学生啦,咱人手不够,上哪里去找人呐?到时候你咋整?"罗锅孙连唬带蒙,把张明强还真给说住了。

张明强想了想,恨恨地说:"中!听你的,以后你别让我看见他。枝下现在有知觉了,就是头晕。人手不够,把我手下的也派出去,和你们一起干。"罗锅孙乘机说:"你先把大洋给我们,枝下不是说了吗,一个人二十块大洋,向你要,要不再问一下枝下?"张明强赶紧拦住他:"别介,让他好好养着吧,别惊动他了,我回屋里跟金翻译交代一下,我就领你去拿钱。"张明强返回房间里一会儿就出来了,和罗锅孙一起走了。房间里只剩下枝下和金翻译两个人。

四

这一切都被陈仲仁和车凤英听得明白。二人在房间里小声地合计着。陈仲仁说:"听他们话里话外是起内讧了。"车凤英:"看样子姓张的受了伤,枝下也被打昏了过去,好像是金山干的。""八成是吧。现在就剩下枝下和翻译了,枝下

第四章

还晕头晕脑的。"陈仲仁猜测着。车凤英点点头:"嗯呢,听了半天,罗锅孙说要抓下乡的学生,别的还不知道,不如把这两个人抓起来审问一下就知道啦。"陈仲仁想了想:"中!咱们先把这两个家伙抓起来再说。"说完二人就走出了房门,在走廊里就听见大街上喊口号的声音。原来是誓师大会结束,市民百姓在街上游行呢。

在游行的队伍中,陈久思、平东洋等一行新老朋友也随着人群向南走来,他们走到天升大车店,就拐进了店里。众人坐下,梁掌柜的招呼伙计给众人上茶。平东洋和陈久思商量了一会儿,平东洋对大伙说:"咱们为了打小鬼子、保卫家园相聚在一起,这也是缘分。我有一个提议,不知道各位是不是同意?"刘海峰说:"你讲吧,只要是打鬼子我们绝不含糊!"平东洋:"红枪会、黄枪会的两位大法师都非常佩服几位的志向,你们是男子汉!我们想和你们结为兄弟,你们看咋样?"赵临成说:"我赞成这个提议,只是维东是侄子辈儿,不妥呀!"刘海峰说:"这好办呐,维东和陈大法师的儿子去磕头拜把子,咱们几个算一伙,和小辈儿无关。"王友德一磕烟袋锅子:"这话对呀,我家的那几个没来。改日叫他们聚在一起再说。""可不是咋的,加上我们家的儿子、侄子,这小子辈儿的可比咱们多多啦!"杨千瑞说完喝了一口茶。陈久思神情凝重地说:"是得让小子辈儿的抱成团啊!打日本子可不是打几仗就完的事。闯进家里的狼都是饿极了的,凶着呢。保不准咱们这辈子打不完,这事就落到他们身上呢!"侯广义:"打日本鬼子要靠大伙齐心协力。咱们没有官府的号令,也没有军队的纪律,只有靠同心同德,讲义气了。关公老爷最讲义气了,咱们就拜关老爷。"众人同意。平东洋喊:"掌柜的!快过来!"店掌柜的赶紧跑过来:"什么事,客爷?""备香案,我们磕大帮头!拜把子!"店掌柜的答应:"好嘞!这就妥。"回头喊伙计们:"摆香案呐!悬挂关老爷画像啊!"伙计们忙活了一阵,香案备齐,众人依次插香,然后在案前跪倒,平东洋开口讲话:"关老爷在上,我等为了打鬼子保家园,愿意结为生死弟兄。我等立誓:奋勇杀敌,互相支援,生死相救,共赴国难,至死不悔。"众人跟着复述誓词,磕头起立,杀了一只公鸡,人人刺破食指,滴血入碗内,每人喝了一口血酒。叙了年庚,排了长幼。正在这时,进来一位东北军的军官,这位军官自我介绍:"我是霍团长的副官,奉命来请红枪会的陈大法师、黄枪会的车大法师,另外还有街北赵掌包屯的刘屯长,兴安屯垦军的谭营长有请。"三个人跟着副官走了。剩下的人们互相看了看,平东洋说:"咱们不如也跟去看看,是啥事。"众人一合计都同意,也跟着副官走了。

誓师大会结束了,季平如释重负,赶紧回到县政府,刚坐下,林凤阳就进来了。他走到季平的桌前说道:"县长大人,朴旅长的军需官求见。"

季平不耐烦地说:"让他进来吧!又是催粮要钱的,真他妈的烦死人啦!"

林凤阳领着军需官进来。军需官立正敬礼:"报告季县长!卑职奉命筹办军粮及军衣棉被之事。请县长给予帮助解决。"

季平摆出一副无助的神情:"唉!这通肯河发水,灾民无数,无衣无食,已经把本县搞得焦头烂额,一筹莫展。哪里还有能力解决军粮和军装啊?"

林凤阳在一旁却说:"县长,粮仓里还有以前剩的仓底子,还能有一些,是否先解燃眉之急,日后再向各乡催办。至于军装,县政府已经发公文到各乡镇,催促各乡绅募捐筹措,或许不日将能完成。"

军需官感激地说:"可以,仓底子也可以,总比没有强多啦!"

林凤阳:"县长,咱们派人给送去吧?"军需官再次致谢离去。

季平恼怒地质问林凤阳:"你装什么好人?啊?卖人情?"

林凤阳得意地说:"别误会,县长大人。硬顶不是办法。顶急了他们到处去翻,把各乡捐献的粮食布匹棉花都发现了,我们不就完了吗?再说,把发霉变质的仓底子给士兵吃,不坏肚子才怪呢?这样军心能不乱吗?那热闹可就大了去啦!军装的事,哼!等不到穿棉衣,日本人就打过来啦!他们还顾得上朝您要哇?"

季平斜着眼睛看了林凤阳好一阵子:"你比我还毒哇!是好办法!我还真没有看错你。就这么办,你找人给他们送去。"

陈久思等一行人跟着副官走进了东北军霍团长的指挥部。团部设在一所小学里,教室里住士兵,团部在正中间的一间教室里。大家进了团部,霍团长正在看地图,看见大伙进屋了,就赶紧迎上前让座。

霍团长清了清嗓子:"各位,本团奉命驻守三道沟子以西的大屁股山,防备海伦的日军进犯,对我军形成南北夹击之势。我部初到贵地,还望各位多多帮助。"陈久思站起身来:"贵军为保卫我们家乡而流血拼命。我等一定尽力为贵军打探情报,出工修工事,为抗战出力。我们红枪会也打算对海伦的日军进行攻击,也少不了贵军的支援。"车平起把手一挥:"黄枪会也一样,责无旁贷。一定奋勇杀敌,为杀鬼子没有二话!"霍团长高兴地拱手相谢:"大家为了打鬼子,保卫家园走到了一块。希望各位和我部多联系,互通消息。"忽然屋外传来叫骂声:"不把咱们当人呐!他妈的没法子吃啊!""老子不知道哪天死呢,现在连一

第四章

顿饱饭都吃不上,这仗怎么打呀？"

霍团长转身问副官："怎么回事？"副官："刚从县政府领来的粮食,都是一些发霉变质的陈粮,伙夫做了给弟兄们吃,弟兄们吃不下去,正在骂大街。"王友德接过话："不对呀！前几天陈百元就把我们捐的粮食送到县政府啦！都是好粮食啊！县政府咋能把发了霉的粮食给弟兄们吃呢？"霍团长："是不是有人搞鬼呀？副官,告诉弟兄们先将就着吃一顿,我再去交涉。明天队伍开拔到三道沟子驻防,我部由刘宏轩副司令直接指挥。"杨千瑞向霍团长表态："团座你就放心吧！我们一定尽地主之谊,犒劳大军。"众人起身告辞,霍团长送到院外。众人在大街上依然能听到士兵们在议论粮食的事情。

"老子流血拼命,连一顿饱饭都吃不上,真他妈的丧良心！"

"这也不是人吃的呀！不等日本鬼子来打咱们,拉稀也把咱们拉趴下啦！这是安的什么心呐？"

"这分明是给小鬼子当帮凶啊！干这事的一定是汉奸,要是让老子给逮着了,非得扒了他的皮不可！"

平东洋对大家提议："我们先去粮栈看看再说。"侯广义附和："我跟你去,他们脸熟,容易给认出来。咱这就走。"说完平东洋和侯广义二人就去粮栈了。

五

再说陈仲仁和车凤英两个人在鸿翔旅馆里看见房间里就剩下发了昏的枝下和翻译两个人了,他们俩就闯进了枝下的房间,把两个特务捆得结结实实,押着往外走。账房先生看见了,就急忙拦住："你们是什么人？不能带走我的客人。"陈仲仁指着枝下和翻译说："这两个人是日本特务,我们是红枪会的人,来抓他们俩的。你想包庇日本特务吗？想当汉奸吗？"吓得账房先生慌忙摇头："不,不,我不知道他们是日本人,别误会,别误会。"说完就赶紧躲到里屋去了。二人押着枝下和金翻译走出旅馆,来到大街上,当他们走到十字街的时候,迎面碰见了陈方义和季丽娟领着几名士兵向南走来。陈方义先看见陈仲仁他们押着枝下和金翻译往北走,就赶紧迎了上来。陈方义说："仲仁,你们把这个特务抓住啦？我还担心你们俩个人呢。在你们跟踪他们走了以后,我和季丽娟跟在你们的后面瞄着,看你们进了鸿翔旅馆,我就去霍团长那里报告,团长向朴旅长打了招呼,朴旅长就派了他的副官和几个卫兵来接应你们了,没承想你们把特务抓住了。这是李副官。"陈方义把李副官介绍给陈仲仁和车凤英。

李副官："辛苦啦！红枪会的好汉。"伸手去握车凤英的手，车凤英把手往后缩，躲在陈仲仁的身后。把李副官给弄糊涂了："陈先生，这……"陈方义："啊！这是黄枪会的车姑娘。"李副官仔细地看了一下车凤英，弄得倒不好意思了。陈仲仁对副官说："李副官，这个特务在旅馆不知道为啥和几个土匪呛咕了半天，弄翻了脸。罗锅孙和张明强一伙都走了，我们只听见罗锅孙讲明天可能对学生们下手。你们好好审问这两个特务吧。"

陈方义对枝下用日语说："日本鬼子，没有想到吧，在这块也有人认识你。"枝下愕然，转着眼珠，摇摇头。百思不得其解，又垂头丧气地不知道叨咕些什么。李副官押着枝下回旅部。陈方义等四人刚要回天升店，又遇上了平东洋和侯广义，二人要去兴盛源粮栈查看粮食，众人一见面，陈方义就问平东洋："二位要干什么去？"平东洋："东北军的弟兄们吃的粮食都变质了，能吃坏人的，可是各乡捐献的粮食都经你父亲的手运进城里了。我们想到兴盛源粮栈打听一下到底有没有粮了。"

季丽娟一听，心跳得厉害，呼吸也急促起来，急忙说道："你们别去了，粮食不在那里。"陈方义说："那都放在哪呢？"季丽娟说："社仓，但社仓在哪里我不知道。"平东洋很奇怪："你知道粮食在社仓，却不知道社仓在哪里，真是怪事。"

陈方义明白了：一定是季丽娟听见了季平和林凤阳的密谋，才说出了粮食真正的贮藏地点。但是季丽娟不是本地人，她根本不知道社仓在哪里。于是他说："社仓在北二道街，西三道街路北，离广场很近。"

平东洋和侯广义按着陈方义说的地点，很快就找到了社仓。这是一座有青砖院墙的大院子。院墙上写有标语"仓库重地，闲人免进""严禁烟火"等。大门口有俩警察站岗，平东洋二人从大墙的拐角处向大门口走去，平东洋敞着上衣，腰里插着一把手枪，大大方方地走到警察面前。警察端起枪喝道："一边去！别往前来！"平东洋脚步没有停下来，一直走到警察面前："县政府拉粮食的大车到了没有？""不知道，我们刚换班。"警察的口气有所缓和，他被平东洋的气质给镇住了。平东洋假传县长的命令："县长让我来告诉你们，有大车来拉粮食给队伍上吃。"警察甲："是！长官，有县长的手谕吗？""有，后面的车一块带来了。开门，我们进去看看。"

警察打开院子的大门，领着平东洋和侯广义来到库房跟前，打开库房，平东洋问道："粮食都在这吗？"警察很谨慎地回答："是的，这一趟库房都是粮食，那

第四章

边是棉花布匹库房。"

平东洋进了库房里面一看,都惊呆了,库房里面的粮食堆放得整整齐齐,平东洋仔细地察看了一下,品种不少,有小米、高粱米、玉米楂子、白面,还有黄豆,估计有十几万斤。平东洋对侯广义使了一个眼色,侯广义问道:"这些粮食都是县政府的吗?"警察甲:"那当然,咱这是社仓,刚建成时老百姓都叫它义仓,实际叫常丰仓,建于民国十年,到民国十九年改叫社仓,是专门给县政府贮运粮食的地方,私家商号有时也存放粮食,但是很少。"

平东洋说:"好啦!我们还是在外面等吧,这里发阴,凉得厉害!"侯广义忽然蹲下叫了起来:"哎呀!肚子疼啊!哎呀!疼啊!"平东洋咋呼起来:"一定是受了凉啦,咋整啊?"侯广义虚张声势:"哎呀!直不起来腰哇!快背我去找大夫啊!"平东洋骂起来:"混账王八蛋!一会来拉粮食咋整啊?"侯广义哼哼唧唧地说:"叫这两位兄弟代劳吧!查好数,装车拉走就行了。改日请两位喝酒。""好说,好说。看病要紧,别耽误了。"警察讨好地说。平东洋背起侯广义走出了院子,向十字街走去。

二人找到陈久思他们,把看到的情况告诉了大伙:"那库房里的粮食老鼻子啦!我和侯大哥看得真真的!"陈久思:"这就奇怪啦?为什么不给队伍上好粮食呢?这里头有事儿。"

杨千瑞:"一定是有汉奸使坏。这事应该是县长管呐!难道县长是汉奸?"众人摇头不解。平东洋心里明白了,季丽娟为啥知道粮食在什么地方,为什么好粮食不给军队,可是这也不能就说季平就是汉奸呐!他想了半天,最后决定还是先告诉霍团长,把粮食弄到手再说。于是他说:"我看不管是谁使的坏,先告诉霍团长带领弟兄们把粮食弄到手再说。"王友德把烟袋在鞋底子上磕了磕:"对呀!赶紧去呀!把粮食弄到手,使坏的人也就没有啥招啦!"

众人又返回团部,霍团长很奇怪:"各位咋又回来啦?有什么事吗?"王友德告诉团长:"刚才我们去了一趟社仓,里面全是我们捐献的粮食、布匹和棉花。是有人不给好粮食,让弟兄们有怨言。这不是扰乱军心吗?"霍团长点点头:"有这样的事?果然不出所料,真有人从中作梗啊!可是这事又不能直接去问季县长,他是马主席刚从绥化调过来的,是和胥县长对换的呀!"

侯广义:"我有一个主意,团长,你暗中吩咐一个排长领着弟兄去社仓,把粮食搬出库房,在街上大喊:有好粮食不给兄弟们吃。就把事情揭开了,你再出头把事情压下来,这样就没有人再敢使坏了。"

◇ 通肯河传

霍团长笑着称赞："好主意！一个排少。副官！你叫祁连长来，这家伙能办好这件事。"副官出去了。

陈久思也给团长出主意："如果季县长出面干涉，你就拿不知道这件事挡他，摆个样子让他看。"

祁连长在门外喊："报告！三连长奉命报到！"霍团长："进来，祁连长，有一个任务交给你完成。""是！保证完成任务！"祁连长立正在团长面前。团长和祁连长耳语了一番。祁连长答应后就出去了。

他回到连队集合了全连的士兵，空手跑步奔向平东洋提供的地点社仓。在社仓站岗的俩警察看见这些士兵跑来，不知道要干什么，站在那里发愣。祁连长喊道："喂！守卫的过来！"警察甲走过去："长官，什么事？"祁连长把脸扬起来："奉县长之命，来搬运粮食，开门！"

警察犹豫了一下，祁连长把手枪一挥，士兵围了上来。警察慌了，急忙打开院子的大门和库房的大门，士兵们进到里面，每人一袋面粉，扛在肩上就走。祁连长开了一张纸条留给了警察。领着士兵去了。一会儿又来一拨士兵来搬粮食。警察感觉不对劲，就跑回警察局向金局长报告。警察气喘吁吁地进了金局长的办公室："报，报告局，局长，不好啦！社仓的粮食叫国军给抢啦！"

金局长的眼睛都没睁："该抢！王八犊子县长，就他妈的是汉奸！好吃的不给卖命的士兵吃，干出这事都得断子绝孙！不管！"刘文礼在旁边提醒金局长："局长别光顾生气呀！俗话说不怕官，就怕管。这县长要追究下来，局长也不好安排呀。"

"那咋整？"金局长说完瞅瞅刘文礼，对回来的警察骂道："你他妈的为什么不拦住他们？你手里拿的是烧火棍呐？啊？混账王八蛋！"警察："局长，他们人多势众啊。我们俩挡不住他们，这是他们长官留下的收条。"金局长更火了："混蛋！你呀！这有屁用？不如揩腚纸呀。"刘文礼说："局长，有用啊，向县长打报告，这就是证据呀！"金局长："对！先打报告，别等着他问我再说，那就被动啦！"金局长给季平拨电话："县长大人，有士兵到社仓搬粮食，说是奉您的命令，现在是一拨接一拨呀！"

在电话的那头季平一听就惊呆了："什么？有士兵到社仓搬粮食？混蛋！谁让你们开仓的？谁带的头？什么？打收条了？把证据拿来，我找他们的长官去！"

"是！县长，我马上就到。"金局长放下电话，挎上武装带，整理一下警服，又

第四章

对着镜子照了照,故意磨蹭了一会儿,他怕士兵们搬不完粮食,才带着站岗的警察,拿着祁连长留下的纸条,来到了县政府。走到县长办公室门口喊:"报告!"

季平在办公室里等得不耐烦了,急忙走出办公室:"怎么才来?库里还剩多少粮食、布匹、棉花?"金局长:"大概没有啥了吧!"季平又气又恼:"他妈的什么军队,动抢的了。走!找霍刚去!"说完在前面自己走了,金局长在后面跟着,林凤阳也出来了,看见县长生气了,就赶紧跟了上去。一行人来到霍刚的团部,岗哨向团长报告:"报告团座,季县长带着警察局的人来啦!"霍团长说:"有请!"说完出屋相迎。季平怒气冲冲,走进屋里就冲霍团长喊开了:"霍团长!你的部下聚众哄抢仓库,你可知道?"霍团长不动声色:"不知道,哄抢仓库?不能吧,你们的仓库有什么呀?"季平继续喊道:"把仓库里的粮食、布匹、棉花都抢光啦!你要严肃军纪,严惩首犯,追缴被抢的物资!"霍团长慢慢地说道:"不对呀!我的军需官报告说县政府已经没有粮食啦,把陈年的仓底子都划拉出来啦。我的士兵吃得直拉肚子。你的仓库里怎么还能有粮食呢?"

季平被问得张口结舌:"这……这……"一时语塞。

林凤阳在一旁帮腔:"那是县长大人留给灾民越冬的物资,救命的口粮。"

霍刚抓住林凤阳的话茬,怒道:"什么?给灾民的救命的粮食?灾民现在就没有吃的,军队的士兵已经断顿了,你要等灾民和士兵都饿死才给他们吃吗?给死人吃吗?要不然就是留给日本人吃!你个王八犊子!我看你是个不折不扣的汉奸,我把你这个汉奸毙了!"说着就掏出枪来。吓得林凤阳直往金局长的身后躲,金局长也不搭理他,反而把他向前推:"是呀!林秘书,等到了冬天再放粮,什么样的人不得饿死呀?这事你能不明白吗?"

季平见林凤阳也败下阵来,便强词夺理:"你纵容部下抢劫,我找马主席说理去。"说完就悻悻地离去。林凤阳不等季平走出屋子,就抢在前面溜出去了。金局长对霍团长说:"谁的主意?真高!抢得好!"说完也走了。

六

朴旅长在地图前沉思,副官在门外喊:"报告!"朴旅长:"进来。什么事?"副官:"报告旅长,红枪会抓住一名日本特务和他的翻译,请示处理。""先关起来,晚上有时间再审,派两个弟兄押到监狱去。"

副官:"是。"转身出了门。他派了两个士兵押着枝下和金翻译去监狱。走

◇ 通肯河传

到旅部的大门口，碰上刘宏轩副司令从外面回来，刘宏轩和枝下走个面对面，他们互相对看了一眼，刘宏轩有些吃惊，但是很快就镇静下来。"押送的是什么人？"刘宏轩问押送的士兵。"报告刘副司令，是日本特务，被红枪会抓住了，旅长命令先关进监狱里，等晚上再审。"押送的士兵向刘宏轩报告。刘宏轩听了士兵的报告心里有了数。他想："枝下还没有受审，也就没有机会把我给暴露出去，得把枝下救出去。"于是刘宏轩故意高声说道："啊！是日本特务啊！那可得看好了，别让他跑了。"他回身对副官说："王副官，你和弟兄们一起去，千万别让这两个特务跑了。"他示意王副官在半路上放走枝下和金翻译。王副官心领神会："是，一定不让他们跑了。"

三个人押着枝下和金翻译走到西大街的背静处。王副官对两个士兵说："离监狱还很远，你们俩就回去吧，有我送去就得啦，你们在聚贤居酒楼等我，我很快就回来，大家一起喝酒。"说完从衣袋里掏出两块银圆交给士兵。这两个当兵的很高兴："多谢长官关照，那我们俩就在聚贤居恭候长官啦。"

两个士兵往回走，王副官押着枝下和金翻译继续向监狱走，等两个士兵走过了街拐角看不见了，王副官对金翻译说："快跑吧，是刘副司令让我放了你们的。"金翻译不敢相信自己的耳朵，瞪大两只眼睛直愣愣地看着王副官。枝下莫名其妙地看着金翻译。王副官给枝下解开绑绳，对他打个手势，让他快跑。枝下明白了王副官的意思，对王副官竖起大拇指："你的大大的好！对皇军大大的忠诚，朋友大大的！"说完也不顾金翻译了，撒腿就跑。金翻译这时相信王副官是真的放他逃跑了，也顾不得被绑着的身子，也撒腿就跑，没跑两步就摔倒了。王副官又把金翻译的绳子解开，金翻译追枝下去了。王副官得意地狞笑着，哼着小曲奔他的姘头家走去。

陈久思一行人从霍团长那里出来，议论了一阵子粮食的事情。王友德牵挂着陈仲仁和车凤英，嘴里叨念着："仲仁和凤英这俩孩子盯张明强的梢，也不知道在哪块呢？"侯广义说："没事儿。陈百元的儿子精明得很，他派凤英和仲仁俩去盯人，随后又领人去接应，已经把日本特务给抓住啦！我和平东洋去打听粮仓的时候碰见他们啦。我俩着急帮军队搞粮食，就忘说了。这时候他们没准在大车店里等着咱们呢。咱们先到大车店打尖，马喂饱了，人还没吃午饭呢。这一折腾都过饭时了，咱们回车店吧。"众人向天升大车店走去。

陈方义、季丽娟、陈仲仁、车凤英他们和平东洋、侯广义分手以后就回到了天升大车店。进了店房一看，陈久思他们没有回来。陈仲仁说："我爹他们还没

第四章

有回来,要不要去找他们?"车凤英说:"不用,一大帮人,出不了事。咱们出去找他们,他们再回来,走两岔了,谁也见不着谁。不如在店里等着呢。"陈方义向他俩打听日本特务和张明强的阴谋:"凤英姑娘说得对,咱们在店里等他们,你们二位再说说在旅馆里听到的消息。"陈仲仁说:"我们听到的好像是日本特务让罗锅孙他们在路上截杀学生,破坏学生们下乡宣传抗日。"车凤英也说:"八成是这么回事。罗锅孙向张明强要钱,还说人手不够,张明强把他的徒弟也派出去帮罗锅孙,准没好事。"季丽娟担心地说:"如果像你们说的那样,学生要下乡宣传,得有人保护才行啊!单凭学生自己不安全呐,他们不是胡子的对手哇!这可咋办呢?"几个人合计了半天,最后决定请红枪会和黄枪会帮忙,保护学生下乡宣传。这时候陈久思一伙人回来了。

侯广义一进屋就说:"看看!我说什么来着,比咱们先到店里吧!"陈方义说:"诸位!刚才仲仁和凤英抓住了日本特务,跑了张明强和胡子。日本特务和胡子一贯道勾结在一起,破坏咱们的抗日宣传,要杀害去宣传的学生。我想请红枪会和黄枪会的弟兄们帮助学生们,一是维护秩序,召集各村屯的乡亲们听学生们的宣传,二是保护学生们的安全。红枪会负责四家店宣传点的学生,黄枪会负责三道沟子宣传点的学生,东南乡一共是两个宣传点。你们最重要的是防止胡子在路上截杀学生。两位大法师看咋样?"

车平起很爽快地答应了:"学生宣传是为了抗日,是为了打日本鬼子,咱们帮他们也是打日本鬼子。行,没有说的,黄枪会管到三道沟子的学生。以于家店屯子前面的东西道为界,我们去那里接学生。"陈久思也同意车平起的主意:"四家店的学生有我们红枪会负责,我们到丁晓礼屯子东头去接学生。再往前就到街边子啦,屯子不断,胡子也不敢在那块下手。去三道沟子的学生我们送到黄枪会的手里,决不让罗锅孙这帮杂种得逞。"

陈方义对二位一抱拳:"多谢了,我再去找赵临成、刘海峰他们。街北就得请他们帮忙了。你们多咱回去呀?"陈久思说:"一会儿就走,张明强和日本特务勾结在一起,再加上胡子,准没好事,我们得防着点。"陈久思送走了陈方义和季丽娟,回到店里对陈仲仁说:"你去街上买结婚用的东西。"陈仲仁为难地说:"爹,我也不知道应该买啥呀?"王友德从衣袋里掏出一张折叠着的红纸:"不怕,我在家里开了一个单子,所用的物品都写在上面了,你就照单子买就中啦。"车凤英拿过王友德手里的单子看了看:"我跟你一块去买,怎么样?"王友德拍手道:"好呀!车姑娘一起去最好。你们俩合计着买,买全了,要抓紧点。天不早了,咱们还要往回赶呢。"仲仁、凤英二人上了街。

　　店伙计把桌子放好,端上了午饭,众人用餐。王友德端着碗走到车平起跟前:"平起兄弟,你家大侄女今年多大了?"车平起回答:"十七啦。一天到晚也没有个闺女样,只知道在外面疯!"王友德摇摇头,很不以为然:"这年头闺女还是胆子大一点好,省的吃亏受欺负。"说完又试探着说:"十七啦!也该找婆家啦!"车平起说道:"谁敢娶她呀?"王友德夹起一口菜送到嘴里,慢慢地嚼着:"哎!当然有哇!你老弟要想找,我给你物色一个怎么样?"车平起望着王友德:"那就有劳你老哥了。乱世道,早点嫁出去也好。"

　　王友德摆摆手:"别客气,咱们是亲兄弟,别整外道了。我和平东洋去合计一下,再告诉你信。"王友德又走到平东洋跟前,二人小声说了一阵子。平东洋点头微笑,停下筷子,一起走到车平起跟前,平东洋说:"干亲家,给我干女儿找一个女婿咋样?"车平起站起身来:"哎呀!兄弟,凤英是你的干女儿,你当家就得啦!你看中就行了,不用问我。"平东洋追问了一句:"是这话?哥哥,那兄弟我就做主啦?"车平起认真地说:"那可不是咋的,就是你做主吗!你是凤英的救命恩人呐!那还能不做主?""好!一言为定。"平东洋低声对车平起说:"你看陈大法师的二儿子仲仁咋样?这些天我都看着呢,两个孩子是形影不离,都有点意思,咱们大人就捅破这层窗户纸吧。"车平起笑了笑:"就听兄弟的。"

　　王友德把平东洋和车平起的意思对陈久思说了一遍:"我看是挺好的,亲家!挺相当啊!你看咋样啊?"陈久思寻思了一会儿:"这事行是行,但是得先把老大的婚事办了,然后再论仲仁这事。你跟他俩说吧,我同意,就是等一等再提起。"

七

　　二法师没有去城里参加誓师大会,和仲民两个人带领会员训练。这训练的科目都是平东洋给定的。二法师和仲民两个人要求严格,他们俩带头练,并且反复告诫会员:练的是杀敌的本领,练不出本事就要被敌人杀死,必须要认真练习,才能杀敌报仇。会员们基本上都是身负血海深仇,大多数是被日寇害得家破人亡,对日寇恨之入骨。现在大家团结起来杀日寇,为亲人报仇,那个个是情绪高涨,不怕苦累,恨不得一下子就把杀敌的本事学到手。自打立会以来,陈久思、平东洋分别教授临敌格斗的武艺,会员们都会个三招两式的。二法师对会

第四章

员监督练习毫不含糊,会员的体力、战斗力都在提高,正在完成从一个农民向一名战士的转变。

小秃他也和大人一样苦练杀敌本领,平时休息的时候就摆弄平东洋的手枪,拆卸装子弹、射击都非常熟练。今天平东洋不在家,枪也带走了,他没有枪可练,就把平东洋的子弹夹拿出来,练习压子弹。他先把子弹一粒一粒地从子弹梭子里退出来,再压进去。他发现有一粒子弹和别的子弹不一样,这粒子弹没有子弹头,是用一节高粱秆塞着的。小秃发愣了,这是怎么一回事?他摇摇脑袋想不出辙来。这时候二法师进屋来喝水,小秃就把那粒子弹拿给他参看:"爹,你看这粒子弹咋和那些子弹不一样啊!"二法师把子弹拿在手里仔细看看:"是啊,怎么没有弹头呢?这样的子弹是打不死人的。"小秃问道:"爹,那天干爹用枪打你也是用的这样的子弹吧?"

小秃的一句话提醒了二法师,二法师的脑袋里又出现了验法的场面。当时枪一响,他就觉得左肋上一热,再就没有什么感觉了。自己真是觉得是佛祖显灵,刀枪不入呢。去李家磨坊抓双辫,被双辫的匕首划破了肉皮,他咬牙挺着,坚信佛祖保佑。现在看来根本不是佛祖显灵,刀枪不入。秃子说得不错,一定是大法师和平东洋合计好了的,做的扣啊。为的是收拢人心,鼓舞人们的斗志,让大家抱团好打日本鬼子啊,我不能泄露这个秘密。他想到这里就板起脸对儿子说:"秃子,这件事对谁也不能说,就让他烂在肚子里吧。记住了啊!"秃子点头答应,二法师把那颗子弹拿走了。

王友德的老伴和女儿兰芝两个人在做针线活。兰芝娘对兰芝说:"这兵荒马乱的年头,你应该早一点嫁过去。像那天要不是在地头上发现你的鞋掉在那块,还不知道你出事了呢。要不是你公公他们出手相救,唉!那事可就糟啦!再说红枪会要和日本子开战,那可是真刀真枪啊!能不死人吗?你女婿是大法师的儿子,上真章能往后退?要是有个好歹,这辈子连个女人边也都没沾着,别说留下后人了,不真可惜啦?"兰芝害羞地扭扭身子:"妈!你说什么呐?你不会跟我爹说去呀?"兰芝娘一脸迷茫,继而又醒悟:"啊?啊!对呀!真是老糊涂啦!这事整的,跟你瞎叨叨啥?还是跟你爹合计合计吧。"

正好三儿子王元成回屋里来喝水。兰芝娘问道:"三儿啊?"王元成:"是我呀,干啥呀?妈!""你爹回来没有?""回来啦,刚回来。在我陈大叔家里合计事呢。""那你去看看,把你爹叫回来,说我有事要跟他合计。"

元成答应着出去了。兰芝娘等了一会儿,有点等不及了,也下炕穿鞋往外走。在大门口碰见被儿子叫回来的王友德:"什么事呀?着急火燎地把我叫回来!"兰芝娘低声对老伴说:"我说他爹呀,依照我看,把兰芝的婚事办了吧。别往后拖了,这年月说不准出什么事。再说兰芝也不小啦!把兰芝嫁了,我也算了结了一桩心事,也省心了呀。你说呢?她爹。"王友德一拍额头:"哎呀!对呀!这事也是怨我,都老糊涂啦!拿东忘西的,上回去四家店陈百元家里喝酒,就把这事给定下来了。昨天晚上我写的纸单,就是把结婚用的东西记在上面了,这不今天从街上都买回来了。咋就没想着告诉你呢?这事整的。刚才在老陈家还合计这事呢,我害怕你有啥说道呢。"

兰芝娘埋怨道:"你个死老头子!忘性真大!这都把东西买回来了,还不告诉我们一声,想闷死我呀?有啥说道?胡子、日本子,这些丧尽天良的畜生,哪能叫你过安生日子啊?乱世道啊!把闺女嫁了省心!没有说道,越快越好!""中!我与亲家合计好啦!一切从简,定下日子啦!"王友德告诉老伴,"明天,就明天,就办事。也不请,也不叫。就咱们本屯子的老亲少友。行不?"兰芝娘:"中啊!简办就简办。中!"王友德:"没事啦?我叫几个年轻人去抓猪,今天把猪杀了,明天好用。"

吃过晚饭,二法师和平东洋进了陈久思家。一进门看见陈家一家人正在吃饭呢。平东洋说:"赶饭碗啦!打扰啦!"陈久思放下碗说:"也正好吃完了,正想请你们过来呢。"说着话下地穿鞋,请二位坐在八仙桌子旁边的椅子上,自己也坐在靠西墙的板凳上。

平东洋说:"在城里咱们答应了陈方义的要求,要保护下乡宣传的学生,明天谁去接学生送学生呢?"陈久思想了想:"就让二法师和仲仁俩去,再带上五十名会员去,向城里的方向接应陈方义他们。咋样?"二法师说:"我自己去就行了,不用仲仁去了。家里办喜事,跑个道啦,干些杂活啥的,需要人手。"仲仁急忙说道:"我哪能不去呢?我正要和这些土匪练练招呢。"平东洋:"迎回来,到四家店留下一些学生,还有一些去三道沟子,咱们还要送,直到和黄枪会的人接上头才算完。一定要小心,这胡子和日本子勾搭在一起,什么缺德事都干得出来。遇到事情你们俩要合计着办。多加小心!"

陈久思对二法师和仲仁说:"平东洋说得对,不能大意,你们保护的都是些小孩子,伤了一个就吓坏了一群。明天起早就走,不要在四家店等,要往县城那边迎一下。在丁晓礼屯子东头等,那里偏僻,胡子专挑那块下手,你们就在那里接学生往回走。"二法师说:"是,我这就去安排会员早点歇着,明个儿早点走。"

第四章

朴旅长自从誓师大会结束后,回到旅部忙于布置各路兵力,一直忙到晚上八点钟才有点空。他想了解日军的新动向,想起了白天抓住的日本特务,就叫道:"副官。"副官应声进来。

朴旅长:"白天抓住的日本特务呢?"副官:"在押送监狱的路上逃跑了。""跑了?废物!把押送的士兵枪毙!"朴旅长怒不可遏。副官回答道:"是刘副司令的王副官押送的。""不是让卫队的弟兄押送的吗?""在司令部大门口碰上刘副司令,刘副司令派他的副官亲自押送,谁承想半路上跑了。""王副官呢?""下落不明,刘副司令还要枪毙他呢。"朴旅长说道:"那是找不到了。你马上通知霍团长,立刻进驻三道沟子西的大屁股山,刘副司令立即随团行动。不要与日寇正面对抗,取守势。可利用红枪会、黄枪会袭扰日寇。命令谭子欣部守街北癞马沟一线。他们是骑兵,注意隐蔽,不要暴露。我自带主力与高波旅团在克山决战,谭营长在后随时增援。""是。"副官敬礼后出去传达命令去了。

朴旅长若有所思,叫进来一名卫兵,对卫兵低声说:"你去霍团,告诉霍团长,没有我的亲手指令,任何人不得干预霍团的行动!包括刘副司令。"

八

枝下和金翻译被王副官放了以后,这两个如同丧家之犬,惶惶不安,唯恐再有人认出他们来,他俩跑出了城,在庄稼地里待了一下午。黄昏时分,二人才从地里出来,一路上鬼鬼祟祟。好不容易才到了一贯道张明强家附近。枝下叫金翻译去叫门,自己躲在背静处看动静,他怕有人在张明强家里等着抓他。

张明强打开大门一看是金翻译,就问:"枝下太君呢?"金翻译回头招呼枝下:"少佐阁下!"枝下这才从墙角里出来,走到大门口。张明强看二人的狼狈样也不敢笑出声来,就问:"太君!您这是从哪里回来呀?"枝下也不回答,一头钻进院子里,径直走进上房,气呼呼地坐在椅子上。张明强和金翻译在后面跟进屋里。枝下怒火中烧:"八嘎!金山的良心大大的坏了的有!死啦死啦的有!红枪会死啦死啦的有!"他声嘶力竭地号叫了半天,才喘了一口气。张明强在旁边点头应和着,也不知道他为啥骂到红枪会。这时枝下又想起了被抓住以后,有一个青年学生对他说的话,这里有人认识他,他想起来这个学生就是在誓师大会上领喊口号的人。他问张明强:"今天誓师大会上喊口号的人是谁?他的认出了我,对我的威胁大大的有。一定要把他消灭掉,快快地消灭掉!张桑,你的知道他是谁？告诉我。"枝下只听见陈方义对他说："没想到,在这里也有人认出你来。"以为是陈方义认出他来的。因此枝下急于杀人灭口,要除掉陈方义。他哪里知道是季丽娟指认了他。

张明强也不知道枝下的遭遇,只知道按枝下说的去做："太君！我的不认识喊口号的人,我需要去打听一下。我马上派人打听。"枝下是急不可耐,唯恐陈方义再带人来抓他："快快地,马上去调查。"张明强出去找人打听去了。屋里就剩下金翻译和枝下俩人了。

金翻译讨好地对枝下说："太君！你的休息的有,一会张的回来的再说,好吧？"枝下执拗地说："不,不。我的等张的回来,这件事要快快地办！一刻也不能拖。"这时张明强领一个人进来。"太君！他的知道您要打听的那个人。"回头对带进来的那个人说："刘七,你快对太君说。"刘七哈腰鞠躬："您说的那个人我知道,是四家店陈家大车店的少东家,叫陈方义,在江省念书。"枝下问道："他现在在哪里？你的知道？"刘七："听说他家在街里有一处买卖,字号是奎祥杂货铺。他可能在那儿住。"枝下："你大大的朋友,金票大大地给。"他对张明强努努嘴,张明强给刘七一打钱。刘七鸡啄米似的鞠躬道谢。枝下："张桑,你的马上派人去奎祥杂货铺,干掉陈方义,要快！"张明强点头答应,出去找人奔奎祥杂货铺去了。

季丽娟和陈方义两个人安排完了学生下乡宣传的事以后,一起回到了奎祥杂货铺。陈方义的情绪还被誓师大会的场面所感染着,他叫伙计去饭馆叫了几个菜,和季丽娟在后院吃了晚饭,二人边吃边议论誓师大会的事："抗日真是大得人心,群众的抗日热情真高,大家同仇敌忾,一致支持马主席抗战。在街上募捐,市民也踊跃捐粮捐款。"季丽娟看看陈方义却忧心忡忡："群众的抗战热情可嘉,可是有人却不是积极抗战,反而破坏抗战呢！"陈方义知道季丽娟说的是谁："你听见了什么情况？"季丽娟说："就是给军队发霉变质的粮食,以扰乱军心。"陈方义："这不是叫平东洋他们给破解了吗？他没有破坏成,反而露出狐狸尾巴了。"季丽娟："是那个日本特务给他下的命令让他搞的。"陈方义："啊？是今天抓的那个日本特务？他们勾结上啦？"季丽娟："昨天晚上,我亲眼所见。是那个张坛主领着那个日本特务到县政府找我爹的。我偷听了他们的谈话,认出了那个日本特务,就是在咱们学校抓学生的那个。"陈方义："怪不得在广场你说他是日本特务,我还有点奇怪。这就对了,你要经常注意你爹的动向和行为,把他的破坏降到最低点。因为现在马主席不在拜泉,没有人能管他。"

第四章

　　这时天已经黑了,有九点钟了。季丽娟要回家,陈方义起身送她。二人来到铺子的门口,已经上锁了。陈方义刚要叫伙计开门,就听见门外面有人说话:"就是这家铺子,我领你们到这就得了,我得回家了。"另外一个声音说:"是奎祥杂货铺吗?""是的,四家店老陈家开的。你们要做掉的就是他们的少东家。"

　　陈方义一听就缓了一下,没有叫伙计。这时脚步声在门前停了下来,接着就有人踹门,还有人在砸窗户的闸板,声响非常大。伙计们都闻声赶过来。陈方义对伙计们说:"是来找我的,可能是胡子,也可能是日本特务,要做掉我,别开门,也别出声,把门窗守住。"这时外面有人喊道:"点灯,他妈的快点灯!"又是砸门声。

　　自从上次陈方义被吴四吴警长半夜从铺子里抓走后,店掌柜的又重新把铺子门面修整了一遍,加固了门窗的闸板,里面上了锁。在外面徒手是打不开的,除非用炸药炸。

　　陈方义和掌柜的小声合计着:"究竟是什么人呢,敢在街里砸抢店铺?听刚才的说话好像是要杀我。"掌柜的说:"我也听了半截话,来者不善呐!咱们晚上不做买卖。关上闸板不用再打开了,伙计都在屋里,他们一时半晌打不开。"陈方义不放心:"咱们不能等,他们在前面打不开,就会到后面来,翻墙进后院。后面的门窗就不行了。得派人去警察局报案,让警察来救咱们呐。"掌柜的指着一名伙计说:"老贾,你从后门出去,去警察局。快去!快。"老贾答应着向后院跑去,陈方义跟在后面,到了后院门口,陈方义对老贾说:"你找金局长,就说咱们这有土匪,要抢店铺。说我被困在里面了,让他来救我。"老贾答应着,把耳朵贴在门板上听了听,又趴在门缝往外看了看,轻轻地打开门溜了出去。陈方义把门又重新关上,回到了前面的铺子里。

　　老贾悄悄地走出街口,没有被砸店的人们发现。他撒腿就跑,一口气跑到了警察局,老贾走到值班室敲门。里面值班的警察问道:"谁呀?乱敲门!""奎祥杂货铺的伙计,我们少东家陈方义叫我来报案,有一伙胡子在砸我们店铺,要抢劫呀!我们少东家被困在里面啦。"老贾上气不接下气,好不容易把话说完。警察:"先等着,我得给局长打电话,请示怎么办。"警察穿上衣服,走到电话跟前打电话。半天对方才接电话:"谁呀?半夜三更的!""报告局长!奎祥杂货铺有人砸店,他们少东家陈方义被困在里面,咋整啊?局长。""咋整?快领弟兄们去救哇!多去人!快点儿!真他妈的没用!快点!"金局长也起了床,穿上衣服向杂货铺赶来。

◇ 通肯河传

在奎祥杂货铺门前砸店的一伙人正是张明强领来的。他奉了枝下的命令带领他的徒弟们来杀害陈方义。他看手下的人砸不开门，有点着急了："快点！笨蛋！一点用也没有。找家伙把门整开呀！"一贯道的匪徒不知从哪里找来的撬棍，七手八脚地撬闸板。有了工具，他们撬开了一块又一块，匪徒们开始砸窗户了。张明强对手下的匪徒说："弟兄们往屋里跳，进去整死陈方义我有赏。"里面的人听见了张明强的话，掌柜的对陈方义说："少东家，他们是冲你来的，你快从后门跑吧，我们在这里看着，他们找不着你，也不能把我们咋地了。"陈方义："那怎么行呢？不能扔下你们不管呐，再说他们找不到我能罢休吗？从后门追我不也是一样吗？咱们把窗户守住，不让他们进来。伙计们！抄家什！什么称手就拿什么，露头就打！往死里打！不让他们进来。"七八个伙计把两扇窗户和一个门都看住了，只要有人往窗台上爬，就被伙计们打下去。双方在屋里屋外对峙着。黑暗中季丽娟紧紧地抱住陈方义的身子，浑身发抖。她以为是她爹派的人来杀害陈方义的。她用颤抖的声音对陈方义说："方义，怎么办啊？他们是要置你于死地呀！"陈方义安慰她，用手拍拍季丽娟的背："别怕，一会儿警察就来救咱们了。"季丽娟说："警察管用吗？上回不就是警察抓的你吗？"

他们的说话声被窗外的张明强听见了。这家伙牙一咬，举枪就向说话的方向射击，子弹打中了季丽娟的胳膊，季丽娟惨叫了一声，倒在陈方义的怀中。陈方义抱住了季丽娟。叫伙计们继续守住窗口和门，不要出声，自己把季丽娟抱到后屋里包扎伤口。这时大街上响起了警笛声，张明强着了忙，命令手下的人："快撤！快！分散开跑！"他自己又向屋里开了几枪，也跑了。

刘警长赶到杂货铺，匪徒们早已跑得没影了。刘文礼向屋里喊话："我是刘文礼！屋里的人快点灯啊！"陈方义听出了刘文礼的声音，叫伙计点灯。他一面赶紧给季丽娟包扎伤口，派伙计去请医生，一面叫人给季平送信。刘文礼一看伤了县长的女儿，赶紧报告局长。这时金局长也到了，他进了屋，刘文礼向他报告："报告局长！砸店的土匪被打散，季小姐受了伤。"

金局长一惊："什么玩意？季小姐？季小姐受了伤啦？我说大侄子，你怎么搞的呀？这土匪咋就熊上你啦？"陈方义给金局长让座："金大叔，您老坐下。我也纳闷了呢！我家的情况您老是最清楚的了，连一个护院的也没有，更是没有去找麻烦的。这铺子在街上也开了有几年啦，可今个儿是咋地啦？尽是找我麻烦的，这回是要我命的，说是整死我有赏。"掌柜的也说："可不是咋的。外面的人叫着号，说整死我们少东家有重赏。"

第四章

金局长瞅瞅季丽娟,又看看陈方义:"这事还真邪行!我大哥陈百元在拜泉县那是无人不知、无人不晓哇!那是出了名的善人呐!冬舍棉,夏舍单。从不虐待穷人,到现在还开着粥棚。他妈的是哪路王八蛋呢?"刘文礼:"我看不像是土匪所为。"这时季平和林凤阳进了店里。季平看看女儿的伤势,叹了一口气:"唉!命大呀!你咋就不听话呢?老实地在家里待着,哪能出这事呢?"

林凤阳奴颜婢膝地走到季丽娟跟前:"大小姐,伤不碍事吧?这该死的土匪!金局长,街面上的治安可是越来越差啦!"

金局长正在那里想这件事是谁干的,就看见这两个人进来,他猜想八成是这老小子指使人干的。上次就是他们俩让吴四抓的陈方义,那是救得及时啊,不然陈方义还不死在重刑之下呀!今天也保不准还是他们做的鬼吧?可是他们应该知道季丽娟在店里呀!她没有别的地方去,只能在这里啊。季平能不心疼她的女儿,能不告诉手下的人?金局长想不通。他听见林凤阳阴阳怪气地指责他,就来火了:"街面上的治安越来越差了,还他妈的不是有人搞鬼吗?没有人捣乱怎么能出这档子事?嗯?这个案子本局一定要搞清楚!刘警长,你先把当事人的口供录下来,然后再调查。一定查出个子丑寅卯来。""是,局长。"刘文礼一直折腾到天亮。

奎祥杂货铺被"砸孤丁",县长的女儿被打伤,在全县城引起了轰动。林凤阳指责金丙山,说县城治安不好,警察局工作不力。金丙山的压力很大,他不知道是什么人作的案。他找来刘文礼商量。

刘文礼分析案情:"局长,根据陈方义他们提供的情况看,不像是胡子所为,倒像是为了除掉陈家少爷。"金丙山:"吴四两次抓方义,是受了林凤阳和季平的指使,这里的主谋是季平。可是这回里面有季丽娟季大小姐呀,而且凶手开枪根本就没有顾忌她呀。难道季平就不要他的女儿了吗?""我分析不像是季平和林凤阳指派人干的。从季平和林凤阳二人赶到现场时的表现和季丽娟在现场受的伤看,就不是他们。"刘文礼进一步分析。

金丙山:"会不会还是吴四呢?这小子两次害方义,都被我救了,他不死心,就自己单干,把方义整死,好到季平那里去邀功。"刘文礼有所疑虑:"季平反对陈少爷和她女儿的婚事,也不必把陈少爷置于死地呀!看来是另有原因吧。"

金丙山:"陈方义宣传抗日,季平就派吴四去抓他。今天发给军队的粮食都是发霉变质的,士兵吃了还不拉肚子?季平把好粮食都藏起来了,结果叫军队上的人知道了,给搬出来了,季平还到霍团那里去抓人,要粮食,你看这是一个县长应该做的吗?他是在帮谁的忙啊?""这……这,难道说季县长要通敌不成?"刘文礼一听局长的话有点儿不敢想了。金丙山一拍大腿:"对啦!我看这个县长他妈的不地道,不靠谱,说不准真是个汉奸!咱们还别大意了,让他给暗算了。从今天起,你告诉弟兄们都精神着点,特别要访查一下吴四这小子的动静。这小子猫(藏)在哪儿呢?说不准他就在暗中监视着咱们呢,要打咱们的黑枪也不一定啊!不行!我家里得有几个弟兄轮换常住。你专门访查吴四和一贯道的联系。陈方义不是在那里找到的吗?还有吴四的姘头家,你也要安排人监视。"刘文礼提醒局长:"是,局长,另外吴四的三个手下也要看起来,没准吴四暗地里早就跟他们联系了。没有这几个小子,吴四啥也干不成。"金丙山同意刘文礼的意见:"好!反正是小心驶得万年船,就这么办吧。"刘文礼答应着,出去安排人手去了。

九

吴四被金丙山追捕,在县城里无处安身。他逃到南门外的安乐屯把兄弟刘大眼家里躲起来。在刘家一躲就是好几天,他仓皇出逃,身上一文钱也没有,在刘家干吃。刘大眼的媳妇口出怨言,指鸡骂狗,嫌吴四在家里吃闲饭。弄得吴四待不下去了,就回城里找林凤阳,就在张明强砸奎祥杂货铺的前三天晚上,趁着天黑,吴四悄悄地摸到林凤阳家敲门。林凤阳在家里正听留声机放的京剧,他听见敲门声,走到房门前问道:"谁呀?"吴四在门外低声答道:"我,吴四。"

林凤阳赶紧开门,吴四像幽灵一样闪进了屋里。

"你这是从哪里来的?金丙山正在满城找你,你还不躲远点?"林凤阳生怕吴四被金丙山抓住,把自己和季平给露出来。吴四向林凤阳诉苦:"林秘书,我身上分文没有啦!在乡下朋友家躲了十几天。总这么躲也不是办法,得想个法子,把金大马棒整死就得啦。"林凤阳一听,心里一动,心里想:"这小子说得也有点道理,除掉了金丙山,让吴四当局长,自己的实力也就大了。可是这事得和季平商量,自己做不了主。"于是他就对吴四说:"你说得也有道理,这事得和县长大人商量,如果他不同意,咱俩怕是担不起这个责任呐。你先和你的手下的人都打一个招呼,把他们都拢起来,想干事,手底下没人不行。我先给你拿点钱,你省点花,等日本人来了就好了。"吴四点点头:"好吧,我把原来跟我的人都串

第四章

联一下,到时候就找他们来。"林凤阳给了吴四二十块大洋:"你明天晚上到我这里来听信。"

林凤阳打发走了吴四,就去了县政府,季平还没有睡觉。林凤阳把吴四的打算向季平汇报了一遍。季平听完了,又想了一会儿,他说:"金丙山早就该除掉,可是他毕竟是警察局长,搞掉他,马占山就会过问,弄不好连累你我。要找机会再下手,不留把柄,让马占山无话说。"林凤阳连忙点头:"是,县长大人,先让吴四隐蔽一阵子再说。他来主要是向我要钱,他身上一文钱也没有。"季平:"也不要让他闲着,让他继续监视陈方义,但是别让金丙山发现。如果让金丙山抓住了你我都难堪。""是,我想这样办,就让吴四放开手和金丙山一搏,如果他打死了金丙山,咱们就安他一个挟私报复,杀害政府要员的罪名,不审就处死。让他们两败俱伤。"林凤阳又献一计。

季平反问道:"如果吴四他打不死金丙山,让金丙山抓住了,那后果你想过了吗?"

林凤阳进一步解释:"把话说明白了,让吴四知道,只有灭了金丙山,他才有出头之日。那样吴四一定下狠手,拼了命也要置金丙山于死地。否则他吴四就会死得更惨。"

季平捋着他那为数不多的几根胡子,沉思着,权衡着。吴四存在一天,就有被金丙山抓住的危险。他又不能公开露面,干养着。吴四又不是一个甘于寂寞的主,吃喝嫖赌抽,无所不好,养不起。与其等着被金丙山抓住,不如让其放手一搏,说不定真的除了金丙山。如果马占山追究起来,就把吴四献出去。季平打定了主意,捋胡子的手停了下来,他对林凤阳说:"你看着办吧。"林凤阳看季平默许了,就告辞回家了。

第二天晚上,吴四来到林凤阳的家,林凤阳对他说:"金丙山对你两次抓陈方义非常不满,发誓非把你抓到不可。现在你有两条道。一是远离县城,躲得远远的,等日本人来再说。二是就像你说的那样,干掉金丙山,在县城里有金丙山就没有你的出头之日。"

吴四咬着牙:"林秘书,你瞧着我是怎么干掉金丙山的。"

吴四发狠归发狠,他根本不是金丙山的对手,吴四的枪法不行,他带着枪就是吓唬人的,根本打不着人。这些林凤阳也清楚,但是林凤阳现在就是要鼓动吴四跟金丙山俩人斗个你死我活,他好坐收渔人之利。林凤阳说:"你干吧,我帮你。"吴四:"我有帮手,我手下的几个弟兄,我都和他们打招呼了。他们都听我的。"林凤阳看火候差不多了,就说:"你不要着急,要看准机会,不要打草惊蛇,弄得打不着黄皮子(黄鼠狼)惹一身骚。"吴四走了,他去找他的几个弟兄们,合计着怎么除掉金丙山去了。

吴四那三个手下的弟兄里有一个叫周长海的,是吴四的铁杆兄弟,吴四救过他的命。吴四受林凤阳的指派,暗中监视金丙山,找机会干掉金丙山。他知道自己不行,就找周长海商量。

周长海因为跟着吴四抓陈方义,叫金丙山打了二十军棍,还罚了二百块大洋给陈方义治伤,还差点被开除警察局丢了饭碗。这小子恨透了金丙山,可是他只是恨在心里,报不了仇,以他现在的力量还扳不倒金丙山,只是恨得牙根直痒,没有招。吴四找到他,二人一拍即合,决定找机会打金丙山的黑枪。他们不知道,自打奎祥杂货铺被砸以后,金丙山提高了警惕,对他们三个人有了防范,派人监视他们。他把三个人拆开,周长海被派到三道沟子警务所当巡警,另外两个调到街面上当巡警,根本不在局里待着。因此,周长海没有机会靠近金丙山。吴四也是干着急,只好在他的姘头家里鬼混。

十

早晨,天上下起了很浓的大雾,"雾重山全失",五步之外就看不见东西了。红枪会的会员们起来了。吃过了早饭,二法师集合了五十名会员,一律是红枪会的标准服装,头上包着青布头巾,上身穿着白布褂子,青布坎肩,腰扎红布腰带,肩扛着红缨长枪。那梭镖亮得耀人二目。会员们列队出发,疾走在茫茫晨雾里。二法师走在队伍的前头。这是他头一次单独领队伍出来执行任务,心里很是兴奋,又很紧张。他不断地回头传话:"弟兄们,再麻利点,赶在'倒养伤'以西接着学生,可别出啥岔头。"

陈仲仁在队伍的中间进行鼓动:"对呀,大伙脚步再快点。"队伍跑起来了。大约走了有三个小时,大雾散去了,太阳露出了往日的光芒。再看这支队伍可真是气派,一律的青年,统一的服装,最醒目的莫过于会员们肩头上的红缨枪,鲜红鲜红的红缨,一尺多长的枪尖,让会员磨得银光闪闪,令人胆寒。队伍经过'倒养伤',隐隐地听见西北方向传来了歌声,队伍跑得更快了。

二法师:"咱们过了'倒养伤',前面就是丁晓礼屯子了,咱们就在这里等着接学生吧。大伙先歇一会儿。"会员们停下脚步,坐在道边休息。

第四章

这时在万宝山,人们正在忙着给仲民和兰芝俩人操办婚事。

王家的院子的大门上和上房的窗户上贴着大红喜字。院子里面都是本屯的乡亲邻居,来来往往地忙着。

王友德站在院子里催老伴:"兰芝他娘啊!兰芝穿戴好了吧?这时辰到了,快点送过去呀!"兰芝娘在屋里笑了:"忙什么呀?还不得等老陈家的花轿来迎娶呀?真是老糊涂了!"王友德拍拍额头:"哦!真是老糊涂啦!可不是老的,是乐的!"

门外鼓乐声响起来,陈家迎亲的队伍到门口了。王友德赶紧带领家人邻居到大门口相迎。陈仲民披红戴花,在众人的簇拥下来到院外下马。花轿被抬到院里。娶亲婆向王家道喜。陈仲民给岳父磕头。

娶亲婆向王友德作揖:"哎呀哦!王东家呀,您老大喜呀!大小姐打扮好了吧?该上轿啦!吉时已到哇!"王友德连连还礼:"好啦!好啦!"回头向屋里喊道:"快点上轿吧!"

两名青年女子扶着王兰芝出屋。兰芝穿着大红吉服,蒙着红盖头。由王元奎抱上花轿。鼓乐声中娶亲婆喊了一声:"起轿啦!"四个青年小伙子抬起花轿转回陈家。

陈家院子的大门上和窗户上也都贴着大红喜字。正房的前面摆着一个天地桌,桌上有一只斗,斗内装着高粱,上面插着一杆秤。桌子上面摆着红枣、栗子、花生等果品。桌子中间有一只香炉,内插黄香。在吹吹打打的鼓乐声中,花轿在院子中间落地。兰芝由娶亲婆搀扶下了花轿,来到天地桌跟前和仲民并立站好。陈久思夫妇分坐在天地桌两边。

傧相赞礼:"一拜天地!二拜高堂!夫妻对拜!礼成!送入洞房!"一对新人在众人的簇拥下进了正房。

在"倒养伤"的道北地里的大坑边上,罗锅孙三人领着一贯道的七八个人埋伏在那里。罗锅孙昨天忙活了一晚上,他骑着从吉万福那里借来的马,跑了好几处,一个帮手也没找来。他那些道上的朋友一听是给日本子干活,截杀宣传抗日的学生,都不肯跟他干。有的劝他收手别作孽,有的骂他是汉奸。他是又憋气又窝火,气得直骂大街。骂大街也没有找来人,没有办法,他只好领着飞龙和金山两个人干。幸好张明强派了八名徒弟来助阵,罗锅孙的队伍才有个模样,他悻悻地领着人来到这里藏起来。罗锅孙是个惯匪,干这一行很有经验。他趴在地上,把耳朵贴在地面上,听了一会儿,突然他抬起头对飞龙说:"有车轱辘的声音,有四五辆之多,准是拉学生的车。你到南地头瞭水,看看还有多远了。"这时隐隐约约地传来了歌声。罗锅孙兴奋了:"你听,有歌声。准是他妈的学生来啦!弟兄们!一会儿谁也不能装熊!啊!飞龙,快去!"他看不起一贯道的人。

飞龙答应着:"嗯呢。"随后往地南头走了下去。到了地头一看,吓得他差一点喊出声来。他正好看见红枪会的会员们坐在道边上休息,红彤彤的一片红缨枪的枪穗子,雪亮雪亮的枪尖闪闪发光。会员服装整齐,个个英姿飒爽。这飞龙赶紧趴下往回爬,刚爬了几十步远就碰上了罗锅孙带人向南来。飞龙急忙摆手摇头,示意他们回去。

罗锅孙很奇怪:"见着鬼啦?看你这个熊样!到底是咋地啦?"飞龙有意夸大其词:"大……哥,不好啦!红枪会算是和咱们摽上啦。足有一百多号人呐!红哗哗的一片呐!都坐在道上呢。"罗锅孙愣住了,自语道:"红枪会干什么来了呢?是跟学生一伙的吗?"他指着飞龙问道:"你他妈的没有听见他们说些什么吗?"飞龙:"我哪敢呐!怕你们不知道,钻出来不就坏事啦?我赶紧回来报信啊!"飞龙显摆着自己的聪明,一边说话一边拍拍身上的尘土。罗锅孙沉思了一下:"嗯,你们在这里待着。金山,跟我往前去,再探探道。"

二人爬到地头,趴在垄沟里,抬头向前看,满道上都是红枪会的会员,坐在地上听二法师讲话。

二法师用手指着罗锅孙趴着的这块地说:"刚才我看见道北这块高粱地里的高粱穗子乱晃,一定是有人在里面藏着呢。大伙都精神着点。啊!一会儿学生就到了,这歌就是他们唱的,咱们接着他们就往回返。"罗锅孙听得是一清二楚,他瞅瞅金山,骂了一句:"真他妈的倒霉!回去。"二人又爬回原处。飞龙上前接着:"大哥,咋样?我没撒谎吧?"罗锅孙:"这帮红枪会就是他妈的来接学生的,在这块咱们是不能下手了。学生到四家店得打尖、喂马。留下一些人,另外一伙得去三道沟子。咱们先走,到于家店打尖,可以在于家店屯子南面的东西道上动手。学生少了,红枪会也未必再送他们。咱们得手后就去李家粉坊李大头家。抓的学生多,没有一个好地方藏可不行啊!"

飞龙一贯是唯罗锅孙之命是从,马上附和:"中啊!这么整我看中。咱们骑马走得快。"金山问道:"哪里有马呀?竟说梦话。"罗锅孙说:"借去!到钱秧子那块去借,不然等咱们走到了于家店,也得累趴下,什么也干不了。""那些人怎么办?"金山用手指了指一贯道的人。"这些王八蛋,能吃不能干的家伙!是张

第四章

明强派来分份的。他怕咱们报虚数,吃独食儿。咱仨走,让他们回街里。"三人溜出高粱地去借马。就剩下一贯道的人了,他们在一起合计了一会儿,还是向于家店走去。

唱歌过来的车辆正是陈方义和下乡宣传的学生。早晨,陈方义和学生一起从街里出发,共计是五辆马车,四十多名学生,一路上学生闲不住,互相说笑着。陈方义昨夜是一宿没有合眼,警察赶散了张明强一伙匪徒,陈方义把季丽娟送到医院,大夫检查了季丽娟的伤情,季丽娟的胳膊叫子弹穿了一个口子,没有伤到骨头,没有大碍,陈方义这才放了心。季平也跟到了医院,陈方义对他说:"季县长,烦劳你看顾一下丽娟,天亮以后我还要带学生下乡宣传,不能在家护理她。"季平转了几下眼珠子,点头答应了。陈方义出了医院,天已经大亮了。陈方义在街口的小吃摊上喝了一碗豆浆,吃了两根油条,就到中学去了。在学校门口碰见了邹培志带着雇的五辆马车往学校走,他俩一起走进校园,学生们也陆续到齐了。陈方义清点了人数,说道:"上车出发!"

刚出南门往东拐,马车走在海拜的官道上,天空就大雾弥漫,漫天的大雾掩藏了道两旁的一切。马车走上了一座木桥,陈方义对学生们讲:"大雾遮盖了遍地的庄稼,不然那满眼的绿色也是很壮观的。我们拜泉虽然没有名川大山,却也不乏优美的景物,前人也歌咏志之。"有的学生就问陈方义:"是吗?我怎么没有听说呀?"

陈方义接着说:"咱们现在走的这座桥是通向海伦的官道上的,南门往南通向安达的官道上,离南城门正前方三百米还有一座木桥,这两座桥是一年修建的。双阳河从这两座桥流过。晚清的拜泉县知事张霖如就作诗赞美这两座桥。诗名为《南桥晓月》,特别是他的《拜泉十景序》写得非常好,突显了他对拜泉的热爱。"

邹培志说:"我听我们江老师也说过《拜泉十景序》,是张霖如对拜泉十处美景的咏志。"

"十里澄波静不嚣,长虹双架水迢迢。侵晨碎踏河梁月,驴背寻诗胜灞桥。"陈方义随口背出张霖如的一首诗来:"这首诗就是他对这座桥的描写。"

陈方义随口吟出张霖如的诗,很是让学生们称奇。陈方义很动情地说道:"我们前辈把这两座桥描写得多么美丽呀!因为张霖如热爱拜泉,才能写出这样的好诗来歌颂拜泉的景物。我们生于此,长于此。更应该热爱家乡,保卫家乡啊!你们说是不是?同学们!"

◇ 通肯河传

　　学生们的情绪活跃起来："对！热爱家乡，保卫家乡！""把父老乡亲们都动员起来，保卫家乡！""不让侵略者来抢占我们的家园！"
　　离县城愈来愈远，大雾还没有散去。陈方义有些担心，万一胡子们胆大妄为，就在这城边子动手，那后果就不堪设想啦。他对同学们说："咱们唱歌吧。"学生们热烈响应，于是学生们唱起了歌。陈方义是想用歌声驱赶恐惧，再就是用歌声来联络红枪会的人。当他们走到丁晓礼屯子的北面的时候，大雾散尽，道两边的庄稼看得很清楚，陈方义时刻盯着庄稼地里的动静。马车在南北道上走着，到了丁晓礼屯子东头一转弯，向东边一看，陈方义高兴了，官道上通红一片，是红枪会的会员们在等着他们。陈方义跳下马车，快步走到二法师的跟前："太谢谢啦！"二人握手，红枪会会员和学生们一起向四家店前进。大队到了四家店休息打尖，吃过了午饭，陈方义把学生留下一部分，另外一部分坐车继续向三道沟子进发。陈方义对陈仲仁说："仲仁兄弟，四家店这块你负责照顾，晚上你一定护送到街里。我去三道沟子，今天不回来，明天或者后天回来，你们到三道沟子来接我们就行。"
　　陈仲仁不放心："从这往前到三道沟子，一路上道旁就没有屯子，最近的于家店离官道也有一里多路。就你一个人领一帮学生怕是不行啊！这么办吧，还是按我爹原先说的办，我再分一半会员给你，保护学生要紧，可别出岔头。二法师，你看行不行？"二法师点头称赞："行，这块你管，我和陈先生一起去三道沟子。把人交给黄枪会的人，我再回来。"
　　陈方义很高兴："这样就更好啦！到了三道沟子有黄枪会的人就更安全了。"陈方义和二法师跟着马车上路了，二十五名会员排着队，跟在车后面。
　　官道两旁的庄稼长得绿油油的，很茂盛。两辆马车拉着学生不紧不慢地走着。二法师和陈方义唠着嗑："陈先生，这日本鬼子离咱们这块有多远呢？怎么就看上咱们这块了呢？"陈方义给他解释："日本是一个四面都是海，就是由几个岛子组成的国家。离咱们这很远，中间还隔着大海，国土还没有咱们东三省大。可是他们是侵略成性啊！早先在清朝就霸占了朝鲜和咱们的台湾岛，现在又占领咱东三省。这日本强盗所到之处是烧杀抢掠，奸淫妇女，无恶不作，丧尽天良。"二法师问："那咱们的军队呢？老百姓就白养着他们吗？"陈方义说："南京政府蒋委员长命令东北军不准抵抗。张少帅把军队带到关里打共产党去了。日本鬼子就乘虚而入了！咱们是不能指望政府了，只有靠咱们老百姓自己了。咱们自己组织起来，人人参战，出钱出力打日本鬼子，把鬼子从我们的国家赶出

第四章

去,消灭掉。这些学生就是到乡下宣传抗日救国的道理的。"

二法师:"起先是胡子土匪欺负咱们老百姓,现在这日本鬼子比胡子还邪乎,也来欺压咱们,真是不叫人活了。只有和他们拼命了。我这么大岁数也不怕什么了,只可惜我们家儿子小秃了,小小年纪,没有人照顾他了。""只有拼死打垮日本鬼子,把他们赶出中国去,咱中国就太平了。到那时候,像这些学生和你家小秃就不害怕日本鬼子祸害了。"陈方义给二法师讲道理。二法师说:"能吗?"陈方义坚决地回答:"能!全国的老百姓都要有这样的决心,我们一定能打败日本鬼子。不然你能保住你家的小秃吗?"二法师摇摇头:"不能。几个'砸孤丁'的胡子就差点要了我的命,这日本鬼子可比胡子他娘的厉害得多啦!"

他们走了大约有两个小时,来到了于家店屯子南面的东西道上。二法师说:"这块是前不挨村,后不靠店,很背静。大伙留点神啊。"他提醒会员们提高警惕。二法师的话音刚落,就听路旁的高粱地里一声呼哨,冲出十几个人来。为首的是罗锅孙,后跟着飞龙、金山和一贯道的匪徒,手里拿着各样的武器,直奔拉学生的马车冲过来。罗锅孙跑在最前面,他一边冲,一边回头对一贯道的人喊:"一贯道的弟兄们,是骡子是马,今天见真章程(本事),别他妈的装孙子,叫你们回街里,你们不回去,这回较真啊!拼命啦!往前上,日本人有赏。一个学生二十块大洋啊!杀呀!"

赶车的老板子吓得拉住马缰绳,蹲在地上,双手抱头,不敢出声。二法师一举手中的刀大声喊道:"红枪会的会员们,拼死也要保护这些孩子们,佛祖保佑我们!杀贼除倭,刀枪不入!杀呀!"他冲向胡子来的方向,在离马车有十几米的地方,挡住了罗锅孙的去路。会员们也口喊"杀贼除倭,刀枪不入"的咒语,挥动手中的长枪冲了过去,双方拼打起来。

金山看见车上都是十四五岁的孩子,他没有动手,站在一旁。陈方义向胡子们喊道:"我们是下乡宣传抗日的学生,没有财物,你们不要为日本鬼子卖命!"罗锅孙一边与二法师打斗,一边说:"就是抓你们这些学生,好到日本人那儿去领赏。"

陈方义怒斥罗锅孙:"你不抗日,甘心当汉奸,还是中国人吗?对得起祖宗吗?看人家红枪会,为了抗日不怕死,舍命也要保卫家园和亲人。同胞们!咱们都是中国人,不能互相残杀呀!日本鬼子已经打到家门口啦!已经在祸害咱们的同胞,残杀咱们的亲人了!不要听信这个汉奸的话呀!"

罗锅孙被陈方义斥责得恼羞成怒,丢下二法师,直奔陈方义冲过去,陈方义也拿着刀和他对打起来,一是陈方义本来身体就很单薄,再加上昨夜一宿没睡觉,两只脚发飘,站不稳,几个照面就招架不住,退到大车旁边,再没有退路了,非常危急。这时金山大声喊道:"罗锅孙住手!我有话说。"这一嗓子把双方都镇住了,停下打斗。金山继续说:"咱们劫道取财,已经不是人啦,现在又替日本人来杀害这些无辜的孩子,咱们还算是中国人吗?我娘让日本人的飞机给炸死了,这仇不报,我能对得起我的老娘吗?罗锅孙!今天你要是住手,咱们好聚好散,'青山不改,绿水长流',咱们各奔东西,日后见面还是好朋友。你要是不住手,可别怪我不讲交情!"

罗锅孙一听金山的这一番话,知道金山这次是铁了心了。恨得他直咬牙:"金山!你他妈的不仗义!吃里爬外。今天就算断交了,抓住你,看日本人怎么收拾你!"说着就朝陈方义下手,一把匕首刺向陈方义,陈方义往旁边一躲,匕首刺在他的胳膊上,鲜血直流,吓得车上的女学生哇哇直哭。这时从官道的东头跑过来一匹马,骑马的人看见陈方义被罗锅孙刺伤,就向罗锅孙开了一枪,慌乱中没打中,可是罗锅孙也吓了一跳,手也就慢了一慢,第二刀还没有刺向陈方义,金山一个箭步冲了过去,抬脚踢飞罗锅孙手中的匕首。罗锅孙一个后翻,滚出一丈多远,站起来从同伙手里抢过一把刀来,和金山打在一起。飞龙躲过会员们的阻拦,奔车上的学生跑过来,被二法师挡住。会员们开始的时候有点慌乱,看见金山反水,抵住罗锅孙,二法师和飞龙打在一起,高喊"刀枪不入,杀贼除倭"的咒语,威风凛凛,愈战愈勇。大家立刻都有了主心骨了,也都高喊:"刀枪不入,杀贼除倭!"把一贯道的人围住厮杀。

罗锅孙与金山是玩了命了,因为罗锅孙知道自己不是金山的对手,所以是以死相拼,想拼个鱼死网破。但是他终究不是金山的对手,几个回合就被金山捉住。飞龙见了心里一慌,脚下就乱了套了,手也慢了,被二法师砍中了一刀,趴在地上喊饶命,被二法师捉住了。

这时候从官道东头跑过来一伙人。领头的是侯广义和车凤英。一贯道的人一看对方的人比自己的人多几倍,又何况自己的人已经有受伤的了,领头的一声呼哨,众道徒各自钻进高粱地里逃命去了。陈方义走到胥君茹的跟前道谢:"多谢好汉出手相救。"车凤英眼尖:"哎!这不是胥姐姐吗?你的伤好了吗?你咋来这块的?"

开枪的人正是女扮男装的胥君茹,胥君茹在车家店养伤已有半月了,她得知母亲遇害的消息,悲痛不已,她很想去四家店看个究竟,但是伤没有养好,身

第四章

子也虚弱。直到昨天,她执意要去四家店,车喜库看没有办法拦住她了,就叮嘱她早去早回:"孩子,你的腿伤刚好,一个女孩子家,走不了这么远的路,有四十多里呐!你骑马去吧,别累着。办完事就回来,再养养就全好啦。然后再去绥化。"车凤英的妈说:"哎呀!一个人走咋行呢?等凤英回来你们俩一块去。这死丫头!又不知道去哪儿疯去了。唉!"胥君茹说:"放心吧!大婶,我听爷爷的话,骑马去,快去快回。"她没有告诉他们她去四家店的真实打算,"不用等凤英啦!我自己能行,多谢你们这些天的照顾,我永生不忘。"到了今天中午吃过了饭,胥君茹就换了男装,带上爹爹送给她的手枪,骑着马向四家店走去。她正好在于家店南边的东西官道上碰上罗锅孙要伤害陈方义。她急忙开了一枪,吓住了罗锅孙,救了陈方义。胥君茹是男装打扮,陈方义没认出来。听车凤英叫姐姐,陈方义仔细一看,也认出来了。

胥君茹说:"别客气,我想去四家店找平东洋。在这块遇上你们了。"她知道陈方义没认出自己。陈方义非常吃惊,继而又很高兴:"啊!是胥小姐,你还活着啊!我听平东洋和我爹说,你去绥化,在三道沟子碰上日本子飞机轰炸,已经遇难了。"他又对车凤英问道:"你们是怎么认识的?"车凤英对陈方义说:"胥姐姐让日本子飞机给炸伤啦!是我和我爹把她抬回我家的,这些日子就在我家里养伤啦!"

陈方义感慨地说:"哎呀!真是万幸啊!胥伯母和我的小妹一起被日本鬼子杀害啦!这不共戴天的仇恨,一定要报!平东洋在万宝山红枪会那里,帮助陈久思训练会员,准备打日本鬼子。"胥君茹问:"我妈妈有什么交代吗?有没有什么遗物留下来?"陈方义说:"婶母遇害我没有在场,后事都是我爹他承办的。听平东洋说婶母留有一包遗物,临终前指了指包袱里的衣服,没有说出话来就去了。"胥君茹强忍住泪水听完了陈方义的话。"那包衣服现在在哪里呢?""在我家由我爹保管着。"陈方义不知道,季平卖国当汉奸的罪证就在那包衣服里面。

车凤英对胥君茹说:"姐姐,我们先去三道沟子,把学生安置好了,再去红枪会找平东洋,行不行?"胥君茹眼下只有平东洋和她最熟悉,再就是车凤英一家人了,她想了想,同意了车凤英的提议:"好吧。"

侯广义带着黄枪会的会员们追赶逃跑的胡子,没有追上:"陈先生,没有追上逃跑的胡子。"陈方义:"不必追了,遍地是青纱帐,这几个胡子藏起来,咱们是很难找到他们的。咱们的主要任务是保护好学生。"

车凤英问二法师:"陈仲仁咋没来呢?"二法师:"他留在四家店了,那里也需要人手。"车凤英瞅瞅罗锅孙:"这个王八犊子,这一回你落到姑奶奶手里,绝不能饶你,一定为受害的姐妹报仇!"回头她又问:"金山,你今天咋反水了呢?"金山一脸愧色:"车姑娘,我上了罗锅孙的当了。他骗我跟他打劫,给老娘治病,结果老娘让日本子的飞机给炸死了。我要给老娘报仇,这个王八蛋哄我,说先消灭红枪会,再打日本鬼子。可是他为了得到日本鬼子的赏钱,就来杀害无辜的学生,我不能跟着他再错下去了。你们红枪会和黄枪会也是杀鬼子的,趁着这个机会,把他抓住献给红枪会,除掉了日本鬼子的一条狗,也算是我赎罪吧!你们要饶了我,我就跟你们一起打鬼子,给老娘报仇。"

二法师:"这事我们做不了主,到了总坛请大法师发落吧。侯兄弟,车姑娘,这学生就交给你们了,我们回万宝山喝喜酒啦!这两个胡子和这位好汉我一起带回去。"金山:"中,反正我这条命交给红枪会了。"

车凤英拉住二法师:"是兰芝姐大喜呀!改日我去喝喜酒,叫兰芝姐给我补上。"说完就追侯广义他们去了。她赶上队伍,走到胥君茹的身边说话:"胥姐姐,你和陈方义好像是认识吧?你怎么认识平东洋的呀?""在绥化,平东洋救了我们一家人的命,是他从绥化一路护送我们娘俩到的拜泉。后来我想回绥化打听我爹的消息,偷着走的,平东洋他们不知道。""你家和陈方义家是亲戚吧?""不是。""那你们娘俩为啥住在他家里呀?""那个,那个……"胥君茹答不出来。"啊!我明白啦!陈方义是你的未结婚的女婿吧?对吧?啊!一定是!""别瞎说!啥女婿呀!不搭理你了。"胥君茹假装生气,牵着马快步向前走去。

十一

逃跑的一贯道的道徒们向张明强报告了一切。原来张明强一是怕罗锅孙的人手不够,耽误事,二是怕他冒功领赏,多报杀死学生的数量。所以派了自己的手下跟罗锅孙一起去杀害学生。没承想让红枪会给打得是大败而逃。幸好自己的徒子徒孙折损不大,死了一个,受伤两个。他听完了徒弟们的汇报,想了一会儿就吊着一只胳膊走进了枝下住的屋子里,弯腰站在枝下的面前,把徒弟们说的话又重复了一遍,又把红枪会的实力夸大一番。

枝下听了大怒:"八嘎!那个金山良心大大的坏了的有,抓住死啦死啦的有!你们一贯道的不行,办事大大的不力,你要认真为皇军服务!"张明强弯腰

第四章

鞠躬:"哈意!哈意!一定忠心地为皇军办事。"枝下用日语和金翻译交谈:"你用电台和高波旅团长联系,报告他最好的消息,朴的副司令刘宏轩将率部投降我大日本皇军。请旅团长在北线可以暂缓进攻,让刘有时间拉拢部队叛变。"枝下还不知道刘宏轩已经被朴旅长派到南线,去守大屁股山了。金翻译答应进里屋发报去了。枝下对张明强说:"你的负责与刘宏轩的副官联系,及时报告给我。"张明强:"哈意!"立正敬礼。

二法师返回万宝山已经是傍晚了,陈久思听二法师说了金山反水和抓住罗锅孙的经过以后,和王友德、平东洋一起合计,怎样处理罗锅孙、飞龙和金山。平东洋说:"听二法师讲,金山是在和咱们的人动手的时候反水的,而且还救了陈方义和学生,并抓了罗锅孙和飞龙。这个人还有良心,是误入歧途哇!"陈久思:"听仲仁说在旅店里他就和日本特务闹翻了,打昏了枝下,打伤了张明强。是因为他的老娘被日本的飞机给炸死了,他恨日本人,在打日本鬼子这事上,他能和咱们一条心。"王友德:"听车姑娘说呀,在劫兰芝的时候他就是要钱,还拦挡着罗锅孙他们祸害人。""在一贯道那块,金山也是绑人要钱,不滥杀无辜,不然我也怕是活不到今天啦!这个人天良未灭呀!"陈久思起了爱惜之意。"那是不假,我在门外看得清楚,依金山的身手,要听罗锅孙的话,我救你怕也得费点事。这个人还没有坏透。"平东洋也很喜欢金山。陈久思:"让他起誓入会吧。只要他肯杀鬼子,咱们就不计前嫌。多一个人打鬼子就多一分力量啊!"王友德:"中!另外俩胡子咋整?"陈久思果断地说:"这两个胡子罪大恶极,不杀不足以平民愤。我正愁出兵杀鬼子没有人头祭旗呢。就用这两个汉奸胡子的头,祭咱们红枪会的大旗吧。""好主意!"平东洋、王友德二人异口同声地称赞:"给咱们的会员壮壮威风。"

陈久思:"明天让金山当众起誓入会。我想派人和霍团长联络一下,看他们驻扎在哪儿,缺少什么不。另外派人去海伦一带打探一次,摸摸鬼子的动静,找机会得打他一仗,灭灭小鬼子的威风。"

平东洋说:"和霍团长联络可以派奎元去。到海伦打探的事我去。我带小秃和占江龙就行,别人没有经验,也不会。"

二法师走进来把两只手枪放在桌子上:"这是金山送给咱们红枪会的,他说他不会使。"

陈久思看看平东洋:"这玩意就你会使唤。"

"好学!秃子都学会了。这小子整天拆、卸、装。玩儿得精熟,就是缺少子弹,不然早就练成神枪手啦!这样吧,给秃子一把,另外一把我带着,等子弹多了,谁愿意练谁就拿去。"平东洋说完又问二法师:"你们碰到一个姑娘,姓胥?"二法师说:"是的,车姑娘也认识她,好像陈方义陈先生也认识她,和在陈家大车店被鬼子害的老太太是一家的。哎!对啦!她说是去四间房大车店找你!"

陈久思:"二法师去把金山叫来吧。"

平东洋感叹地说:"唉!这个胥姑娘真是命大呀!她要不偷偷地走了,在陈家大车店也得被日本鬼子给害死,在半路上鬼子的飞机也没有炸死她,真是命大呀!"

"是怎么一回事?"陈久思问道。

平东洋:"说起这个人,还真是跟咱们有缘分。要不是为了送她们娘俩,我还到不了你们这块。这胥姑娘是胥玉乾胥县长的女儿,在绥化我救了她们一家人。胥玉乾收集了季平卖国当汉奸的罪证,委托我护送她们娘俩来拜泉,找马主席报告季平当汉奸的事,另外就是让胥姑娘和陈方义结婚。没承想老太太被鬼子害死了,陈方义和胥姑娘俩人都不同意这门婚事。陈方义和季平的女儿是同学,在学校两个人就好上了,要结婚。陈百元不同意,觉得对不起胥玉乾。"

二法师带金山进来,众人让座,金山推辞不肯就座:"我有罪在身,对不起父老乡亲,对不住老娘的教诲。只要红枪会众位英雄能饶过我,我死心塌地跟你们,一个心眼打日本鬼子,来赎罪。"说完就要下跪,陈久思急忙拦住:"使不得,虽然你以前误入歧途,可是你天良尚存,还是一条堂堂正正的汉子,是一个正直的中国人。在一贯道那里,你老弟要是心狠手辣之人,陈某也早就没命了。佛说'业由心造,可由心转',如今改邪归正,大家就是好兄弟了。按着红枪会的规矩,你得立誓入会。"陈久思拉着金山坐下。金山大喜过望:"中啊,只要你们不嫌弃我,收留我,咋地都中。"

平东洋鼓励金山:"兄弟,咱们都是中国人,乡里乡亲的,日本鬼子才是我们的仇人。杀尽东洋鬼子,为老娘报仇,才是好男儿的志向。"金山:"对!杀东洋鬼子,为老娘报仇!我跟日本鬼子没完,一直把他们杀光。"陈久思:"二法师安排金山兄弟歇着吧。"众人出屋去听说书先生讲《岳飞传》了。

夜深了,兰芝坐在炕沿上,蒙着红盖头。靠间壁墙边有一张地桌,上面摆着点心果品,一对红烛把屋里照得很亮堂。陈仲民听完书走进来,给兰芝揭去盖头。二人坐在炕沿上,相对而视。

"你被胡子抓去了,我以为回不来了呢!"仲民低声说道。

第四章

"我也是这么想的,一心就想拼死,保住一个干净身子。多亏了好心人相救,才得了活命,咱俩才有今日。"说完兰芝扑在仲民的怀里。

陈仲民抚摸着兰芝的头发:"出不了几天,就要和日本鬼子打仗了,这日本鬼子的枪炮听说是很厉害的,上阵杀敌,生死难料,可就是苦了你啦!"兰芝急忙捂住仲民的嘴:"新婚大喜的日子,别说这不吉利的话。佛祖是保佑俺们的。一定能打败日本鬼子。""我也要学岳飞,我们父子出征,为了保卫国家,保卫亲人,就是死了也甘心情愿,不能让倭寇小看了中华大国,小看了咱中国人。家里的事就交给你了,你替我尽孝,好好地孝敬老娘亲。"说完深深地向兰芝鞠了一躬。二人相拥而泣。

兰芝擦了擦眼泪:"快脱衣服睡吧。你上阵杀敌,也要给陈家留下后代呀!这辈子杀不完小日本儿,让下一辈接着杀。"二人上炕睡觉。

第五章

一

　　第二天早上,平东洋带着占江龙和小秃,三个人怀里揣着手枪,骑着马上了官道,打马向三道沟子奔去。一路上难民不断,难民们一边走,一边骂日本兵的暴行,平东洋下马步行,注意听难民的说话。

　　难民甲:"走到哪是个头哇?听说北边也有鬼子啦!"

　　老年难民:"你没听见吗?在三道沟子宣传的学生说卜奎都让日本子给占啦!从北安、讷河往南打呢。这哪儿还有咱们的家呀!"

　　一个青年扶着老年女难民:"妈,咱们别往北走啦!越走离咱家越远呐!北边也有日本子,到哪都一样,如今是井底撑船,无路可走啦!还不如在家跟前儿和小日本儿拼一场呢!好歹也是死在自家门口。哪能轻易把家让给日本鬼子!"老年女难民说:"咳!孩子!就凭你一个人,匹马单枪的,能是东洋人的对手?还是躲躲吧。""躲是躲不过去的。你说得也不错,就凭你儿子一个人匹马单枪,那是干不过日本人的。可是大家都不躲,抱成团,拧成一股劲,那咱们还打不过日本人吗?"平东洋接着老年女难民的话茬说。老年难民说:"国家养的那些兵都打不过日本鬼子,咱老百姓赤手空拳能行吗?"

　　小秃说:"行!咋不行啊?大爷,万宝山就成立了红枪会,专门打鬼子。有佛祖保佑,刀枪不入。"

　　平东洋问青年难民:"你们是从哪里来的?""从海伦东,整个屯子叫鬼子给平了,杀人、烧房子、祸害女人,无恶不作。有些年轻力壮的反抗,都给杀啦,还有活埋的。"青年难民说完按捺不住满腔的悲愤,双眼发出愤怒的光来。

　　"枪杀活埋也吓不倒咱中国人。面对武装到牙齿的侵略者,我们每一个人都显得弱小,可是对一个国家一个民族来说,我们又是强大的。每一个平民百

第五章

姓都不怕死,为了国家民族前赴后继,与侵略者去拼杀,那我们的行动一定会唤起千百万人民的觉醒,大家都会奋起反抗。他们一定会踏着我们的血迹冲向前,和我们一样,用血肉之躯筑起一道捍卫祖国的钢铁长城!一定能打败日本鬼子,把他们从我们的家园赶出去。"平东洋对难民们讲道理。

青年难民:"妈,咱们别走啦!到万宝山那里,我把你安顿好,我投红枪会去,杀鬼子,给我爹他们报仇。""唉!是妈拖累了你呀!这位先生说得对呀,大伙都不躲,都和鬼子拼命。咱们不能指望别人替咱们打鬼子呀!自己的家园不自己出力保全,自己的亲人不自己保护,找谁呀?就得靠自己!只要为你爹他们报仇就中。你去吧。妈自个儿也能活下去,也能照顾好我自个儿。你放心去吧!"

青年难民问小秃:"小兄弟,你说的红枪会在什么地方?我投奔他们去。"

"你是海伦东的人?什么地方的?"平东洋问青年难民。

"我是海伦东门外吴家窝铺的人,我在海伦城里广信公司干活。老娘进城里看我,家里遭了难啦!日本兵在屯子里无恶不作,我爹、我媳妇和儿子都被鬼子给杀了,还烧了房子。广信公司也叫鬼子给占了,我和我娘没在家才逃了出来。"青年难民边说边流泪,牙咬得直响。

"你叫什么名字?我就是红枪会的人。"平东洋继续问道。

"我叫吴忠友,你是红枪会的人,那我就跟你去吧,我妈她自个儿能照顾自个儿。"

平东洋想了一会儿:"好吧。你们这一伙难民接着往前走,到万宝山住下。就说小秃叫你们去的就中。"又对吴忠友说:"你跟我去一趟海伦,回来再安排你妈,行不行?"

吴忠友:"中啊!妈!你先跟这几位去万宝山,等我回来。"

平东洋让小秃和吴忠友骑一匹马,大伙一起向三道沟子走去。大约有八点钟的光景,一行人进了三道沟子街里,在十字街口遇上了陈方义、车凤英。他们在组织学生宣传呢。他们看见平东洋和小秃不约而同地问道:"你们来干啥呀?"平东洋低声说:"出来打探日本鬼子的动静,你们在这几天啦?胥姑娘呢?"陈方义:"昨天来的,想今天下午回去。学生们宣传的效果很好。老百姓的爱国热情被激发出来了。今天就一上午,吃过午饭就往回走。胥姑娘在旅店里,一会儿叫他去见你。"车凤英问平东洋:"干爹,你们抓住了罗锅孙,打算怎么收拾他呀?""还不知道,先关着呢。"平东洋没有告诉凤英实底。

身后传来吵闹声。众人瞩目一看，是王副官，身穿便衣，醉眼乜斜地乱嚷。陈方义："那不是刘宏轩的王副官吗？咋不穿军装啊？闹什么呢？过去看看。"平东洋说："别的，你们不要过去，你们都认识，去人多了他再下不来台。我自己过去看看，他不一定记住我。"说完他走到王副官跟前："咋的啦？吵什么呀？"店主："这位吃饭不给钱，还充什么抗日英雄，不害臊。哼！想吃白食？做梦！"平东洋劝店主："好说！好说！我给啦！秃子，给钱。"掏出钱递给秃子，秃子跟店主进屋结账。王副官嘴里还是胡言乱语："你……你真仗义，是好人，我亏不着你。等日本人来了，我给你讨个差事，跟我们刘副司令干。"

平东洋一听觉着有点不对劲，就随口附和着："那是，那是。这晌午啦，咱哥俩再整两盅。"王副官含混不清地乱说："你真讲究，好人！跟着我没错。"平东洋扶着王副官对占江龙说："另外找一个馆子，把马喂饱了，吃饭。我和这位一块儿吃。"占江龙说："你们俩一个桌，我们仨一个桌，有事好照应。"平东洋点头，众人走进一家酒馆。平东洋扶王副官坐下，自己坐在王副官的对面。占江龙和小秃、吴忠友三个人坐在另一个桌子。店小二过来点菜。

王副官还在乱说："这三道沟子的水还他妈的挺深呐！老子今天丢人啦！多亏你老弟啦！等着瞧，我非把那个馆子的掌柜的给宰了不可。"

店小二端上酒菜，平东洋夹菜劝酒，殷勤招待："看大哥是行伍出身，是有官阶的人，哪能跟他们一般见识呢！将来我就靠你发达啦。"王副官大咧咧地吃着喝着："那可不咋的！我是刘副司令跟前的红人，在他面前我说一不二。保证给你弄一个好差事，喝！喝！"说着就趴在桌子上了。平东洋见状就喊店小二："店小二！你们馆子有房间吗？"平东洋把趴在桌子上的王副官架起来，"我这兄弟醉了，找个房间歇歇。""有，有。后院就有房间，客官，开一间吗？""开一间，今晚上这位就住在这块啦。好好照顾着，把人给我扶进去。"店小二扶着王副官，平东洋跟在后面，来到房间里，放下王副官，店小二退了出去。平东洋从王副官身上搜出来一封信和一把手枪。信是用日文写的，平东洋不认得，他让占江龙来房间看住王副官，自己走出店房去找陈方义。

陈方义和车凤英正在组织学生要返回县城，平东洋把陈方义拉到一边，把信交给他。陈方义看完了信，大吃一惊："有这样的事？刘副司令要叛变投敌！这可咋办呐？"

"我看见信封上面写的是日文，这一定是跟日本人有关系，就拿来让你看，现在只能赶快把信交给朴旅长，让他定夺，别人管不着刘宏轩。"平东洋提议。

第五章

陈方义:"刘宏轩和霍团长驻守在这西大屁股山,霍团长也不一定知道底细呀。""你赶紧回县里找朴旅长吧,我继续去海伦,你越快越好。"平东洋催促陈方义。陈方义:"是的,这次见朴旅长应该把季平的罪证也一块交上去。胥姑娘在旅店里,我叫她来见你吧。"平东洋说:"我去见她吧,顺便问一下季平的罪证材料在哪块。"

二人来到了旅店,胥君茹见到了平东洋,两眼落泪,哭了起来。平东洋安慰她:"我和陈掌柜的追你到三道沟子的北门外,就看见飞机炸的大坑和你骑的马,那匹马已经死了。打听附近的人都说炸死人了,有好几个,尸体都炸碎了,让跟前的(附近)屯子的人们给埋了。我们俩又进街里打听,也没有你的消息,以为你已经不在了。"

"多亏了车凤英她们父女俩救了我,我被炸伤了,昏了过去,是他们把我抬回家,给我治好了伤。我妈死了,没留下什么话吗?"胥君茹问道。"老夫人当时让鬼子砍伤了,等我听见动静赶过去,人已经不行了,只是用手指了指一包衣服,什么也没说就咽气了。我和陈掌柜的也不明白是什么意思。"平东洋回忆当时的情景。"那包衣服呢?"胥君茹问。"留在了陈家,陈掌柜的保管着呢。"胥君茹说:"衣服里有季平投敌的罪证,我妈怕丢失了,缝在衣服里面了。""那你和车姑娘、陈先生一起回四家店,到陈家把证据拿到,去见朴旅长。"胥君茹和陈方义都同意平东洋的意见。

他们出了旅店来到学生跟前。陈方义说:"同学们,今天回县城,到四家店住下。黄枪会护送到四家店就可以了,侯理事,我有急事和车姑娘他们先走,你带领学生走,路上要小心。"侯广义:"你放心吧,陈先生,保准不出事。"

二

平东洋向车凤英借了一匹马,回到了酒馆,把王副官捆结实了,堵上嘴,扔在了床底下,把房门锁上。告诉店掌柜的,晚上回来住店。四个人出了酒店,上马奔海伦去了。到了海伦西门外,吴忠友把大家叫住了:"大伙停下,快到海伦啦。"平东洋问:"离海伦还有多远?"吴忠友说:"有二里路吧,这县城就一条东西大街,东头是火车站,西头是广信公司。公司里住两个小队日军。火车站有多少就不知道了。"

平东洋吩咐道:"占江龙和小秃在这放马,打起精神来,听见街里有动静,就骑马来接我们,把子弹上好。"小秃:"是,干爹,错不了。"占江龙:"没事,一有动静我去接你们。"

平东洋和吴忠友二人从海伦县城西头进街里,一直走到火车站。平东洋暗中计算了一下时间和距离,从广信公司到火车站有五里路远,急行军用不了半个小时就能到。他们来到火车站前,看见站里站外都有日本兵。站台上的货堆用绿色苫布苫着,可能是武器和汽车。平东洋走到卖烟的小贩子跟前:"来包烟,这么多日本兵!"烟贩子小心地看了一下四周:"今天刚到的,听说在这待不了几天,要向大泡子那边去祸害人。"平东洋:"真不少啊!"烟贩子:"嗯呢!光是挎洋刀的就有十几个呢。"

平东洋往车站里面瞅了瞅,回身与吴忠友往西走。走到广信公司门口,又计算了一下时间,和来时计算的差不多。他们围着公司四周看了一遍,吴忠友在旁边把里边的情况也向平东洋介绍了一回。平东洋对广信公司的内外都有了一个了解,脑海里形成了一个兵力人员分配的计划。二人出了城,找到了占江龙和小秃,四个人往回走。

陈方义一行人快马加鞭到了四家店,直奔陈百元家里,陈百元一见胥君茹还活着,而且还是和陈方义一起回来的,真是喜从天降,高兴地老泪纵横,说不出话来。

陈方义:"爹,胥伯母的衣物在哪里?快!有急事!"

陈百元一听赶紧把胥老太太的衣服包找出来。胥君茹从中取出季平叛国的罪证材料:"伯父,我们有急事要去县里。"说完一行人出了屋,在院里就上马,跑出了院子。陈百元给弄糊涂了:"什么事啊?这样着急把火的?"他目送一行人绝尘而去,心里别提有多高兴了,可是又想起下落不明的亲家,惨死在日本人屠刀之下的亲家母和自己的小女儿,他又悲从中来,长叹一声:"倭贼不除,国无宁日,家无宁日啊!"

陈方义他们到了县城已经是下午七点多钟了,他们急急忙忙奔到司令部门口,陈方义和哨兵打招呼:"这位是前任县长的女儿胥君茹小姐,她有急事要见朴旅长。"哨兵:"不行!朴旅长不在。"陈方义一听愣住了,这可怎么办呐?这时有一个士兵从里面出来,陈方义认识,这个人是朴旅长的卫士,陈方义刚要招呼,那个卫士也认出来陈方义了,就走到近前:"陈先生,有事吗?"陈方义说:"我要见朴旅长。有紧急军情要面见朴旅长。"卫士说:"旅长不在,可以对我说吗?"陈方义说:"要说也不能在这里说呀。你能让我们进去说吗?"卫士说:"可以,哨

第五章

兵，让他们进来吧。"

陈方义一行人进了司令部，这时在司令部对面的街口处，林凤阳像一个幽灵一样在那里徘徊。他看见了陈方义和胥君茹、车凤英一行人进了司令部，就觉得蹊跷，他来到哨兵面前问道："刚才进去的是什么人？"

哨兵说："不知道，听那男的说是什么胥县长的女儿。"林凤阳一听惊呆了，张着的嘴闭不上了，直愣愣地站在那里。把哨兵吓了一跳，对他说："喂！没事吧？"林凤阳这才醒过神来，急忙躲在暗处监视，直到陈方义一行人出了司令部走远了，他就赶忙跑回了县政府，向季平报告。他进了县长办公室："县长，胥玉乾的女儿没有死，刚才我还看见她和陈方义一起进了城，到了朴炳珊的司令部里待了一阵子才出来。看来她是要见朴旅长或者是马主席呀。"

季平大吃一惊："什么？没有死？那店里的那个女人是谁呢？胥玉乾的女儿不除，终究是病呀！怎么办呢？他现在住在哪里呀？"林凤阳："又跟陈方义出城了，可能是去万宝山了。"季平："那是红枪会的地盘，咱们下手就更难了。"林凤阳眼珠转了几转："是啊！可是要除掉胥玉乾的女儿，还有一个人能出力。""谁呀？"季平瞪着死鱼眼睛问道。林凤阳说："大小姐呀！您想想，大小姐和陈方义爱得死去活来的，这中间不就夹着胥玉乾的女儿吗？她们俩是情敌呀！把胥玉乾的女儿除掉或者挤走，这都是大小姐愿意的事呀！"

季平闭着眼睛听林凤阳的说话："嗯，是这么回事。可是大小姐还伤着呢，没有好哇！咋整呢？"林凤阳又献计讨好："好办！先敲一敲边鼓，她就着急。把大小姐激上阵，让她去对付胥玉乾的女儿，最低也能挤走她，或者气走她。""好吧，试一试。把胥玉乾的女儿挤出了红枪会，我们就好下手了。我先探探丽娟的口气，如果气不走胥玉乾的女儿，那我女儿也就对陈方义死了心了！这也是一件好事。"季平长长地叹了一口气。

季平来到季丽娟的卧室，季丽娟吊着左胳膊，斜靠在床头的行李上，看见季平走了进来就坐起身子，给他让座。

"还没有睡下呀？你的伤好点了吗？咳！你为姓陈的冒那么大的危险，值得吗？这要打在致命的地方，老爹还有女儿了吗？"季平说着还掉了几滴眼泪。季丽娟对于父亲的关心很是反感，她自从发现季平投敌以后，就处在矛盾之中，父亲爱自己，但是他卖国求荣，成为汉奸，是人民的公敌。"爹！这不没有大碍吗？养几天就好啦！老埋怨人家！你不知道当时人家有多急呢。爹，是不是你派的人呐？啊？"季丽娟怀疑那天晚上去杀害陈方义的人是季平派去的。

◇ 通肯河传

季平把个圆脑袋摇得像个拨浪鼓似的："不，不是，绝对不是你爹派的人。你着急不是白着急吗？人家可不在意你！姓陈的和胥玉乾的女儿早就有婚约了，你跟着瞎掺和啥呀？"

"这个我知道，方义他不同意。他说了，非我不娶。"季丽娟认真地对季平说。

"你别听他胡说啦！那是骗你的话。就今天，就在这以前两个小时，他就和胥玉乾的女儿成双配对地进的城，然后又回他的老家去啦！你为他受了伤，可是他连管都不管你啦！早把你给忘啦！什么海誓山盟，那是你们小孩子说着玩儿的，不算数哇！"季平在努力地说服季丽娟。

季丽娟急了："爹！你瞎说，方义不是那样的人！我不信！"季平辩白道："什么瞎说呀！你爹还能骗你呀？就前两个小时的事，陈方义和胥玉乾的女儿，领着另外一个女的进城，到朴旅长的司令部，待了好一阵子，才出来，不知道干什么去了。现在他们又出城回老家去啦！我为什么要撒谎骗你呀？我看你应该找陈方义，让他说清楚。不然让他给骗了还不知道呢。"

季丽娟对她爹的话是不信的。她知道他爹存心要拆散她俩的婚姻，而且还要加害陈方义。但是她爹的话听起来还是有点道理的，出于女孩子对爱情的敏感，她也有些将信将疑。陈方义下乡宣传她也很担心，也想见到陈方义。听季平说陈方义回老家了，她决定去陈方义的老家："那明天我去一趟方义的老家，看个究竟。"

三

平东洋一行人到三道沟子的时候天已经快黑了。四个人回到午间吃饭的那个饭馆，叫伙计把马喂饱，四个人吃了饭，把王副官的眼睛蒙上捆在占江龙的马上，回到万宝山。进了院子下马，紧跟着陈方义一伙人也进了院子。

平东洋低声对二法师说："你派人看好这个人，谁也不准和他说话，更不能让他跑了。"又指着吴忠友："把他安排在你的小队里，是新入会的。"二法师点点头："我亲自带人看住他。"说完带着吴忠友，押着王副官走了。众人进屋，陈久思、王友德正等着他们呢。

陈久思问平东洋："捆的是什么人？陈先生和车姑娘怎么也赶到一起来啦？"他又指着胥君茹问道："这位姑娘是谁呀？"平东洋低声说道："别提啦！刘

第五章

宏轩勾结日本鬼子,叛国投敌。捆着的就是他的副官。这位就是我对你说的胥姑娘,胥君茹。"平东洋给胥君茹一一介绍了红枪会的人,胥君茹身上的伤刚好,又骑了一天的马,累得说不出话来。陈久思叫兰芝陪她去休息。平东洋问陈方义:"陈先生,你们见到了朴旅长了吗?把信给朴旅长看了吗?啊?"

车凤英:"朴旅长在克山前线,陈先生找到朴旅长的一名卫兵,叫他把信送给朴旅长。"

平东洋:"这么重要的信和证据,咋能让别人送呢?刘宏轩要是知道就坏啦!"陈方义说:"不能吧,这个卫士是个可靠的人,我说是私人信件,让他直接交给旅长本人。"

陈久思问道:"到底是怎么回事?"

平东洋说:"捆着的那个人是刘宏轩的副官。给海伦的日军送信,叫我给搜出来了,把人也带回来了。"

"是日本人给刘宏轩的回信,说原定的在北线拉拢部队投降,可是没行动就叫朴旅长给派到南边来了。刘宏轩又给日军出主意,准备在中秋节进攻大屁股山,刘宏轩借过节的时候摆酒肉阵,把官兵们都灌醉了,日军再突然袭击,一举歼灭霍团。日军回信同意刘宏轩的计划。"陈方义把日军给刘宏轩的信的内容说了一遍。

王友德担心:"日本鬼子不是省油的灯,保不准他们自己提前行动。"陈久思沉思不语,王元奎说:"我去霍团长那里见过这个刘副司令,霍团长也不怎么听他的。他说日军让朴旅长打怕了,都在克山那边呢。咱们这边没有啥事!"平东洋:"这是圈套,叫咱们不在意海伦的日军,好让日军偷袭得手,咱们得告诉霍团长,要有所防备。"陈久思:"直接说刘宏轩叛变投敌,可是信又没在咱们的手里,霍团长也不准能信咱们。再说刘比霍官大,反说咱们诬告好人,咱们扳不倒他,反要吃官司的。"陈方义说:"我听朴旅长的卫兵说日本鬼子的主力都在围攻马主席的抗日义勇军。海伦的日军不多,他们的注意力都在东北军的那边,不太注意咱们红枪会,不如咱们就偷袭他一次,打他一个冷不防。"陈久思很赞成陈方义的提议:"对!如今之计就是咱们自己先和日本鬼子打一仗,一是刹刹日军的威风,二是给霍团长他们提个醒,你们看咋样?"平东洋同意陈方义和陈久思的意见:"我也是这个主意,这一打起来,霍团长那边就警惕了,有了准备,不能吃亏。咱们就是人少了一点,不够用。"听了平东洋的话,车凤英自告奋勇:"加上我们黄枪会的人就够啦!"

"可是究竟怎么打,在哪儿打,还要仔细合计合计呀!"陈久思看着平东洋。王友德说:"对呀,平东洋兄弟不是去了海伦了吗?你说说海伦的情况,咱们再合计怎么收拾日本鬼子。"

"我和占江龙去了海伦,半路上收了一个叫吴忠友的难民,是海伦广信公司的伙计。他母亲来咱们这块儿没有哇?"平东洋问。"是从海伦来了几个难民,说是小秃让来的。我还挺纳闷的。"王友德说着点着了烟袋。

平东洋:"是我让他们这么说的,为的是不暴露身份。吴忠友把海伦广信公司的情况里里外外跟我说得很详细,公司的外围今天我也勘察过了。广信公司是一座俄罗斯老毛子造的木结构的两层楼。一层叫日本鬼子做宿舍了,六十多个日军多数住在一层,二楼住的是日军军官和机枪班。院子四周有一人多高的木板杖子,板杖子外面是一米深的壕沟。楼房前后有两个门,前门门口有岗哨,后门是封死的,不走人。大门口也有岗哨,都是双岗。院子南北有三十多米长,东西有二十米宽。我们趁着夜里天黑,突然袭击,干掉这六十多个人有把握。从火车站到广信公司快走也得半个小时,我们也能从院子里撤出来。只是火车站的日军的追击不好摆脱,在返回的路上得有人打伏击支援一下子。海伦的日军人数大约有二百多人,和陈先生说的差不多。"

"这个主意可以,我们是大刀长矛,只能近战夜战。趁夜晚悄没声的摸进他们的营房,面对面地厮杀,这就避开了他们的洋枪洋炮的杀伤力。"陈久思听完了平东洋的话,很是高兴,他非常赞成平东洋的想法。

"对,打他一个措手不及,出其不意。天黑,日本鬼子也不知道俺们有多少人,大伙再喊咒语,扰乱他们的军心,军心一乱就没有斗志啦!"王元奎很有信心地说。

"弟兄们多少都会两下子,单打独斗玩刀片子,小鬼子真不一定是对手。这是个好主意。"占江龙也很赞成平东洋的主意。

平东洋:"就是缺少在返回的路上埋伏支援的力量,如果黄枪会的人能支援一下子就好了。在我们撤下来的时候,日军肯定得追击。在日军进了黄枪会的埋伏圈里的时候,黄枪会从到两边冲杀出来,我们再返回来攻杀他们,日军三面受敌,又是一个措手不及,只能溃退,他们的小钢炮啊、机关枪啊,都使不上,敌我双方交叉混在一起拼杀,我们占主动攻击,配合得好了就能全消灭追来的日军,我们就能安全地撤回来。海伦西门外的庄稼也很茂盛,黄枪会的人正好在那里埋伏,截杀日本鬼子。"

第五章

陈久思点点头:"就这么定了,今天是八月初四,明天咱们就出发,晚上到三门谢家和黄枪会的人会合。赶到海伦正好是下半夜,没有月亮,摸鬼子的老营正好。凤英,你明天起早就赶回去,和你杨大爷说明白我们合计好的打算。抓紧时间在天黑的时候赶到三门谢家和我们会合。一定记住:明天天黑的时候在三门谢家会合。到时候见不到你们,我们就不等了。另外不要把刘宏轩投敌的事情说出去。"

车凤英说:"记住了。明天晚上在三门谢家会合。"

平东洋又说:"鬼子住的楼房是一座木头做的,刷的油漆,很容易燃烧。咱们用洋油把他给烧了,保准一个鬼子也跑不出来。"

"好哇!咱们来一个诸葛亮火烧藤甲军,烧他个小日本儿一把火,看他还祸害人不。我去准备洋油,十斤洋油够不够?"王友德问平东洋。

"够了,那楼里的木头都刷的油漆,那东西粘火就着。"平东洋很有把握地说。

陈久思最后告诫大伙:"今天咱们合计的事,谁也不能走漏了消息!否则按会规处置!"众人答应着出去了,屋里只剩下陈久思和平东洋俩人没有动,他们互相对视,似乎有话要说。

平东洋先开口了:"大哥,红枪会里,你是大法师,会员都信服你、拥护你,你不能有闪失。明天这一仗,我先带着金山、二法师去摸岗哨。只要摸掉了岗哨,咱们这一仗就赢了一大半了。在咱们进屋前不惊动屋里的日军那就全胜了。"

陈久思摇摇头说道:"兄弟,正因为我是大法师,会员们都信任我,我必须冲在最前头,这样才能鼓舞会员的士气和斗志,不然就团结不了会众,这仗也就没有法打了。""如果你出了意外,红枪会群龙无首,以后怎么办?打日本鬼子又不是一仗两仗就完的事,一天两天能完吗?"平东洋不肯让陈久思冲在最前面。陈久思:"明天我留下话,指定我的继承人。"平东洋连连摆手:"千万不可!你留下话那就等于佛法不灵了,有被枪打死的可能啊!那以前我们的功夫就白费了,人心可就真散了。"陈久思想了一会儿:"让仲仁和你们一起摸鬼子的哨兵,这样中了吧?"平东洋答应了:"中,就这样吧。"

这时王友德提着洋油桶走了进来,后面跟着占江龙。王友德问平东洋:"兄弟,这些洋油够不够?""够了,挑可靠的人拿着,别弄洒了。这是咱们的法宝,告诉兄弟好好护着,比命还重要哇!"平东洋叮嘱着。

占江龙对陈久思说:"大法师,平东洋兄弟,我占江龙和弟兄们投奔红枪会,就是为了打鬼子,这回一定让我和弟兄们去呀!"陈久思说:"大当家的,是让你和弟兄们去的。咱们共同去打鬼子,一起为父老乡亲们报仇,你叫弟兄们一定得听号令啊!"占江龙说:"大法师,没有说的。这个我懂,上阵号令不齐,那还打什么仗啊?我绺子上的人一定听大法师你的号令,保准不出差。"平东洋:"打打别别还全靠你们呐,大当家的。"

陈久思:"小秃,去通知二法师、仲民、元奎、仲仁来议事。"小秃立刻跑出去通知人。"平东洋,咱们先把人手分好了,严明会规军法。再审王副官。""对呀!把戒律讲好了,王法无亲,军令如山,谁也不能犯。"王友德重复着陈久思的话。

二法师他们一伙人进屋。陈久思说道:"明天打鬼子去,只带老会员和占江龙的弟兄们。你们四个人各领自己的小队,我带一队,平东洋和占江龙的人在一起行动。"二法师说:"仲民,元奎,我们三个人领的是长枪队,仲仁领的是短刀队,剩下的是混编的一队,就由大法师领着吧。"陈久思:"行,你们现在就先歇着去。王大哥今天晚上不能睡觉了,叫伙房准备好四顿饭的干粮。还得套两辆大车,拉干粮和武器。全队的人都换成便装,分散开过河。到三门谢家再聚齐。大车由占江龙大当家的负责押运。"

二法师和众人分头准备去了。王友德召集伙夫连夜做干粮。房中又剩下平东洋和陈久思他们俩了。平东洋:"被我捆回来的王副官还不知道咱们是红枪会的人,咱们就装成土匪绑票的,顺着他的意思往前赶,主要是套出他的实话来,看他咋说。我去把他带过来,让金山也来,一起审他。""行,按你说的办,套出他的实话来。"陈久思同意平东洋的办法。

平东洋出去不大的工夫,就和金山把王副官带了进来。陈久思也换了便装,坐在地桌旁的椅子上,手里摆弄着一把宝剑。金山把王副官的眼罩摘下来,王副官揉揉眼睛,四下里看看,认出了金山,急忙拉住金山的手:"金山兄弟!误会呀!误会!我是刘副司令的副官呐!咱们不是在一贯道张坛主家里见过面吗?咱们是朋友哇!"

金山愣住了,不知道怎么回答王副官的话。陈久思和平东洋互相看了一眼。

"哦,是金山的朋友?你是刘副司令的人?那都是朋友。我问你,枝下少佐你认识不认识?"平东洋顺着王副官的话问道。

王副官对平东洋也有一面之缘,那是在胥家母女到拜泉之初,他奉刘宏轩之命跟踪胥君茹和平东洋到旅馆,在门口听声被平东洋抓住了,所以他对平东

第五章

洋有印象。在三道沟子他喝醉了,模模糊糊地只是道谢、许愿,根本没有想起来。现在平东洋问话,他又对平东洋依稀有点印象了,可是又想不起来在哪见过。对金山熟悉,是因为在张明强家里见过多次,以为平东洋也是金山一路的。马上回答平东洋的问话:"认识,认识。枝下少佐被红枪会抓住,还是我放的他呢!只是没有机会搭上话,他只和刘副司令联络。"他完全不戒备对方。

在金山投奔红枪会的时候,平东洋就从金山那里了解到日特在拜泉的活动情况,并且知道日特的名字。因此就以一贯道的人自居:"枝下少佐不是说了吗,要刘副司令和一贯道一起联络各路好汉投奔日本人,你们怎么单独行动呢?想吃独食吗?枝下可还在我们坛主那儿呢,他要是知道你们单独行动,能饶了你们吗?"

王副官转了几下眼珠子:"嘿嘿!这么说你们是一贯道的人啦?兄弟我是受刘副司令的指派,给驻海伦的皇军送信,带了回信。别的就不知道了。"平东洋:"你们直接和海伦驻军联络?枝下太君不是给你们刘副司令发了电台了吗?咋不用电台联络?还派你去。"王副官:"那电台只能和枝下太君联络。再说这次刘副司令被派到三道沟子是很突然的事,来不及带电台就随着队伍开拔了。所以才派我去送信。"平东洋佯装不相信王副官的话:"胡说!不通过枝下太君,你们怎么和海伦的皇军联络?"王副官急忙辩解:"很简单,见了日本皇军就用日语说'随日',就可以见到他们的长官。"

陈久思等三个人互相望了一眼,陈久思说:"对不住了,是个误会。可是现在也不能放你回去,你得在这里待几天,等张坛主的命令,再决定是不是放你。先看起来,让他吃饱了。"

王副官冲着金山喊道:"金山兄弟,救救我吧!"金山也顺着话头说:"你先委屈几天吧!"说完押着王副官走了。

陈久思问平东洋:"这个人的话可信吗?"平东洋:"可信。刘宏轩投敌,不会让部下知道太多。日本人回信写的都是日文,王副官不认识,要不是陈先生认得日本字,累死咱们也猜不着刘宏轩投敌呀!""那王副官说的联络暗语是真的吗?"陈久思还是不放心。平东洋:"就算是假的也没有关系。咱们用这句日语来蒙鬼子。日本鬼子乍一听说日语的就有一种自己人的感觉,警惕之心就放松了,咱们和他们的距离也就是十几步了,等他们再问话的工夫,咱们那就和哨兵面对面了。走到跟前就动手,没等他缓过神来,咱们就得手啦。"

陈久思也想起一件东西:"对呀!日本飞机撒传单不是劝降吗?屯子里的

人捡了不少,也不认得,都引火烧了。再找几张拿上哄鬼子。等他回过味儿来也就完了。那就请陈先生教你们几句日语吧。"平东洋点点头:"对,明早上就让陈先生教吧。记住咋出声就行了。"二人说完话,平东洋告辞回去休息。

陈久思送平东洋出了上房,到了院子当中留步。他抬头仰望天空,天边的新月早已落下,天河斜横,繁星璀璨,夜空如洗。整个屯子静极了,杖子外边的草丛里传来阵阵蛙鸣,院子的角落里蟋蟀声声鸣叫。劳作一天的人们已经进入梦乡。陈久思停步凝神,他也惬意眼前的宁静,默默地沉思。这时有人给他披上衣服,是妻子悄悄地来到他的身旁:"夜深了,天凉了,进屋吧。"

陈久思拽了一下妻子给他披上的衣服,自言自语:"多么安静啊,家家都进入了梦中,多么安稳的日子,祖祖辈辈都是这样的生活。这可恶的倭奴,就是不让人过太平日子,欺负到家门来了。孩子他娘,明儿个这仗是红枪会成立后和日本鬼子的头一仗。咱们是大刀长矛,倭奴是洋枪洋炮,咱们要是算计不好是要吃大亏的,是要死人的。"

陈久思的妻子:"能不能让他们哥俩留一个在家呀?"

"不行!坚决不行!我是大法师,临阵对敌,贪生怕死,那还能服众吗?对会员就没有威信啦!还能打败日本鬼子吗?为了保卫家园,保护乡亲们不受倭奴的祸害,保卫安宁的生活,咱们家就是死没有了,也值啊!你要好好地劝劝兰芝,叫她不要担心,给会员家属做个榜样。"陈久思耐心地劝解着妻子。妻子含泪点头:"是。"

仲民和兰芝还没有睡着,仲民对兰芝说:"明天出发去海伦打鬼子,你在家里也要小心,好好地照顾妈妈。"兰芝答应着:"嗯呢,你上阵杀敌,多保重,多杀鬼子,照顾好爹和仲仁。"仲民:"我知道。"二人相拥而眠。

四

太阳刚刚出来,车凤英就骑马奔柳大房子去了。红枪会的会员集合在法台前面,两面大旗迎风飘摆。法台上设着香案,上面供奉着文殊菩萨的牌位。台下会员们按队站列,一律是青头巾,青坎肩,红腰带。陈久思身披红斗篷,登台讲话:"咱们红枪会今日出征杀敌,各位会员自当奋勇争先,向日寇讨还血债,为同胞报仇,用我们的生命一雪国耻!为壮我军威,增我灭敌之勇气,用两个汉奸胡子的头祭我红枪会的大旗!"

第五章

　　二法师等人押着罗锅孙、飞龙到法台前跪下。

　　陈久思接着讲道："各位会员,要严守秘密,奋勇杀敌,佛祖与我们同在,护佑中华永存,会众永生。把汉奸押往刑场斩首祭旗!队伍开拔!"会员回到住处换衣服分头出发。

　　占江龙对手下的弟兄说:"弟兄们,这一回咱们可要出一口气啦!要给死去的弟兄们报仇啦!以前咱们吃了迷魂药了,干了对不起乡亲们的事,作了孽。这一回咱们要用自己的血和命来赎以前的罪孽。平时咱们在自家人面前耀武扬威,这回咱们在鬼子面前决不当孬种!"

　　平东洋:"大当家的,咱们头一次行动,一定要听号令,把弟兄们分派好了,别出岔子。弟兄们怎么走,你们自己想办法,一定看护好拉武器和干粮的这两辆大车,你们骑马目标大,要多加小心。"

　　占江龙嘱咐青山和交的宽:"你们俩再领五名弟兄押送大车,失落了大车你们俩就别活了。"青山斩钉截铁地说:"大当家的,赚好吧!人在车在。"占江龙一伙人各自走了。

　　因为胳膊有伤,陈方义昨晚上睡得早,今早起来看见红枪会誓师出征,就走到平东洋跟前:"我也和你们去,我会日语,也许有用处。"平东洋:"你已经受伤了,还是一个学生,上阵杀敌你不行。"陈方义:"我和胡子交过手,见了血,胆子也算是练出来了,我还会使手枪,会日语,对偷袭日军一定会有帮助的。最重要的是我领学生宣传抗日,号召百姓参军参战,不能只动嘴呀!今天动真格的了,我能落后吗?我一定给大伙带个头。"陈久思想想:"去吧,但是不能离开我跟前,听命令。王大哥看家,咱们走。"平东洋把手枪分给陈方义和小秃,众人骑马出发。平东洋对陈久思说:"大法师,我和金山、小秃先奔海伦去,再探听一下日军的动向,再返回三门谢家,你就和大队走吧。"陈久思:"中,三门谢家大车店聚齐。"

　　车凤英马不停蹄跑到柳大房子,在院里跳下马直奔上房。杨千瑞、车平起和侯广义等人在议事。看见车凤英风风火火地走进了屋里,车平起就说:"把学生送走了,就该快点回来,又在外面待了一宿。""侯大叔没跟你说吗?我和陈先生、胥姐姐一起去县城送信啦,又和他们返回万宝山了。"车凤英说完,喘了一口气。杨千瑞:"那你昨晚上是在万宝山住的啦?"车凤英:"可不是咋的。红枪会今天出发去打海伦的日本鬼子,让咱们帮忙打埋伏。"车平起惊讶地站了起来:"什么?打鬼子?怎么打?"

◇ 通肯河传

　　侯广义递给凤英一碗水："大侄女,你把红枪会的打算仔细说说,我们听听。"

　　车凤英："他们今天晚上到三门谢家聚齐,会合咱们一起走,今晚后半夜到海伦西门外,咱们在离西门四里地的地方埋伏。红枪会趁黑夜摸进鬼子的营房,杀鬼子一个措手不及,消灭了鬼子再撤回来。为了防备海伦火车站的日本鬼子来增援追击,我们在半路上再截杀他们,再打他们个出其不意,措手不及。咱们现在就得走,晚上到三门谢家会齐。"说完接过水一口气喝干了。

　　车平起听说红枪会已经走了,要求他们在半路上打埋伏,有些不服气："他们让咱们殿后,掩护他们,这事有些不妥,他们抢了头功,成了英雄了。""大法师,都是打日本鬼子,分什么殿后啊、掩护啊。再说了,日本鬼子在后面追来了,也有咱们一显手段的机会呀!"侯广义劝着车平起。车平起说："那也不如冲进鬼子窝里杀得痛快呀!"

　　车凤英着急了："爹,杨大爷,我都答应了人家啦!哪能没有信用呢?"

　　杨千瑞："凤英,别急。杀东洋鬼子咱得齐心,都是佛祖的信徒,中华子孙,再说咱们是在关老爷面前发了誓的,'互相支援,生死相救'哇。咱们一定去帮红枪会的弟兄们,杀鬼子去。"车平起坦率地说："帮是得帮,我是没捞着打头阵有点别扭,现在赶紧叫伙房准备干粮,半个时辰就出发,来得及,咱们这块比他们万宝山近十四里路呢,到三门谢家赶趟。"杨千瑞："我这就去准备干粮,光靠咱们伙房做不出来,让全屯子的乡亲们一起做就赶趟啦。"说完就出去了。

　　车平起对侯广义说："哥,这趟就咱俩带一百五十名会员,咋样?老杨大哥看家。"侯广义："嗯呢,留一半人看家。咱俩带一半人就够日本鬼子喝一壶了。"车凤英："我呢?我也去呀!爹!""你就别去啦,在家和你杨大爷看家!"车平起一摆手,拒绝了车凤英的请求。车凤英："不行,没有我你们也找不到红枪会。""不就是三门谢家吗?谁还找不着哇!"车平起不同意女儿去。

　　车凤英："爹!你护短,你有私心!大法师的女儿临敌不前,该当何罪?"车平起还真没想到这些,只是嫌她是个女孩子,没有男子有力气,不能打仗。叫凤英这么一说还真是点明了他。"什么?我护短?真是笑话,我是嫌你不中用!那好,为杀仇敌,咱父女阵上见,看谁杀死的鬼子多。"车平起答应了。车凤英见爹爹答应了,高兴极了："好啊!谢谢爹!"

　　杨千瑞进屋来问道："去多少人呢?我告诉全屯子各家各户都为咱们做干粮。"车平起："去一百五十人,咋样?"杨千瑞："能够用吗?多带一些吧。"车平

第五章

起:"不用。出其不意,攻其不备,一百五十人不少啦。撤退也快。"车平起叫侯广义召集会员查点人数,做好出发的准备。车凤英对车平起说:"爹,人家红枪会是分散走的,穿的是老百姓的衣服,如果咱们招齐人马一起走,不是让人们都知道了吗?"车平起:"就是让老百姓都知道咱们黄枪会去打日本鬼子呀。""那日本人不是也知道了吗?他们不是有了准备了吗?"车凤英劝他爹。车平起一拍脑门:"对呀!这不是为鬼子送信了吗?好悬呐!那咋整啊?"车凤英说:"咱也分散走,这就走,三道沟子的古塔下聚齐。然后再过河到三门谢家与红枪会的人聚齐。都换衣服。"黄枪会的人出发了。

五

季丽娟一夜思来想去,最后觉得还是去陈方义家里看看,一是主动接近陈方义的家里人,二是她也担心陈方义一个人在乡下活动不安全。天快亮的时候她迷迷糊糊地睡了一会儿。等到季平叫她起来吃早饭的时候,已经是早上六点半了。她草草地吃点东西,就到大街上雇了一辆脚车子,下乡去了四家店陈家大车店。

季丽娟坐脚车子到四家店陈家大车店,已经是上午八点钟了。脚车子进了车店,伙计上前招呼:"打尖呐,老板子?"赶车的老板子回头对车里说:"陈家大车店到了,小姐。"车里应声道:"先喂马,你先吃饭,叫伙计把他们掌柜的叫来。"车老板子对伙计说:"听到了没有?车里的小姐叫你们的掌柜的来呢。"伙计赔着笑脸:"请小姐先下车吧,我这就去请我们掌柜的来。"

季丽娟下了车,走进店房。车店的掌柜的也进了店房:"哪位客人叫我,有什么吩咐?"季丽娟:"是我,大叔。你们少东家陈方义在家里吗?"掌柜的打量了一番季丽娟,看她是面容憔悴,眼圈发黑,一副病容,一只胳膊还绑着绷带,心里很是纳闷。但是他还是满脸赔笑:"我们少东家昨天下午回家来的,是路过,在家里稍作停留,就又去了大泡子,再我就不知道了。"季丽娟又问:"那你们东家在不在?"

掌柜的一听来人不简单呐,找不到少东家就找老东家,他连忙说道:"在,在。在后院家里,没事他不到车店里来。"

季丽娟:"麻烦大叔给我通报一声,就说方义的同学季丽娟求见陈伯父。"掌柜的赶紧说:"好,好。不麻烦,您先坐。"回头喊伙计:"上茶!"他转过身又对季丽娟说:"小姐稍候,我这就去给您通报去。"掌柜的转身出去了,伙计端上茶来:"小姐,请用茶。"

季丽娟问伙计:"伙计,你们少东家去了街上就没有回来吗?"伙计说:"好像是天快黑了的时候,才从街上回来,但是又走了,不知道去了哪里。"季丽娟:"就他一个人走的吗?他一个人能去哪里呢?"伙计:"不是,还有俩女的,其中有一个是在我们店里住过的。走得挺急,好像有重要的事情要办。"正说着话,陈百元跟店掌柜的走进了店房。掌柜的给介绍:"小姐,这就是我们东家陈百元陈大爷。东家,这位就是少东家的同学季小姐。"没等掌柜的介绍完,季丽娟已经站起身来给陈百元行礼了。因为陈方义被吴四抓住受伤住院,他们俩在医院里见过面,认识:"伯父好。"

陈百元连忙摆手:"季姑娘请坐,老朽不敢当。不知季姑娘到寒舍有何见教哇。"季丽娟依然站着:"伯父,我与方义是同学,在学校里互相帮助,互相照顾,建立了很深的感情,我们恋爱了。方义向我明确表示非我不娶,我也是非他不嫁。伯父,我求您成全我们吧!"

陈百元:"哦!有这等事情?方义这个混账东西,竟然置父命于不顾,在外私订终身!这件事我陈家不能答应!方义已有未婚妻了,就是胥玉乾的女儿胥君茹。原以为她不在了,想不到天佑忠臣呐!我那苦命的儿媳妇竟然还活着!真是老天有眼呐!这真是好姻缘棒打不散呐!你就别作他想啦!"陈百元说到这里有些激动。

季丽娟:"这件事方义对我说过。他是不承认这门婚事的。况且胥小姐也反对这桩婚事,这两个人都不同意的婚姻能幸福吗?"陈百元:"父母之命,媒妁之言。婚姻大事自古就是这么个理。我陈家怎么能悔婚呢?"季丽娟:"现在的进步青年订婚讲的是志同道合、志趣相投。""你和方义也不是志同道合呀?他在忙抗日的事情,前几天送学生下乡,在于家店前边叫胡子把胳膊都砍伤了。"陈百元说着儿子受伤的事禁不住老泪纵横。

季丽娟一听陈方义受了伤,大吃一惊,急忙问道:"方义负伤啦?重不重?我和方义志向一致,都是主张抗日的,我身上的伤就是为了保护方义而被人打的。"陈百元听季丽娟说为了保护自己的儿子而受了伤,口气有所缓和:"季姑娘,你还是请回吧,你做不了我们陈家的儿媳妇。"季丽娟固执地问道:"方义在哪里?和谁在一起?他的伤咋样啦?"陈百元:"方义他不在,如果他在家,我一定三头对案,把这件事情讲清楚,以后谁也别再提起。昨天他和胥君茹一起从三道沟子回来,一同来的还有一位姓车的姑娘,在家里没有待多大工夫就去了大泡子。从大泡子回来已经是眼看天黑的时候啦。在店里吃了一口饭,三个人又走啦。可能是去了万宝山。"季丽娟:"我去万宝山找方义去!"说完叫车老板子套车。陈百元也不挽留,叫伙计不要算店钱。

　　季丽娟赶到万宝山已经是上午十点半了。红枪会的会员报告给王友德,王友德很奇怪,在街里他见过季丽娟,但是不知道是季县长的女儿。王友德对季平的印象很不好,因为他不给军队士兵好粮食吃。听见会员报告说是来找陈方义的,是季县长的女儿,陈方义的同学,王友德就留了一份心眼,当季丽娟下了脚车子,走到他跟前时,他就问:"季小姐所来有什么事吗?"

　　季丽娟:"四间房陈家大车店的少东家陈方义在这块没有?我是他的同学,我叫季丽娟。"

　　王友德:"陈先生不在我们这里,据他讲他要回县城,今天早上就走了。"他没有告诉季丽娟的准信,是想把季丽娟打发走,回县城。防止一个女学生在外面出意外。告诉她实情又怕她泄露了消息,所以王友德撒了谎。

　　季丽娟这会有点犯难了,谁也不认识,找不到陈方义,赶脚车的老板子又一个劲地催她快点回县城,说是晚了路上不安全。季丽娟也只好又坐着脚车子返回县城了。

六

　　红枪会的人已经过了通肯河,三五成群地向三门谢家前进。这时候三道沟子东门外的通肯河大桥上走过来一队东北军的士兵,他们来到桥上站岗设卡,封锁了通往海伦的官道。

　　刘宏轩走过来给士兵们训话:"昨天发现王副官在这镇子上的酒馆里喝酒,弟兄们,认真搜查,这小子私自放跑了日本间谍,他是个汉奸呐!坚决抓住他!在通向海伦方向实行戒严,一个人也不要放过去。"士兵们听完了刘宏轩的训话,各自散去搜索王副官的下落。

　　过了一阵子,黄枪会的人也到了三道沟子的古塔下面。最先到的是车凤英,她等了一会儿,车平起、侯广义等人也陆续到了,侯广义把会员们集合在一起,大伙向东门外走去。他们到了大桥边被士兵拦住了。领队的祁连长认得车平起,就说道:"对不起,奉命戒严,不能过桥哇。"车凤英:"祁长官,我们过河支援红枪会打日本鬼子,你可不能阻拦呐!误了事你可兜不起呀!"祁连长一听:"啊!是这么一回事啊!我报告刘副司令再放行。"车凤英:"祁连长,你只说是黄枪会要过河打日本鬼子,别提红枪会的事啊!"祁连长问道:"为什么?"祁连长有点不明白。"你就这么说吧。千万别提红枪会已经过河了,求你千万别说啊!"车凤英几乎要急哭了。

祁连长疑惑地点点头:"好吧,就按你说的办。"他回到三道沟子街里的旅馆中,向刘宏轩报告:"报告刘副司令,黄枪会的大法师带领人要过河去海伦,打日本鬼子,是否放行?"

刘宏轩正在旅馆里抽大烟,一听祁连长的报告大吃一惊:"什么?打日本鬼子?"刘宏轩眼珠子转了几转:"咱们正在搜捕逃跑的汉奸,他们却要过河,把汉奸放跑了谁负责?嗯?为了防止王副官向海伦逃跑,通往海伦的道路一律戒严!一个人也不放行!谁也不能过河,违令者枪毙!"祁连长:"是,违令者枪毙!"

祁连长又回到桥上对车凤英她们传达了刘宏轩的命令:"大法师,副司令为了抓王副官下了死命令,通往海伦的路口一律戒严,一个人也不能过河。违令者枪毙呀!"祁连长无奈地说完刘宏轩的命令,车平起等人大吃一惊。车凤英:"祁连长,这可是误了大事啦!整不好红枪会的百十名会员要遭殃啊!这可怎么办呐?"几个人急得是干搓手,想不出办法来,眼看着时间一点一点地过去了。

傍晚的时候,红枪会的人集合在三门谢家屯子外的庄稼地里休息,吃干粮。二法师清点人数。陈仲仁去屯子里大车店与黄枪会的人取得联系。陈仲仁在大车店里等,到上灯时分,也没有人来,把陈仲仁急得团团转,无奈陈仲仁只好回地里报告。

陈仲仁走出屯子,来到地里,看到陈久思低声说:"爹,没有看见黄枪会的人来。咋整?"陈久思一惊,看看四周会员们都在吃干粮,没有人注意。他反问儿子一句:"咋的?黄枪会的人没来?"

平东洋和金山、小秃一行人回来了。陈久思让其余的人去休息,留下平东洋,低声说道:"黄枪会的人没有来到。"

平东洋也很意外:"那就剩下红枪会的人了!大法师,这仗还打不打?"

陈久思斩钉截铁地说:"打!一定要打!就是剩下你我二人,也要杀东洋鬼子。不然老百姓就会失望的呀!红枪会的威望就没啦!我们继续前进,一定保持肃静,不许出声。佛祖保佑我们!"

第五章

　　平东洋点头:"大法师,海伦的日军没有变化,还是西头广信公司一伙,东头火车站一伙。我们按原计划的安排进行。黄枪会的人没有到,咱们得把人分开了,不能都去广信公司了。现在该走了,晚了时间不够用,到了埋伏地方再说吧。"陈久思一挥手,队伍静悄悄地又出发了。

　　此时车平起在三道沟子急得没有招儿,又到桥头找祁连长合计办法。

　　车凤英非常担心:"红枪会人单势孤,要陷入日军的包围之中,没有人接应,非全军覆灭不可。"

　　祁连长疑惑地问道:"你为什么不让我说红枪会已经过河去海伦了呢?"

　　车平起诚恳地对祁连长说:"就怕红枪会落入虎口,不但杀不了倭寇,反而搭上百十条性命,祁连长,咱们再合计合计,想个万全之策啊!"

　　祁连长无奈:"军令如山,我怎敢抗命啊!"

　　车平起大怒:"我看下这个命令的人是个汉奸!弟兄们!咱们冲过桥去!"

　　祁连长劝道:"大法师,你不要动怒,我也是没有办法呀!"

　　车凤英小声对祁连长说了几句话,祁连长吃惊地问道:"是真的?"

　　车凤英:"是真的,就连我爹都不知道,王副官就在万宝山。"

　　祁连长还是有些不信:"这事可非同小可,你可不能乱说呀!"

　　车凤英神情凛然:"干啥我要乱说呀?我们去杀日本鬼子,整不好都回不来,还诬陷他干什么呀?这不明摆着吗?红枪会、黄枪会捆不到一起去,一个一个去送死。我把这事告诉你,你也多一个心眼,提防着他。"

　　这时团部的传令兵和一个青年骑马来到桥头。

　　传令兵:"报告连长,团座有信给你。"说罢把信递上。车凤英瞅瞅那个青年,认得。是胥君茹化装改扮的。凤英上前问道:"姐姐是你呀!你怎么和传令兵在一起呀?"

　　胥君茹:"红枪会出发没有叫我。等我起来时他们都走了。我问王大爷,他又不肯说,后来我备马要自己出来找平东洋他们,王大爷这才说了实话,告诉我他们的去向。我骑马追来,就赶上你们过不去桥,是刘宏轩搞的鬼。我急得也没有办法,后来听士兵说他们团长是霍刚,就住在这镇西的大屁股山。霍刚是我表叔,我就找他去了,把昨天抓到王副官及搜出信的事都跟他说了,霍刚开始还怀疑,后来我把信的内容学了一遍,他才信了。我就把红枪会的作战计划告诉了他,他说这个'出其不意,突然袭击'是个好办法,能发挥咱们的大刀长矛的优势,就怕天亮了叫鬼子缠住就糟了。我说黄枪会是负责截击日军的追兵的,可是过不了通肯河,刘宏轩在这里搞鬼,我让他想办法,他写了一封信,叫传令兵和我一起来了。"

祁连长看完了信,回身叫道:"传令兵,召集三个排长来有事。大法师,你带多少人来?"

车平起愤愤不平:"一百五十人,怎么的,你要动武吗?"

祁连长解释道:"大法师,你别误会,留下六十人在这儿,大法师和侯大哥二位留下;车姑娘带上剩下的黄枪会的人和我的一排长,你们带上四挺机枪,加上这一个排的弟兄去接应红枪会他们。你看怎么样?留下这些人蒙一下刘副司令。这叫'瞒天过海'之计。走!咱们陪刘副司令喝酒去。二排长、三排长把弟兄们带好,把游动哨放到河对岸二里地远,监视海伦方向的日本鬼子。我陪副司令喝酒去。"

车平起大喜,几个人一合计,叫车凤英和一排长出发,会员只带武器,一排长命令急行军前进。胥君茹骑马跟在队伍的后面,救援的队伍消失在夜色之中。

祁连长、车平起和侯广义三人一起进了刘宏轩住的旅馆和他寒暄。

车平起抱拳行礼:"副司令不辞劳苦,为抗日救国奔走,车某等佩服得很,请副司令赏个脸,咱们一起喝几杯酒,怎么样?"

刘宏轩一脸狐疑:"无缘相交,怎么好意思呢!"

祁连长在中间也极力相劝:"车大法师好交朋友,在三道沟子的地面上那是有了名的,就请副司令赏脸,我也借光喝几杯。"侯广义也热情邀请:"我们大法师一片诚心,反正今天也过不了河啦,我去安排弟兄们住下,请司令务必赏脸呐!"祁连长:"是啊,我叫几个排长在桥头那儿守着,连个鸟也飞不过去。副司令就放心地喝酒吧。"

刘宏轩看看车平起,又看看侯广义,心里想:这两个头领都在,只要他俩不走,剩下的人没有领头的,就闹不出大动静来。想到这他打着哈哈说道:"今日大法师盛情美意,刘某却之不恭,那就从命啦!哈哈哈!"车平起:"请!"一行人出了店房,去了酒馆。

车凤英带领着黄枪会的会员们紧紧地跟在一排长的队伍后面,向海伦疾进。

第五章

七

鸡叫头遍的时候,红枪会的队伍到达海伦西门外五里远的庄稼地里,队伍停下来。

陈久思:"队伍停止前进,在路边的苞米地里休息,吃干粮。二法师清点人数,检查武器。平东洋分派人手,准备和日本鬼子开战。"

平东洋:"仲仁的短刀队,二法师的长枪队,占江龙的弟兄们跟我进攻日本鬼子的营房;仲民和元奎两个长枪队在此地埋伏。等到我们撤回来,截住追来的日本鬼子拼杀。不管我们发生什么事情,你们都不要动,只有日本鬼子追到你们的面前,你们和日本鬼子面对面的时候,你们再杀出来,打他个措手不及。如果天亮了还不见我们回来,你们就分散开,不走大路,走庄稼地返回老家,留一两个人打听我们的消息。大法师在我们后面作法、指挥。大家赶紧吃东西,歇一会儿。等打起来谁也不能手软,往死里砍杀!给亲人们报仇!别叫鬼子喘过气来!"

陈久思:"都听明白了吧?就按照平东洋的意思干!谁也不能含糊!"他一边说着话,一边给每个人一张写了符的黄纸条,让大家吃下去,会员们照办。

平东洋对占江龙说:"大当家的,你使枪的弟兄们在院外掩护我们进院的人,你们都在院子的西面埋伏,看住二楼的窗户,专打鬼子的机枪。没有枪的弟兄跟我进屋动刀子,杀日本鬼子,千万不能恋战。尽可能地不让楼上的鬼子发现,或者发现得越晚越好。楼上的日本鬼子的机枪不响,你们的枪也不开火,不要过早暴露火力。咱们人少,武器不行,日本鬼子人多,武器好,咱们就是靠突然袭击,打他个措手不及。二法师、仲仁、我和交的宽一人带一组,一组管一个屋子里的日本鬼子。青山兄弟和金山你们俩守住楼梯口,压制楼上的机枪,别让他们往下面打枪就行。"

占江龙:"是!弟兄们!都听平东洋的命令,有枪的跟我,没有枪的跟交的宽动刀子去!谁也别当孬种!"

众人坐在地上休息,陈久思在默诵咒语。

平东洋:"陈先生、金山跟我一起走。现在听大法师的号令!"

陈久思站起身来拔出宝剑举向天空:"佛祖已经附体,保佑我们杀尽倭贼!出发!"

◇ 通肯河传

　　众人消失在夜色中，留下来伏击的会员钻进了庄稼地里。庄稼地又恢复了寂静。
　　平东洋带着陈方义、金山走在队伍的最前面。来到广信公司近前，陈久思带一小队留下，占江龙带领十二名弟兄摸到院子西边的庄稼地里埋伏起来。平东洋在离广信公司有五百米的地方叫队伍停下，吩咐仲仁和二法师看自己的手势再前进。自己带领金山、陈方义向广信公司走去。远远地就看见公司大门口亮着昏暗的电灯，有两个哨兵站岗，院里楼门口也有两名哨兵，门口也有一盏门灯，不是很亮。平东洋从黑暗中走出来，走到了门口附近，就被哨兵发现了。哨兵端起枪，拉着枪栓喝问道："什么的干活？站住！"
　　陈方义用日语回答："随日。"三个人快步走向哨兵。
　　站岗的哨兵听见对方回答说的是日语'随日'，就放松了警惕，背上了枪："好的，大大的好。"话还没说完，就被平东洋、金山一人一个给干掉了。他们二人扶住了要倒下的尸体，拽住要掉在地上的枪支，把尸体放在大门旁边的暗处，没有弄出声响。平东洋示意陈方义把枪带上，陈方义把两支枪背上，平东洋向队伍来的方向一招手，停在原地的会员们悄悄地摸到大门口。平东洋、陈方义、金山三个人进了院子，陈方义对着楼门口的日本鬼子的岗哨说着日本话，吸引了鬼子的注意力，这两个日本鬼子走向平东洋三个人，从黑暗里摸进来的二法师和仲仁用刀子把他们给杀死了。二人也把枪背上。会员们悄悄地进了院子里，平东洋低声对大伙说道："跟我进屋子杀鬼子！给亲人们报仇的时候到了。按照原来的分工，一个组一个屋，悄悄地进去，下手要狠，要快！"说完第一个摸进屋里。
　　一楼有四个房间，平东洋、二法师、仲仁，一人带一组分别摸进一个房间，交的宽也带着一个组进了剩下的一个房间。青山和金山二人站在楼梯口的两侧，一名会员往楼梯上倒煤油。
　　平东洋一伙人摸进了房间一看，是一个通铺，睡着十几个日本鬼子。平东洋对会员们做了一个手势，会员们手中的利刃向睡得像死猪一样的日本鬼子刺去，没有什么动静就把睡在铺上的日本鬼子都杀死了。平东洋命令会员们把鬼子的枪支背上，把手榴弹集中在一起交给了平东洋，人们又悄悄地退出了这个房间，来到楼梯口，平东洋让会员们退到楼外向楼西头走去，自己把手榴弹都摆在楼梯上。这时二法师和仲仁两个组也都退出来了，会员们都背着日军的枪，把手榴弹交给平东洋，平东洋让他们也退出屋子到楼西头集合，然后又把手榴

第五章

弹摆在了楼梯上。只有交的宽一组没有出来,平东洋赶紧到交的宽的房间里去一看,大吃一惊。交的宽和他的弟兄们正在翻鬼子的衣兜。平东洋一挥手中的枪低声命令道:"快走!别贪财,快!"拉着交的宽就往外走。这时一个弟兄从一个鬼子的手腕子上往下拽手表。偏偏这个鬼子只是被砍伤了,并没有死,让这个兄弟一拽又拽醒了,这个鬼子号叫起来,交的宽把手中的短刀掷向这个鬼子,这个受伤的鬼子被短刀穿个透心凉,一动也不动了。可是他的号叫声惊醒了楼上的鬼子,楼上一片混乱,喝问声,跑步声,叫喊声,乱成一团。有一个军官走到楼梯口往下看,金山把手中的短刀掷向鬼子军官,只听那鬼子军官"啊"的一声惨叫,中刀倒下。楼上的鬼子从楼梯口向下面打枪,青山抬手就是一枪,打中了射手,连人带枪从楼上滚到楼下来,金山上前一脚,踢在受伤的鬼子的脑袋,这个鬼子也一动也不动了。金山捡起了机枪。

这时楼上的鬼子知道自己被困在了楼上,急忙给火车站的鬼子打电话,请求支援。火车站的鬼子军官接电话:"什么?广信公司遭到了攻击?冲进了楼内砍杀皇军?马上支援!"这个军官放下电话,走到屋外吹起警笛:"集合!快快地集合!"火车站的鬼子紧急集合,指挥官挥舞着战刀,坐上了摩托车,把手中的战刀一挥:"广信公司,前进!"摩托车开出车站,日军跟在后面向西街跑去。

广信公司楼上的日本鬼子的机枪响个不停,平东洋:"快撤!金山带领大家从后门走,那里没有灯,冲到板障子跟前,大家一起用力就推倒了板障子,就冲出去了。快!"

金山领着大伙从后门走了出楼房。平东洋点着了火把,放在楼梯上,然后走到后门口停住了,他发现楼上有鬼子下来,他拔枪就打,一个鬼子从楼梯上滚了下来。楼上的鬼子也发现会员们出了楼房,就用机枪封锁了院子的空地,把会员们压在楼房的墙根下,有两名会员往外冲被机枪打倒了。

在院外埋伏的占江龙听见机枪响起来,马上喊道:"弟兄们!瞄准窗户上的机枪!狠狠地打!"他手下的弟兄们向楼上的窗户射击。可是他们大多数是短枪,射程不够,眼看着会员们被压在墙根下出不来。占江龙急眼了:"往前压!靠近了打!"他站起来刚向前跑了几步就被机枪打倒了,伤在腿上,他单腿跪在地上,用手枪瞄准机枪位置射击,打哑了一挺机枪,他回头喊道:"都往前压!打!弟兄们!冲到障子跟前向窗户射击!"占江龙的手下的弟兄们冲到板障子外边封锁住了楼上的机枪。平东洋喊道:"快!往外冲啊!"会员们从里往外冲,刚跑到板障子外边,就听见一声爆炸声,接着火光冲天,整个楼房被大火吞灭了。楼上的鬼子有的往下跳,也都摔得不是死就是受伤,受伤的也被火烤死了。

平东洋扶住了占江龙,陈久思给他包扎伤口。平东洋对陈久思说:"快!大法师!快命令会员们撤退!增援的日本鬼子马上就到!晚了就来不及啦!"

陈久思高喊:"会员们快撤退!快撤退!"

会员们被胜利所陶醉,一边走,一边议论刚才的战斗,平东洋着急喊道:"快!快跑!金山,你帮助大法师给占江龙包伤口。"金山扶住占江龙,平东洋领着会员们跑起来。这时天已经蒙蒙亮了。

日军增援的摩托车的嗡嗡声已经听到了,平东洋对大家说:"快跑!加快速度!这是大法师的命令!"会员们这才加快了脚步。青山和金山架着占江龙上了马,交的宽带领弟兄们骑着马走在队伍的后面。

增援的日军冲进了广信公司院内,楼已经烧得快要塌了,大火烤得人不能靠前,日军面对火堆暴跳如雷:"什么人的干活?向四周搜索!"

一会儿,一名士兵来报告:"报告!在尸体中发现有支那人的尸体,是老百姓的服装。"军官走到尸体旁看了看,摇摇头。又有士兵报告:"报告!袭击皇军的支那人向西边逃跑了。"

日军军官:"追击!"说完就跨上了摩托车,向西边追过来。天已经亮了。

会员们跑得气喘吁吁,速度慢了下来,平东洋催促继续跑:"咬咬牙,弟兄们跑过仲民他们埋伏的地方就安全了。坚持住!"陈久思一行人也追上来了,看见会员们跑不动了,就对平东洋说:"让大伙歇一歇吧。"

平东洋着急地说:"不行啊!大法师!鬼子增援的部队速度很快,咱们是跑不过的,再坚持一下就过了仲民他们埋伏的地方,就可以歇歇了。"

日军的增援部队的指挥官在摩托车上用望远镜观察前方,发现了红枪会的人们。他很高兴:"前面有几十个支那人,就是袭击皇军的人。他们已经跑不动啦!快快地,快快地追击!机枪的开火,射击!"摩托车上的机枪开火了,子弹呼啸着从会员们的头上、身边飞过,占江龙的弟兄们有的落马,有的受了伤倒下,还有的吓得趴在地上。可是他们离仲民他们埋伏的地方还有百十多米远。陈久思命令会员都趴在地上。

平东洋:"大法师!咱们就是死也要跑过仲民埋伏的地方!不然仲民他们往这边来支援就是送死,一会儿鬼子的机枪停了,你就带领会员继续撤,小秃、金山、陈先生跟我来。"说完往路边一滚,小秃三个人也跟着滚到路边,平东洋说:"趴好了。"四个人都趴在路边的沟子里。平东洋从金山手里拿过来机枪摆

第五章

弄了一下，机枪是好的，还有子弹，他对小秃和陈方义说："你们俩爬到地里，看准了摩托车上的机枪手开火，打两枪就趴在垄沟里别抬头。"

两个人答应着，陈方义往地里爬，小秃打着滚骨碌到地里。两个人趴在地龙沟里抬头看着日军的摩托车。平东洋看着追击的日军临近了，喊道："开火！"陈方义和小秃一齐开火，子弹打在摩托车的车身上，叮当乱响，日军机枪手急忙把枪口调转过来向小秃他俩射击。平东洋趁机击毙两名机枪手，吓得另外两名射手急忙叫停车，下车找隐蔽的地方架设机枪。平东洋喊道："快跑啊！"会员们都爬起来奔跑。平东洋对小秃喊道："小秃！你们俩在庄稼地里往回跑！"大家狂奔，穿过了仲民他们埋伏的地方。

日军的追击部队集合在一起，指挥官用望远镜观察，他发现官道上有几十个红枪会的会员在奔跑，有的倒下爬不起来。他狞笑着："哈哈哈！前面有几十个手拿着原始武器的抗日分子，他们已经跑不动啦！大日本帝国的勇士们，是你们效忠天皇、为天皇立功的时候啦！一定统统地消灭！前进！"日军向前冲锋，大约追击了有百十多米远，突然喊杀声四起，从两边的庄稼地里冲出来红枪会的会员们，他们高喊杀声："杀贼除倭，刀枪不入！"杀向日本鬼子。陈久思也带领会员返回来杀向鬼子，从三面包围了日本鬼子。双方搏斗在一起，日军的机枪也开不了火。

日军突然遭受攻击，措手不及，立刻损伤了十几个士兵。他们原来一共有五十多人，现在还剩有三十多人，有些慌乱，但是他们很快就镇静下来，进行抵抗。他们先退掉枪膛里的子弹，然后三人一组，和会员们拼刺刀。平东洋很担心日军的机枪的杀伤力，他寻找到日军的机枪手，用手枪把他击毙。金山挥舞着短刀连续砍杀了四个日军，包括一名小队长，顺手捡起机枪背在身上。陈久思力敌三个鬼子，三个鬼子抵不过，连连后退，陈久思用宝剑连续刺杀两个日军，逼近日军的指挥官，马上有两个日军士兵跳过来帮助日军指挥官，挡住陈久思的进攻。二法师在旁边冲过来砍死了一名日军，陈久思刺死了另一名日军，日军指挥官大惊，连连后退，被赶过来的王元奎用长枪刺死，占江龙的弟兄们打冷枪击毙了十几个日军，还剩下几个日军被红枪会围在中间，做垂死挣扎。被陈仲民长枪挑死了两个，剩下的也几乎都带伤了。这时又一拨日军追到了，指挥官从远处看见红枪会的人在围攻几个日军，不管被围的日军死活，就下令开枪射击，日本鬼子的机枪开火了，包括被包围的日军都中弹纷纷倒地。平东洋大喊："快趴下！"可是王元奎、陈仲民等会员还是中弹了。陈仲民奋力把手中的长枪投向一名日军,长枪刺穿那名日军的胸膛,他们都倒下了。陈久思的胳膊受了伤,占江龙支起身子喊:"交的宽,带领弟兄们向前压!"他刚喊完就被机枪打中了。交的宽大喊:"为大当家的报仇啊!打呀!"有枪的弟兄们一齐开火,日军的火力弱了下去。交的宽站起来:"往前压!弟兄们!用我们的血来洗刷我们的罪孽吧!冲啊!"他带领着手下的人冲了出去。可是日军的火力猛烈起来,交的宽他们倒了下去。急得平东洋用拳头直砸地,会员们也要往前冲,被平东洋拦住。

听到激烈的枪声,前来支援的黄枪会和东北军拼命地奔跑,一排长一边跑一边对车凤英说:"车姑娘,把人分成两伙,你带一半从路的左边地里往前冲,靠近鬼子跟前就用机枪扫射,紧接着就冲进鬼子队里和他们拼杀;我带领一半人从右边地里向前冲,也是靠近鬼子再开枪,然后和他们拼刺刀。李班长,你带两挺机枪跟车姑娘去,要先打掉日本鬼子的机枪和小炮。"李班长:"是!"

车凤英点头:"好,听你的。黄枪会的人分成两队!一伙跟一排长,一伙跟我,快!冲!一排长,咱们两边夹起日本鬼子打。"两伙人分别钻进了路边的地里。

红枪会的人被日军的火力压在地上起不来,不时有人伤亡。日军已经组成冲锋的队形,准备冲锋。平东洋察看战场的情形,发现金山背上还有一挺机枪趴在车道边上,他旁边还有小秃和陈方义两个人。平东洋骨碌到金山身边,叫金山翻身拿下机枪,自己拿到机枪,拉开枪栓,里面还有子弹,他对小秃和陈方义说:"你们俩还是骨碌到车道沟里,瞄准日本鬼子的机枪射手开火,然后就趴在沟里不许抬头,就打一枪,记住了。"

二人按照平东洋的话骨碌到沟里,瞄准日本鬼子的机枪手开了火,日军机枪手掉转枪口向小秃他们射击。平东洋趁机架好机枪,打了几个点射,消灭了鬼子的机枪手。这时日军发起了冲锋,可是在日军刚往前冲了十几米远的时候,在他们的两边的地里响起了枪声,东北军的四挺机枪从两面同时开火,日军正往前冲呢,被打个正着。士兵们纷纷地倒下,紧接着杀声大起,黄枪会的人从两边的地里冲出来,杀向日本鬼子,刀枪杀向卧倒在地的日军。陈久思看见援军到了,大喊道:"我们的援兵到啦!杀倭寇啊!刀枪不入!杀贼除倭!"红枪会从正面冲向日本鬼子,又是三面夹击鬼子,后续增援的日军也被全部消灭。一排长命令两名士兵:"向海伦方向放出警戒,五百米远。"士兵领命而去。

车凤英手里拿着缴获的战刀,走过来看陈仲仁,陈仲仁质问她:"为什么不

第五章

按约定的时间来参战?"车凤英很委屈:"是在三道沟子出事了。"平东洋听了以后说:"先不要说了,抓紧时间抢救伤员,打扫战场。说不准还有日军的增援部队追来,如果那样我们就走不了啦!"

胥君茹手里提着缴获的手枪和子弹盒子走过来,平东洋吓了一跳:"你怎么来啦?你自己一个人来的吗?"胥君茹:"你们不叫我,等我知道了就追了过来,到了三道沟子也被刘宏轩给拦住啦。后来我去了一趟大屁股山,找霍团长,这样守桥的祁连长才分一个排东北军带四挺机枪赶过来支援。不然你们可就很危险了。"平东洋:"是这样啊!没承想日军狡诈,分两拨来增援,前一拨刚要被消灭,第二拨又到了,用火力困住了我们。要想和他们短兵相接也不可能,正在危急时刻,你们到了。真是幸亏你搬了救兵来。你要多加小心,注意安全,有的日本伤兵打黑枪,要注意。"

一排长喊:"赶快打扫战场,准备撤退。李班长,你带四个弟兄到附近的屯子征大车,把死的伤的拉回去。"李班长带着四名弟兄去了。

陈方义扛着两支步枪走了过来:"平先生,这次是打了一个大胜仗,也暴露了问题呀,两会的协调不一致,虽说有刘宏轩搞鬼,但是两会要一起出动就避免了。日寇的武器厉害,杀伤力大,我们也要有快枪队,能不能把两会缴获的快枪放在一起,搞一支快枪队呢?以后逐步把两会合到一起。"平东洋很注意地听完了陈方义的话:"你说得对,合起来便于指挥,力量也大,但是现在还不行,得慢慢来,两会搞一个快枪队是个办法,先拢在一起少部分人,以后再扩大。"通过这一仗,平东洋对陈方义是刮目相看:这个青年人不只是一个念书人,在对敌打仗、生死在眼前的关键时刻,胆大心细,勇敢,不怕死,言行一致。平东洋还真犯嘀咕了,陈方义在哪儿磨炼的呢?是什么东西支持他这样呢?这个联合在一起搞快枪队的主意和自己不谋而合呀!

李班长到就近的屯子带回六辆马车,加上红枪会拉干粮和武器的两辆,一共是八辆大车,把伤员和牺牲的会员以及占江龙的弟兄都拉上,王奎元和陈仲民都受了重伤,走不能走,车不能坐,生命垂危。会员们做担架抬着他们俩。陈久思则骑马往回返。

海伦火车站的日军没有来追击。日军的主力大部分在围攻马占山的部队,在海伦一共有桥本刚雄大队的二百多人,由在哈尔滨的吉冈旅团长指挥,分别驻守在广信公司和火车站两处地方。广信公司受到红枪会的袭击,六十多名日军被歼灭,桥本先后两次派出援兵追击红枪会。两次攻击出动一百多名日军,都被红枪会消灭。桥本手里只有四十多名士兵了,他要守卫火车站和站内的军用物资,所以他不能也没有兵可派了。他只能坚守火车站,向吉冈报告,等待哈尔滨方面日军的支援。

过了中午,红枪会、黄枪会撤回到三道沟子,伤员们也进了三道沟子街里。车平起接到先回来的会员的报告,在古塔旁的庙里安排了简单的救护站,请庙里的老和尚做好准备,给回来的伤员治伤。

伤员们集合在古塔下边,老和尚给他们逐一检查。他对陈久思说:"大法师,有两个伤员伤势过重,只是拖延一点时间而已,赶紧送回家去,和亲人见上一面吧。大法师的伤不重,可是如果子弹拿不出来,伤口就要化脓的,要赶紧找大夫动手术。"平东洋:"仲仁,去问一下东北军,他们的军医能不能治?"车凤英:"对,我去找祁连长。"说完就奔刘宏轩住的客栈去了,陈仲仁也跟着去了。他们到了客栈门前,看见祁连长和一排长站在客栈的门口说话,一排长是向祁连长汇报增援的经过。听说大法师、陈仲民等人受了伤,吃了一惊。

祁连长问:"伤在哪里?重不重?"一排长说:"大法师的伤在胳膊上,另外两个不轻,机枪打的,伤在内脏。红枪会可是好样的,面对那么强的日军没有乱,等我和黄枪会的人赶到的时候,日军的火力是非常的猛啊!压得他们抬不起头来,日军可能是一个中队,看尸体有一百多号人,就是没有迫击炮。可是红枪会里有能人呐,不知怎么搞的,还有一挺日式机枪,在那么强的火力压制下,居然能架起机枪,把日军的机枪给压住了。我们两边突袭,把日军包了馅儿了,打得痛快!这两会的好汉不含糊,和鬼子玩儿拼刺刀不落下风,硬是把鬼子全都给挑死了!真过瘾啊!"

车凤英和陈仲仁俩人急匆匆走到近前:"祁连长、我爹、我哥哥和王元奎都受伤了,你们的军医在不在?给帮助一下,救救他们吧。"祁连长:"我听说有人受伤了,正想过去看看。我们的军医随旅长去克山了,快找别的大夫。"陈仲仁:"没有别的大夫,我们家跟前有一位陈三先生能治枪伤,我们得赶紧回去。"祁连长:"我过去看看,我这块还有一点消炎药,先用上顶着,快往回走,找大夫治,快!"

陈久思躺在庙里的床上,因失血过多,昏了过去。祁连长等人连续呼叫,陈久思醒了过来,看到众人着急的样子,就安慰大家:"日本强盗杀我同胞。占我国土,无恶不作。今天我已偿夙愿,杀敌报国,'壮志饥餐胡虏肉,笑谈渴饮匈奴血',要学岳大帅,精忠报国。死几个人,受点伤,算不了什么。咱们为了国家,

第五章

为了民族,不怕流血牺牲,不怕死!咱们是打不败的。我还是继续杀鬼子,不扫平倭寇誓不罢休!"

陈方义劝慰:"大法师,先不要劳神,休养身体为重。咱们红黄两会的人都是有良知的中国人。为国为民头可断,血可流,绝不当亡国奴。"平东洋问仲仁:"四周屯子有没有治枪伤的郎中?"陈仲仁:"有哇,陈三先生专治黑红伤,很有名气的,咱们赶紧回家,找陈三先生给我爹他们治伤。"平东洋催促道:"快!你带金山和短刀队的会员保护大法师和伤员先走,再派人去请陈三先生直接到万宝山给伤员们治伤。我和二法师留下,和黄枪会的人合计一些事情。""是,我们先走,王元林去请陈三先生,骑马去!快!直接奔家里。"陈仲仁把王元林安排走,自己和金山带着短刀队,保护着大法师和伤员们往万宝山走去。

祁连长对平东洋说:"我得带队返回大屁股山啦!团长有令,提防日军的偷袭,要收拢兵力。你们也要提高警惕呀。"平东洋说:"日军不能罢休,只是这次遭受重创,他们需要补充兵力,十天之内不会发动进攻的。报复是肯定的啦!我们得合计合计今后咋整,提防日军进犯。我们缴获了一些枪支,缺少弹药,祁连长能不能支援一些?"祁连长:"我们也不充足,把这次缴获的都给你们吧。""多谢了!你要提防着刘宏轩,看紧了,别挨了他的暗箭呐!"平东洋提醒祁连长。"这个你放心,团座已经有话关照了。再见。"祁连长回连队了。

平东洋送走了祁连长,对二法师说:"你带大队会员护送牺牲的弟兄们的遗体回万宝山,葬在万宝山下。"二法师:"嗯呢!我现在就走,把牺牲的弟兄们的遗体运回家,虽说占江龙不是咱们红枪会的人,可是他们也是打日本鬼子死的,都是一家人。""说得对!这些牺牲了的好汉都是一家人,把他们葬在一起。"平东洋把二法师等人打发走了,自己带着小秃和胥君茹到黄枪会住的大车店议事。本来平东洋要胥君茹跟二法师一起走,可胥君茹不干,坚决跟着平东洋在一起。他们走进大车店院里,车平起出门迎接,车凤英拉着胥君茹的手,二人手拉手进了屋,坐在炕沿上。车平起说:"在三道沟子这块碰上戒严,死活不让过桥,差点就和祁连长动手啦!多亏胥姑娘有心机,直接去找霍团长,给祁连长出了这么一个招。好歹是把你们给接回来啦!"

平东洋:"这也是歪打正着。狡猾的鬼子分两拨梯次增援。不然也不能有这么些伤亡。要不是你们及时赶到,那后果可就惨啦!你们的伤亡情况怎么样?"车平起:"没有死人,十三个伤员,有几个比较重,伤在胸部、腹部,都是刀砍枪刺的伤。敷上了红伤药,已经派人先抬回老家了。"

◇ 通肯河传

"这次鬼子吃了大亏,他们一定来报复的,你们怎么办?"平东洋问道。"我和侯大哥合计了,从海伦到咱们家,这一路上已经都布置了眼线,打探日本鬼子的消息、人数、武器。让他们都上心,鬼子一出动,他们就一站接一站接连地报信,通知咱们,咱们好做准备。"车平起很有把握地说。

平东洋:"你们行动之前,跟我们通一下消息,好互相支援。这次是给汉奸破坏了,下次咱们联合干,不让别人知道。""对,三人同心,其利断金。大伙一心杀鬼子,不能有二心。"侯广义应声道。平东洋又问:"你们这次缴获了几条枪?"车平起:"有十几条吧。"

"我看应该让会员们学习这洋玩意儿,这次虽说杀了不少鬼子,可咱们也吃了不小的亏,看出了洋枪的威力。如今咱们手里也有了,就该用上它。"平东洋提出了建议。车凤英:"干爹,我们不会使呀!你来教吧。""红枪会那里也缴获了十几条枪,也不会使。我看不如两家成立一支快枪队,合在一起练习。日本鬼子不能让我们消停几天,就得来报复。说不准哪天就打过来了。"平东洋不无担心地说。"对,把人聚在一起,你教他们,抢时间。小鬼子不会给咱们时间练习的,就得抢时间练。你把红枪会练快枪的人都带到我这块来,组成一队一起练习。咋样?"二人正合计训练队员使用快枪的事,一排长带着两名士兵扛着子弹箱走了进来,找平东洋。平东洋和车平起出了店房迎接,一排长说:"祁连长派我给你们送子弹来了。"平东洋:"谢谢祁连长,谢谢东北军的弟兄们!"一排长说:"都是为了打日本鬼子,不必客气。队伍要回驻地了,我得马上回去。"说完带着两个士兵走了。平东洋对车平起说:"这是祁连长从这次缴获的战利品里挤出来的,他们的弹药也不多,真够朋友。""那是,这个祁连长还真不赖,要不是他用计骗了那个什么副司令,凤英他们还真是过不了河呀。唉!真悬呐!"车平起一提起在通肯河大桥上被拦住的事,就心里不是滋味儿。平东洋:"我回红枪会,帮助仲仁安排好会里的事,和王友德合计一下就去你们那里。你把子弹直接带回去,可别失散了,一定要保管好。有枪没有子弹,啥也不顶。""好吧!就这么定下来。我在柳大房子等你们。"车平起带着黄枪会的人回柳大房子了。

八

傍晚,王元林骑着马在前,后面跟着两个骑马的人,是陈三先生和他的徒弟。徒弟的马上驮着一个大包袱,三个人急匆匆地进了万宝山。陈三先生听说

第五章

　　红枪会和日本鬼子开战了,会员们有所损伤,特别是大法师陈久思也受了伤,马上就把徒弟叫上,骑马急忙赶到万宝山。一进屯子就看见王友德、兰芝等人都在大街上张望,他们看见王元林领着陈三先生回来了,就走上前去打听情况。

　　王元林看见老爹就哭了:"爹!我大哥和我姐夫都受了重伤,三道沟子庙里的老和尚说是不行了。到现在还不知道啥样了呢?陈大叔的胳膊受了伤,还有十几名会员也受了伤。连占江龙的弟兄在内一共死了三十一名会员。"

　　妇女们一听都哭了。王友德冷静了一会儿,强压悲痛,他稳了稳自己的情绪对大伙说:"别哭,别哭。人死了不能复活,日本鬼子还没打绝呢,咱们得先准备救受伤的会员们呐!你们不能只顾哭啊!有仇有恨都咽下去,不能乱了人心呐!不能让鬼子看笑话。"

　　妇女们被王友德给说住了。兰芝强忍着悲痛,劝母亲,劝婆婆:"二位老人家,咱不哭!我爹说得有理,杀强盗,哪能不死人?这头一仗就死了咱们自家的人也好,以死明志。咱们是真心杀鬼子报效国家的。这样才能服众,乡亲们才信服咱们,才愿意跟咱们一起打日本鬼子。"王友德眼里含着泪水,抚摸着女儿的头:"好孩子,和你婆婆回屋吧。"

　　兰芝倔强地说:"不!爹,我要在这里迎接仲民他们回来!"

　　兰芝娘给女儿擦擦眼泪:"孩子,这笔账得找日本鬼子算!这些吃人的野兽,该天杀的强盗!咱们帮陈先生准备救伤员吧,把伤员们的伤早点治好了,多杀几个日本鬼子,给元奎他们报仇!"

　　仲民的母亲说道:"唉!人死了,是为了保家园,救国家,是英雄好汉!我们不能用泪水玷污了他们的英灵。他们死得值啊!有仇有恨找日本鬼子算去!先救伤员要紧。"

　　陈三先生被深深地感动着:"对呀!死去的人是为了保卫咱们活着的人。咱们活着的人不能光悲伤。要接着他们的事业继续干下去。你们帮我扯白布吧,扯成一寸宽的布条,咱们没有纱布,就用白布条包扎伤口吧。再烧一锅开水,煮一煮我的用具,要快点儿,伤员马上就回来啦!另外再烧一锅开水,里面放一些盐,把盐化开,好洗伤口。"兰芝等人按照陈三先生的要求,分头去准备布条和盐水。

　　陈仲仁和金山带领短刀队保护着大法师和伤员回到了屯子里。会员们按照陈三先生的要求把伤员安置好,由陈三先生带着徒弟给治伤。仲民和元奎在路上就牺牲了,会员们把他们的遗体停放在法台前,兰芝和元奎媳妇戴孝为他们守灵。

陈三先生给大法师的衣服剪开，打开包伤口的布带，检查伤口。发现伤口已经红肿发炎，大法师的神志处于半昏迷状态。陈三先生给大法师喝下去一两自制的药酒，拿来用开水煮过的手术刀割开伤口，取出子弹，又用盐水清洗了伤口，敷上自己配制的药粉，然后用白布条包好，叫徒弟用碗再调和一包内服的药粉给大法师喝下去。接着他给其他伤员治伤，一连处理七八个伤员的伤口，累得他大汗淋漓，徒弟在一旁赶忙给他擦汗。王友德非常感动，劝他歇一会儿。

陈三先生摇一摇头："各位英雄为保卫家乡，在战场上奋不顾身，英勇杀敌，老朽怎能贪图安逸，怕劳累呢？我也要为国效力，以我一技之长保卫家乡。比起众好汉舍生忘死地拼命疆场，我挨点累又算得了什么？连夜治，抓紧治。治好了再上战场，多杀鬼子兵，给乡亲们报仇雪恨。"说完又带着徒弟给伤员治伤。一直到天快亮了，十四名伤员全部处理好了，服用了先生的药很见效，减轻了伤员们的痛苦。平东洋和二法师带领队伍也回到了屯子。

这时候，陈久思醒了过来，他睁开眼看见王友德、平东洋、自己的妻子等人都在跟前，就问："兰芝呢？兰芝在哪呢？"王友德："醒过来啦，亲家？兰芝刚才帮着陈先生给伤员们包扎伤口来的，现在和她大嫂去给仲民、元奎他们守灵了吧。"陈久思："对，告诉大侄媳妇，元奎是好样的，没给咱们红枪会丢脸。为国捐躯，虽死犹荣！兰芝做得对！把悲痛咽到肚子里去，要挺住，照顾好伤员。有没有落下残疾的？要稳定人心，占江龙的人还有多少？"平东洋："还有九个弟兄，占江龙、交的宽都战死了，青山受了伤，伤在腿上，已经让先生给治过了，落不下残疾，估计十天半月的就会好的。"陈久思："要和这九名弟兄商量好，把死了的人安葬好，活着的人愿意留下来继续打鬼子的，咱们就收留他，不愿意的就走人，每人二十块大洋做路费。"平东洋："大法师，青山说了，他们九个人不走，和咱们在一起杀鬼子，给大当家的报仇。占江龙和其他的弟兄们的遗体都运回来了，现在都停在法台前面，想把他们和死去的会员们葬在一起。"陈久思："对！他们都是为杀鬼子而死的，都是我们的好兄弟，保家卫国的好男儿，给他们立碑，葬在一起，要让后代记住他们。"

王友德告诉陈久思："家里没有乱，军心也没有乱。陈三先生的医道高，药也好，用上就见效。伤员们的伤势见好转，有断肢的先生都给接上了，伤员们都挺安稳的，正在调治中，你就放心地养伤吧！"

陈久思看着坐在炕上歇着的陈三先生说："您辛苦啦！您是我们这些伤员

的救命菩萨呀!"

陈三先生连连摇头:"大法师,各位是好汉,是真英雄,是为国为家,奋勇杀敌的铁汉子。陈某很是佩服,自当是尽力为各位治伤,你就别客气啦!"

九

第二天清早,天空阴沉沉的,乌云压得很低很低,一丝风也没有,庄稼、树木一动也不动,静静地伫立在那里,好像是为牺牲的英雄们默哀。红枪会的法台前停放着牺牲的英雄们的棺椁,台上设有香案,供奉着文殊菩萨的牌位,香炉里焚烧着黄香,香案前的台上供奉着阵亡的英雄们的灵位。众会员戴孝列队,肃立在台前。各村屯的乡绅百姓也自发赶来为英雄们送行,他们佩戴白花,也肃立在棺椁前。陈久思受伤的胳膊吊在胸前,健步登上法坛。陈方义宣布:"东南乡百姓公祭抗日烈士大会开始! 全场肃立默哀,默哀毕。宣读祭文!"

教书先生:"倭奴作乱,犯我家帮,中华儿女,奋起抵抗。仲民元奎,农家儿郎,保家卫国,血洒疆场,英灵永存,激励炎黄。占江龙义勇,交的宽豪强,出身草莽,国难担当,舍生取义,虽死名扬。黑土英魂,后世不忘,继承遗志,誓保家邦。驱逐日寇,中华复光;乡民设祭,幽冥遥望;忠魂不远,祭祀永享;泣血再拜,祈祷惟飨! 中华民国二十一年八月初六日。"

陈方义:"请红枪会大法师讲话!"

陈久思:"乡亲们,会众们! 我们和日寇打了一仗,倭寇也是肉长的,没有什么可怕的! 我们杀死了他们二百多人,我们连同黄枪会一起伤亡了五十多名弟兄,阵亡的都在这里。这一仗打出了中国人的威风,灭了日本鬼子的威风。只要全中国的人民团结起来,一定能把倭寇赶出中国去。我们死了人,死得值! 为家为国,大丈夫就应该这样,他们的血不会白流,一定能唤醒更多的同胞参加到抗日的队伍中来,和日本鬼子浴血奋战! 红枪会立誓要消灭日寇,光复中华,虽九死而不改! 陈某举家共赴国难,以死报国,多谢众乡邻的追随帮助,久思将继续带领红枪会的会员们与日寇拼杀到最后,不消灭日寇决不罢休! 阵亡的弟兄们的英魂永在! 久思一定让日寇用血来偿还这笔笔血债!"

陈方义:"向烈士灵位三鞠躬! 一鞠躬,再鞠躬,三鞠躬。礼毕! 起灵!"会员们抬起棺椁走向墓地。从法台前到墓地,一路上送葬的乡民们络绎不绝。人们的脸上挂着泪水,眼里充满了仇恨,胸中的怒火在燃烧,他们在默默地发誓,向日寇讨还血债！和日寇决战到底，把侵略者赶出中国去。天空中飘下了蒙蒙雨滴，老天也为英雄们落下了泪水。

  人们到了墓地，轻轻地把棺椁放在墓穴中，掩埋上黑土，让英烈们静静地躺在他们热爱的黑土里。兰芝和嫂嫂分别跪在仲民、元奎的墓前烧化纸钱。

  平东洋对着占江龙的坟墓说："大当家的，我的好兄弟！你们是抗日的英雄，杀鬼子的好汉，我们继续和鬼子拼到底，完成你们的心愿。"王友德看看儿子和女婿的坟墓："元奎、仲民，你们是爹娘的孝顺儿子，咱们庄稼人的好榜样啊！这日本鬼子咱们是打定了，直到把他们打回他的老家才罢休！"

  陈方义对平东洋说："我回街里去，一是打听一下朴旅长在哪里的消息；二是看一看季丽娟的伤怎么样了。"

  王友德一拍额头："唉！都忙蒙啦！把一件事情给忘了，你说的季丽娟前天来咱们这块啦！就在你们走后不久来的。打听陈先生你的去向。我怕走漏了消息，没有说出实情，哄她说陈先生回街里了，她又返回街里去了。她的胳膊吊在胸前，看样子是吃过药了。"

  平东洋："对，要多关心一下季姑娘，多团结一个人抗日，就多一分力量，不能和对她爹那样，你快回去吧。陈先生为这次偷袭日本鬼子出力不小，不赖，是个打鬼子的主儿。你跟我说的快枪队的事，我已经和车大法师说了，他们同意搞，一会儿再和陈大法师合计一下，我看能搞成。"

  陈方义点点头，又问胥君茹："胥姑娘你想去哪里？"胥君茹："我就留在这里，跟他们一起杀鬼子，给我爹娘报仇！"陈方义："那好吧，你多保重，养好伤，为抗日多出力，我们是抗日战场上的好朋友。"胥君茹："我会养好伤的，为我父母和同胞们报仇雪恨。在抗日的战场上我们能成为好朋友的。"说着从腰里抽出一把带子弹盒的手枪："这把枪是我从鬼子手里缴获的，你拿去打日本鬼子吧。"陈方义接过手枪："谢谢你！"

  陈方义告别了红枪会的各位，独自一人骑马奔回四间房。他一进院就问伙计："伙计，我爹在家吗？"

  伙计："少东家，你咋才回来呀？前两天季小姐来找你来啦！你又不在，让老东家给挡住了，不认！她去万宝山找你了，你们没有见着面啊？"陈方义："没有，就她一个人来的吗？""嗯呢！是坐脚车子来的，一个赶车的。"伙计答道。"她的伤咋样啦？"陈方义问道。"好像还没好，还吊着胳膊呢。""找我爹去。"陈方义把马交给伙计，出了大车店，回到家里，在上房的东外间和陈百元见了面。

第五章

"爹,季丽娟来咱家了吗?""是的,来找你,你也没在家,她又去了万宝山找你,你们没见着面吗?你干啥去啦?"陈百元对儿子这几天的行踪是一无所知。他也听说红枪会和日本鬼子打了一仗。红枪会有伤亡,他本来也想去参加今天的葬礼,由于他头疼的老毛病犯了,就没去。但是他没有想到自己的儿子也参加了这次对日寇的作战,而且发挥了重要的作用。"我和红枪会一起去海伦打日本鬼子了,哪里能见着丽娟呢?""啊!?真的?你?红枪会去了海伦打日本子啦?"陈百元是目瞪口呆,他又一想是真的:"可也是,陈大法师、平东洋那可是说到做到的主。今儿早晨,伙计们听走路的说的话,也没说完整,刚想派人去打听呢,你就回来啦。你也去啦?你能干什么呢?"

"我懂日语,帮平东洋他们蒙住了哨兵。这才摸进了日本鬼子的营房里,这顿宰呀!那是真痛快呀!给我妹子和胥婶母报了仇啦!"陈方义有些得意:"在回来的路上,平东洋两次叫我射击日本鬼子的机枪手,以吸引鬼子的火力。平东洋也真是个英雄,两次消灭鬼子的射手,把红枪会的人从日寇的火力下拉出来。真棒!"陈百元睁大眼睛,看着自己的儿子,笑得眼泪都流下来了:"好小子!儿啊!可给老爹长脸啦!啊!咱们陈家也有抗日的英雄啦!"一高兴就忘了儿子胳膊上的伤,直拍儿子的肩膀,疼得陈方义直咧嘴,直往后躲,把陈百元又心疼够呛。

陈方义又说:"爹,我和丽娟的感情很深,她也是一个上进的青年,和他爹不一样。为救我还受了伤,你看见了吧,也不知道她的伤咋样啦?""是个好孩子,识大体,明理数。可是胥家的姑娘咋整呢?她孤身一人,孤苦伶仃的,无依无靠,我不能食言呐!"陈百元难住了。陈方义劝解道:"胥君茹她也不同意咱们两家的婚事,她早已经说过啦!你现在坚持我们俩结婚,那不是在逼她吗?""这……"陈百元被儿子说得没有话说了。

陈方义继续说:"爹,您应该去一趟红枪会,看看胥君茹,要关心她,就认她做您的干女儿吧。我也会像爱我妹妹一样地爱护她,她一个亲人也没有了。她也很关心我,今天还给了我一把手枪。再是红枪会这次虽说是打了胜仗,给鬼子的打击很大,但是红枪会自己也伤了人,占江龙大当家的也阵亡了,大法师的大儿子陈仲民、王友德的大儿子王元奎也牺牲了。一共死了三十多名会员,大法师本人也受了伤。您再慰问一下红枪会吧。"

陈百元点头:"是啊!君茹一个亲人也没有啦!都是这该死的日本鬼子给害的!我与倭寇誓不两立,我抽空去看她,如果真的像你说的那样,她不同意,我就认她做干女儿。"

陈方义说:"爹,我得回街里,看看丽娟去。她的内心非常痛苦。他爹甘心投敌,做卖国贼。她又劝不了她爹,我去劝劝她,帮她从矛盾和痛苦之中解脱出来,我很爱她!爹。"

陈百元叹了一口气:"儿子,个人事小,国事为大。婚姻是个人大事,国家更要放在前头。你要记住啊!有国才有家。"

十

陈方义告别了父亲,骑马回到了县城,进了奎祥杂货铺。掌柜的叫伙计把马牵到后院,自己把陈方义迎到后屋里,对陈方义说:"少东家,好消息!两次抓您的吴四吴警长,叫金局长给毙啦!"陈方义一听很意外:"什么时候的事?"掌柜的说:"昨天早上啊!"陈方义:"怎么抓住就枪毙了呢?咋不审问口供呢?我去警察局,不,我去找金局长。"说完转身就出屋,奔金丙山的家里去了。

陈方义到了金丙山的家里,正好金局长处理完这件事,刚回来。看见陈方义就说:"小子,老盟叔给你报仇解恨啦!吴四那个杂种叫我给打死了。"陈方义:"金大叔,您咋这样莽撞呢?咋不审审他呢?""咳!哪容劲呐?他妈的吴四这小子躲在大衣柜里,小朱也不知道哇!伸手去拉衣柜的门,就听见一声枪响,吴四就倒在地上了,连哼一声都没有来得及呀!等我见到吴四,尸体都凉了呀!"金丙山也直后悔。

陈方义:"你们是怎么找到吴四的?"金丙山对他讲了发现吴四到打死吴四的经过。

金局长派刘文礼查找吴四以后,刘文礼白天不上班,在街面上转悠,晚上在吴四的姘头家附近蹲坑守候。他蹲了三天晚上就有了线索,他发现吴四的姘头每天睡得比别人家都早。他很是怀疑。刘文礼蹲坑一般都是蹲到晚上十二点以后就撤了。这个习惯吴四也知道,所以吴四去他姘头家里都是在半夜一点以后,睡到第二天上午九点多钟再起来,溜出姘头家,在外面乱串。刘文礼把这个情况报告了金丙山,金丙山把小眼睛转了几转:"刘警长,今天晚上照样蹲坑,明天早上天亮以后,进他姘头屋里搜查!告诉弟兄们千万要当心,别叫吴四这小子伤着咱们。"刘文礼:"是,局长。"晚上,刘文礼又是蹲到十二点以后就撤了,回到局里睡觉了。第二天早上,刘文礼带上李麻子、小朱,三个人来到吴四的姘头

第五章

家。这是一座独立的院子,三间房,中间开门,院子四周用木板围成的栅栏,不高。三个人跳进院子里,疾步走到门口,刘文礼把住门,李麻子和小朱分别守住窗户。刘文礼敲门:"开门!快点开门!"吴四还真在屋里,他的姘头听见敲门声,就推吴四:"醒醒!有人敲门,好像是刘文礼的声音。"吴四睡得正香,被推醒了,有点不高兴,正要发脾气,听她姘头说是刘文礼来了,立刻吓得一激灵,穿不上裤子了,手忙脚乱,好不容易穿上了衣服,把手枪也抓在手里,就不知道往哪里躲。他姘头说:"你躲到大衣柜里吧。"吴四想了想也没有别的地方藏,向外冲?他没有那个本事,只好听姘头的话,钻进了大衣柜里。这个大衣柜是对开门,一扇门的里边是上下贯通的,另一边中间横有木板,又分成上下两截。吴四就钻进了左边上下贯通的衣柜里。他的姘头马上就关上了衣柜的门,这才去开门。刘文礼见屋里磨蹭了老半天,也不答话,又叫了几声,才听见吴四的姘头答话了:"谁呀?人家还没起炕呐,就来叫门。"刘文礼:"警察!快点开门!快!"说完,用脚踢了一下门。门开了,吴四的姘头双手扶着门框:"是刘警官呐!这么早来我家,有啥事呀?"小朱从窗户前奔到门口,也不答话,从吴四的姘头腋下钻进了屋里,一个箭步冲进了东屋,只见炕上被褥凌乱,不见有人。小朱走到炕边,伸手摸摸被子,是热乎的:"有人睡在这里。"他回头看了一眼吴四的姘头,发现她的穿戴整齐,头发梳得光溜溜的,不像是刚从被窝里出来的样子。小朱又仔细地看看炕上,是两个枕头,于是他对刘文礼示意:"人藏起来了。"刘文礼已经进了屋里,他逼视着吴四的姘头:"吴四在哪块呢?说!"吴四的姘头低头不语,小朱在卧室里仔细地查看,室内只有靠东墙有一个大衣柜能藏人,再就没有别的家具能藏住人了。他不动声色,端着手枪,悄悄地走近大衣柜,走进跟前,他猛一拉大衣柜的门,只听得一声枪响,吴四从衣柜里倒了下来。手里还握着手枪。原来吴四钻进衣柜里的时候是脸朝里,姘头着忙,就关上了门。吴四在里面看不着外面的情形,加上害怕,浑身都哆嗦,他想转过身来。这时候他听见姘头和刘文礼的对话,以为刘文礼他们还没进屋呢。自己就在衣柜里转身,他刚把身子转过来,拿枪的手让柜板别住了,他着急往外拽手枪,从身后往前探出枪口,可是这枪口正对着自己的右肋。正好小朱拉开衣柜的门,外面一亮,吴四一紧张,本能的反应就扣动了扳机,枪响了,子弹从吴四的右肋打进去。把小朱吓了一跳。紧接着吴四从衣柜里倒了出来,小朱以为吴四没有死,马上用枪逼住吴四的尸体:"不许动!"刘文礼也冲进卧室喝道:"吴四!快缴枪吧!"可是没有反应,刘文礼仔细一看,吴四是脸朝下趴在地上,右肋下在出血,张着嘴大口喘气,手枪口还在冒烟。刘文礼摘下吴四的手枪,抬头看看小朱,小朱在那里发愣。刘文礼对门外喊:"李麻子,快!抬人去医院。"李麻子和小朱抬起吴四就往外走,叫了一辆人力车拉上吴四去医院,走到半道上就咽气了。金丙山赶到一看,吴四死了,气得他直骂大街,询问经过后又叫法医检验尸体,最后确定是吴四自己把自己打死了。

陈方义听完也很遗憾,:"又叫季平和林凤阳这两个汉奸溜掉了。"金局长说:"别泄气,大侄子。我让刘文礼继续监视他们俩和一贯道。"陈方义:"对,一贯道可能和季平、林凤阳有联系。还有《盛京日报》办事处,这两个地方是季平和日本人联系的联络站。"金局长:"对,还有《盛京日报》办事处,那里面都是他妈的日本人。一贯道不是什么好鸟,砸你们家铺子,想要你命的跑不了这两家。"两个人一直谈到很晚。

十一

吴四被击毙的消息,林凤阳马上第一时间就报告了季平。季平问:"吴四是怎么死的?"林凤阳:"据警察局的人说是自己把自己打死的。至于是什么原因还不知道。"季平骂道:"真是个废物。这也好,省得咱们费事了。吴四说不了话了,陷害陈方义的事就找不到咱们的头上了。"林凤阳赶紧说:"那是,那是。"季平:"不过,除了咱们,还有人不放过陈方义,这可能是谁呢?还敢打伤丽娟。"林凤阳:"胡子、土匪都不会跟陈家过不去。陈方义鼓吹抗日,那日本人能放过他吗?"

季平:"你是说《盛京日报》办事处干的?"林凤阳:"不是《盛京日报》办事处,就是一贯道张明强干的。"季平:"张明强没有那么大的胆子。"林凤阳:"枝下不是在他那儿吗?枝下会指使他干的。"季平捋着那几根胡子想了想,点点头:"完全有可能。"

他们俩在办公室里的谈话都被在门外偷听的季丽娟听见了。季丽娟的伤口没有发炎,正在逐渐愈合。她下乡回来以后,也听见吴四死了的消息。心情很纠结,一是吴四死了,父亲和林凤阳陷害陈方义的罪责就可以赖掉了,二是为陈方义抱不平,没有挖出背后的真正的主谋。这几天她是在忧虑中度过的,要不要把父亲的所作所为告诉陈方义,她在矛盾中煎熬着。天天去奎祥杂货铺找陈方义,可是天天见不着。急得她是六神无主,焦躁不安,她担心陈方义有什么

第五章

意外,特别牵挂陈方义的伤情。所以在吴四死的第二天早上,她又到奎祥杂货铺去了。一进门伙计就把她让到后院的屋里,陈方义回来了。

一进屋季丽娟就问:"这几天你到哪儿去了?叫人担心死啦!"陈方义没有回答她的问话:"你的伤口咋样啦?没有发炎吧?""还问人家的伤呢?好几天见不着人,只问问有啥用?"季丽娟委屈地哭泣起来。"别哭,这几天的成绩可大了去啦!你先坐下,听我慢慢跟你说。"陈方义扶着季丽娟坐在炕沿上,接着说道:"我和学生下乡,走到于家店南边就遇上了胡子的截杀,幸亏红枪会的护送和黄枪会的帮助,才没出大事,我被罗锅孙用匕首划了一下子,刚破皮,不碍事。"

季丽娟这才想起陈百元跟她说陈方义受伤的事,马上停止了哭泣,着急地问道:"伤在哪块啦?我看看。"陈方义脱下上衣,伸出胳膊,左小臂上包着纱布,季丽娟打开纱布,仔细地查看伤口,已经长得差不多好了。这才放了心。陈方义一边穿衣服一边说:"没事,车凤英家的红伤药好使,快好了。我和车凤英、胥君茹回县城,是为了打鬼子的事,回来找朴旅长的。因为着急就没去见你,她们俩当时就返回红枪会,她们要打鬼子,我也想参加,也就跟着回万宝山了。"他没把事情告诉季丽娟,怕她难过。

"那你到底去没去海伦呐?"季丽娟又担心起来。"去啦,不仅去啦,而且还起了很大的作用呐!"陈方义有些得意起来。"你都受伤了,还能和鬼子拼刺刀哇?能起啥作用啊?"季丽娟以为陈方义哄她。"真的,咱们不是学过日语吗?我用日语和鬼子的哨兵打招呼,把鬼子的哨兵给蒙住啦!平东洋他们才有机会下手杀死鬼子的哨兵,神不知鬼不觉地摸进鬼子的营房,把一楼的鬼子都干掉了。那可是真痛快呀!为咱们的同胞报了仇啦!"陈方义边说边模仿当时的情景,把季丽娟吸引住了。

"你真的去啦?这次杀鬼子真的有你?"季丽娟又认真地追问了一句。"那是啊,真的有我呀!咱们不能只在嘴上抗日啊!我参加了呀!开始他们不让我去,我说我会日语,还会使手枪。这样他们才让我去的。"陈方义认真地回答季丽娟的问话。"你可真行,真了不起!"季丽娟有些羡慕陈方义了。

"这还不算什么,最惊心动魄的是在往回撤退的时候,在撤退的路上,我发挥了更大的作用。平东洋两次指挥我用手枪射击日本鬼子的机枪手,吸引鬼子的火力,平东洋趁机架起机枪,击毙了鬼子的机枪手。把会员们从鬼子的火力网里拉了出来。平东洋可是大英雄。大法师指挥会员们反击鬼子,那战斗可是真激烈呀!会员们可是真勇敢,个顶个往前冲,都不含糊,占江龙的弟兄们也是好样的,和鬼子拼到最后。把两伙来增援的鬼子都消灭了,红枪会也牺牲了不少人。那可是惊天地泣鬼神呐!"

季丽娟听得都呆住了。她被陈方义讲的情景感染着,随着陈方义的讲述时而紧张,时而兴奋,时而又担心。最后陈方义说:"日本鬼子并不可怕,也是血肉之躯。只要咱们中国人奋起抵抗,一定能打败他们!中国是有希望的。"季丽娟点点头:"是啊,可惜我没有赶上,真遗憾。""你下乡找过我?"陈方义问。"可不是咋的。人家惦记你嘛,见不着人就下乡了。胥君茹也去海伦了吗?"季丽娟隐瞒了下乡找陈方义的目的。"去啦,而且帮助黄枪会过了通肯河,及时支援了红枪会,立了大功了。"陈方义没有隐瞒见过胥君茹的事。他拿出胥君茹给他的手枪:"这是胥君茹给我的手枪,并且说让我用这只枪杀鬼子,还说在抗日的战场上她和我成为好朋友。这次回城之前,我和我爹谈了一次话,恳请我爹同意咱们的婚事,我爹答应了我们的婚事,并且他去万宝山认胥君茹做干女儿了。"

季丽娟一听这个消息,高兴地忘记了忧愁,她跳起来搂住陈方义的脖子,亲吻着陈方义,没想到抻了胳膊上的伤口,痛得他俩直咧嘴。但是他们全然不顾,依然是热烈地亲吻着。陈方义抚摸着季丽娟的长发,心里很矛盾。季平投敌的事情告不告诉她?陈方义权衡了一下,坚决地对季丽娟说:"全国人民都要求抗日,可却有人对抗日进行破坏,我们不仅同日寇斗争,还要和汉奸斗争。为了国家和民族,我们要不怕牺牲个人的一切啊!"季丽娟仰起头,鼓足了勇气:"我爹就是卖国贼,上次不给东北军好粮食吃,就是他勾结日寇,出卖祖国的铁证!"陈方义见季丽娟终于有勇气说出实情,很高兴,他告诉季丽娟:"不仅如此,你爹在绥化就投敌当了汉奸。为了灭口,他多次杀害胥家的人,连我妹妹也遭了他的毒手。"季丽娟沉默着,过了一会儿,陈方义说:"咱们出去走走吧,散散心。"季丽娟答应:"好吧。"

他们走到南门外,这是一片低洼地,大部分地块都栽上了柳条,间或有些高点的地都种上了玉米和高粱。密密麻麻的很茂盛,柳条通里偶尔有十几颗柞树夹杂其间,树叶经霜如染,红得发紫,远远望去好似一片火焰随风摇曳。

陈方义他们站在城门口,陈方义指着远处的柞树说:"你看那远处的柞树(当地人叫玻璃红树)火红的颜色,多兴旺啊!唐诗中有'停车坐爱枫林晚,霜叶红于二月花'的佳句。我看咱们黑土地上的柞树红叶也不比枫叶差。"季丽娟顺着陈方义的手指方向看去:"是很好看,红得可爱,只是不像枫叶那样出名。北京香山不是也有红叶吗?"陈方义回答:"是的,有,可是家乡的红叶我看比他们

第五章

的都强，也有诗人吟咏过。""是谁呀？"季丽娟好奇起来。"张霖如，任过县知事。他就把这柞树红叶和杜牧笔下的枫叶相提并论，依我看更红于枫叶。"陈方义随口吟出张霖如的《玻璃红树》诗来："晴霞落处望中迷，一色红飘万树齐；谁买胭脂谁染出，逼真艳夺紫玻璃。"吟罢，他看看季丽娟："这张霖如很热爱这个地方，他热情地讴歌之，我生于斯长于斯，更热爱这块黑土地。前几天的战斗，可以看出真正的救国力量还是民众，民众是抗日救国的英雄。"

季丽娟暂时忘却了忧愁，她被陈方义的情绪所感染着，点头应和："是呀，真正的抗日英雄还是老百姓，你不就是其中的一分子吗？你也是抗日英雄。我要和你在一起，和人民在一起，抗日救国。"她很幸福地依偎在陈方义的胸前。陈方义抚摸着她的后背："上次咱们给红枪会、黄枪会募的捐款还没有给他们呢。""都在江老师那里保管着呢，有几千块吧。""这次打鬼子，两会死伤了不少人，要抚恤家属，一定要用钱，我想把钱给他们送过去。"

十二

送葬回来，陈久思就召集红枪会的首领们到一起，商量事情。经过这一仗的实际考验，陈久思发现了红枪会与日本鬼子之间的差距。他认为，中国的传统武艺与日军拼刺刀，短兵相接，如果训练好了是有优势的，可是一旦拉开敌我之间的距离，日军的武器就有绝对的优势。红枪会的士气可用，要继续练武，找机会与日本鬼子近战，夜战，不能明来，同时不能让日本鬼子的武器发挥出它的优势来。不能和日本鬼子比洋枪、洋炮，那是办不到的事情。他决心在训练会员的武艺上下功夫。

陈久思对大伙说："这一仗虽说伤了一些弟兄，也狠狠地教训了倭寇，长了红枪会的威风。会员们是好样的，没有给祖宗丢脸，大家要继续练武艺，提高战斗力，多杀鬼子。"

平东洋分析这次战斗伤亡的原因："大法师，这一仗黄枪会没有按约定的时间到达，交的宽领的一伙人延误时间，以致撤退时天已经亮了，咱们全都暴露在日军的火力之下，另外咱们撤退的速度太慢，没有及时撤退到事先埋伏的地方，过早地遭到日军的攻击，埋伏的人力不够，没有快速解决头一拨增援的日军，这些都是咱们有伤亡的原因。另外这日本鬼子也是很狡猾的，他们分两次增援，兵力超过我们，要不是黄枪会和东北军及时赶到，那后果就不堪设想啦！"

"这事也不能怪黄枪会他们,刘宏轩在中间作梗,不让他们过桥来和我们会合。你和仲仁说明白了,叫他别和凤英怄气!"陈久思很理解黄枪会当时的处境。

"是的,大法师,另外日军武器的杀伤力也不能小看。咱们从广信公司撤出来就可以没有事了,可是日军的机枪大老远就开火啦,咱们的人被日军火力压制住了,不能起身撤退,就那块伤亡得多。面对面拼杀,日军还真不行!"平东洋指出了红枪会和日军在火力上的差距。

陈久思同意平东洋的看法:"可不是咋的,日军的洋枪还真厉害,离得还挺远呢,就能打中咱们。咱们就在这地方吃了亏。"

平东洋趁机说道:"咱们吃了洋枪的亏,现在咱们也有了十几杆洋枪,若果让会员们练习会使了,也能顶一阵子,再加上近身搏斗,咱们就不怕日本鬼子了。"

陈久思遗憾地说:"行是行,就是少了点。冷不丁地冒出来一队快枪来,突然开火,打日本鬼子一个出其不意,措手不及。"

"少不怕,咱们积少成多。把黄枪会缴获的快枪也加进来,两伙合在一起能有三十多只枪,再向东北军求援给点子弹,那就是一个排的兵力呀!用得好,远近结合,也够日本鬼子头疼一阵子啦!日军还好拼刺刀,这会吃了亏,轻易不再打肉搏战了。即使打,咱们大刀长矛照样要他的命。"平东洋把陈方义提出的联合黄枪会,建立一支快枪队的主意说了出来。

"中,按你的主意办,叫武艺差的练快枪,这样也能解除两会的误解。"陈久思立刻同意了平东洋的建议。平东洋说:"其实陈方义陈先生也有这个想法。""看不出,这个陈先生,一个读书人,竟然不怕死,还有见识,真有两下子。"陈久思也对陈方义有了新的认识。"二法师,咱们一共缴获多少快枪?"陈久思又问二法师。二法师:"十九条三八大盖,很新的枪,子弹有几百粒,还有一挺机关枪。从广信公司出来的时候有五十多条枪,往回撤退的时候,鬼子的机枪一响,丢下不少,就剩这些了。"平东洋:"机枪也有子弹吧?"二法师:"不知道这家伙吃啥子弹,谁也不会摆弄,现在由金山看着呐,怕伤人。"

陈久思:"把参加这次打仗的人拆开,重新编队,和没有打过仗的人混编在一起。打过仗的人有临敌的经验,胆子也练出来了。这头一仗很有成绩呀。"二法师:"对!让他们给没打过仗的人做榜样,这样每个队都有主心骨。"

陈久思对平东洋说:"你还要教会员们如何趴下躲避鬼子的子弹和炮弹,日

第五章

本鬼子的炮弹听说也挺厉害？""是的，大法师，我和二法师去办。"平东洋回头又对二法师说："咱俩去挑人，把各队的人补齐，调整好，队以下再分班，缺队长的也要补齐。"二人出去了。

王友德苍老了不少，但是两只眼里还是露出了坚定的光芒。他对陈久思说："亲家，我大儿子死了还有二儿子、三儿子、四儿子，还有侄子、孙子。都参加红枪会，杀日寇。不杀绝日本鬼子决不罢休！下次出征也算我一个。"陈久思："佛祖招仲民、元奎他们去了，也是跟随佛祖降妖伏魔。我们接着干，直到把日本鬼子杀绝了。"王友德把烟袋装上烟，凑向火绳抽烟，陈久思伸手把火绳给他拽了拽，王友德对着火绳抽着了烟，深深地吸了一口："这抗日不是一天两天的事，也不是一年两年的事，更不是一个人、一家人的事，是全国人民的事，要全国家的老百姓都起来干才行啊！"陈久思："是啊，人多力量大，众人拾柴火焰高嘛！大家齐心协力，我们的国家就不受别人欺负啦，咱老百姓也不受难啦。我想我们带这个头是对的，用我们的行动来号召更多的人参加红枪会，打日本鬼子。""那是不假，今天又来了一些难民，有几十个难民要入会，我想就要他们吧，都是被日本鬼子害得家破人亡的，他们杀日本鬼子一定都是拼命的主。他们入了红枪会，也壮大了我们的实力。"王友德问陈久思："还用立誓不？"陈久思："都收下吧，上阵杀敌，刀枪无眼，生死未卜，求其自愿。咱们不能再糊弄乡亲们了。""嗯呢！咱们用国仇家恨号召会员们，为给亲人报仇，为保家卫国而舍生忘死，与日本鬼子拼命！"王友德也赞成陈久思的说法。

"大法师，十九条好枪，都带刺刀，一式两用。崭新的机枪，还带六梭子子弹，叫金山使唤，练好了都顶用。黄枪会也叫我去教他们，我看把咱们的快枪队也带过去，两家合在一起教，省时间，日本鬼子不会给咱们多少时间的。"平东洋对陈久思说了快枪队的事情。他身后跟着胥君茹。

王友德："行啊，也学学洋人们的东西，再揍他个兔崽子！"

陈久思问平东洋："人都选出来了吗？"

平东洋说："青山领着占江龙的弟兄，在咱们会里又选了十个，叫仲仁当队长。"

陈久思："那家里会员练武的事咋整啦？"

平东洋："二法师组织练，金山留下来，让他教会员们几招临敌制胜的招式，这个人武艺不在你我之下，又是个孝子，让他来教会员，我回来再教他使机枪的方法。"

◇通肯河传

　　胥君茹:"大法师,我也去黄枪会练快枪去,您多保重身体。"
　　陈久思:"好啊! 咱们队伍里又多了一个穆桂英啊! 有日本鬼子的好看啦! 你们啥时候动身呐?"
　　平东洋:"这就走,我现在就想把这些人训练成神枪手。日本鬼子是不会给咱们时间的。能把他们教会打响枪就可以啦,实战中再练准吧。"
　　陈久思:"对,抓紧时间练,你们走吧。"
　　平东洋带着练快枪的会员们向柳大房子出发。他们到达黄枪会的时候已经是傍晚了。
　　黄枪会的练武场上,车平起、杨千瑞、侯广义、车凤英等人正观看会员们练武。会员来报告:"大法师,平东洋领着红枪会的人到屯子头啦。"车平起等人一起走向屯子头迎接平东洋。平东洋问车平起:"大法师,你们的人准备齐了吗?"车平起:"齐啦,就等着你这教官来训练啦!"
　　众人一边走一边说着话,走进了杨千瑞家的院子。杨千瑞给红枪会的人安排住处,车平起陪着平东洋进了上屋。车凤英对平东洋说:"干爹,我们有二十三条快枪,九百多粒子弹,还有两挺机枪,十几颗手榴弹,都擦得干干净净。"
　　平东洋问车平起:"你们快枪的人谁是队长啊?""我是队长,干爹!"车凤英抢着回答。"你是? 你使什么枪啊? 有没有枪啊? 干爹给你一把吧。秃子,把王副官的手枪拿来。"小秃拿出一把手枪递给平东洋:"干爹,是这把吧?""是,算是干爹的见面礼吧。你跟胥君茹去学习怎么使用手枪。"平东洋把手枪交给车凤英。凤英接过手枪对胥君茹说:"姐姐,你教我呗。"胥君茹:"好吧,可是练习准了可很难,你得自己下功夫。"说罢二人就出去了。车平起:"咱们这快枪队成立了,对外先不报字号。让小鬼子还以为咱是大刀长矛呢。""对! 麻痹小鬼子,出其不意再给他一下子。现在就集合队伍训练。时间紧呐!"平东洋急着训练会员们使枪。车平起:"那也得吃饭呐。"他去吩咐伙房做饭去了,平东洋集合两会的快枪队员练习。
　　在柳大房子,两会秘密地组织了一支快枪队,有三挺机枪、四十多条步枪,在平东洋的训练下,渐渐地形成了一支有战斗力的小部队。

第六章

一

自从广信公司被烧,驻军被全部歼灭,从火车站出来增援的日军也被全部歼灭,桥本刚雄急电哈尔滨的日军司令部,请求派兵支援。日军司令部马上做出部署,派吉冈旅团长亲自率领支援部队奔赴海伦。这时马占山从哈尔滨战败退回黑河,成立抗日救国义勇军,准备收复省会齐齐哈尔,所以日军主力的绝大部分在防备马占山在黑河卷土重来,没有抽调其他的部队。所谓支援部队就是桥本大队的剩余部队,都统一到海伦由吉冈旅团长指挥。吉冈一到海伦就把桥本臭骂了一顿,接着就召开军事会议,布置作战任务。

吉冈坐在会议桌前,左右两边坐着几位军官,听吉冈训话:"几天前,广信公司受到了红枪会的袭击,驻守的皇军全部玉碎,从车站去增援的皇军也全部被歼灭。这一次战斗使皇军蒙受了耻辱。大日本帝国的军队是战无不胜的!而这次却被一群拿着原始武器的支那人打败了,而且败得很惨!就是同东北军作战,也没有成建制的全部被歼灭的先例!你们一定要消灭红枪会,恢复皇军的荣誉。"

日军军官全部起立:"哈意!一定为皇军恢复名誉。"

吉冈继续训话:"我接到枝下少佐的密报,东北军的主力已被黑田联队吸引在克山一线。拜泉以南只有霍刚一个团的东北军,而且兵员不足,缺少弹药、给养,孤军据守在三道沟子以西的大屁股山。这次用一个大队的皇军长驱直入,消灭霍刚团于三道沟子西的大屁股山下。本旅团长命令,由田中小队和高桥小队组成先遣队,由田中小队长指挥,首先进驻三道沟子东边通肯河西岸的徐福礼屯,同时在通肯河大桥建立桥头堡,据守通肯河大桥,进行战术侦察,相机消灭红枪会和黄枪会。随后大队本部由桥本大队长带领进攻三道沟子,消灭那里的东北军。再给枝下少佐发电报,命令他从红枪会和黄枪会内部做瓦解工作,相机刺杀红枪会、黄枪会的首领,让这两会不战自乱。"日军众军官又是起立敬礼:"哈意!"

枝下收到吉冈的电报,找到张明强商量:"张桑,吉冈旅团长命令我们瓦解红枪会和黄枪会的干活,你的办法的有?"张明强转了转眼珠,献媚地说:"太君!不光是红枪会,还有黄枪会,都去打皇军啦!叫咱们瓦解红枪会不好办,红枪会认识咱们的人多,金山不是就在那里吗？咱们的人混不进去呀。不如打打黄枪会的主意,黄枪会认识咱们的人少,只有车凤英和咱俩打过照面,我手下的人她没有见过,容易混进去。派我手下的人混进黄枪会,相机行事。或刺杀大法师,或放火烧了他们的总坛都行,整好了还能拉出来一些人。整垮了黄枪会,红枪会就孤掌难鸣了,太君!您看这样中不中?"枝下一听,满心欢喜:"大大的好,快快地派人去,金票大大地给。你的主要解决黄枪会,红枪会我的想办法。你是皇军的忠实的朋友!"

张明强听到枝下的夸奖,真是美得不知道姓啥了,就像哈巴狗看见主人要给它一块骨头一样,摇头摆尾:"哈意!哈意!我这就叫我的手下赵华义、王福璐俩人去。"张明强出去了。枝下对金翻译说:"你的去《盛京日报》办事处的干活,找平田一郎,传达吉冈的命令,叫他找机会刺杀红枪会的首领。"金翻译也出去了。

张明强退出屋子,然后转身向东厢房走去,推开门进了屋子,屋里几个道徒正在推牌九。张明强向其中两个人招了招手:"赵华义、王福璐你俩出来。"自己就先出屋了。跟着他出来的两个人,一个是小个子,三十多岁,圆脸,小眼睛,就是上眼皮太长,瞅东西得抬脸,戴一顶黑色礼帽,这个人叫王福璐,外号叫大眼皮。另一个中等个头,二十多岁,黄黄的脸是抽大烟抽的,非常瘦,头上没有几根头发,叫赵华义,外号叫秃子。二人跟着张明强走到西厢房檐底下站住。赵华义问道:"坛主,什么事?"

张明强低声说道:"派你们俩混进黄枪会里。"接下来就和赵华义耳语。赵华义一个劲地点头:"是,是,一定搞成。"张明强把一沓钱交给赵华义:"关键的时候用,如果有事来不及回总坛,可以去三道沟子西街道北。"话音越来越低,就连站在跟前的王福璐也听不清楚。最后张明强对王福璐说:"你配合赵华义,听他的指挥。"王福璐点头答应。

平东洋深知日军装备精良,武器的杀伤力强,只靠会员们的英勇是挡不住

第六章

日寇的子弹的。所以他积极地建立了快枪队,用缴获日军的武器武装会员们,他从严训练这些使用快枪的会员。胥君茹也帮助他一起训练会员,几天下来,会员们初步掌握了射击的要领,以及填装子弹、拆卸组装等常识。这天早上,太阳刚出山,他又带领会员们在练武场上训练,胥君茹跟随在他的身后。

平东洋:"咱们练的是杀敌的本领,要的是实战的本领,敌人的手里也有一杆枪,两军对垒,你放一枪没有打中敌人,那你就没有机会放第二枪了,敌人的子弹就会穿透你的胸膛。这就是说你练不好枪法,就让敌人把你给杀了。这利害关系大家都明白。怎么下功夫大家就更明白了吧?认真练吧!两队分开练习,互相学习。"

车凤英带领黄枪会的人,陈仲仁带领红枪会的人,各自操练。小秃来叫平东洋:"干爹,车大法师叫你回去合计事情。"

平东洋:"凤英、仲仁,叫大伙练一会儿就歇歇,互相再纠正一下。"说完就和小秃走了。

陈仲仁和车凤英领着会员们又练了一会儿,就休息了,会员们三个一伙五个一堆地坐在一起拉话,有的说上次打广信公司的事,有的打听家里的情况,有的交流打枪的体会,大伙说得挺热闹。陈仲仁想和车凤英说话,车凤英生气不理他,两个人很别扭。这个情景被黄枪会的女会员小玉看见了,她故意高声喊:"凤英姐!平东洋大叔不是让咱们互相学习吗?两个队长怎么不说话呀?啊?哈哈哈!"车凤英不好意思:"死丫头!乱说什么呀!看我不打你才怪呢。"说着就去追小玉,小玉故意往仲仁身边跑,拿仲仁当挡箭牌。气得凤英一跺脚转身走出训练场,小玉一推仲仁:"还不快去追!"仲仁去找凤英,走出了场子。胥君茹对大家说:"别看热闹啦!平东洋说得好,咱们练的是杀敌的本领,练得不好就得挨杀。大伙看着办吧!"会员们齐声说:"练好本事,多杀鬼子!"又开始练习。

胥君茹:"这些枪是死去的弟兄们用命换来的,如今拿在咱们手上,咱们就应该用它为死去的弟兄们报仇!是不是呀?"会员们的报仇杀敌的情绪被鼓舞起来,认真地训练。

陈仲仁追到屯子边上才赶上车凤英。陈仲仁气喘吁吁地说:"都是我不好,是我太性急,不问是非曲直,就责问你,真是不应该。""一见面就质问人家耽误了时间,不知道人家在三道沟子出不来,有多着急。"车凤英委屈地落下泪来。

陈仲仁急忙赔不是:"真是对不起!请你不要往心里去。我不知道是刘宏轩搞的鬼,阻拦你们才误了时间,真是误解你们了。""你又不听人家解释,一个劲儿地发脾气,真是气死人啦!"陈仲仁赔着笑脸:"好啦!是我不对!给你赔礼还不行吗?"正赶上小秃来叫他俩。见状做鬼脸:"喂!别抹眼泪呀!大法师叫你们快去呢!""知道啦!"车凤英回头又对陈仲仁说:"我们练打枪不如胥君茹,我看这个队长叫她干吧!"

"我耍刀耍惯了,看见日本鬼子就想近前砍杀,这对使快枪来说是个短处,自己又容易受伤。我也想让胥君茹当队长,咱们就给她当副手。一会儿见到平东洋就跟他说。"三个人边说边走,走到总坛的院子里,碰上侯广义领着十七八个青年难民进院。其中就有赵华义和王福璐二人。车凤英问侯广义:"侯大叔,这些人是干什么的呀?"侯广义:"是来投奔咱们入会的。"

赵华义在人群里高声说道:"小日本儿真他妈的不是人!无恶不作呀!我入会杀他娘的小鬼子,为家人报仇。""跟黄枪会在一起,打他娘的小日本儿。"王福璐也在人群里附和着赵华义嚷嚷着。车凤英认真看看他们俩,听着声音有点熟悉,又记不起来在哪里见过,就走进屋里去了。

杨千瑞从屋里走了出来:"侯兄弟,大法师答应这些弟兄们入会了。你安排完他们的住处,抓紧回来合计事情。""嗯呢!"侯广义答应着:"弟兄们跟我走,领衣服和武器去。"

二

黄枪会自从上次和红枪会联手打了海伦的日军的埋伏,就担心日军的报复,就在海伦到三道沟子沿途都布置了黄枪会的眼线,密切关注着海伦火车站日军的一举一动。吉冈派出的先遣队刚出海伦街里,黄枪会的人马上就一站接一站地把消息传到黄枪会的总坛。

日军先遣队的指挥官田中小队长走在队伍的前面,他不断催促士兵们加快脚步前进。他们从早上四点钟出发,中间在三门谢家休息吃饭耽搁了一些时间,直到午后一点多钟才到了通肯河大桥。田中站在大桥上,问他的搭档小队长高桥:"高桥君,你我这次奉命担任先遣队,到通肯河大桥建立桥头堡,你是留在桥边,还是进村里?"高桥回答道:"田中君,桥头上留下一个班皇军,派小野军士长指挥就可以了,你我都进村子里吧。"田中点点头:"要西!小野!你带一个班皇军驻守在桥头,有情况就打电话报告。把电话线接到村子里。"小野:"哈

第六章

意!"他带领一个班的士兵搭帐篷,准备住宿。

田中和高桥下了大桥向北折向徐福礼屯子。在暗中监视的黄枪会的会员马上到三道沟子找黄枪会的眼线联络,派人骑马到柳大房子报告,留下人继续监视日军。

田中和高桥带领日军在徐福礼屯子外边停下了。田中用望远镜观察了好一会儿,他发现这个屯子的东头有两座院子可以驻军,而且离大桥比较近,田中派出了十几名日军进屯子里搜查,过了一会儿,搜查的日军回来报告:"报告太君!屯子里没有发现异常情况。"田中得意地对田中说:"高桥君,你看这个村子里的东头离大桥比较近,又有两座院子,便于我们集中驻守。有院墙好防守,你我各自住一座院落。你认为如何?"高桥:"可以,这样增援大桥很方便,又便于防备红枪会的偷袭。很好!我就住在东边的一座院子里吧。"田中向部队下达了命令:"部队进村,占领村子东头的两座院子。"日军进了村子,在东头的两座院子里修工事,搭床铺,忙于住宿吃饭。这些情况都被暗中监视的黄枪会的探子看得明白,再一次向总坛报告,这是日军行动的最后的目的地。日军要住下了。

黄枪会的探子飞马返回总坛向大法师报告:"大法师,日本鬼子一共有七十多人,有六挺机枪,两辆马车拉着东西,用苫布苫着,可能是给养和弹药,有四个挎刀的军官。他们进了徐福利屯子,住在屯子东头的两座院子里。在通肯河大桥上留下了十几个日本鬼子,搭一座帐篷,看样子是在守桥。"车平起对探子说:"辛苦啦!兄弟,你歇一会儿,吃些东西,再去徐福礼屯子边上看着,换回在那儿的兄弟,我再派人去换你。""是,大法师!"会员下去吃饭去了。

车平起对平东洋说:"兄弟,这几天辛苦啦!快枪队现在能不能顶硬啊?"平东洋:"这几天把使步枪的人总算练个差不多了。只是没有实弹射击,打枪的一套动作都练熟了。豁出一点子弹,打一次实弹就更好了,练练胆子,省的见阵仗的时候手发抖。凤英和仲仁说胥姑娘的枪法很准,他俩想让胥姑娘当队长。"车平起:"胆子就不用练啦。这些人多数参加过上次的行动,见过阵仗,手也不能发抖。你刚才也听见了探子的话了,日本鬼子就在徐福礼,离这里就十几里地远,半个时辰就到。胥姑娘枪法好,很好。快枪队在你手下,你怎么顺手就怎么安排吧。"平东洋:"那就不打实弹了。枪声会暴露我们的实力的。以后就由胥姑娘教会员们练枪法,他俩还是队长。"车平起对大伙说:"合计合计,跑到家门口的狼,咱们该怎么打?"杨千瑞坚决地说:"不能放过他们,消灭掉!给死去的乡亲和会员们报仇。"车平起神秘地说:"日本鬼子这回是跑不了啦!他们犯了兵家的忌讳啦!陷入了绝地啦!"侯广义问道:"犯了什么忌讳了?怎么就陷入了绝地了呢?"

车平起给大伙讲了日本鬼子陷入绝地的原因:"这徐福礼屯子四周是河套。三道沟子在这里往北拐进了通肯河,通肯河在这里就分了岔了。徐福礼屯子就在这河汊里。东西北三面是河套,只有南面一条路通大桥。只要把桥拿下来,从南面断了他的出路,围困几天就把日本鬼子困死。四周都是柳条通、芦苇、草甸子,一人多高,咱们往里一藏,扎枪一端,就等着日本鬼子送上门来。"杨千瑞:"那屯子里的乡亲们咋整啊?日本子急眼(方言,狗急跳墙的意思)了,还不抢老百姓的吃的?""眼下新粮食还没收,陈粮也剩不多了,搜老百姓家的也搜不出多少来。他们要进地里弄吃的,那正好是给咱们送上门的好菜。咱们就用扎枪收拾他们。"车平起非常自信。

平东洋:"那得先从大桥下手,把大桥拿下来以后就把它给毁了。不然日本鬼子还会从海伦派兵来增援。"车平起:"对呀!先毁了大桥。不让鬼子援兵过河,那进了徐福礼的日军就别想活着回去了。遍地的草甸子、柳条通,那是咱们的隐身草,堵住鬼子的出路,咱们在暗处,他出来就收拾他。全屯子就十来户人家,听说鬼子来了还不跑哇?谁还在家里头挺着挨宰呀?有粮食也藏起来啦!鬼子只能冒险下河,他们是外来的人,不知道哪块深哪块浅。水流又急,只能是淹死。咱们先拿下大桥,咋样?"

"你想咋打大桥呢?"平东洋问。"挑会水的,在夜里从大桥上游下水,顺流到桥北上岸,悄悄地摸掉日本鬼子的岗哨,然后再摸进帐篷杀猪,用你们红枪会的办法。中不?"车平起说出了自己的办法。侯广义问道:"下水的人从哪里绕路走到大桥呢?"杨千瑞补充:"那也不用去,就从咱家出发,沿河沿边上走,一直走到桥北。"

平东洋很称赞车平起的计划:"好吧,就这么办,一定要保密。千万不能走漏消息。"车平起想起了三道沟子被阻的事:"咱们自己打鬼子,不跟东北军联络了。他们净事,整不好别把咱们给卖了。"侯广义对祁连长很有好感:"我看祁连长这个人是真心打日本鬼子的,跟他透个信吧,有啥意外也能有个帮手。"陈仲仁提议:"红枪会也跟你们一起干,人多力量大。""快枪队咋打呀?派什么差呀?"车凤英着急,怕没仗打。

平东洋:"重要的是在大桥上。我想这么办,从咱们这儿下水摸大桥的日本鬼子,有二十人就够了,黑夜里行动,鬼子走了一天的路,一定很疲劳,睡得死,咱们容易得手。就由这二十人进帐篷杀鬼子。快枪队也摸到大桥附近埋伏着,如果水路的人失手,从快枪队这边再派人强行进攻,一定拿下鬼子的桥头堡。如果水路的人得手了,咱们就组织人毁桥。咱们没有炸药,如果能从鬼子那里整着炸药就好了。用炸药炸桥,来得快,毁得彻底。咱们这边打响了,日军大队很快就到,如果不及时炸毁大桥,咱们可就挡不住了。"

车平起:"今晚就行动,留下二百人守在徐福礼屯子的北面,通肯河北岸。防备日本鬼子急了往北渡河。挑二十名水性好的偷袭守桥的鬼子。新来的一个也不用,让杨大哥领着看家。一百五十人去三道沟子,和红枪会一起守大桥那边。"

侯广义自告奋勇:"下水的人让我带领吧,我会水。"

车平起同意:"由广义兄带领会水的会员,今天晚上人定以后,悄悄地出发。一定要保密,就你一个人知道,就是在挑人的时候也不要说漏了嘴。到徐福礼屯子前边的河汊子下水,到大桥的北边上岸,你们在岸边稍微休息一会儿,恢复体力,然后学三声牛叫,和我们联络。我们走车家店去三道沟子,绕开徐福礼屯子,天黑后进三道沟子街里,出东门,藏在大桥跟前的庄稼地里。我们听到牛叫声就回三声牛叫。你们就动手,要利索。咱们各自准备吧。千瑞大哥帮助广义兄挑人。"杨千瑞笑着说:"问我儿子就中。这附近的年轻人都会水,差不了。"陈仲仁:"我这就回去,带红枪会的人直接去车家店。平东洋大叔就留在这儿吧,随你们一起走。"平东洋点头答应,陈仲仁骑马走了。车平起:"把咱们的杏黄大旗带上。让日本鬼子看看黄枪会的厉害。每一个人带一条三寸宽,一尺半长的白布条。"

三

车家店在三道沟子西,车平起的家就住在这里。车平起绕道来到自己的家,为的是避开侵入徐福礼的日军。傍晚,黄枪会的队伍进了屯子,车平起派人把屯子封锁起来,只许进不许出,把大队带进自己家的院子里,让会员休息,吃干粮。车平起的父亲看见黄枪会这么多人,很奇怪:"平起呀!带这么些人干啥呀?""爹!我们操练人马,准备打东洋鬼子。凤英,你悄悄地去祁连长的驻地,不要惊动别人。特别是那个刘副司令,别叫他知道!"车平起叫凤英去通知祁连长。车凤英:"嗯呢! 知道啦。"她带上小玉出了屯子,去了东北军的驻地。车家店就在大屁股山跟前儿,十几分钟就到了。车凤英和小玉到了祁连长的驻地,被哨兵给拦住了:"站住! 干什么的?""我要见祁连长。"车凤英答道。"连长到团部开会去了。"哨兵依然不让进去。"团部在哪里?"车凤英问。"哪能随便告诉你吗? 这是军事秘密。你是祁连长的什么人呐?"哨兵开玩笑。

车凤英生气了。小玉斥责哨兵:"你胡说什么呀?"一排长闻声出来,认识车凤英:"这不是车姑娘吗? 快进来吧!"车凤英随一排长进了连部。一排长:"请坐吧,有什么事吗?"车凤英:"我跟祁连长说。"

"连长开会去了,快回来了,你等一会儿吧。"二人坐下,一排长给她俩倒水,水壶里没有水了:"勤务兵! 水没了,打些水来。"勤务兵拿着水壶出去打水,好一会儿才回来,二人喝水。一排长问勤务兵:"打水咋去这么半天?"勤务兵:"正赶上散会,碰上刘副司令,他问我打水干什么? 我说来客人了,他问是谁,我说是黄枪会的人。"这时祁连长进屋了。"车姑娘来啦,有事吗?"祁连长打着招呼。车凤英:"上次多亏了你出主意,救了人,又打了胜仗。真得谢谢你呀!""都是为了打日本鬼子,不用谢。就是叫刘副司令把我骂了一顿,要枪毙我。"祁连长不在乎地说道。车凤英:"那咋没枪毙你呢?"祁连长:"这都是团座出的主意。胥小姐和传令兵送来的信也是叫我提防。"他放低了声音:"那个'卯金刀',团座已经得到旅长的指示,旅长的卫兵特地来告诉团座,要防备刘副司令叛变,看样子旅长早就防备他了。团座叫我不听刘宏轩的命令,随机应变。当时我没有抗命的理由,只好瞒天过海了。刘宏轩只是一个光杆司令,王副官一失踪,他就是一个瞎子、聋子,好糊弄。"车凤英小声对祁连长说:"这个汉奸,等旅长回来看怎么收拾他! 祁连长,我们又要打日本鬼子啦! 我爹叫我来告诉你一声。"祁连长:"日军在三道沟子东面构筑工事,目标是冲着我们来的,你们打算怎么打呀?"车凤英的声音更低了,只有祁连长听得见,他连连点头:"好! 好! 我找机会向团长报告,不让刘副司令知道。"车凤英:"好啦! 我们该回去啦!"祁连长:"我送送你们。"三人出了屋子,在屋子的拐角处有一个人影一晃躲开了。

在墙角的人影是刘宏轩,他在偷听。听勤务兵说黄枪会的人来了,就尾随勤务兵到了连部,他看见祁连长回来了,他就躲在屋后,等祁连长进了屋里,他又溜到窗前偷听,只是屋里说话的声音太小,他听不见。但是他毕竟是军人,他敏感地意识到和徐福礼的日军有关,他装作若无其事的样子进了屋,祁连长回来,看见刘宏轩在屋里,没等他说话刘宏轩就问:"黄枪会的人来干什么?"祁连

第六章

长掩饰道:"车家店是她的家,她回家来顺道来看看我。""不会是这么简单吧?"刘宏轩的脑袋摇得像拨浪鼓似的,他不信祁连长的话。"可不就是这么简单,那还能有假吗?刘副司令。"祁连长认真地说道。刘宏轩是满脸狐疑,他看看祁连长,走出了屋子。

车凤英和小玉回到车家店屯子里,看见红枪会的人在二法师和陈仲仁带领下到了。陈方义也在队伍里,他是给红枪会送捐款的,听说两会又要打鬼子,就跟陈仲仁一起来了。金山背后插着短刀,肩上扛着机枪。平东洋一看说道:"金山兄弟,把会员们教得怎么样啦?"吴忠友把大拇指一伸:"金山是教师爷,手段又好,要求得又严格,弟兄们最少也学会一招绝活,临敌有用啊。"平东洋一听很高兴:"好!我教你学机枪吧。"说完接过金山肩上的机枪。金山说:"这几天我也没闲着,有空就摆弄这家伙,装子弹,拉枪栓,扣扳机,瞄准,也琢磨了不少。请你再教教我。"

二法师吩咐会员们:"红枪会的人先歇歇,吃点干粮,好再赶路。"车喜库和儿媳妇给会员倒水喝。车喜库埋怨儿子:"事先也不打个招呼,弄得大伙喝白开水。""大叔!这行军打仗的哪能四眼齐呀?有干粮吃,有开水喝就很好啦!唉!都是该死的小鬼子闹得,非把东洋鬼子杀尽不可,都撵回老家去。"二法师对车喜库说。小秃:"爹,东洋鬼子的老家在海那边,那海有多宽呐?你能过去吗?"二法师:"傻小子,我是说把跑进咱国家的东洋鬼子杀尽,上他们那地方干啥去?四面都是海,不小心掉进海里可不是玩儿的。"有个会员问道:"二法师,你咋知道日本国四边都是海呢?""嗨!这个你小子就不知道了吧?我得佛爷指点,上知天文,下知地理,自然是知道啦!"二法师吹起来了。有名会员揭他的底:"吹牛!还不是那天送学生的时候,陈先生讲给你听你才知道的。还佛爷指点呢?"二法师看着陈方义服输:"那是不假,陈先生知道的可真多。这人呐,还是得念书哇!等打跑了东洋鬼子,我叫我家的小秃也上学念书。别看人家是念书的学生,打起仗来也不含糊啊!"

车平起召集两会的头领合计了一下,决定让队伍出发。车平起:"两会的会友们,咱们今天是'兵合一处,将打一家'。大家都要听号令,现在就奔三道沟子,出发!路上不许出声,不许落下。"平东洋叮嘱会员:"大家把身上都收拾得利索的,别弄出响动来。"车平起一挥手,队伍跟着二法师消失在夜色中。

四

　　杨千瑞帮助侯广义挑选了二十名会水的会员,他们正在吃晚饭。杨千瑞端起酒碗:"各位会友,今天晚上你们是主角。下手就别留情,把这些害人的妖孽斩草除根,除恶就是行善。一会儿大家下水的时候互相照应着,听侯兄弟的号令。干了这碗酒,挡挡水中的寒气。"众人喝干了碗里的酒。

　　侯广义叮嘱大伙:"大家出去不要有响动,悄悄地出屯子。出发!"杨成文在前领道,队伍跟着他融入漆黑的夜色中。杨千瑞把一个酒葫芦交给侯广义:"把这个带上,一会儿上岸非冷不可,让大伙喝几口驱驱寒。"侯广义接过酒葫芦拴在腰间,随着会员出了院子。

　　夜很静,夜色也很黑,是个阴天。杨成文是本地人,他从小就在这通肯河边上长大,再黑的夜晚他也能沿着河边的小路行走,他不时地提醒后边的同伴们注意脚下的路,避免掉到河里,因为有时那小路紧挨着河沿,只差一两个脚窝就掉下河去。最险的地方杨成文叫会员们手拉着手互相扶衬着走过去。走到了徐福礼屯子的东头,会员们大气不敢出,紧挨着河沿走,正好起了风,刮得庄稼和柳条哗啦啦直响,掩盖了会员们的脚步声。大约走了两个小时,他们来到离通肯河大桥有五十米远的地方停下了。

　　杨成文对侯广义说:"前边不远就是大桥了,咱们不能再往前走了,怕惊动了日本鬼子的哨兵。"

　　侯广义对大伙说:"咱们就在这块下水。成文,你在头前领道,下水以后大家互相拉着手,别叫河水给冲散了,在桥北集合。下水!"说完他就脱衣服下水,会员们纷纷下水,把衣服顶在头上。农历八月下旬,已经是深秋季节,河水冰冷刺骨,会员们十几里路急行军,身上正热得要出汗,一下水就凉透了。一名会员一下水就大腿抽筋了,被河水冲倒了,幸亏离杨成文近,被杨成文一把拉住。这名会员喝了几口河水,被杨成文架住胳膊向前游。会员们互相拉着手往前游,杨成文一边游,一边看着岸上,夜色黑暗,他借着时隐时现的月光极力辨认着岸边的地形,好选择上岸的地点。忽然他听见有人说话的声音,杨成文拉住伙伴的手,示意停下,他又仔细地听了一会儿,声音是从桥上传来的,是日语。原来是两名日军的哨兵在说话:"这天可真冷啊!"另一名哨兵:"我困得很,直打瞌睡,换岗的怎么还不来? 良心大大的坏了的有!"杨成文他们听不懂,但是不能

第六章

再往前游了,杨成文靠近岸边,用手摸索着,找到一墩子柳条丛,他拉了一下伙伴的手:"悄么声儿地上岸,别弄出响动来。"大家悄悄地爬上岸,借着柳条丛的掩护,大伙穿上衣服。侯广义拿出酒葫芦给会员们:"每人都喝两口,撑撑寒气。"会员们都喝酒,血液都串通开了,身子有些暖和了。侯广义向西面学了三声牛叫,对面回了三声。侯广义叫大家在原地不动,自己带着杨家三兄弟悄悄地摸上桥头。放哨的日军往回走来一个,可能是回帐篷去叫人换岗。和杨成文他们碰个正着,侯广义一个箭步窜上去,双手掐住哨兵的脖子,杨成林用匕首刺死了哨兵。杨成文快步走向另一名哨兵,那名哨兵以为是换岗的人来了呢,就埋怨道:"怎么才来?"说的是日语,杨成文听不懂,只是向前猛扑过去,把哨兵扑倒在地,那哨兵走了一天的路,又没睡好觉,又困又乏,又没防备,哪里是杨成文的对手,被杨成文压在身底下,后面的侯广义赶上来把哨兵杀死了。他们收拾了两名哨兵,又学了三声牛叫,趴在草丛里的会员们冲出来就奔向帐篷,侯广义急忙拦住大伙:"不要急,静悄悄地摸进去,再动手。"

日军的帐篷门口挂一盏马灯,也照不多远,只是把帐篷里面照亮了。日军士兵都睡在地上,和衣而卧,睡得很死,把门口有一张行军床,小野军士长睡在上面。会员们摸进了帐篷各自选好了对象,侯广义一个手势,会员们一起动手,十三个士兵和一名军士长在梦中就回到了他们的家乡东瀛三岛了。侯广义叫会员们检查有没有活着的鬼子,他出了帐篷又学了三声牛叫。车平起等人都听到了。

小秃:"干爹,桥头的哨兵被干掉了,我听到了三声牛叫。"车平起跳起身来:"得手了!下一步兵分两路,一路堵住徐福礼的日军,一路在此拆桥,阻击海伦来的日本鬼子。"

平东洋对车平起说:"行!二法师带领红枪会的人拆桥,我带快枪队阻击海伦来的日本鬼子,你带领黄枪会的人去打徐福礼的日本鬼子。"车平起带领黄枪会的人向北奔去。二法师领着人去拆桥,快枪队的人原地休息,平东洋自己去找侯广义。

海伦日军司令部墙上的挂钟指针指向午夜两点。电讯室里报务员正在收发电报。报务员把收完的电报拿在手里,来到吉冈的卧室门口:"报告旅团长阁下!刘宏轩急电。"吉冈正在梦中被惊醒:"进来!"报务员走进卧室,把电报呈上,吉冈接过电报念道:"黄枪会今晚有行动。这是什么情报?八嘎!真是蠢猪!"他摔了电报,又躺下沉思。猛然吉冈又坐起来:"徐福礼,田中!快!快!

电讯兵！快给田中发报，要他们加强警戒，全力守住大桥。命令桥本立刻集合队伍，连夜出发，支援田中！快！快！"吉冈一边下床，一边口述电文。在屋子里走来走去，来回画圈。外面立刻响起一片嘈杂声，乱作一团。

平东洋和侯广义会合："干得好，干得利索！有炸药吗？"侯广义回答："只顾杀鬼子了，还没有来得及看别的呢。"二人进了帐篷，看见弹药箱子码在帐篷的北边，平东洋撬开箱子一看有手榴弹，又撬开一个箱子发现有炸药、雷管和导火索。平东洋把箱子扛上，回头吩咐侯广义说："把所有的弹药枪支都搬走，动作要快！"他回到桥上指挥人埋炸药准备毁桥。

车平起带领黄枪会的会员们到了徐福礼屯子的南边，他命令大家把白布条系在左胳膊上，埋伏道路两边的青纱帐里，专等着日本鬼子来。他们刚埋伏好，就听见屯子里响起了日军集合的哨声。

熟睡的田中被电讯兵叫醒，他看了看电讯兵交给他的电报，走到桌子跟前，抓起电话打给守在桥头的小野，对方没有人接电话。田中这一下立刻清醒了，他感觉到情况不妙，他一边系裤带，一边向屋外走去。他站在门口就喊道："集合！快！快！集合！"接着集合的哨子就响起来。高桥提着裤子跑过来："田中君！发生了什么事情？"田中一边挎战刀，一边告诉高桥："吉冈旅团长急电，要我们加强对通肯河大桥的戒备，一定要守住大桥！我刚才给小野打电话，可是电话没有人接，情况大大的不妙。"高桥的勤务兵给他拿过来战刀和军帽，他打个哈欠："草木皆兵，黑灯瞎火的。胆小鬼。"田中严厉地对高桥说道："高桥！你要服从命令！不能大意，大桥那边没有人接电话啦！你的明白？留下一个班看守弹药！其他的士兵都去支援大桥！"高桥立正敬礼："哈意！坚决执行命令！马上出发！"田中命令队伍："向大桥前进！"日军列队向桥头前进。

车平起在屯子外向会员们叮嘱："黑夜里看不清敌我，要看胳膊上的白布条。另外，日本鬼子刺杀时嘴里'呀，呀'地喊叫不停，大家也要注意，咱们喊'杀鬼子呀，刀枪不入啊'，这是中国话；你听见'呀呀'怪叫的就是日本兵。"前边传来日军的脚步声。会员们屏住气，瞪大眼睛盯着前方，听着动静。脚步声越来越近，就听见田中的喊话声："快快地，快快地！前进！"日军进入了黄枪会的包围圈里。

车平起高喊道："杀日本鬼子啊！报仇啊！杀呀！"他首先跃起冲向鬼子队伍。会员们也高喊："杀鬼子呀！杀呀！"冲向敌人，挥舞刀枪和日寇拼杀。这时天空中的氤氲也悄悄地散去，露出了月光。月光下，只见三十多个鬼子被围在

第六章

中间,高桥被车平起逼住,还没来得及抽出战刀,就被车平起把脑袋给削下来了。田中惊慌失措,指挥日军抵抗。会员们高喊杀声,奋勇向前,日寇丧胆,纷纷被会员们刺倒,田中见大势已去,命令部下撤退,撤回徐福礼屯子里。留守的日军出来接应,开枪射击,打中了几名会员。剩下的日军这才跑进他们据守的院子里,关上了大门抵抗。高桥的部下所剩无几,乱作一团,退进院子里没来得及关大门,黄枪会的人就跟着追进了院子里,一顿拼杀,把高桥小队全部消灭。隔壁的田中残部向黄枪会开火,黄枪会死伤了十几名会员,车平起命令会员们撤出院子,撤回原地继续监视日军,田中也不敢出院子追赶。

徐福礼屯子的枪声传到了大桥上,平东洋指挥会员们埋炸药:"快点埋炸药!快点!桥下的桥桩子上也放上炸药。"陈方义对平东洋说:"我和二法师领一些弟兄埋伏在东岸的柳条通里,瞅准机会干他一家伙!"

平东洋赞成:"行!一定要在夜里,白天脱不了身。在夜里摸进去就点火,专门烧他的粮食弹药,不在杀鬼子多少。千万记住,不要恋战,要把兄弟们带回来。"陈方义和二法师点头:"记住了。"回头喊吴忠友、梅明仁:"你们两个小队跟我走,过桥!"陈方义和两队会员无声地走过桥去,消失在即将天亮的月夜中。

平东洋:"等日本鬼子的汽车上桥的时候再点火。谁去桥下点火?"侯广义:"我去吧。桥下我熟悉,我还会水。"平东洋拉住侯广义的手:"大哥!一定要看准时机,要汽车在桥上的时候再炸响。保重!"二人握手告别。

前来增援的日军大队长桥本也听到了枪声。他着急地催促士兵:"快!加快前进的速度!田中他们已经打起来了,听见枪声了吧。"日军加快了速度,向前开进。

侯广义下水到桥下检查了放在桥桩子上的炸药和导火索,就趴在桥桩子上边的横木上。日军的车灯扫了过来,汽车上架着的机枪也开火扫射开道,到了桥东头停了下来。桥本下了汽车,用望远镜观察了一会儿,命令:"过桥的干活!"汽车开动,侯广义在桥下点燃导火索,跳入水中,顺着水流向南游去。汽车开上了大桥,桥本站在桥头上暗暗高兴,对部下说:"红枪会的愚蠢大大的,如果他们毁掉了大桥,我们是没有办法过通肯河的。"部下恭敬地答道:"哈意!阁下英明!"正在这时眼前红光一闪,就听见一声轰响,汽车在大桥中间被炸了,汽车落入水中,汽车上的日军也都掉在水里,有的被炸死,有的被水淹死,所剩无几,在水中挣扎,向西岸游去,刚游到岸边,被红枪会埋伏在那里的人们用长枪刺杀,一汽车鬼子没有剩下一个。桥本被爆炸声惊呆了,他挎着战刀,看着火光,面对被炸断的大桥发愣。好半天他才缓过神来,开始组织日军反扑。增援的鬼子都聚集在河的东岸。桥本气急败坏地命令:"炮火准备!轰击河西岸的红枪会!"

在桥本命令炮火准备的同时,埋伏在河东岸的庄稼地里的陈方义和二法师以及两个小队长正合计要把鬼子的车队烧掉:"你们俩看,这道上有一溜汽车,大约有六七辆吧?车上拉的一定是鬼子的弹药和吃的用的。平东洋让咱们烧鬼子的弹药粮食,我看烧汽车就行。"吴忠友支持陈方义的主意:"对!每辆车派四个人,其余的在地里藏着,这汽车是烧油的,最怕火,咱们把车给烧了,车上的弹药还不爆炸?"陈方义:"可不是咋的!干吧!把剩下的弟兄埋伏在这里,好截住桥边的鬼子回过来支援。现在就动手,趁鬼子都在桥边,天还没有亮,咱们好摸到车跟前。"陈方义又对二法师和吴忠友说:"行!咱们再往后走走,越往后鬼子就越大意。我和梅明仁带他的小队往后走,烧车;你们俩带一队会员就在这块藏着,看见鬼子回来支援你们就冲出来截住他们。"陈方义带着梅明仁小队往后走,大桥边的枪炮声掩盖了他们在庄稼地里的声音,他们一边走一边留下人来,三个人一组,和停在地边路上的汽车相对应,约定了以后面起火为动手的暗号。他们走了一段路,来到地头往东看,没有汽车了,回头向西看,最后一辆汽车在他们的西边有二十多米远,他们走过头了。

陈方义问梅明仁:"留下几组人?"梅明仁:"算咱们是六组。"陈方义:"咱们走过头了,日本鬼子大约是七辆车。车上肯定有人看着,先干掉看车的鬼子,再烧车。往回返,你去通知其他四组,咱们就烧后边的这五辆汽车,越往桥边鬼子就越多,容易被日本鬼子发现,别贪多。"他们来到最后一辆汽车跟前,梅明仁自己从地里走去通知前面的人。陈方义摸到站岗的日本鬼子跟前,用刺刀把哨兵杀死,驾驶员从驾驶室里探出脑袋问道:"什么的干活?"陈方义用日语回答:"我在撒尿。"趁驾驶员不备,一刀刺中他的脖子,驾驶员"啊"的一声刚喊出来,陈方义拉开车门把驾驶员拉下了车,挥手一刀结果了他的性命。后面的会员已经点着了火扔在了汽车上边。这时前面的会员看见火光也动了手,霎时火光闪闪,前面的日军发现了喊道:"不许点火!八嘎!"边喊边跑过来救援。他们被埋伏在跟前的吴忠友小队的会员们截住砍杀。趁乱会员把最前面的两辆汽车也烧了,汽车的火越烧越大,二法师带着会员冲向前边的日军,双方杀在一起。天渐渐亮了,二法师一声暗号,会员们散开,钻进地里,不见了踪影。汽车开始爆炸,一声接一声连续不断。桥本惊得目瞪口呆,气急败坏,命令向庄稼地里扫射。

第六章

河西岸平东洋高兴地喊道:"好样的!陈先生和二法师他们得手啦!这回日本鬼子是两头受气。"

桥本拿庄稼地撒了一通气,他向吉冈报告战况。吉冈听说大桥被炸,给养弹药被烧。他在电话里把桥本骂得狗血喷头:"八嘎!你的前进迟缓!增援不力,连通肯河都过不去,给养车也守不住,我要把你送上军事法庭!今天上午必须过河!增援田中!"桥本连连鞠躬:"哈意!哈意!请旅团长阁下增补弹药粮食。"吉冈骂够了桥本,还是答应了他请求:"你应该努力向前,增援田中,弹药粮食我会给你补充的。""哈意!多谢旅团长阁下!"桥本放下电话,又给田中打电话:"田中!你要率部占领桥头,消灭红枪会,什么?你被黄枪会包围啦?高桥战死啦?伤亡过半?八嘎!如果你不突围,你我都将要被送往军事法庭审判!"电话里田中满嘴答应:"哈意!哈意!一定突围!可是黄枪会的人藏在村子外面的地里,这块遍地是青纱帐啊,看不见他们在哪里,我们的武器对他们形不成杀伤力。近战肉搏我们的士兵不占先机,中国的武术很有效。而且这些人很勇敢,拼命向前。我现在只有二十多名士兵,其中还有带伤的,基本失去了战斗力!"桥本一听田中那里就是死局,他又鼓励田中一番,妄图让田中孤注一掷:"田中君,你必须振作起来,率部突围。要发扬武士的精神,捍卫帝国军人的荣誉,勇往直前。不要害怕红枪会的人,我用进攻来支援你,你于上午九点突围。"田中没有别的办法:"多谢大队长阁下的支援,我一定率部突围!"

太阳升起来了,驱散了笼罩在通肯河上的晨雾和硝烟。通肯河面一片平静,大桥被炸断了,连人都走不过去。通肯河成了日寇难以逾越的障碍。河东岸被红枪会烧毁的日军汽车还冒着青烟,桥本坐在他的临时指挥所里等待吉冈的支援。河西岸,平东洋指挥快枪队的队员们在河堤上挖单人掩体。两军隔河对峙,战场上难得的一片寂静。

八点钟,吉冈派出的支援车队到了,给桥本送来了弹药、给养。桥本又有了精神,命令部队马上开饭,炮兵做好准备。桥本要组织士兵武装泅渡,强行进攻。他认为红枪会没有步枪、机枪之类的武器,只靠大刀长矛近战,只要皇军用先进的武器远距离杀伤红枪会,红枪会就能被击退。

桥本对集合起来的士兵训话:"英勇的天皇的武士们!河对岸是一群拿着大刀长矛的农民,没有什么战斗力,只会偷偷袭击的干活。现在我们进行强攻,他们没有远程杀伤武器。我勇敢的士兵们,为天皇立功的时刻到了!前进!"士兵们在他的命令下涉水过河。

对岸平东洋看清了日军的企图,就对会员们说:"瞄准水中的日本鬼子,听我的命令,一次只放一枪。"会员们默默地趴在工事里边,眼睛盯住了对岸的鬼子。等到日军游到了河中心,平东洋命令:"射击!"一片枪响,只打死了一个日军士兵,还有一个受伤的。

桥本正得意地看着他的部下游到河中间,对岸还没有动静,他很高兴,马上命令第二批日军下水过河。这时枪声大作,他大吃一惊:"怎么?东北军参战了?"他稳了稳神,又仔细地往河里一看,只死了一名士兵,他又大声地喊道:"红枪会不会使用武器!武士们!前进!"

平东洋抢过金山手中的机枪,平端着对河中间扫射,打死了七八个日本鬼子,胥君茹也打死了两名日军,还有几名受伤的,在水中挣扎,顺着水流向南漂去,只有几个鬼子撤回东岸。桥本恼羞成怒,命令炮兵轰击对岸的红枪会。

对岸平东洋指挥会员们撤进了阵地后面的柳条通里。有几个会员被炮弹的爆炸震倒在地,又爬起来跑进了柳条通,其中有两个被炸死了。平东洋拉着胥君茹后撤,炮弹飞来,平东洋拉倒胥君茹,自己伏在她身上,炮弹炸响,炸起的泥土把二人几乎盖上,平东洋拉起胥君茹钻进了柳条通。快枪队被日军的炮火压制在柳条通里出不来。

自从车凤英从祁连长那里走后,刘宏轩的追问让祁连长感觉红黄两会袭击徐福礼的日军会受到来自海伦的日军的威胁。他想,他们即使消灭了徐福礼屯子的日军,也抵挡不住海伦方面日军的攻击,守不住通肯河大桥。他得尽快地把这件事情报告给团长。刘宏轩老奸巨猾,他也在想车凤英来访这件事,绝不像祁连长说的那样,是顺道来看他那么简单。他更知道在祁连长嘴里是打听不出准信的。于是他想了一个主意,他回到团部和霍团长一起吃饭喝酒,一步不离开霍刚,一直到深夜十一点多钟,祁连长一直没有机会向团长报告情况。刘宏轩看到了深夜了,估计再待下去就有嫌疑了。就告辞回自己的住处,半夜十二点才向吉冈发报,告知黄枪会有行动的电报。

祁连长熬不过刘宏轩,他只好派一排长带一个班的士兵去三道沟子东门外,观察红黄两会的战斗进展情况,随时报告。就在刘宏轩离开团部不到两个小时,三道沟子方向传来了枪声,霍刚马上命令召集军官会议,并命令祁连长派出一个排士兵向三道沟子方向放出警戒。祁连长趁机向霍团长报告了情况:"报告团长,这枪声是红枪会黄枪会在袭击侵犯徐福礼屯子的日军。海伦增援

第六章

的日军到了通肯河东岸。据情报通肯河大桥已经被炸掉,红枪会和日军隔河对峙。传来的爆炸声是红枪会烧了日军的弹药车和给养车。"

霍刚看了看在座的军官:"惭愧呀!以保卫国家为己任的军人却在这里坐山观虎斗,还不如老百姓的报国之心呐!命令各部严密监视日军动向,各部立即进入阵地,严阵以待。"

众军官起立敬礼,各回本部执行任务去了。祁连长对团长说:"红枪会烧了日军的弹药给养车,暂时迟滞了日军的进攻。但是日军对占领三道沟子是志在必得呀!我估计日军在得到补充之后,必然要对红枪会发动猛烈的进攻,强渡通肯河,我们也要有所准备,起码给红枪会以炮火支援。"刘宏轩急忙阻拦:"不能轻易开炮,不仅浪费弹药,还会暴露炮兵阵地。让那些红枪会、黄枪会先替咱们挡一阵子再说。"

从三道沟子回来的一排长报告:"河对岸又开来三辆汽车,日军进行了武装强渡通肯河。第一次被红枪会给打回去了。现在日军进行炮火攻击,可能要发起第二次武装泅渡。"

祁连长:"团长,红枪会顶不住日军的正面强攻,现在我们就用炮火支援他们吧。最低也要把日军的炮火压制下去。不然日军一过河就是针对我们呐!"刘宏轩:"大桥被炸掉了,日军武装泅渡,红枪会能顶住的。我们还是静观其变吧。"祁连长:"唇亡齿寒,我们不能让日军各个击破呀。趁日军没有过河,只有消灭日军的炮兵,才能支援红枪会呀!"霍团长:"命令!炮兵连集中火力,摧毁日军的炮兵阵地!"

在东北军的炮阵地上,士兵们也在议论东河套的战斗。有一个炮兵说:"听,是日本子的炮,向河西轰呢!咱们咋不开炮呢?"炮兵班长:"是轰击红枪会呢。等着吧,一会儿团长就该下令了。"另一个士兵说:"再等一会儿红枪会可就吃不消啦!日本子过了河,咱们炮兵跑都跑不了,干等着挨刺刀吧。"团部的传令兵跑过来:"团长命令,集中火力摧毁日军炮阵地!"炮兵班长:"怎么样?兄弟,这回看老子的大炮,三炮就把鬼子炮兵送回东洋老家。填装炮弹!""连长还没发话呢。""你就准备吧。"班长很自信。这时炮兵连长命令:"各炮位注意!目标,日军炮兵阵地。集中火力预备!放!"火炮一起发射。河东日军炮兵阵地被炸成一片火海,日军炮阵地被摧毁。

桥本正扬扬自得,准备第二次强渡通肯河,突如其来的强大的炮火摧毁了他的炮兵阵地。他的身边也落下了炮弹,他有些惊慌失措。他给吉冈打电话,

◇ 通肯河传

请求撤退："旅团长阁下！东北军参加战斗,炮火异常猛烈,我的炮兵已经被消灭,田中突围无望,请求撤退。"吉冈在电话里不准桥本撤退："再次命令田中突围,你再坚持一下,接应田中突围。"

桥本无奈,他知道,即使田中突出黄枪会的包围,也过不了通肯河,照样逃脱不了被消灭的命运。可是军令如山,他只好执行。他刚要和田中通电话,又一发炮弹落下,桥本的指挥部被炸,桥本负伤,发报机、电话都被炸坏了。桥本咬着牙命令："撤退！快快地撤退！"河东岸的日军仓皇地撤退了。

桥本逃走了,可是被他丢下的田中此时正在徐福礼屯子里对他的部下训话,带伤的日军互相扶持着,勉强站立着,还有四名不能站起来的士兵,有的躺着,有的坐着,听田中训话："天皇的忠勇的士兵们！要发扬武士精神,为天皇尽忠。大日本皇军是不可战胜的！前进！"说完,田中拔出战刀,向前一挥,带领残部向大院外面冲去。

围在屯子外边的黄枪会的会员们是全神贯注,死死地盯住了屯子东头的院子。车平起让会员把黄枪会的大旗打出来："会友们,把咱们的大旗打出来！让东洋鬼子尝尝咱中国人的厉害。把他们赶回东洋去！为被他们杀害的亲人报仇！头可断,血可流,家乡山河不可丢！"一名会员举起杏黄大旗,旗上'黄枪会'三个大字在灿烂的阳光的照耀下熠熠生辉,大旗在空中飘摆。冲出院子的田中看见大旗,倒吸了一口凉气,拄着战刀发抖,被身边的士兵扶住。对面的青纱帐里响起黄枪会的喊杀声,声震四野。日军四顾是无路可逃,只有做垂死挣扎。黄枪会的会员们和当地的老百姓同仇敌忾,从四面八方冲过来,那人数不下几百人之多呀！他们把二十多个日本鬼子围住,会员们奋勇拼杀,日寇困兽犹斗。双方肉搏,惨烈厮杀。田中眼看大势已去,在绝望中企图剖腹自杀,被车平起一刀砍中,田中用手枪打中了车平起,车平起受了重伤,手扶黄枪会的会旗,支撑不倒。胥君茹跑上前去扶住。田中抽搐而死。众人围住车平起。平东洋、车凤英等人赶到,车平起口不能言,指了指大旗,又指了指身边的红枪会的会员和车凤英而逝。车凤英、胥君茹痛哭不止,众人无不垂泪。

平东洋："各位先不要哭,大法师阵亡的事谁也不要说出去,要守秘密,这是会规,也是纪律。把这笔账记在日本鬼子身上,总有一天让他们偿还。打仗就得死人,可是咱们为国家雪耻,为亲人雪恨,虽死犹生,要和日本鬼子干到底,不把日本鬼子赶出中国去决不罢休。"

五

祁连长带着几名士兵抬着弹药来到三道沟子的古塔下,见到了平东洋,和他话别。平东洋问祁连长:"咋整的?为啥要转移呀?"祁连长说:"明水的日军准备向北进攻县城,我们就被隔离了,成了孤军了。失去了和旅部的联系,加上海伦正面的日军进攻,我们很快就被包围了,容易被日军消灭。旅长命令我们回防县城,收缩兵力与日寇决战。团长还特别关照你们,让我给你们送一些弹药,壮大你们的实力,不能光靠拼命啊!"平东洋:"多谢团座的关照,你多保重。"祁连长:"我估计日军也要过河,你们也做好准备,防备日军突然袭击。再见。"二人握手告别。

车凤英和胥君茹二人护送车平起的灵柩回车家店安葬,对外并没有声张。二人返回柳大房子,和杨千瑞合计黄枪会的出路。"杨大爷,我爹阵亡了,这黄枪会大法师就得您来做啦。"车凤英强忍悲痛对杨千瑞说。杨千瑞沉思了老半天,叹息着说出了自己的主意:"唉!凤英,如今你爹没有了,侯广义等人也都战死了,能挑起这副担子的人没有谁啦!你是个女孩子,也不好管这冲锋打仗的事。依我看咱们不如投红枪会去,都是为了打鬼子,叫什么名号不行?就都叫红枪会,中不中?一应钱粮都带去,听从陈大法师的号令,齐心协力杀日本鬼子,保卫家园。"胥君茹也同意杨千瑞的主意:"杨大爷的主意好,两会合并在一起,容易号令指挥,更能有力量打日本鬼子了。""这样也好,只是红枪会是啥想法,咱们也不知道。我爹临死的时候的手势好像是要两会合并在一起的。"车凤英想起爹爹临终前的动作,忍不住又哭了起来。胥君茹劝慰她:"大叔是为了打日本鬼子死的,是光荣的。我们擦干了眼泪,继承他的遗志,把日本鬼子赶出中国去。"杨千瑞:"凤英,你去红枪会问问,看陈大法师是啥心思。咱们这是群龙无首,人心容易散,你快去快回。""好吧,我这就去。胥姐姐你留在家里吧,帮杨大爷看住家。"说完车凤英出了屋,到院子里牵马。上房东房山的墙角处有一个人影一闪而过。车凤英也没有发现,她上马奔万宝山去了。

墙角闪过的人正是赵华义。这小子自从进了黄枪会到现在没几天,可是他和会里的人全混熟了。他和王福璐两个人在会里乱窜,以交朋友为名,到处拉拢人。依靠张明强给他的那些钱,收买人心,伺机把黄枪会搞乱。大法师刚刚去世,尽管对外没有明讲,可是参战的人都知道车平起是死了。家里的人还是不知道这件事,赵华义也没敢有什么动作。可是他奇怪的是一些打过仗的老会员背地里说什么话,只要有新会员在他们又不说了,赵华义想打听,可是老会员又不说,可把这俩小子给闷坏了。所以赵华义冒险到上房偷听车凤英和杨千瑞的谈话。由于离得比较远,屋里说的什么没有听得太清楚,但是大概意思他听清楚了。他回到自己住的屋子里,找到了王福璐。王福璐正和几名会员赌钱,赵华义撵散了会员,对王福璐说:"大法师已经死了。我说这几天怎么没看见他呢?"王福璐很惊异:"什么?大法师死啦?是真的吗?不是说在老家给他爹治病吗?"赵华义摇摇头:"那是扯淡!糊弄人的。他们怕人心散了。我刚才听车凤英亲口说的,她和杨千瑞合计要投奔红枪会呢。"王福璐大喜过望:"机会来了。不能让他们合在一起,如果两伙合在一起,那力量可就大了。我们想办法阻止合并。整好了咱俩还能拉出一股人来。"赵华义点点头:"我也是这么想的。得找一个借口,反对合并,把这几天咱们拉拢的人串联一下,叫他们再联络一些人,让大部分会员听咱们的,跟咱们走。"王福璐眨巴眨巴小眼睛:"就说不是一个堂口,不能合并,否则就会符咒不灵,人人都得死。这样说行吧?"赵华义挠着秃脑瓜子:"可以,再就是许愿,拉拢会员跟咱们走,就能吃好的,喝好的,有钱花。"二人密谋了好久才散。

　　红枪会的会员们经过这两场战斗,得到了锻炼,实战能力提高得很快。特别是快枪队的会员经过这一仗,更是提高了不少实力,会员们更加刻苦训练。黄枪会的队员报仇心切,起早贪黑那是玩儿命地练习战场上的本领,全会上下被胜利所鼓舞,被仇恨所燃烧。一个字就是练。练出本领杀敌报仇!平东洋不失时机地抓紧教练,努力提高会员的战术技能。陈方义及时引导教育会员们从大局出发,把简单的杀敌复仇引申为杀敌报国的层面上来,极大地提高了会员爱国觉悟,增加了会员们的斗志。陈久思的伤已经大有好转,他也亲临训练场地教会员们武艺。他休息时和平东洋、王友德、陈方义、二法师谈论起三道沟子这一仗的成败得失。对车平起的阵亡,陈久思几天来都不能释怀。他很欣赏车平起的直率、勇敢,更恨日本鬼子的凶残。陈久思猜测车平起临终前的举动,平东洋也在场,也没有明白是啥意思。

　　陈久思说:"车大法师临终时的举动是啥意思?"

　　平东洋:"当时也没有明白,可能是关于咱们两会的事,八成是两会合并在一起吧?"大家议论来,议论去,也都不得要领。这件事不能往外说,怕引起黄枪会的会员们的误会,只是他们这几个人在一起悄悄地说。这时车凤英赶到了红枪会。大家对车凤英表示慰问、劝解。

车凤英进屋就开门见山："干爹！陈大爷！我爹已经没了。黄枪会群龙无首,我和杨大爷合计,想把黄枪会带过来,投奔红枪会,看你们是啥意思?"

尽管大伙对车平起临终前的动作都有猜想,猜到是两会合并之事,可是并没有结论,谁也不敢说死了。车凤英突然提出要合并,而且是投奔红枪会,那就是一个名称,取消黄枪会的名号了。这一下大伙还都愣住了,陈久思看着车凤英,想起了车平起,两眼含泪。又看看平东洋,平东洋也正看着自己,也是两眼泪水。王友德只顾擦着眼泪,一句话也说不出来。

车凤英一看有点急了："你们说话呀,行不行啊？要不然时间长了,走漏了消息。人心散了,我爹不白死了吗?"陈方义对平东洋说："我看两会应该合并在一起,一是解决黄枪会无人指挥的问题,二是两会合并在一起力量更大了,更容易指挥调动,有利于打鬼子。不然就散了,也有被汉奸利用的可能。"平东洋一拍大腿："我看行！只要是打鬼子,叫什么会有啥关系？这样归到一起,力量就更大了。快枪队不就是两家合在一起搞的嘛？不是很有战斗力吗?"平东洋也是想了半天才说的话,因为他始终不是红枪会的人,没有嫌疑,没有人说他吞并了黄枪会。加上陈方义的主意,所以他才说了这番话。

王友德停止了抽烟："只要人心抱团,就是佛祖的旨意,合在一起力量就更大了,打日本鬼子就更有利了。"

平东洋问车凤英："你们现在还有多少人?"车凤英说："还有四百多人,虽说打了两仗,有些折损。可是想打日本鬼子的人可不少,昨天又有几十人入会呢。"

平东洋对陈久思说："大法师,我看接过车大法师的摊子吧。人心收拢难,说散容易。车大法师和杨大哥、侯大哥拉起这帮人不容易,不能看着它散了呀！只要咱们一起打鬼子,不管别人怎么看。"平东洋知道陈久思的疑虑,他劝解陈久思。

陈久思："唉！归到一起吧！为了赶走日本强盗,大家拼命在一起,活也在一起。咱们重新划分一下人手,把快枪队集中起来,编成一个队,由平东洋带领,红枪会的人归二法师带领,黄枪会原来的人还由车姑娘带领,原来的小队不变,由原来的小队长带领。两家合在一起不下八百人,咱这万宝山也容不下这么多人,我看黄枪会就在原地不动,只把名号变了就行了。请陈先生和仲仁过去帮助车姑娘管理会众,原来的财务等还由杨大哥掌管,两下里互相补充。"

大伙一听都觉着可行。车凤英担心家里:"我得赶紧回去,怕迟了有啥变化。"陈久思称赞凤英的话:"对,抓紧回去。陈先生,你和车姑娘、仲仁一起回去!"陈方义答应:"好吧。"三人骑马回柳大房子了。陈久思请陈方义去柳大房子有两个意思,因为陈方义不是红枪会的人,没有嫌疑,另外陈方义和杨千瑞是亲戚,有些话好说。

车凤英离开柳大房子以后,赵华义和王福璐这两个家伙就密谋串联会员,反对两会合并。王福璐在前面活动,特别是到新入会的会员当中去煽风点火。王福璐对新会员说:"兄弟们呐,你们还不知道吧?大法师已经死啦!"新会员当然不信:"不许胡说八道!你怎么咒大法师呢?""嘿!嘿!傻兄弟呀!你们还蒙在鼓里吧?实话对你们说吧,确实是死啦!现在咱们是没有娘的孩子啦!原先咱们是投奔黄枪会,打日本鬼子。可是现在黄枪会没有了大法师,算什么呀?有人要拉咱们去投红枪会,这不是把咱们给卖了吗?啊?"王福璐尖着嗓子煽动会员们。"去红枪会就去呗。那块也是杀日本鬼子的。"有的会员反驳他的话。"你傻呀?兄弟们,咱们自己去,那是咋回事。叫人家拉过去又是一回事。哪能一样吗?人家还不是说咱们投错了庙门啦?能上眼瞧咱们吗?你们想一想,到了红枪会,咱们就成了后娘养的啦!"新会员有些迷惑:"那咋整啊?你说说!""对!你说个主意。"大伙七嘴八舌,乱嚷嚷一通。王福璐看火候差不多了,就说:"咱们得抱团儿啊!咱们是一起来投黄枪会的。那咱们就推举一个大法师,领着弟兄们干。你们看咋样?"被他们俩拉拢的几个新会员应声附和:"对呀!自己推出一个大法师。""行啊!推出一个大法师领着咱们。"几个人呼叫着,把新会员弄得有些发蒙了。王福璐:"我在投黄枪会以前学过相面。我看这位赵华义赵大哥头上无发,自带佛相,就推举他做咱们的大法师吧!"几个被他拉拢的新会员们马上随声附和,跟着起哄,推举赵华义做大法师。

赵华义见时机已经成熟了,就清了清嗓子,摸了摸没有头发的秃顶,说道:"既然是众位兄弟推举赵某为大法师,那我就不推辞了。有一条,跟着我赵某干,我保管各位是有吃,有喝,有钱花,有福享,就连家里的老婆孩子都跟着享福。我们现在就去找杨理事,让他交出会里的财务账目,由咱们当家管理。好不好?"那几个被拉拢的新会员又是一阵鼓噪。王福璐打头,新会员簇拥着赵华

第六章

义向总坛的正房走去。来到大门口,被门口站岗的会员拦住了。王福璐眨巴着小眼睛大声地嚷嚷着:"让开!我们要见杨理事,关你什么事?让开!"站岗的会员用扎枪横住门口。双方吵嚷声传到了上房屋里。杨千瑞和胥君茹走出房门。

杨千瑞来到门口问道:"什么事情?乱吵吵!你们是新来的吧?这么没有规矩!"王福璐走出人群,来到杨千瑞面前:"杨理事,有件事情问你,大法师是不是已经死啦?"杨千瑞不曾想他会问这个问题,一时不好回答。王福璐回头对会员们说:"看看!看看!我不是撒谎吧?啊?弟兄们,我不是撒谎吧?"杨千瑞问王福璐:"你问这个想干啥?""想干啥?"王福璐狡诈地反问:"你们想干啥呀?瞒丧不报,欺骗会众,你们想干啥?你说说。"杨千瑞还真没料想到这个新来的小眼睛会员这么狡诈:"不错,大法师是为国捐躯了。不告诉大家这是秘密。对外影响咱们黄枪会的威信,对内影响咱们新来的会员的士气。有什么可以欺骗大家的呢?""不对吧?杨理事,不告诉大家是另有隐情吧?你是怕人心涣散,你拉不走人去投红枪会。对不对?啊?对不对?"王福璐进一步逼问。

杨千瑞是一个虔诚的佛教徒,他哪里知道,他和车凤英的谈话叫赵华义给偷听了。叫王福璐这一问,问得是张口结舌,无言以对。这时一些老会员也闻声赶过来,站满了一院子的人。赵华义看见人都来了,就更来劲了,他出头了:"我来说两句,咱们黄枪会本来就是独立的山头,不能跟红枪会合并,凭啥受他们管辖呀?那佛祖也不愿意呀!"王福璐:"是呀!'人争一口气,佛争一炷香'。这是古来留下的话呀!我们当初立的是黄枪会,那是佛祖的旨意。如今要改字号为红枪会,那是要惹怒佛祖的呀。佛祖还能保佑咱们吗?"这小子的话对会员的欺骗最大,因为会员对佛祖的崇拜和迷信最深,迷信佛祖保佑他们能战胜日本鬼子。

赵华义接着王福璐的话茬:"红枪会供奉的是哪尊佛,咱们黄枪会供奉的是什么佛?"他本来是想装一装自己懂得佛教里面的事,懂得会规。可是他不知道红枪会和黄枪会都是供奉文殊师利菩萨,只是红黄两个分支而已。他这一卖乖倒露了马脚,叫杨千瑞抓住了把柄。

"都是供奉文殊师利菩萨,是智慧的化身。我们同日本鬼子的这两场较量都是胜在智慧上面了。这不就是佛祖显灵了吗?你不懂佛教,妄自胡说,蛊惑人心,是不是怀有二心呐?"杨千瑞严厉地质问赵华义。

胥君茹问赵华义:"都是为了打东洋鬼子,叫什么名字有关系吗?"

赵华义强辩道:"那可不行啊!如果惹怒了佛祖,佛祖就不保佑咱们了,弟兄们的命可就不保啦！"他这句话更有煽动性。会员中立刻就有人附和："可不是咋地，佛祖不保佑，咱们的命可就完了。""不能合并！""不能并呐！"几个新会员随声附和。

王福璐见会员们的情绪有变化，就对他拉拢的几个新会员使眼色，让他们上前去捆绑杨千瑞。这几个家伙冲向前要动手。胥君茹厉声喝道："干什么？难道你们忘记了会规了吗？"说着拔出手枪，推上子弹，对准冲上前来的几个会员："往后退！"在她的威严责问之下，这几个新会员灰溜溜地退了下去。赵华义和王福璐互相看了一眼，想往前去。这时，陈方义带领车凤英和陈仲仁进了院子，喝退了赵华义和王福璐，他们看见满院子会员在吵吵嚷嚷，反对合并。

车凤英上前劝说大家："乡亲们，你们是自愿来投黄枪会的，为了保卫家园和亲人，有的乡亲已经把命都献出来了。现在我们这里缺少领头的，咱们和红枪会合并了，力量就会更大，就能杀更多的日本鬼子。有什么不好？佛祖也会赞成我们这样做的。再说我爹临终时，也是让我们与红枪会合并在一起的。"

赵华义走出人群摇晃着秃脑袋："自己干，不受别人管，不好吗？啊？没有人挑头当大法师？我来当！弟兄们，好不好？"有的会员反驳赵华义："你才来几天。一仗没打，寸功没有，就想当大法师？我们也不服你呀！"王福璐："弟兄们！走，跟赵大哥干，咱们拉出去，另立名号，照样吃香的喝辣的。跟我走啊！"众人骚动，有人附和着要走。大多数会员在观望着，犹豫着。

陈方义清了清嗓子："杨千瑞为了打日本鬼子，献出了全部家当，成立了黄枪会。现如今黄枪会没有人领头了。可是他打日本鬼子的决心没有变。归红枪会能更好地杀倭寇，他也愿意合并。大家信杨千瑞的就留下来，继续打日本鬼子，不信就请便。这一仗他们杨家牺牲了多少人呐？我们要学习他呀，坚决杀倭贼，不当亡国奴。"陈方义的话打动了会员们的心，这一仗，杨千瑞的三个儿子、三个侄子、两个弟弟，共计八口人都牺牲了，但是杨千瑞抗敌的决心更坚决了。会员们被说服了，留下来不走了，只有七个新会员跟着赵华义、王福璐走了。

车凤英看着赵华义和王福璐走远的背影，忽然想起来，这两个人是一贯道的人。她和杨千瑞说："这两个人好像是一贯道的人，我去把他们追回来。"

陈方义："不用了，我的话已经说出去了，不能食言。让他们去吧！他们也不会就此罢手，还会来捣乱的。咱们也要警觉着点，先把会员们安置好，把新老

第六章

会员混合编队,以老带新,各队都委派好队长,防备着这两个人再来捣乱。晚上加双岗。"陈方义向杨千瑞说明了红枪会的态度和意见。杨千瑞听完了很高兴:"那就把这个消息告诉会员们,把底交给大家,让大伙放心。"陈方义、车凤英、陈仲仁和胥君茹几个人分头到会员中间做安抚解释工作,布置了总坛的警卫岗哨。

半夜时分,杨家院外的柴草垛失火了,会员们报警,众人奋力扑救,没有成灾。天见亮了,会员们私下里议论、传言。"佛祖显灵啦!红黄不和,合必有祸。""杨家失火就是征兆。"谣言流传起来,人心又有些浮动。杨千瑞、陈方义、车凤英、陈仲仁和胥君茹等人商议对策。陈方义:"这里有文章。是有人搞鬼呀!咱们得警惕汉奸作妖啊!"陈仲仁提议:"咱们让信得过的会员暗中查查,是谁在造谣生事。"胥君茹怀疑是赵华义两个人干的:"我看就是昨天领人走的那两个人干的。可是现在他们在哪里?应该找到他们,监视他们的行动。"杨千瑞说:"昨晚上走的人只能去三道沟子。那里有吃的,有住的地方。派我四儿子去打听,就能打听着。""行,伯父。再派一个他俩不认识的会员和四兄弟去。俩人有个照应。"陈方义同意杨千瑞的看法。"中,我安排老四再领一个人去。"杨千瑞安排四儿子去三道沟子。胥君茹自告奋勇:"我去吧,我化装成男的,那两个人认不出我来。"杨成义和胥君茹走了。

有会员进来报告:"红枪会来人啦。"车凤英问:"是谁来的?"会员说:"是教我们使快枪的那个平东洋。"杨千瑞大喜:"咱们的事非他不可!快请!快请!"

杨千瑞领着大伙出屋相迎。平东洋带着金山和小秃一块来的。杨千瑞拉着平东洋的手:"我们碰着难题啦!你来得正是时候。"平东洋用力握住杨千瑞的手:"陈先生领着凤英和仲仁走了以后,大法师和我都不放心,担心出岔子,有人不愿意合并,这不就跟着就来了吗?"

车凤英:"干爹,是有几个不愿意的,他们昨天就走了。昨天夜里失了一把火,幸亏发现得早,没有成灾。可是今天早上就出现了谣言,说两会合并了就会有灾,失火就是征兆。现在人心不稳呐。"平东洋问:"那你们咋看这件事?"陈仲仁:"我们合计了一下,怕是有汉奸捣乱。与昨天走的人有关系,派了杨大爷的四儿子和胥姐姐到三道沟子打探去了。看看他们在干什么?另外在内部调查谣言的来路。"

杨千瑞:"昨晚上起哄的叫赵华义、王福璐,这两个人闹得最凶。他两个人还领走了七个会员。""是这两个王八犊子,他们是张明强的人,是一贯道。"金山认识赵华义和王福璐。平东洋看着金山:"你知道这两个人?"金山说:"是的,我跟罗锅孙在一起的时候见过他们。""那一定是这俩小子搞的鬼。但愿四小子和胥姑娘能找到他们。"杨千瑞明白了:"这是张明强派来卧底的,好在没出什么大事呀!"平东洋:"那可不,往后再收会员还真得认真仔细了呢,不能来了就收,要盘问一下才行。""响午啦,咱们先吃饭,下半响小四他们回来再说。"杨千瑞招呼大家去吃午饭。

杨成义和胥君茹两个人骑马进了三道沟子街里。先把马寄存在一家熟悉的客店里,然后他二人挨个饭馆打听赵华义王福璐的消息,快响午了,他俩走进一家叫"福泰兴"的酒馆,二人刚一进店里,胥君茹就发现在酒馆的大堂靠里面的一张桌子边坐着赵华义、王福璐和他们俩带出来的那几个会员。他们正在吃午饭,胥君茹拉了一下杨成义的衣脚,二人不动声色,走到一个靠窗户的桌子边坐下,二人也叫菜点饭,一边吃一边观察赵华义的动静。

赵华义喝了几杯酒,又对几个会员鼓吹自己:"我说几位兄弟,你们只要跟着我干,我包你们有钱花,有酒喝,有女人睡。我错待不了你们。"

王福璐马上捧着赵华义:"那是不假!别听黄枪会那些人乱叫唤!什么刀枪不入?那些人是咋死的?大法师不是也死了吗?日本子是那么好打的吗?别白送死去啦!咱们跟着赵大哥干,有吃有喝没风险,用不着拼命。一会儿就去窑子玩儿女人去。这年头,乐呵一会儿是一会儿,管他妈的什么日本子还是中国。"

赵华义拦住他的话:"你他妈的先别想着搂女人,把晚上的活儿安排好了。"说到这里,赵华义往四周看了一遍,看到没有人注意他们,整个屋里就靠着窗户的那张桌子有俩人吃饭,再就是他们自己一伙人。靠窗户的那俩人背对着他们只顾吃饭,连头都不抬。赵华义扭回头来接着说:"一会儿去一个地方拿家伙去。这回是真家伙,比黄枪会的大刀片子、扎枪头子那可强多啦!一人一把崭新的德国造的二十响匣枪,让黄枪会的人尝尝厉害。晚上就去柳大房子,平了黄枪会的总坛。只要把车凤英、陈仲仁、杨千瑞干掉,剩下的会员都得听咱们的。到时候你们都是队长,我当大法师。把会员们控制在咱们手中,听话的发给点钱,不听话的就打残了他。看谁还不服?到那时,咱们有人有枪,腰杆子可就硬了。不管是谁都得高看咱们。"

王福璐大咧咧地说道:"这件事办成了,枝下太君的赏钱那是少不了的。"赵华义用脚踢了王福璐一下:"你喝多了吧?啥玩意儿?净他妈扯犊子!"王福璐

第六章

知道自己说走了嘴："嘿！嘿！大伙都支持你，大哥你当了大法师，那还不给赏钱呐？"赵华义："只要各位跟我干，那是要什么就有什么，保证错不了。这回咱们来点真格的，别老整昨天晚上的勾当，什么放把火啦，造个谣啦！那不当事。"几个被蒙骗来的会员有酒劲儿架着，个个都瞪着眼睛："一定听大哥的，一心一意跟着大哥干！"

这伙人吃完饭，赵华义付了饭钱，他拍了拍自己的衣袋："有的是钱，走吧，跟我走。"一伙人出了酒馆就奔十字街去了。杨成义和胥君茹二人也结了饭钱，远远地跟在他们的后面看着。赵华义一伙人走到十字街后就往西街走去，来到一座院子门前，赵华义上前叫门，一会儿门开了一个缝儿，探出来一个脑袋："干什么的？"赵华义："大泡子的，一贯道张坛主派来的。"

开门人把门打开，把众人迎进院子里。赵华义跟开门人进了上房，其余的人都在院子里站着。不一会儿的工夫，赵华义出现在上房门口，一招手，众人跟着他进屋，屋内有一张桌子，桌子上面放着五把手枪，都是崭新的二十响，众人拿着手枪看。赵华义教他们怎么使用，好半天教熟练了，装上子弹。还有四个人没有枪，赵华义发给他们一人一把匕首（他们离开黄枪会的时候，武器都被留下了）。赵华义向开门人一拱手："再会！"领着众人出了院子，去找妓院去了。杨成义和胥君茹远远地看见赵华义他们出了院子，他们俩就跟在后面监视。直到看见赵华义他们进了一家妓院，就没有再跟他们，二人骑马返回总坛向杨千瑞汇报。

二人回到了黄枪会，一进院子胥君茹看见平东洋也来了，自然很是高兴。杨成义大伙汇报了在三道沟子听到的情况："我和胥姐姐到了三道沟子就挨家馆子找，在福兴泰酒馆找到了赵华义他们。这伙人正在吃饭，他们一边吃一边讲反对并会的事。主要是赵华义领的头，要拉出去另立山头。跟去的七个人跟着附和。他们密谋今天晚上要来袭击咱们总坛，先制服我爹，要挟凤英姐、仲仁哥和会员们，要拥护赵华义做黄枪会的大法师。如果有不服的会员，他们就把他打残了。然后他们到了西街的一个院子里，好像是拿武器，估计是手枪，出来就去逛妓院了，我们俩就回来了。"

杨千瑞后悔得直跺脚："唉！我真是瞎了眼了，怎么把两个害群之马招进了黄枪会呢？这两个兔崽子真是恨死人了。"

平东洋劝道："杨理事也别后悔。好在他们也没有掀起什么大浪。这件事从头到尾都是这俩小子干的。把事情查明白了,也就好办了。凤英,仲仁,你们把所有的会员都集合起来,不许外出。派信得过的会员站岗,防止串通消息。会员都在自己的房间里待着,没有车姑娘的号令不许出屋乱动。"车凤英答应:"是的,自己不能乱了。让各队的队长看管好自己的人。"

"杨理事,你派人去万宝山把说书先生请来,唱评书,热闹一下,就说是庆祝两会合并。你和陈先生在院子里听说书,让几名弟兄陪着,我和小秃也在场听。仲仁带上十名信得过的会员在东厢房埋伏,凤英也带上一队会员在院外的地里埋伏,防备赵华义再带别人来。只要他能来,咱们就能抓住他。"平东洋和杨千瑞合计着怎么能抓住赵华义一伙人。

杨千瑞对平东洋说:"这么办吧,这事就由你来指挥。"

吃过晚饭,院子里摆开了说书的场子,上灯的时候,院子里特意挂了两盏红灯笼,大伙坐在院子里听评书。说的是《岳飞传》里的'金兀术误走黄天荡'的段子。夜渐渐深了,人们静静地在听书。

屯子外,赵华义、王福璐二人领着被他们蒙骗的七名会员,悄悄地摸到屯子边上,停住了脚步。但是他们的脚步声还是惊动了埋伏在村子外边的车凤英。车凤英拉了一下在身边的胥君茹,示意她不要动,胥君茹捏了车凤英的手一下,表示知道了。车凤英悄悄地接近了赵华义他们的身边,偷听他们的说话。

赵华义对王福璐等人说:"现在不能动手,虽然他们没有快枪,可是人多势众,不好制服,等人静以后,咱们直奔杨家,黄枪会的财物都在那里呢。把杨千瑞抓住,然后要挟他们拥护我当大法师,掌管黄枪会。估计谣言已经扩散了,起作用了。咱们再发钱,不服的用枪一逼,一软一硬。那些会员还不得都听咱们的吗?咱们现在这块监视着,瞅准机会就动手。"王福璐等人点头答应,都藏在柳条通里面。

车凤英听了赵华义的打算,抽身摸回到胥君茹的身边,贴在胥君茹的耳朵说道:"你留下来继续看着他们,我绕道回去见平东洋。"胥君茹答应:"你回去吧,这里交给我。"

车凤英转身从胥君茹的身后摸回屯子里,从房后进了院子,走到平东洋跟前:"赵华义打算听书的散了以后再动手,你们准备吧。"

平东洋:"知道了。你回去继续埋伏,院里交给我们了。"车凤英原路返回屯子外的地里,平东洋和杨千瑞合计了一下,向说书先生打了一个手势,就听得说书先生说道:"书到此处先拦住,明天晚上接着听。"到段了,众人散去,杨千瑞等

第六章

人进屋睡觉。

大门口有两名手拿红缨枪的会员在站岗。大约过了有一个钟头,其中一个会员说:"昨天夜里失火了,佛祖显灵了,要惩戒那些合并的人。今天还不知道有什么事情发生呢?该换班了吧?我去叫人。"另一个说道:"我一个人害怕,咱俩一起去叫吧。"同伴说:"中啊,一起叫去。"二人一同进了院子。

门口的情景被赵华义看得真切,他一挥手:"机会来了!弟兄们冲上去!跟着站岗的冲进屋去,省事啦!佛祖保佑咱们成功!"众人一起冲进屯子里,跟着站岗的冲进了院子,两个站岗的听见了动静,回转身来看。赵华义抬手用枪指着站岗的说:"兄弟,快投降吧。"站岗的手中的扎枪一挥,赵华义眼前一花,手中的枪早被打落,另一个站岗的也把王福璐的手枪给夺了过来。站岗的人是平东洋和金山两个人替换的。在门外是会员站岗,可是进了院子,两名会员把扎枪交给了平东洋和金山,自己留在大门的两旁,等赵华义的人都进了院子的大门,他们俩就把大门给关上了。这时平东洋的手里是双枪并举,指着另外几个拿着手枪的随从:"放下手枪!饶你们的性命。"

金山走到他们的面前,一伸手就把一个随从的手枪夺过来了,其余的随从急忙缴枪。他们一是因为害怕,二是不会使用手枪,就赶紧投降了。院子里亮起了灯笼,陈仲仁带领会员从东厢房冲了出来,包围了赵华义一伙人,车凤英也从屯子外面赶了回来。王福璐一看大势已去,赶忙趴在地上求饶,其余的随从也都趴在地上求饶。

杨千瑞叫会员们把赵华义一伙人押到上房审问。二人跪在地上耍赖,什么也不说。金山走到王福璐的跟前,伸手拉起了王福璐:"你不说是不是?"双手握住他的手腕子一用力,疼得王福璐"哎呀哎呀"直叫唤:"我说,我说!快撒手哇!疼死我啦!我们俩是一贯道的人,张明强派我们混进黄枪会卧底,找机会搞垮黄枪会,为日本人除掉一个对手。我们俩看两会合并是个机会,就煽动会员反对合并,拉拢大伙另立山头,结果没拉走几个人。当天晚上又放了一把火,并散布谣言'佛祖显灵,惩戒合并的人',蛊惑人心,我们好趁乱把黄枪会的几个头领杀掉,以武力威逼会员投降日本人。这些都是实话。"王福璐一点也没留。

平东洋质问:"你说的都是实话?是谁指使张明强干的?"赵华义看见王福璐是竹筒子倒豆子一个没留,全都说了,自己也别隐瞒啦,也实说了吧:"是日本人,枝下指使他干的。"车凤英一听有枝下的消息,急忙问道:"枝下现在藏在哪里啦?"王福璐哼哼唧唧地答道:"在张明强家里藏着呢,还有一个翻译。"金山用手指点着王福璐的脑袋："撒一句谎我掰你一个手指头。""不敢！不敢！都是实话。"王福璐跪在地上直磕头。

杨千瑞说："我看把会员们都召集在一起，让这两个汉奸当众招供。好让大伙明白这件事情，澄清事实，稳定人心。"

平东洋支持杨千瑞的意见："这样也好，省的还有人有疑心。今天太晚了，明天一早再讲也不晚。凤英安排会员把这些败类看起来！"会员们把赵华义一伙人关在库房里。

平东洋又说："枝下不除，早晚是个祸害呀。想办法把他给整死，绝了日本鬼子的内线，断了汉奸与日本子的联系，那可除去不少隐患呐！"金山着急："现在就去张明强家里抓枝下，连同张明强一勺烩！"

杨千瑞摇摇头："枝下是得抓，可是他现在还能在张明强的家里吗？赵华义的话是不是真的？大家还是再想想。"

"是真是假先不说，只要枝下在街里就够了，咱们就能抓住他。这样办，抓枝下人多了也没用，陈先生、金山、仲仁、凤英都认识他，在城里找他也很容易。就鸿翔旅馆、张明强家里、西市场这几个地方。凤英不能去，得在家里办两会合并的事情。陈先生、仲仁和金山各带两名会员，仨人一伙分开在街里找。不信找不到他！明天早上动身，带会使枪的会员去。今晚上缴获的匣枪挺好的，发给你们先使着。"平东洋跟大家布置任务。

胥君茹说："我跟他们去吧，我的枪法还可以。顺便打听一下朴旅长回来了没有。"平东洋点头同意："好吧。一定要注意安全。"

第二天早上，朝阳似火，驱散了屯子上空的晨雾，会员们迎着灿烂的阳光在训练场上进行操练。陈方义、陈仲仁、金山和胥君茹带领会员出了屯子，车凤英送他们。陈方义、金山和胥君茹骑马带领会员先走了，陈仲仁牵着马慢步走着，他在听车凤英叮嘱他的话："进城后要多加小心，日本人很狡猾，手段也很凶残，千万注意呀！遇事和陈先生多商量。"陈仲仁："嗯呢，你放心吧，这两仗打下来，我也长了不少见识。平东洋大叔真是好样的！枪法好，武艺也高！最重要的是遇事有主见，会用脑子，会动心思。我也会像他那样动心思，想事情的。"车凤英："那就好啦。这该死的枝下，上次让汉奸把他放跑了，这回抓住他就枪毙了，不给他逃跑的机会。"陈仲仁："这一回一定能抓住他！再加上张明强这个汉奸，这回抓住就整死他。省的他们再跑了，祸害人。别送啦，把会员们的心都稳住了是头等大事。你回去吧。"

第六章

七

在海伦日军的司令部里,桥本正向吉冈做汇报:"旅团长阁下,根据刘宏轩的情报,车平起的老家在三道沟子西边的车家店。家里只有他的父亲、妻子和一个十二岁的儿子。我计划去抓捕他们,以要挟车平起和黄枪会,动摇他们的军心。"桥本还不知道车平起已经牺牲了,他在通肯河边吃了大亏,逃回海伦,幸亏身上带着东北军的弹片炸的伤口,吉冈才对他免予处分,只是骂了一顿。他在养伤期间想起了一个歹毒的计划,就是抓捕车平起的家属来威逼车平起。他把这个计划向吉冈报告了,吉冈想了想:"可以实行这个计划,派三到五名便衣就可以了,化装成难民混进三道沟子,再往车家店抓捕车平起的家属。"桥本:"哈意!我派吉田俊夫带领五名士兵去,这几个人都是武士家庭出身,会柔道和剑术,不用带枪支,很容易潜入。吉田还会华语,很方便。"吉冈拍拍桥本的肩头:"很好!大大的好!你想得很周全。为他们能取得胜利我们先干一杯。"吉冈倒酒,桥本受宠若惊立刻立正敬礼:"哈意!多谢旅团长的夸奖!"吉冈命令:"马上让吉田出发!"桥本:"哈意!马上出发!"

陈仲仁一行人上午九点钟进了街里,县城里虽然人心惶惶,但是沿街的买卖店铺依然还是开张营业,叫卖之声不绝于耳,行人来去匆匆。他们到了天升店下马,伙计把马牵到院里饮水喂草。伙计问陈仲仁:"是住店,还是打尖呐?"陈方义:"打尖。先把马给喂饱了。"他和金山、陈仲仁、胥君茹合计了一下:"各带一组分开寻找枝下,中午在车店聚齐。"陈仲仁对金山说:"中,我去张明强家里,你去鸿翔旅社,我管东街,你管西街。""和枝下接头的有张明强、刘宏轩、季平这么几个人。这样,你们查张明强的几个据点,看死了。我让季丽娟在县政府里查。刘宏轩在军队里,枝下还不敢在他那里待着。这样行不行?"陈方义说完就去找季丽娟去了,胥君茹不认识枝下,留在了车店里。

陈仲仁先到西市场,在各家妓院查找线索,没有找到。他带人又到鸿翔旅馆探听,鸿翔旅馆换了账房先生,陈仲仁查了各个房间也没有枝下的踪迹。他没有办法只好回到天升大车店,只有胥君茹在店里,金山还没有回来。不一会儿,金山也回来了。大家一瞅就知道:没有找到枝下的踪迹。陈仲仁:"我在旅馆留下人了,在那块儿盯着。"金山:"我在张明强家跟前儿也留下了人,我把枝下的长相都跟他们说了,只要发现人,就跟上。"中午过后,两个地方留下的人都

◇ 通肯河传

回来了:"没有发现枝下的行踪。"陈仲仁分析道:"那是另有落脚的地方,这回咱们一个人一伙,单独行动。我再把枝下的长相给你们说说,你们记住了。"约定傍晚在十字街头碰面,大家正要分头在县城里找,陈方义和季丽娟来了。陈方义对大家说:"枝下在县政府的院子里藏着呢。""啊?那咱们冲进去把他抓住就行啦!"金山着急,说着就要走。陈方义拦住他说:"不行,县政府现在还是国家的政权所在,不能硬闯,弄不好把自己搭进去。"

陈仲仁猜测道:"县政府里有汉奸,把枝下保护起来了。"胥君茹心知肚明:"可不是咋的。不然鬼子再狂妄也不敢在那里待着。"金山为难了:"那可咋整啊?"陈仲仁:"活人不能让尿憋死,办法总会有的。"金山重复陈仲仁的话:"不能让尿憋死……不能让……那就得上茅房!对!哎!他们的茅房在什么地方?"胥君茹很奇怪:"你问这个干什么?"金山忽然叫起来:"有办法啦!你说在什么地方吧,总不能在院子中间吧?"季丽娟说:"在院子的后面,紧挨着院墙。在东北角上。"金山说:"咱们把县政府四面都放上人,监视从县政府里边出来的人,别让枝下从大门溜掉,我去东大墙茅房那块儿,看住茅房,我不信枝下这个兔崽子一下午不上茅房,只要他去我就能逮住他。谁和我一伙?"胥君茹:"我去,一边是男的一边是女的,不犯向。""我们监视大门,再派一名会员和你们一伙。"陈仲仁把人员都分好了。陈方义想了想:"也没有别的办法啦,好在金山认识这两个王八蛋,不管谁出来,都能抓住他。"金山发狠道:"只要抓住枝下这个狗日的就中!这个王八蛋!"大伙分开往县政府走去。陈方义和季丽娟留在了天升大车店。

金山来到县大院的东北角,趴上墙头跳进了院子里,蹲在厕所里面。胥君茹和一名会员在院外。等了有一会儿,金山发现金翻译来上厕所,金山站起身来和墙外的胥君茹打了一个招呼,就守在厕所的里面等金翻译。金翻译刚进了厕所,就被金山一手捂住了嘴,另一只手拎着他的腰带,把他从墙里扔到了墙外。胥君茹和会员上前摁住金翻译,金山也从墙里跳了出来,把金翻译拽到背静的地方审问。

金山揪住金翻译的衣领:"枝下到哪里去啦?还没有给我赏钱呐!"金翻译稍微镇静了一下,认出了金山:"啊!是金山兄弟呀!别动手,别动手。有话好说,好说!枝下太君在……"他眼睛四处张望,吞吞吐吐不肯说实话。"你想和张明强一样啊?想折胳膊呀?"金山吓唬金翻译,要把他的胳膊拧折了。

金翻译亲眼看见金山把张明强的胳膊捏碎了骨头,到现在还没好呢。他深

第六章

知金山的厉害,慌忙求饶:"兄弟,兄弟。好孬咱俩都姓金,千万别动手。枝下在县政府院里呢。"他用手指了指县政府大院。金山摇了摇头:"你胡说!跟我走!你要是耍滑头,小心你的狗命!""是,是。不耍滑头,不耍滑头。"金翻译毕恭毕敬。他知道金山的手段,服服帖帖地跟在金山的后面走。金山和胥君茹押着金翻译,招呼陈仲仁回到天升大车店和陈方义见面。

陈方义一见金山抓住了金翻译,惊喜地问道:"怎么就抓住了金翻译一个人?枝下呢?"金山一指金翻译:"你问他吧。""说!枝下在什么地方?"陈仲仁问金翻译。"在县政府院里。"金翻译回答。"跟谁在一起?""和季县长在一起。"陈仲仁和金山互相看了一眼,没有出声。季丽娟低下了头,眼里流出了泪水。

陈方义见此情景对陈仲仁说:"你们先审审这个翻译,我还得去学校找学生谈话,我先去学校了,一会儿我再回来。"陈仲仁点头答应。陈方义和季丽娟走了,陈仲仁继续审问金翻译。

"张明强在哪里?"陈仲仁问道。金翻译回答:"不知道,真的不知道啊!""你们咋联系?""晚上去张明强家里找他。""张明强知道不知道你们和季县长在勾结?""知道。""和刘宏轩勾结,张明强也知道吗?""知道,是张明强和刘宏轩的副官联络。这几天刘宏轩的副官也不见了,张明强不能和刘宏轩直接联系,枝下很生气。驻三道沟子的东北军撤回城里,枝下和刘宏轩直接联络。"金翻译很害怕金山,所以陈仲仁问什么他就答什么,不敢隐瞒。陈仲仁又问:"咋联络?"金翻译:"在鸿翔旅馆见面,由张明强通知刘宏轩。"

陈仲仁让胥君茹看住金翻译,自己和金山两个人合计:"派个会员回家送信,把这里的情况告诉平东洋,让他来县城看看咋办。你看行不行?"金山同意:"行!那得先把金翻译给放了,别叫枝下起疑心。回去一个人吧。"他回头对一个会员说:"你回去吧,快点跑,听平东洋咋说,再回话。"胥君茹自告奋勇:"我回去吧,能说清楚。"陈仲仁和金山都同意:"也好,你快去快回!"胥君茹骑马回柳大房子。

陈仲仁和金山合计:"先把金翻译放了,他在这里没别的地方可去,只能依靠枝下,他也不敢说自己被红枪会抓住过。这样枝下不生疑心,以免打草惊蛇,等平东洋到了再说。咱们就先看住县政府和张明强的家,别让枝下溜了。"金山点头:"行啊!我听你的。先放了这个假鬼子。"他走近金翻译:"金翻译,看在一个姓的份上,我就放了你。你走吧。"金翻译愣住了,接着就是千恩万谢,又是鞠躬,又是作揖。金山把金翻译的枪里的子弹都退了出来,把空枪扔给了他,金翻译接过空枪,一溜小跑逃掉了。

陈方义和季丽娟没有去学校,而是回到了奎祥杂货铺。二人进了后院,一进屋里季丽娟就趴在陈方义的肩头哭了起来。边哭边说:"我咋有这样的一个父亲呐?叫我可咋办呐?"陈方义劝她说:"他为了灭口,几次追杀胥家母女。最后在我家杀害了胥老夫人和我的小妹妹。现在他的罪行暴露无遗。我希望你应该分清是非,和他划清界限。站在国家、民族的立场上,千万不要追随他,走向背叛祖国和民族的道路上去。"

季丽娟:"我知道怎么做。可是毕竟他是我的爹呀!"季丽娟无助地伏在陈方义的肩上抽泣着。陈方义又劝道:"丽娟,我知道你很为难,割不断和你父亲的亲情。可是你若不果断地处理好和他的关系,既损害了国家民族的利益,也害了你自己。你面前可选择的只有和他一刀两断,站在人民的一边,揭发他的叛国罪行,这是唯一的正确出路。"季丽娟伏在陈方义的肩上抽泣着。陈方义劝季丽娟:"不要只顾难过了,冷静想想,我去天升大车店,看看陈仲仁他们咋整了。你先不要回县政府了,以免被枝下他们发现咱们的活动。"季丽娟点头答应了。陈方义出了奎祥杂货铺,奔天升大车店走去。进了店房,看见陈仲仁和金山领四个会员在屋里,不见了胥君茹和金翻译,就问:"胥姑娘和金翻译呢?"陈仲仁说:"我们把金翻译放了,怕枝下发现金翻译不在了,起疑心,打草惊蛇。让胥姑娘回去报信,请平东洋来街里再合计咋整。你看中不中?"陈方义说:"中啊!你们俩分开,金山看住张明强的家,仲仁看住县政府,先别动手,你们俩要互通消息,别暴露了自己,让枝下看见,这回可不能让枝下再溜了。我在大车店里等平东洋。"金山和陈仲仁都答应着走了。陈仲仁回到了奎祥杂货铺。把金山他们的打算和季丽娟说了,季丽娟说:"我回县政府,如果我长时间不回去,我怕我爹起疑心,另外我还能监视他们。"陈方义一想也是:"这样吧,在我这吃晚饭,然后再回去。"

八

胥君茹快马加鞭跑回了柳大房子的时候,已经快要吃晚饭了。她下了马进院里,车凤英看见她一个人回来就有点紧张。上前问道:"咋就你一个人回来的呢?姐姐,仲仁他们呢?"

第六章

胥君茹笑了笑:"仲仁没不了,还在城里呢,派我回来送信的。"说完把马拴好,拉着凤英的手进了上房。胥君茹和车凤英一进屋就看见杨千瑞和平东洋两个人在合计事情,就站在一旁。车凤英着急,就问胥君茹:"你送啥信儿呀?快说呀!"胥君茹故意不着急,不接车凤英的话茬。

杨千瑞见胥君茹回来了,就问:"找到枝下了吗?"

胥君茹说:"枝下没找到,可是我们找到了他的翻译。翻译什么都招供了。晚上枝下和张明强会面,现在枝下在县政府季县长那里藏着呢。我们不能进去抓他,陈队长他们在那里盯着呢,叫我回来送信,让你们拿主意,该怎么办。"说完看了平东洋一眼,发现平东洋正在全神贯注地听自己说话,眼睛看着自己。胥君茹突然心跳起来,脸也发烧了。

平东洋听完胥君茹的话说:"趁他们会面的时候抓住枝下。可是你们抓了金翻译,枝下不起疑心吗?"

"陈队长把金翻译给放了,为的就是稳住枝下,他八成不能起疑心。"胥君茹正无法掩饰自己的心慌,见平东洋问话就急忙回答。

平东洋也没有注意这些情景:"好!我去就行了,不用人多。凤英和杨理事在家管好会员,咱这就动身。"平东洋和胥君茹骑马向县城跑去。

就在胥君茹回到柳大房子的同时,日军大队长桥本派出抓捕车平起家属的日本武士一行五人也到了三道沟子。为首的吉田俊夫对手下的说道:"我已经打听好了去车家店的路,离这里不远。今晚咱们住下,明天早上赶到车家店。他家里就仨人,车平起已经死了,剩下他老爹,有七十多岁了,还有他媳妇和一个十二三岁的孩子,我们手到擒来。明天行动,今天要休息好。"他的手下都答应着。一行人走进了一家旅店。

平东洋和胥君茹他们一路马不停蹄,进了南门,这时已经是晚上八点钟了。他们俩把马扔在天升大车店里,和在这里的陈方义会合后,就直奔张明强的家。在离张明强家不远的地方找到了金山,金山正在那里看着呢。金山看见平东洋、陈方义和胥君茹他们来了,就走到跟前:"回来得好快呀!现在这里还没有啥动静。"平东洋用手示意:"继续监视!"正说话的时候,跟随陈仲仁的一名会员气喘吁吁地跑来:"金山大哥,陈队长告诉你,枝下和金翻译向你这边走来了。让你们注意,隐蔽好。"

原来在县政府待了一天的枝下并没有闲着,他和季平在秘密商议诡计,如何把从大屁股山撤回来的霍刚团骗进东大营里去住。霍团回到街里就在街上号房子,没有去东大营,怕被日本鬼子的飞机轰炸。枝下见炸不着霍团,很着急,连金翻译半天没回去他也不在意了。季平献出一条毒计:"枝下太君,一会儿我就去找朴旅长,说军队住在街里扰民,市民找我请愿,民心不稳,我给朴旅长出个难题,然后你再找刘宏轩,让刘宏轩出头献计,让霍团夜晚住进兵营,白天再撤出来,就避免了日机的轰炸。这样既不扰民,又防止了日机的轰炸。太君就可密报大本营,在拂晓派飞机来轰炸了。"季平的一番话把枝下乐得手舞足蹈:"要西!你的大大的好!我的找刘宏轩的干活!"枝下和金翻译在县政府里挨到晚上九点多钟,才鬼鬼祟祟地摸出了院子。

陈仲仁在县政府门口监视枝下和金翻译,看见这俩人探头探脑地出了县政府的大门,向南街走来。陈仲仁担心撞上金山他们,就派一名会员抄近道来给金山送信。

平东洋吩咐金山:"咱们隐蔽好,不能让枝下发现。先放他们进院里去,看看他们有什么阴谋再说。"众人都藏到了黑暗处。过了一阵子,枝下和金翻译才鬼鬼祟祟地来到张明强的家门口。他们俩又站在门前东张西望了一会儿,磨蹭了半天,枝下这才让金翻译上前敲门。门开了,二人进了院子,门又关上了。

平东洋对金山说:"你进院子里去听听。看他们在合计什么事情,咱们也好有个对策。"金山:"好!我去。"说完金山在院子东面找了一个豁口钻了进去。他悄悄地摸到上房的窗户跟前,躲在窗户底下,偷听屋里的谈话。院外,陈仲仁也尾随枝下而来,和平东洋、陈方义会合在一处。

屋里,枝下坐在椅子上,张明强还吊着胳膊站在枝下面前,金翻译站在枝下的身后,枝下对张明强训话:"你的无能大大的!你的部下无能大大的!黄枪会的大大地威胁了大日本皇军的安全,使皇军受到了损失。吉冈旅团长阁下大大的发怒。你的去找刘宏轩的干活,让他来见我。"张明强毕恭毕敬地抬起脸看着枝下:"太君,叫刘宏轩副司令到这里见您?""是的,到这里。快快的。"张明强马上敬礼:"哈意!哈意!马上去!马上!"说完就出了屋子。

金山急忙躲在暗处。张明强着急去找刘宏轩,也不看院子里有没有什么情况,就急匆匆地开门出了院子,往北面走去,消失在夜色中。

金山也从豁口那儿出来了,他对平东洋说:"枝下把张明强骂了一顿,叫他去找刘宏轩来这里见面,不知道要搞什么名堂。""枝下要见刘宏轩,一定有阴谋!说不准有什么坏事叫刘宏轩干。等一会儿刘宏轩来了还让他进去,金山再去偷听,把他们的阴谋全都听下来,得让刘宏轩在朴旅长面前直接暴露。咱们

第六章

现在还扳不倒他,反而受害。"众人同意平东洋的意见,继续隐藏在暗处监视。

张明强跌跌撞撞来到刘宏轩的住处敲门,敲门的声音打断了刘宏轩的兴趣,他正在欣赏留声机里播放的京剧《四郎探母》。他从床上起来,伸手从枕头底下抽出手枪,下了床,问道:"谁?"门外张明强答道:"是我,张明强。"刘宏轩很奇怪:"干什么?这么晚了。""进屋里说吧,外面不方便。"张明强迟疑地回答。刘宏轩打开房门,张明强闪身进了屋里,随手就关上了房门。"什么事啊?半夜三更的!"刘宏轩有些不乐意。"刘副司令,枝下太君发了脾气,把我训了一顿,又叫我来找您,到我家里见面。也没说是什么事情,只是叫您快去。"张明强可怜巴巴地说完了话。"他妈的这小日本子真难伺候。给他们的情报,他们不信,动作还贼慢,两次都吃了大亏,这回来找咱们撒气啦!唉!走吧!"刘宏轩边说边穿上衣服,扎上腰带,戴上帽子,跟着张明强出了屋。二人来到张明强的家,张明强开了门,二人进了院子,关上院子大门,进了上房。金山从暗处出来,又进了院子里,摸到窗台前继续偷听。

枝下看到刘宏轩就开始质问:"皇军两次受挫,损失惨重,吉冈太君极为震怒!对你的忠心表示怀疑。你有什么办法来表现你对大日本皇军的忠诚呢?"

刘宏轩站在枝下的面前,毕恭毕敬地回答:"原来的计划是在北线策反下级军官哗变,阵前倒戈。可是谁知道朴炳珊把我调到南线,和霍刚一起守大屁股山。霍刚是朴炳珊的铁杆兄弟,他的手下连长、排长都一心听霍刚的,我是毫无办法,就叫我的副官去海伦送信,联系皇军,偷袭三道沟子,我在内麻痹霍刚。谁知道让红枪会抢先偷袭了皇军,我借口找我的副官对三道沟子实行戒严,阻止黄枪会去增援红枪会,可是还是被祁连长用'瞒天过海'的手段把我给耍了,使皇军受到了损失。黄枪会偷袭守大桥的皇军的行动,我事先告诉了吉冈旅团长,是皇军大意了,才吃了这样的亏。我也没有办法了。日前桥本太君要我报告黄枪会大法师车平起的家住在哪里,我也电告桥本太君了。皇军要我做的事情我都做了,我是尽了力的呀!"

窗外金山听到这里心里一沉:"桥本要找车大法师的家干什么?"他又继续听下去。

枝下对刘宏轩说:"现在东北军收缩兵力,南线的部队都进城了,这是一个机会,就看你怎么办了。""怎么是一个机会呢?我不明白。"刘宏轩反问枝下。"叫部队住进东大营就行。"枝下继续盼咐刘宏轩,而没有回答他的反问。刘宏轩拍着脑袋:"啊!啊!然后叫皇军的飞机来轰炸!对啊!可是得找借口啊!"

枝下有些卖弄地说道："你去司令部吧。季县长可能正在和朴旅长两个人讨论这个事情呢！军队扰民，城内治安不好，要部队严格纪律。你献上一计，白天撤出、夜晚入住就可以啦！我一会儿就发电报，联系我们的飞机，在东北军撤出之前就来轰炸，不就完了吗？""果然是条妙计呀！我这就去，晚了就怕办不了啦！"刘宏轩献媚地说。枝下挥了挥手："快快地去办！快快的！"刘宏轩敬礼："哈意！"转身出了上房，出了院子就奔东北军司令部去了。

金山从墙角里走出来，翻出了院子，把听到的话都告诉了平东洋。

平东洋考虑了一会儿："现在就抓这几个王八羔子还不行，等枝下发完了电报再抓他们。你刚才说海伦日军大队长桥本要刘宏轩提供车大法师老家的情报，这件事很重要，日军可能要对车家的人下手。这招可真毒啊！金山，仲仁，这样吧，咱们现在就分开。你们俩带两名会员，从这里直接去车家店，把车老爷子和家人都接到柳大房子，一刻也不能耽误。快去！进车大法师家里要注意，要格外小心。快去！"胥君茹很担心车家人的安危："我也去接车爷爷。""也好！你们一定要注意，小心行事。"平东洋知道胥君茹感激车家救她、给她治伤的恩情。叮嘱了她一句，叫她去了。金山等人立刻动身奔车家店去了。

刘宏轩气喘吁吁地走进朴旅长的司令部，果然季平正在和朴旅长讨论驻军的问题。朴炳珊接到胥君茹转来的季平和刘宏轩二人的投敌证据，看了以后，马上向马占山报告。马占山指示朴旅长相机处置季平和刘宏轩。朴炳珊为了稳定军心，拿到二人的直接证据，暂时没有动他二人，只是虚与周旋。季平狡诈地说："旅长，市民人心不稳，军队在城里扰民，士绅们到县政府请愿，弄得我左右为难。请旅长体谅我的苦衷，想个万全之策。"朴旅长："两军交战，兵营历来都是敌方首选的轰炸的目标。你是叫弟兄们死在日本飞机的炸弹之下吗？"朴旅长质问季平，季平张口结舌。刘宏轩进屋接着话茬："旅座不必担忧，叫弟兄们晚上住进兵营，白天再撤出来，分散驻扎，不就解决了吗？"季平拍手迎合："好计！好计！刘副司令真是一举两得呀！既躲了轰炸，又稳定了城里的秩序。好计！真是好计！"朴旅长看了一眼刘宏轩："那好吧，就按刘副司令的主意办。"

季平、刘宏轩告辞出屋。二人互相看了一眼，面有得意之色。卫兵进来和朴旅长耳语。朴旅长大怒，欲发作，又压下怒火，对卫兵下达命令："告诉霍团长，带弟兄们到东大营走一遭，稍作停留就出来，到南门外号房子住下。东大营大门留下门岗把守，里边留下号兵，按时吹熄灯号、起床号。摆空城计，我就不信你不露出狐狸尾巴来。你带人盯住他！"卫兵答应着出去了。

第六章

　　平东洋他们在张明强家的院外等了一会儿。平东洋对剩下的会员说："时间不短了,枝下也发完电报了。咱们进去抓人!"说完一挥手,四个人就摸进院里,看见上房的东西屋都亮着灯。平东洋示意陈方义和两名会员贴墙站住,自己来到东窗户下,捅破窗户纸,向里面看,张明强和枝下都坐在那里,金翻译不在。平东洋又来到西屋的窗户下面往里看,屋里金翻译刚发完报,正收拾发报机。平东洋回到房门口,他轻轻一拉门,房门没有插上。回过头来低声对两名会员说:"你们俩去西屋抓金翻译,要快。不要让他拔出枪来。我和陈先生进东屋抓枝下和张明强,进屋的时候不要弄出声响来。走!"

　　平东洋回身拉开房门,悄悄地摸进屋里。四个人分开,平东洋摸向东屋,两个会员冲进西屋。西屋里金翻译正要往东屋走,迎面碰上冲进来的两名会员,这俩会员用枪一逼,低声喝道:"举起手来!"金翻译今天晚上是魂不守舍,知道要出事,但是不知道是什么时候。突然间被人一声吆喝,也是吓了一跳,他乖乖地举起手来。因为他的手枪里面已经没有了子弹,他也不想抵抗,他还以为是金山来抓他呢。一名会员伸手缴了金翻译的枪:"不许出声!"二人把金翻译抓住,捆了起来。与此同时,摸到东屋门口的平东洋突然抬起一脚踢开房门,冲了进去。屋里的枝下和张明强两个人被突如其来的声音给弄愣住了。平东洋趁着这个机会,瞅准张明强的伤胳膊就是一脚,把他踢倒在地,张明强咧嘴直叫唤。平东洋手中的枪则点在枝下的脑门子上:"不许动!"伸手下了枝下的手枪。枝下本能地往起站,可是脑门子上被硬邦邦的东西顶着,他抬头一看是枪口对准自己,只好装作服从的样子坐下。平东洋脚下用力踏住了张明强的脖子,憋得他喘不过气来,他一只胳膊有伤,用不上力,另一只手够不着插在另一侧压在身底下的手枪,只有喘气的份儿了。陈方义进屋把张明强按住,枝下不甘心失败,还想反抗。他哈腰想去拔插在靴子腰里的匕首,平东洋用缴获的手枪朝枝下的左肩用力一砸,砸得枝下半个身子不会动了。西屋的两个会员押着金翻译进了屋,平东洋命令会员把枝下、张明强二人捆上,让会员看住,自己和陈方义带张明强到西屋里审问:"张明强,枝下发电报了吗?老实说!""发了,是金翻译发的。"张明强回答。"电文的内容是什么?""不知道,枝下和金翻译说的是日语。"张明强真的不知道枝下发的是什么电报。

　　平东洋让会员押来金翻译。平东洋问:"你给枝下发的是什么电报?"金翻译不作声。平东洋厉声喝道:"你不要命了吗?"金翻译想了想:"是要日本皇军派飞机来轰炸东大营。"

平东洋叫会员拿着发报机，押着三个人一起去见朴旅长："咱们把这三个王八蛋送给旅长，让他处置吧。"

平东洋一行人来到东北军司令部大门口，门岗拦住："站住！干什么的？"平东洋上前搭话："我们是红枪会的，有要紧的事情向旅长报告！"哨兵横着枪："旅长休息了，有事明天再说吧。""军情大事！怎么能耽误呢？快去报告！否则误事你担当不起！"平东洋一步也不让。哨兵无奈："你们往后站，我去报告！"一会儿，旅长的副官出来问："红枪会的人在哪里？有什么事情？进来说吧。"平东洋对副官说："我们有紧急军情，必须面见旅长！"副官一看平东洋不买自己的账，只好进去报告。一会儿朴旅长出来："什么事情？非要见我不可。我是朴炳珊，说吧。"平东洋立正敬礼："报告旅长！红枪会抓住日本特务及翻译各一名，还有汉奸一名。请旅长亲自审问，其中还有大阴谋。"朴旅长很吃惊："这个红枪会员很有军人的素质！副官！你先审问这个汉奸。"张明强如实交代了枝下和刘宏轩策划的阴谋。再审金翻译，二人的口供相同。再审枝下，枝下骄横不交代。平东洋："让霍团住东大营是个阴谋，起早日军的飞机就会来轰炸，弟兄们还没有起床，就得干挨炸。快叫弟兄们撤出东大营吧！""没问题。小日本的诡计不能得逞。你也是行伍出身？原来在什么部队？"朴旅长问平东洋。"报告旅长！奉天警备旅第四营上尉营长吉玉平。九一八事变奉命阻击日军进攻北大营，全营弟兄都为国捐躯了。我只身一人流浪江湖，在这里与红枪会结缘，打日本鬼子。"平东洋说出了自己的真实身份。"我说在海伦、三道沟子这两次战斗小鬼子吃亏不小呢！我想红枪会、黄枪会里真有能人呐！都是你算计的吧？你们歇着吧。这些人交给我吧！"朴旅长很欣赏平东洋的才干，称赞着平东洋。接着朴旅长又命令一名卫兵："继续监视刘宏轩！你带几名弟兄，发现他要逃跑就及时抓捕，若遇反抗就地正法。""是！"卫兵答应着出去了。平东洋给朴旅长敬礼后，四个人回到了天升大车店。平东洋对陈方义说："刘宏轩和季平这两个卖国贼，为了自己的私利出卖民族和国家的利益，必将受到人民的唾弃。"陈方义说："是呀。咱们的国家是靠整个民族的力量繁衍几千年的，出现个别败类不足为奇。在民族危难之时总会有正义的力量来主导时代发展的。总有一大批为了民族国家的前途命运而不惜牺牲自己一切的人，他们前赴后继，用自己的生命挽救民族危难，拯救国家。共产党不就提出来联合抗日拯救国家民族吗？"平东洋："你对共产党的主张怎么看？"陈方义说："我看应该一致对外，马主席不也是主张联合抗日吗？更何况都是中国人。兄弟相残，只能是亲者痛，仇者快呀！"平

第六章

东洋:"共产党的主张是好,可是他们远在关里,没有到东北来呀!"陈方义说:"我听说在马主席的身边就有共产党,共产党的势力无处不在呀!他们为了实现自己的理想不怕牺牲,为了国家民族更是勇往直前。共产党很善于做群众的工作,善于团结人民大众,他们以人民大众的利益为重,处处以人民的利益为出发点,所以领导抗日的必将是共产党啊!"平东洋:"那可不是咋的。谁为老百姓谋幸福,老百姓就拥护谁。共产党主张抗日,就是迎合了老百姓的愿望,哪个人愿意背井离乡啊?哪个人愿意自己的亲人被害呀?谁又不愿意为亲人报仇呢?谁又愿意当亡国奴呢?"陈方义:"我们拉起的红枪会保境安民,抗日救国,老百姓都拥护咱们,把生命都献出来,我们要珍惜他们的积极性啊!要爱护这些抗日的种子啊!一个国家打败一个国家不是一年半载的事,日本鬼子灭不了中国,可是咱们要把这些鬼子赶出去,也不是一年两年的事。"平东洋听了陈方义的话很佩服,一个学生能有这样的见解,而且有胆识,真是不简单啊!

九

天刚蒙蒙亮,又是一个雾天。住宿在三道沟子的吉田俊夫起床了,他到外边一看,雾太重了,五步以外什么都看不见。他回到屋里叫醒了同伴,一伙人摸出了三道沟子,向车家店走去。天上传来飞机的轰鸣声,吉田对同伙说:"你们听,这是咱们大日本皇军的飞机。"他们加快了脚步。

县城东门外的兵营外面,刘宏轩在兵营的四个墙角点起了四堆大火,用火光为日军的飞机指引轰炸的目标,被卫兵当场抓获,押送到司令部。日军飞机对兵营狂轰滥炸,房屋倒塌,一片狼藉,四周民房也遭了殃。平民百姓被炸死不少。

在车家店车平起家的堂屋里,车喜库在训导孙子志儿。车平起的妻子在一旁站立,志儿站在供有车平起灵位的桌子前听爷爷讲话:"志儿,你父为国而死,虽死犹荣。你要勤习武艺,杀敌报仇,为国尽忠。习武要吃苦,不可懈怠,要天天坚持,起早练习。""是的,爷爷。我要学我爹,杀尽东洋鬼子,为我爹报仇。"志儿才十二岁,听了爷爷的话,在爹的灵位前下决心。

车喜库突然不说话了,侧耳倾听,有脚步声渐近。他对儿媳说:"志儿他娘,你领志儿到每天练武的地方去,我不叫你们,你们不要回来。有人来了,脚步很急,不像善类。快去!"母子俩从后院角门走了。车喜库在院子里瞭望,这时雾

◇ 通肯河传

已经散了。

　　吉田俊夫催促着同伙："快！快！前面就是车平起的家了，从四面包围院子，我从前面进去，散开！"几个日本鬼子从四面进入院子里。看见车喜库在院子中央站着，吉田上前搭话："老人家，这是车平起的家吗？""是啊。有什么事吗？"车喜库仔细地看进院子的人，他发现都是会武之人，可又不同中国人的气概，很特别。他猛然醒悟：是日本人！吉田继续答话："老人家，我们桥本大队长请你去做客，请吧！还有你的儿媳妇、孙子，一同走吧。"车喜库呵斥道："什么桥本大队长？我不认识他，请我做什么？你们走开，别在这里找事。""你儿子杀死了不少皇军，桥本大队长想和你算算这笔账！"吉田露出了凶残的面目。

　　"东洋鬼子！找上门来啦！好啊！我正犯愁找你们呐！来吧，你们能把我带走，我就跟你们去。"车喜库暗中戒备，运劲全身。

　　吉田一挥手："抓起来！"几个同伙扑上来，扳肩膀，拧胳膊，推车喜库往外走，可就是推不动，胳膊也拧不弯。车喜库大喝一声："滚！"几个日本人都被甩出五尺开外。

　　"中国武术厉害，大家小心！动手！"吉田命令同伙围住车喜库打斗。

　　打斗中一个日本武士被车喜库踢中了心窝，口吐鲜血，趴在地上只能喘气，一动也不能动了。吉田害怕了，他抽出战刀与车喜库周旋。又是几个回合，车喜库用飞镖接连打中了两个武士，一个被打中眉心，仰面倒地，抽搐几下就不动了。另一个被飞镖打在咽喉，连哼一声都没来得及就倒下了。吉田顾不得桥本要抓活的命令了，对同伙下令："死啦死啦的有！"剩下的鬼子都拿着战刀往死里砍车喜库，车喜库受了重伤，依然和鬼子打斗。危急时刻，陈仲仁、金山、胥君茹赶到了。胥君茹开枪击落吉田砍向车喜库的战刀，金山飞起一脚踢向另一个鬼子，那个鬼子急忙后撤，陈仲仁也逼退剩下的一个鬼子。吉田乘机拾起战刀与金山拼斗。车喜库精疲力竭，摔倒在地。胥君茹急忙上前把他扶起，坐在地上，胥君茹手握短枪看护车喜库。车喜库背上、胳膊上两处刀伤都是很深的伤口。金山力战吉田和一个鬼子。陈仲仁把另一个鬼子砍死，赶过来夹击吉田。吉田见势不妙，顾不得同伙，虚劈一刀，往后跳出去有五六尺远，要跑。金山一咬牙，一俯身子，一个箭步跃起，从吉田的头顶上飞过，落在吉田的前面，截住了他的去路。

　　金山大喝道："拿命来！还我老娘的命来！"吉田愣住了，心里想：我哪里认得你的老娘啊。金山听见飞机的轰鸣声，就想起了惨死在日本飞机下的老娘，

第六章

悲愤至极，使他忘记了对手不知道他的老娘是死在飞机的轰炸下。只要是日本鬼子，就该拿命还债。金山嘴动手也动，一连向吉田击出八掌，都是击向要害，把个吉田打得东躲西藏，连滚带爬，战刀也扔了，衣服也破了，身上还是中了两掌。他没有别的办法，就躺在地上装死。金山奔到跟前，冷不防吉田突然跳起来，手里握着一把匕首，向金山的腹部刺来。金山急忙扭身收腹，躲过吉田的突然一击，右手抓住吉田握匕首的右手腕子，一用力，吉田哇哇直叫，匕首落地。金山恼他使诈，左手照着吉田的太阳穴就拍了下去，吉田闷哼了一声，倒在地上，一动也不动了。最后一个鬼子看见吉田死了，心里一慌，手一慢，就被陈仲仁一刀砍下脑袋。六个偷袭车家店的鬼子一个也没剩，都报销了。

车喜库已经奄奄一息了。他强撑着对胥君茹说："姑娘，不要悲伤。爷爷我已年过古稀，能手毙仇敌，也算为国出了一点力，乃是一大快事，虽死无憾。你们把志儿娘俩带到柳大房子去吧，我就和平起在一块吧，让我们爷俩在阴间也一块杀日本鬼子！"胥君茹哭着说："爷爷，你不会有事的。你要挺住啊！"车喜库摇摇头，他指着金山："你去后院的柳条通里把志儿娘俩叫回来吧。"金山去了有一会儿才把志儿娘俩找回来。志儿一见爷爷受了伤，就趴在爷爷的腿上哭。"别哭！孙子，你也是男子汉。记住仇恨，练好本领，杀东洋鬼子，为爷爷，为你爹报仇，为国家出力。"车喜库用尽了最后的力气，说完了这些话。

金山长叹了一口气："仲仁，先给柳大房子送信吧，让车姑娘知道啊！"陈仲仁："中！得把老人家安葬了呀。"志儿娘哭着说道："叫凤英回来呀！见她爷爷一面呐！"陈仲仁对一名会员说："你快去报信！"会员骑马去了。

十

日本飞机在县城东门外扔下炸弹，返航了。刘宏轩则被监视他的卫兵带人抓了起来，押到了司令部。

卫兵向朴旅长报告："报告旅长！刘宏轩为日军飞机指使轰炸目标，东大营被炸平了，刘宏轩被我们抓住了。"

朴旅长见到刘宏轩怒不可遏："刘宏轩，你竟然勾结日寇，背叛国家。"刘宏轩跪地求饶："旅座，我对不起你呀！你饶我一死吧！"朴旅长怒斥道："你不是对不起我，你是出卖祖宗，卖国求荣，当汉奸！把他的军装扒下来！他不配当军人。拉出去！就地正法！抓捕季平，连同枝下、张明强，一块枪毙。"

◇ 通肯河传

　　刘宏轩连连喊饶命,被卫兵押出司令部大院去。天上的日军飞机又飞过来,卫兵仰头看飞机,刘宏轩乘机逃跑了。他刚翻过一座墙头,正好碰上平东洋和陈方义等人来司令部,堵个正着,平东洋一甩手,一梭子子弹全打在刘宏轩的身上,刘宏轩倒在地上,一动也不动。在墙角处,林凤阳吓得浑身发抖,好半天他才回过神来,急忙转身往县政府跑去,他向季平报告去了。

　　季县长坐在办公室里,听见了飞机的轰鸣声,正得意地自言自语:"朴炳珊呐,这回看你这仗还怎么打？士兵还在梦里就被炸死了。没有兵,你还不逃跑？要不就投降！最好是我劝降,我在日本人面前就有功劳了呀！哈哈哈！"他正得意忘形地狂笑着,突然门开了,他女儿季丽娟站在门口,怒目而视。

　　"是丽娟呐！干吗起来这么早哇？这几天我看你日渐消瘦身体不是很好,要注意休息呀！"季平对女儿最近的身体是很关心的。

　　季丽娟自从负伤以后,特别是她发现枝下在县政府院里藏身以后,她深深地感觉到父亲和自己,和民族,和国家已经背道而驰,而且是越来越远,远得遥不可及,自己将要失去他了。父亲的所作所为令她绝望。昨天,陈方义的一番话让她又感觉到了希望,她要再做一次努力,劝说父亲悬崖勒马,向人民认罪,找机会戴罪立功,争取人民的宽大。今天起来她就来到了父亲的办公室门前,她知道父亲与日本人勾结,出卖祖国。每次到季平的办公室她都在门口停一下,听一听季平在说些什么,多侦察一些情报。今天她站在门口停了一会儿,觉得屋里就季平一个人在自言自语,当她听完父亲的自语之后,就控制不住自己的感情,推门而入。

　　"爹！您应该悬崖勒马,不要继续错下去了。马上向人民认罪,争取戴罪立功。出卖国家的人是民族的罪人呐！"季丽娟苦苦劝阻父亲。

　　季平先是一愣,随后镇定下来:"爹不是汉奸,是遵循汪兆铭(汪精卫的字)的指示,与日本人合作呀！女儿,你不要误会呀！"季丽娟:"汪精卫是投降派的代表,他早晚得当汉奸,你可不能听他的呀！现在还没有酿成大错,回头还来得及,快去自首吧！那个林凤阳简直就是个日本人,比日本人还坏！你也不要听他的话呀！爹！"

　　这时林凤阳从外面跑进来,听见父女俩在说话。他在门外偷听,听见季丽娟说他比日本人还坏,他浑身一激灵。他想:"季丽娟和陈方义就是共产党的人,是支持马占山抗日的。自己跟着季平投靠日本人,有季丽娟在,早晚是病,不如趁此机会干掉她。"想到这儿他就拔出手枪来向季丽娟开了一枪,正打在季

第六章

丽娟的后背上,季丽娟扑在桌子上,回转头看见林凤阳握着手枪,站在门口。季丽娟大声喊道:"抓汉奸呐!抓汉奸!"随后昏了过去。

季平惊呆了,他指着林凤阳骂道:"你这个混蛋!怎么能开枪打我的女儿呢?"

"唉!县长大人呐!您还不知道吧?刘宏轩已经叫朴旅长给枪毙啦!就是刚才的事呀!他还下令抓您呐!要把您和枝下、张明强一块枪毙呢。你和刘宏轩的事就是她告的密,她还是您的女儿吗?她听过您的话吗?咱们的事都坏在她的手上了呀!咱们赶快逃跑吧!晚了就没命啦!"

季平听说朴旅长把刘宏轩给毙了,顿时就吓傻了:"抓我?刘宏轩死了?八成是和日本子通情报的事被他们知道了。"林凤阳:"可不是咋的!就是您的女儿告诉陈方义,陈方义又告诉了红枪会,红枪会抓的枝下太君。"林凤阳把他们通敌秘密泄露的事都推到季丽娟身上。季平越想越害怕:"不好,朴炳珊这家伙较起真儿来,真能把我给杀了。快走!先躲躲吧。"于是他也不顾季丽娟的死活,收拾一些钱物,装了一箱子,提起来就和林凤阳从后门翻墙逃跑了。

朴炳珊的卫兵带人冲进了县政府,进了县长办公室,发现季丽娟已经昏迷了,马上叫人送医院抢救,又派人给陈方义送信。卫兵带人继续追赶季平、林凤阳一伙去了。

陈方义闻讯大惊失色,他急忙赶到上次给自己治伤的医院。看见季丽娟躺在床上,脸色苍白,呼吸微弱,嘴唇微微翕动。他走近前呼唤:"丽娟!丽娟!我是方义呀!你醒醒呀!你看看我呀!丽娟!大夫!大夫!快点想办法呀!"大夫说:"我已经检查过了,她失血太多,子弹打在要害部位,无法抢救了。我刚才注射了一针强心剂,有什么话快点说吧,她坚持不了多久了。"

陈方义泪流满面:"丽娟呀!醒醒呀!"他连连呼唤,也许是心上人的声音把她从那缥缈无垠的虚空中拉了回来,也许是回光返照,季丽娟醒了。睁开她那美丽的眼睛,看见了泪流满面的陈方义。是梦幻,还是真的?她想伸手搂住陈方义的脖子,可是只是动了动手指,手已经无力抬起来了。她看着陈方义,陈方义发现季丽娟醒了,就问:"是谁把你打伤的?是谁?"

季丽娟:"林凤阳。我劝爹去自首,林凤阳从我背后开枪,把我打伤了。他们逃走了。方义,你抱住我,我,我怕是不行了,我是爱我们的祖国的。我是爱你的,方义,真遗憾,没有做成你的妻子。"又昏了过去。

陈方义大声呼唤,季丽娟牺牲了。陈方义悲痛欲绝。他派奎祥杂货铺的伙计给老家送信,请父亲来街里,商议季丽娟的丧事。

陈百元听伙计把季丽娟的事情说了一遍,知道儿子要自己去街里是合计季丽娟的后事。他立刻对伙计说:"你现在就回去告诉你们少东家,别看丽娟生前我没认这个儿媳妇,但是她的作为感动了我。她虽然有一个汉奸的父亲,可我认为她却是一个抗日的女英雄!这个儿媳妇我认了!用陈家少奶奶的礼仪厚葬丽娟。灵柩安葬在我们陈家的坟茔地里!去吧。"陈百元一边说话一边老泪纵横,感慨不已。他真有些后悔自己以前没有认下丽娟这个儿媳妇,致使自己抱憾终生。

十一

朴旅长在司令部召开军民联席军事会议。除了朴旅长的军官以外,陈久思、平东洋、车凤英等也参加了会议。朴旅长在会议上讲了拜泉的东北军面临的敌我态势,他说:"海伦方面的日军遭到两次打击,在短时间内无力向我军进攻。北面高波旅团的前锋黑田联队二百多人,由克山向南逼近乾元镇。谭子欣营长在镇南严家沟一线布防,需要支援。现在我手中无兵可派,想请红枪会的英雄们给予援助。"

陈久思看了看平东洋:"旅长请放心,红枪会以杀倭寇为己任。为国出力,报国捐躯,在所不惜。我们回去召集会员,克日启程,支援街北谭营长。""太好了!大家打鬼子,何愁日寇不灭!我再拨一些弹药枪支给你们。"朴旅长很高兴陈久思的态度。平东洋:"旅长能给我们一些枪支弹药,红枪会的战斗力可以抵上一个营的正规军了。"朴旅长:"那就定下来,今天你们回去准备,后天一早就出发,去街北支援谭营长他们。"众人握手告别,红枪会的人回到了万宝山。

陈久思一行人从县城返回红枪会总坛,派人去给柳大房子送信,请杨千瑞明天来万宝山合计出兵的事情,同时备足三天的干粮和水等物资,做好队伍开拔的准备。

第二天一早,杨千瑞在家里布置好一切事项,来到万宝山。红枪会的众位首领正在等他,大家把杨千瑞接进屋里,就开始商议出兵支援谭营长的事情。还没有开口,有会员来报告:"大法师,四家店陈百元带领众乡绅和许多人来啦!"陈久思站起身:"陈百元是咱们红枪会的朋友,是大力支持咱们的,今天来一定是有事,出迎!"众人来到大门口就迎着了陈百元。

第六章

陈百元率领东南乡的乡绅们,赶着十几辆大车,拉着粮食等物资,车后还跟着一些难民来到大门口。"百元兄!今日得闲啊!光临敝会,欢迎啊!欢迎啊!百元兄一向可好?"陈久思抢上前几步拉住陈百元的手问候着。"红枪会抗日杀敌,报效国家,保卫桑梓,百元等倍感振奋,今日是为你们庆功劳军来啦!"陈百元客气地称赞红枪会的英勇行为。"还不是各位乡绅们鼎力相助,会员们舍命相拼吗?各位乡绅,请!"众人谦让着进了院子,会员们早已把桌椅放在院子里了,大家就在院子里坐下,图的是敞亮。陈百元说:"大法师,今天来一是给你们庆功,祝贺红黄两会合并,两战大捷,慰劳各位英雄们;二是给你们送来一批新会员。这些难民从四家店路过,各位店家宣讲你们打日本鬼子的事情,他们都想来投奔你们,和你们一起打小鬼子。我就收留了他们,今天就给你们带来了。"陈久思拱手:"多谢!多谢各位乡绅的美意。陈某代会中的弟兄们谢过各位。百元兄给红枪会带来新兄弟,是给我们添加了力量啊!有劳各位啦!谢谢!谢谢!"说完作了一个罗圈揖。这时陈三先生带着徒弟走进了院里。他的徒弟背着一个大包袱。陈三先生:"大家都是为了保家护国打强盗,有钱的出钱,有力的出力,不必客气。我进屯子就到伤员们那里去了,受伤的各位英雄现在都好得差不多了,没有一个有反复的。我从你们这块回到家以后,就赶紧配制了内用外敷的红伤药,今天给你们带来了。"说着从徒弟的手中拿过包袱,交给车凤英:"如果再有负伤的会员就用这红伤药,黄纸包的是往伤口上敷的外用药,白纸包的是内服的。用上就见效,好使。止血镇痛,化腐生肌。"陈久思又抱拳打躬:"阿弥陀佛!陈老先生真是为红枪会想得周到啊!我等兄弟一定不辜负各位的厚望,阵前杀敌,多杀日本鬼子,以报乡亲们。"平东洋对陈久思说:"陈大掌柜的给咱们送来入会的弟兄,我和金山兄弟去安置一下。"回身对各位乡绅说:"各位先唠着,等会儿庆功宴上再叙。"说完和金山出去了。王友德也出去吩咐伙房安排庆功宴,全体会员一起庆功。

平东洋和金山来到训练场上,看见有四五十名难民在场上待着,有的坐着,有的站着。二人来到他们的中间,难民们一看红枪会的人来了,就围了过来。

"大伙别吵吵,静一静!站成一行,挨个报名,告知家乡住处,有什么特长。小秃,去把陈先生请来。"平东洋组织大伙报名,登记。他目睹了黄枪会赵华义、王福璐混进会里闹事,差点把黄枪会给整散了的事实,他要把好入会这一关,防止有汉奸、日本特务混进来卧底。因此他让小秃去找陈方义来登记造册,详细盘查入会人的情况。

◇ 通肯河传

　　陈方义把季丽娟的灵柩护送到自己家的坟地下葬以后，听他爹说要去慰劳红枪会，他也就留下一起来了。难民按照平东洋的要求站成一行，两名会员抬来一张桌子、两条凳子，摆在训练场中间，桌上摆好纸笔。小秃领着陈方义来到桌前坐下。

　　平东洋对陈方义说："有劳陈先生代为写下这些难民的姓名、家乡。要仔细盘问，防止像黄枪会那样混进汉奸进行破坏。""对！仔细地审查一下，也能发现人才。"陈方义也很赞成平东洋的做法。

　　平东洋对难民说："现在开始报名，不要乱，要肃静。"难民逐一报名，共有四十五名难民入会。平东洋又对入会的难民说："大伙自愿入会，就得遵守会规，听从号令，奋勇杀敌，不怕死，会员之间要互相帮助。"入会的难民们齐声回答："报国杀敌，奋勇向前！"平东洋仔细看看队伍："这些会员里面有当过兵的。"陈方义有些疑惑："你怎么知道的？""能看出来。我说站成一排，这里面的庄稼人一时半会儿站不来，可是有几个立即就能站好，不论在排头，还是在排尾，或者在中间，那几个人站得都快。"平东洋说出了原因。陈方义还是不信："真能看出来吗？叫来问问，小秃，你去把平东洋说的那几个人叫过来。"金山领过来八个人，平东洋上前打量了他们一遍，问他们："你们以前是干什么的？"其中一个难民答道："庄稼人，后来当了东北军，在马占山主席部下。在江桥和日本鬼子开战被打散了，就回了海伦老家。可是日本鬼子又他妈的逼到家门口了，我们又成了难民了。""你们几个都当过兵吧？和他一样吗？"平东洋又问其余的难民。另外七个人："是的，是一样的。老家的屯子都挨着，一块儿去当兵，分在一个排里，打散了，我们一起跑回老家。哪承想，这又被日本鬼子给撵出来了，当了难民。没有活路啦！只能和日本鬼子拼了！"平东洋很高兴："好兄弟！说得对！只有跟鬼子拼命，才有活路。你们八个上过战场，跟鬼子干过，你们各带五个人，负责教会他们打枪，使刀，教会他们杀鬼子。现在就开始。金山帮他们分一下，五个人一组练习，你们都听金山的指挥，他负责教你们武艺。"金山和新入会的会员们去训练。

　　平东洋对陈方义说："陈先生，你说得对。有过战场经验的人，对红枪会来说就是宝贝，就是人才呀！""是呀。打过仗的有经验，把他们分在队伍里，一个人就能带十几个弟兄，这十几个人就有了主心骨，队伍就好指挥，这支队伍就有战斗力。"陈方义说。二法师来叫平东洋和陈方义去参加庆功宴。在庆功宴上，陈百元认胥君茹做干女儿。庆功宴一直到下午四点多钟才结束。

第七章

一

送走了陈百元等众乡绅，陈久思召集红枪会的首领们继续布置支援街北谭营长的事情。

陈久思对大伙说："街北支援谭营长，咱们已经答应朴旅长了，明天就出发。可是日本鬼子穷凶极恶，什么坏事都做，竟然派人去抓黄枪会的家属。车老爷子以死相拼，幸好保住了志儿母子安全。从这件事情来看我们也应有所防备。明天大队开拔去街北打仗，日本鬼子能不能乘虚而入哇？杨大哥那里，咱们这块儿，都成了日本人的眼中钉啦！小鬼子必然想方设法地来祸害咱们呐！大家怎么看？"二法师出主意："依我看把两家搬到一起来，好保护。"王友德摆摆手中的烟袋："现在是秋收时节，遍地是粮食，怎么搬呐？"

平东洋沉思了一会儿，看着大家："依我看不必搬家。日本鬼子没有内应，他们是找不到咱们的总坛的，就怕汉奸卖咱们，是得防着点。红枪会这块儿留一百人，留下金山，负责在家防守总坛。杨理事那里由杨理事和杨成义负责，也留下一百人。日夜警惕，再往三道沟子海伦方面派出探子，监视日军的动向。特别是早上、晚上要格外小心。要不间断地查哨、查岗。有十支快枪、一挺机枪，也能抵挡一阵子。"王友德赞成："这样行。把新来的人留下，叫金山教他们武艺能耐，再看家护院。"杨千瑞："自从发生赵华义的事情以后，我那儿的弟兄更是抱团了，知道有坏蛋、汉奸钻空子祸害人。给我留下几十人就中。我那屯子紧挨着河套，能藏人。我回去把会里的钱物整理一下，找可靠的会员把它藏起来。日本鬼子来了就跟他干，打不过就钻河套，让小鬼子啥也捞不着。""只是加一分小心。日本鬼子也不能面面俱到，但是咱们不能大意，就按平东洋的意见办。明天咱带六百人去支援街北谭营长。"陈久思说到这儿，他看着金山："金山兄弟，看家的担子就落在你身上了，你要多加小心呐！杨大哥就不用我说什么了。大家歇着吧。"

　　第二天早晨，车凤英就带领柳大房子的红枪会的人来到万宝山。两处人马合在一起，排开队伍，占了整个一个训练场。会员们一律穿的红枪会的制服，青头巾，青坎肩，红腰带，手执刀枪，威武雄壮。快枪队单列一队，也有百十号人，朴旅长拨给两挺机枪，五十支步枪和弹药，使快枪队得到了壮大。会员们都站列在法台前，两面彩旗上面书写"替天行道，扶正压邪""杀尽倭寇，还我河山"。在法台前的正面有一面大红旗迎风招展，"红枪会"三个金字熠熠生辉。队伍集合完毕，陈久思包红头巾，身披红斗篷，扎红腰带；腰间悬挂宝剑，登上法台。

　　陈久思向台下作了一个揖，开始讲话："红枪会自成立以来，抓土匪除乡患，杀日寇保家园。会员们个个奋勇争先，深受佛祖的佑护，屡战屡胜，消灭了许多日本鬼子，为被日本鬼子杀害的乡亲们报了仇，保卫了咱们的家园。今天出征支援街北国军，消灭来犯的倭奴，这是我们报效国家的好机会。男子汉大丈夫，为国为家，舍出性命，是顶天立地的事情，光照后人。我们奋勇杀敌，报答乡亲们的厚望。把叛国通敌的汉奸王副官斩首祭旗！队伍出发！"红枪会的大旗当先前行，两面彩旗在后面，接着是陈久思走在队伍的前边。后面是肩扛红缨枪的会员们四路纵队前进，红缨枪在阳光下发出耀眼的银光，和鲜红的枪缨互相映衬着。会员们雄赳赳气昂昂地开赴战场。众乡亲们拿着食物酒水为勇士们壮行。队伍后面十几辆大车拉着给养，由二法师带领会员押运。

　　红枪会大队人马开进了县城，受到了街里的市民的热烈欢迎，市民们站在街道两旁为英雄们鼓掌，队伍没有在街里停留，穿城而过，出北门向前线进发。在市民的队伍里有两个人和别人不一样，他们躲躲闪闪地左顾右盼，好像害怕有人认出他们来。他俩就是杀死季丽娟逃跑的季平和林凤阳。他俩看到红枪会大队向北开去，互相看了一眼，就溜出了人群，鬼鬼祟祟地溜进了东三道街道西的一座院子里，进了屋子。林凤阳对季平说："唉！这红枪会的队伍越来越壮啦！"季平瞪起眼珠子："他们先别高兴得太早，我自有办法收拾他们。"林凤阳猜测着："您是说等日本人来再出气？"季平吩咐林凤阳："虽然躲避朴炳珊的抓捕，还不能露面，但是咱们也不能干等着，怎么也得立点功劳，给日本人一个见面礼呀！"林凤阳马上附和："那是，那是。可是咱们已经不能公开活动啦！"季平提醒他："上次钱秧子联名告状的时候，我不是让你注意和那些地主、财主们联络，等日后有用吗，现在就用到他们啦。"林凤阳不解其意："用他们干什么呀？"季平阴

第七章

险一笑:"现在红枪会大队开到街北,他们的总坛一定是空的。派人去海伦与日军联系,让他们派人袭击红枪会总坛,来牵制红枪会去街北支援。""行!东南乡的李大头和红枪会有仇。我去串联他,让他去海伦给日军送信,怎么样?"林凤阳想起了李大头告状的事。"这样很好,我写一封信给海伦的日军司令。不然日本人不会轻易相信他们的。"季平同意了林凤阳的意见。林凤阳找来了纸笔,季平写了一封信交给林凤阳:"这就去,趁着万宝山空虚。日军偷袭一准得手。"林凤阳马上答应:"是,我找一个机会混出城去。"

红枪会大队向街北庞家窝铺谭营长的驻地开进。谭营长正和当地的自卫团刘海峰他们商量固守阵地的事情。

谭子欣指着地图说:"日军行动离不开大道。如果离开了大道,他们的给养弹药就成了问题。我们要在乾元镇北面堵住日军南下,就必须在镇北的大路两侧设置阵地。"刘海峰提议:"我们自卫团有三十多人,怎么也能顶一个排的兵力。我们地形熟悉,隐蔽得好,能抵挡一阵子。日寇打到家了,就是拼了命也要保卫家园和亲人!我们听你的命令。""好,好,各位高义!谭某先谢谢啦!万宝山红枪会也将于今天到达,来支援我们。"谭子欣很受感动。赵临成听说红枪会也要来支援,很高兴:"是吗?可太好啦!听说他们在南边三道沟子、海伦没少杀鬼子,是好样的!这回该轮到我们了。叫日本鬼子知道中国人的厉害。"

哨兵进来报告:"报告营长!红枪会的人到了。""快!快迎接!"谭子欣带着刘海峰、赵临成等人出屋迎接。远远地就看见红枪会的大旗在夕阳中迎风招展,旗下站着陈久思等人。谭子欣等疾步向前,握住陈久思的手:"欢迎大法师来支援我部哇!"赵临成拉着平东洋的手:"你们打得好啊!长了咱们的威风!叫小日本子知道咱们不是好欺负的。这回咱们兄弟可以并肩杀敌,为国尽忠了。"陈久思向谭营长请战:"营长,给我们分差事吧!红枪会就是来杀鬼子的。""明天早晨,刘屯长的自卫团在乾元镇北设伏,阻击日军,他们现在就出发到设伏地点构筑工事。你们今天长途行军,已经很疲劳了,先在这个屯子休息一晚上,明天一早就出发支援刘屯长他们。估计日寇最早也就是明天早上八九点钟能到。"谭营长给红枪会布置了任务。

二

刘海峰一伙人告别了红枪会的人,开向乾元镇北的阵地,开始挖工事,并派出侦查员向北面打探。他们构筑完工事就原地宿营。

第二天早晨,刘海峰和自卫团的战士们刚吃过早饭,派出去的侦查员就跑回来报告:"刘屯长,从北面开过来一辆汽车,上面插着一面日本旗,就一辆,车上站满了日本兵。车开得很慢,道不好走,离咱们这块儿有一里半地。""这可能是打前站的人,大队在后面呢。咱们先消灭这车鬼子,给红枪会一个见面礼。好不好?"刘海峰动员大伙。赵临成出主意:"好哇!咱们在路上给鬼子找点麻烦,让他们停下来修路,咱们再揍他。""中!在道上挖几个坑,把车给陷住。他走不了就得修路,要修路手就得离开枪。这时候咱们就揍他个狗日的。"刘海峰同意赵临成的办法。赵临成领着几名自卫团员冲上大道:"快挖!错开挖。挖连环坑!挖三个一伙的!快!"远处传来汽车的声音,日军的汽车开过来了。刘海峰指挥团员撤回阵地,道上留下了三个深深的大坑。

日军的汽车开到大坑前停下。从驾驶室里下来一名军官,他走到大坑前看了看,骂了一句:"八格牙鲁!"就拿起望远镜向大车道两边的庄稼地里观察,他看了一遍,就命令车上的士兵:"通通地下车修路。"又命令几个日军担任警戒。警戒的士兵下了车,走到路两边,脸向着外面的庄稼地,背对着汽车,实行警戒。其余的士兵把枪架起来,动手修路。

刘海峰一看日军的阵势,就对身边的赵临成说:"你和维东瞄准拿枪的日本鬼子,先消灭了他们,再打修路的日本鬼子。"赵临成点头答应,回头传给赵维东:"一人瞄准一个拿枪的鬼子。"刘海峰喊道:"打呀!杀鬼子呀!"自卫团开火了。子弹射向鬼子,几个站岗的日本兵被打倒了,修路的日军跑去拿枪,没等跑到枪跟前就被打倒了。刘海峰又喊道:"冲啊!杀鬼子啊!为亲人们报仇啊!"战士们冲出阵地,包围了剩下的日军,有几个鬼子躲到汽车底下,朝外面射击,也被自卫团消灭了。只有一个受了伤的鬼子一瘸一拐地拼命向来的方向跑了。赵临祥上了汽车看到车上有一挺重机枪架在那里,射手被赵临成打死了。赵临祥不认识重机枪,他下了车和战士们打扫战场。一共击毙了二十七名鬼子,跑了一名,缴获一挺重机枪、二十七支步枪、一支手枪、一把战刀和不少子弹。这时平东洋带领他的快枪队跑步赶来增援。

刘海峰对平东洋说:"兄弟占先啦!就跑了一个,剩下的都让我们给宰啦!车上还有一架什么枪啊?我们不认识。"说着用手指了指汽车车厢,平东洋趴在车厢的缝往里看,是一挺重机枪。

"好样的!自卫团的弟兄们都是好样的!这一仗打得痛快,干净利索,旗开

第七章

得胜。"平东洋夸赞自卫团打得漂亮。又问刘海峰："车上那是一挺重机枪。你们会使吗？"刘海峰问平东洋："不会使。你老兄会使吗？"平东洋让会员上车把枪抬下来，他操作了一遍，问旁边的人："看会了吗？"刘海峰摇摇头："没看会，这家伙太沉，又笨。得好几个人抬，给你们吧，我们没有人会使。"平东洋："多谢刘屯长！二法师，派四个会员抬着，经管好弹药。"回头对刘海峰说："刘屯长，这是日军的先头部队，大队可能在后头，咱们现在就得找好地势，等着日军。你们人少，我再拨给你二十人，加上两挺机枪，行不行？""行啊，我们在路西边，你们在路东边，把鬼子放在中间，我们从两边打他。"刘海峰很乐意让平东洋指挥。平东洋吩咐陈仲仁："你带二十人，归刘屯长指挥。"仲仁："是。"陈仲仁调拨人手，站在道西，随刘海峰修工事去了。

　　陈久思率领大队赶到。平东洋和他商量布置兵力："大法师，刘屯长他们消灭了一股日军的先头部队，后面肯定有日军的大队。咱们把大刀队、长枪队放在后面，快枪队和自卫团的弟兄们先在前面顶一阵子，诱敌。等到日军大队冲到阵地前，大法师再指挥红枪会的弟兄们冲杀出来。"

　　陈久思看了一下地形：一条官道，有十几米宽，两边都是庄稼地，往北是一个下坡，有四十多米长，日军从北面来正是上坡，步步向上，很费力，正好消耗日军的体力。把大刀队和长枪队藏在快枪队的后面伏击日寇，以逸待劳，很占地理优势。他点头称赞："这个地形好，有利发挥我们的长处。"他把会员分开，藏在地里："就这么打！"一挥手，会员们进了庄稼地里。

　　平东洋对二法师说："派两名会员沿着这条道往北打探日军的动静。"

　　刘海峰说："我已经派出去了。先前就是他们送回来的信，这回他们跟着逃走的日本鬼子的伤兵，一路走过去，一会儿就会返回来的。"

　　平东洋："那好吧。选择地势，把机枪架好。告诉兄弟们不要着急，不要慌，瞄准再开火，打不死打伤也好。一会儿打起来要注意鬼子的汽车底下。鬼子没有工事可用，只能躲在汽车底下打冷枪抵抗，有手榴弹的会员往汽车底下扔手榴弹，把躲在车底下的鬼子炸死，还能炸坏汽车。"

　　跟在逃命的日本伤兵后面的侦察员向北走了三里多路，看见迎面开来了日本鬼子的汽车，他们躲在地里，隐蔽着往前靠。对面来的是日本鬼子的大队车辆，他们俩数了数，一共是十二辆。车上站满了鬼子兵，带着六〇炮，缓缓地开过来。逃走的日本伤兵拦住汽车，日军联队长黑田从第三辆汽车上下来，伤兵咬着牙跑到黑田跟前："报告大佐阁下！先头部队被中国的一群老百姓武装给消灭了。"黑田大怒："八嘎！大日本皇军所向无敌,怎么会败在中国的老百姓的手下？"伤兵答道："只有我逃了回来,其余的都为天皇陛下尽忠了。"

黑田责问伤兵："你为什么不战死？懦夫！给皇军丢脸！"黑田拔出战刀向前一挥："大日本帝国的勇士们前进！"他跨上了汽车。伤兵很费劲地爬上了汽车,汽车开动了。躲在不远处的自卫团的侦察员看得很清楚,转身走进庄稼地,抄近道回去报告。他们跑到自卫团的阵地前向刘海峰报告："来了！来了十二辆汽车,车上还有小钢炮,往咱们这边开来了。"

汽车的声音越来越近,车队的头车进入了埋伏的阵地前,车队拉的距离有一百米长,黑田这个老鬼子很狡猾,他故意拉大车与车之间的距离,他怕车队太紧凑叫红枪会给包围了。所以当车队前头到达埋伏阵地时,车队的中间车辆还没有进入埋伏的范围。红枪会和自卫团的人总计有一百三十多人使步枪的。分两侧埋伏,正面只有四十米左右。在伏击圈最北头平东洋一看日军的汽车只有五辆进入埋伏阵地,要等后面的都进来,前面的又出了埋伏圈,那样红枪会将要两面受敌。于是平东洋果断下令："开火！"刘海峰也大喊："打呀！杀鬼子呀！"大车道两边枪声大作,子弹飞向汽车上的鬼子。进入伏击圈里有五辆汽车,车上的鬼子纷纷中弹,没有中弹的慌忙逃下车,寻找掩护的物体反抗。黑田在第三辆车上,也进入了伏击圈,被火力封锁在汽车的驾驶室里,他趴在驾驶室里不敢抬头,驾驶员已经被打死了,黑田稍微镇静了一下,他推了推驾驶员,驾驶员不动弹,他慢慢地抬起头,从车窗往外看,没有中弹的士兵在地上乱作一团,不时地有士兵倒下,他急了,用力推开车门,就势滚下汽车,直接钻到车底下指挥他的士兵抵抗："开枪！射击！"士兵们看见自己的长官钻到车底下,就纷纷效仿,都钻进了车底下进行还击。伏击圈外的鬼子被前面突发的情况惊呆了,指挥官被围在里面,这些鬼子慌忙向后撤,最后面的不知道前面的情况,还向前开车,大家挤在一起,乱作一团。大岛中队长下令："全部后撤五百米,轻重机枪留下,掩护联队长突围。"大岛也不知道黑田是死是活,他领着自己的中队向前做试探性进攻,被守在伏击圈最北头的平东洋和会员们顶住,不能向前,他又不敢使用炮火,怕炸死黑田,只好命令轻重机枪猛烈扫射,为被围的日军壮胆,黑田听见轻重机枪的声音很猛烈,知道后面的部队没有被围在里面,他回过头向后面的日军发出命令："实行火力压制！掩护我突围！"后面的日军这才醒过神来,组织火力还击。火力比红枪会的猛烈,红枪会被压制得抬不起头来,黑田趁机爬出来逃回自己的队伍中。黑田立即组织进攻："轻重机枪掩护,大岛中队长

第七章

带领你的中队攻击！"日军的轻重机枪一齐开火，大岛带领日军发起冲锋，向红枪会的阵地进攻。红枪会会员们顽强抵抗，冲锋的日军倒下了十几个，而有的会员被车底下的日军的冷枪打中牺牲了。二法师喊道："向车底下扔手榴弹！"会员们扔出十几颗手榴弹，一阵爆炸声过去，车底下的日军非死即伤，没有反击的能力了。红枪会刚消灭了汽车底下的日军，从北面攻击的日军已经冲到阵地前。陈久思大声喊道："为国杀敌！打败倭寇！杀呀！"他率先冲向敌群，与日寇拼杀。大刀队、长枪队一起冲出，把三十多个日本鬼子包围住，一阵砍杀，冲到阵地上的鬼子全部丧命，大岛也被陈久思一剑毙命，无一逃回。

平东洋对陈久思说："快把会员们后撤五十米，向道两边的地里撤退。快！"

陈久思对二法师和车凤英说："快点后撤，快！"二人带领会员们往后跑去。

平东洋对刘海峰说："咱们都藏在车底下。快！快！"

刘海峰喊赵临成等人躲避。黑田听不见喊杀声，拿起望远镜朝战场上看，自己的士兵一个也不见了，也没见着有回来的。全部被消灭了！他大怒："炮火覆盖！把中国人都炸死！"他的炮兵架好六○炮开始向红枪会的阵地轰击。赵临祥和赵维东叔侄俩在路边向汽车底下跑来，被炮弹炸伤，赵临成看见弟弟和侄子受伤，不顾一切上前救援，又一发炮弹落下，三个人都牺牲了。平东洋大喊："快趴下！"他观察一下敌情，对身边的二法师说道："你带一队会员从地里摸过去，把小鬼子的炮兵干掉，把炮给毁了。"

二法师带领二十名大刀队员消失在庄稼地里。二法师和会员们借着庄稼的掩护，悄悄地接近了日军的炮兵阵地，他回过头对会员们做了一个手势，这些会员齐声喊道："杀鬼子啊！刀枪不入！杀呀！"一起冲出庄稼地，奔鬼子的炮兵砍杀过去，日军的炮兵正全神贯注地开炮，突然间从身边杀出一股人来，一时不知所措，十几名炮兵都被红枪会的人给杀死了。二法师叫会员们把小钢炮的零件卸下来，扔进庄稼地里，然后带着会员们钻进地里。

黑田正在组织人力准备第二次冲锋，冷不防炮兵阵地被红枪会给毁了。等他派人去支援时，二十几名红枪会会员像鱼入大海一样，散入庄稼地里无影无踪。气得黑田直骂："八格牙鲁！"他直跺脚，大喊："开炮，为什么不开炮？"

平东洋见日军的炮兵不打炮了，知道二法师得手了。但是日军的第二次进攻也就要开始了。他走到陈久思的跟前，和陈久思耳语了几句。陈久思点点头："可以，防止日寇后退逃跑，也避免人员太密集被日寇火力杀伤，还阻击了日军的二次增援。"他把二法师和车凤英叫过来，对二法师和车凤英说了几句话，

339

◇ 通肯河传

二法师和车凤英各带一百人的长枪队在大车道两侧的庄稼地里向北摸去,消失在密密匝匝的庄稼中间。

这一波进攻的鬼子有一百多人。黑田从红枪会的枪声中判断红枪会只有一百五十人左右,而且人员的枪法也不好,杀伤力不强,因此第一次进攻他派了五十名日军,可是一名也没回来。加上进攻之前被消灭的日军,黑田共有六十多名士兵被红枪会消灭。现在他带领的日军只剩下一百五十多名了,他很纳闷,以他的判断红枪会一百多人的战斗力是敌不过皇军五十多人的战斗力的。他不知道在庄稼地里有埋伏。尽管第一次进攻的结果令他很诧异,但是入侵中国以来,就没有遇到过抵抗的他,非常狂妄,所以这次他派了一百多名日军进攻。他认为对方的兵力在第一次进攻的打击之下和炮兵的轰击之中,一定折损不少,阵地上所剩也不过百人,他这次组织的一百多人的进攻队伍可以奏效,何况他还有五十多人的预备队,当第二次冲锋和敌人处于胶着状态时,他的预备队再冲上去,就可以击败对手。黑田信心满满地举起指挥刀,向前一劈:"前进!"日军的轻重枪一齐开火,在猛烈的火力掩护下,日军嗷嗷地号叫着又发起了冲锋,像一群受了伤的野兽一样,扑向红枪会的阵地。红枪会的火力弱,日军没有受到多少火力的阻击就冲到了阵地前。黑田很是高兴,他挥舞着指挥刀,叫喊着:"皇军的勇士们!杀死这些支那人!一定要征服他们!"他催促着士兵们向前冲。

陈久思早已把会员们运动到快枪队的身后了,他看到时机已到,就大喊道:"杀倭寇啊!杀呀!"随着喊声,会员们四百多人一起涌出庄稼地,从四面包围了日军,勇敢地和日寇厮杀。红枪会人多势众,日寇不敌,渐渐后退。黑田在后面督战,突然从地里出来许多红枪会会员,他发现被包围了,他明白了第一次冲锋失败的原因了,敌人太多了,而且很勇敢。但是他明白,现在还不能撤退,他挥刀向前,可是后退的士兵把他给拥回来了。在狭长的大车道上,这一百多名日军两边受敌,他们的火力施展不开,干挺着挨宰。黑田被他的士兵拥挤着向后退去,可是后退的路也被红枪会给堵死了。车凤英和二法师奉大法师之命,各率一百人的队伍从大车道两边的庄稼地里摸到伏击圈的最北边,然后就埋伏在地里,看见日军第二次进攻的队伍从自己的眼前通过,他们一动没动。等到红枪会和日军交手打起来,车凤英带的一队回身向南冲过来,把黑田的退路给堵死了。二法师带的一队在原地不动,等候日军的预备队来支援黑田。

黑田一看自己的退路也没有了,他困兽犹斗,挥舞着战刀督促士兵们和红

第七章

枪会血战，日军士兵也做垂死挣扎，异常惨烈的战斗展开了，双方做拼死厮杀，有的会员受伤倒下了，还抱住日寇的大腿不放，让别的会员把敌人杀死。黑田也奋力挣扎，有几个会员被他所伤，叫陈久思截住与之拼斗，他不是陈久思的对手，节节后退，陈仲仁从后面赶上来，抢前一刀砍掉黑田的战刀，黑田伸手掏枪，被胥君茹开枪打死。又是一个日本鬼子也没逃回去。

作为预备队的日军开始看见黑田被包围了，就冲过来救援，可是被二法师带领的一队红枪会给截住了。冲过来的日军一看红枪会人比自己多，害怕了，也怕被包围，他们比黑田跑得快，他们连汽车也不要了，弃车逃跑，一直跑到北面的徐占海屯子，钻进两座大院子里，在院墙上挖了枪眼（射击孔），固守待援。黑田联队这次从克山南下共有二百多人，只剩下五十多人逃回，又死了指挥官，剩余残部只能等待援兵了。

三

自从看见红枪会进城北上支援谭子欣部以后，林凤阳和季平俩就合计怎样拖住红枪会，不去支援谭子欣。想来想去，季平想出了一个偷袭红枪会总坛的诡计。当天他派林凤阳去寻找给海伦日军送信的人。林凤阳怀揣季平写给海伦日军指挥官的信，趁夜晚悄悄地溜出城，一直走到吉万福家里，在吉万福家里住了一夜，第二天和吉万福二人骑马奔李家粉坊去找李大头，合计去海伦搬兵的事情。

这吉万福从打红枪会把罗锅孙抓住处决以后，对红枪会是又怕又恨，他怕红枪会像抄李大头一样抄了他的家，他恨红枪会断绝了他的财路。一天是提心吊胆地过日子，生怕有一天金山带人来抄他的家。林凤阳来找他，对他说："抄了红枪会总坛，以绝后患，咋样？"林凤阳的话说到了他的心里。但是他也知道自己的实力是办不到的。他说："没有人帮助，我自己是办不到啊！"林凤阳试探他："如果有人帮你，你干不干？"吉万福："那还用说吗？我吉万福当然要给我兄弟报仇啦！"林凤阳压低声音对他说："你去找救兵，到海伦找日本人，让日本人出兵帮你灭了红枪会，你看怎么样？"吉万福惊得眼睛瞪多大，看着林凤阳："我能搬来日本人？别扯淡了。"林凤阳摇摇头："不是你一个人去，咱们再找李大头，你们二人一起去海伦，再拿着季县长写的信，准好使。"

吉万福愣住了，他做梦也没想到县长大人竟然通敌叛国，他张着嘴，两眼直直地望着林凤阳老半天才回过神来："你……季县长？"林凤阳阴险地笑了笑："哥们，别傻了！我能给你亏吃吗？跟我一起去找李大头，劝他和你一起去，咋样？"吉万福稳了稳神，想了一会儿，发狠道："为了给罗锅孙报仇，我豁出去了。"林凤阳说动了吉万福，于是二人骑马去李大头家里。

二人来到李大头家里，李大头对二人来访有点莫名其妙。自从双辫被红枪会正法以后，李家被抄，李大头和女儿李翠兰恨透了红枪会，父女俩时时刻刻想报仇。今天李翠兰对林凤阳的到来好像发现了什么，她张罗着做了一桌酒菜，几个人团团围坐在一起，边喝酒边唠嗑。

李翠兰紧挨着林凤阳坐着，两个人不时眉来眼去的，李翠兰挨挨蹭蹭地直冲林凤阳飞眼："林大秘书！你是我家的稀客，你可别装假呀！吃呀！"说着夹起一块鸡腿肉送到林凤阳的嘴边。

林凤阳把鸡肉咬到嘴里，一边嚼着鸡肉，一边含混不清地说着："都吃，都吃，不是外人吗？啊！"手里也没闲着，在李翠兰的屁股上乱捏，李翠兰一是为了取悦林凤阳，好为他家报仇，二是自从双辫死了以后，她独守空房，寂寞难挨，林凤阳在她身上乱摸乱掐，把她弄得是欲火烧身，恨不得立刻和林凤阳抱在一起。

这时吉万福说话了："李老弟，这红枪会可把你给坑苦啦！"李大头把筷子往桌子上一拍："我操他红枪会八辈祖宗！这仇是结下了。这辈子报不了，下辈子也要报！"林凤阳搂着李翠兰，眼睛眯缝着问李大头："老李，眼下就有一个机会报仇，不知道你干不干？"李大头把眼睛瞪得老大："什么机会？快说！干！我干！快说！""你先别急。这机会可是难得呀！过了这个村就没有这个店啦！"吉万福故意不说，吊吊李大头的胃口。"就是上刀山，下油锅。我也不怕，说！啥机会？"李大头一副跃跃欲试的样子。林凤阳慢条斯理地对李大头说："是这样的，红枪会现在是倾巢出动，总坛空虚，钱粮物资无人看守。要是抓住这个机会下手，干他一把，把红枪会的老窝给端了，那红枪会大伤元气，不就完了吗？你的仇不就报了吗？"

"机会是好机会，可惜我人单势孤哇！双辫在的时候，他在道上的朋友还常来走动。双辫一死，他的朋友害怕红枪会，都远遁他乡了，没有了联络。现在找一个帮手都难，我孤掌难鸣啊！唉！"李大头失望地叹了一口气："有现成的帮手，就看你用不用。"林凤阳依然不紧不慢地说。李大头一听又来劲头了："谁？谁能帮我？在哪块呢？用！只要能帮我灭了红枪会，报了仇，我是倾家荡产也在所不惜！"林凤阳轻轻地说："去海伦搬兵，搬日本人来帮你报仇，灭了红枪会。

第七章

怎么样?"

　　李大头这回的脑袋可真大了。他眨巴眨巴眼睛看着林凤阳。他是恨红枪会,恨他们杀了双辫,恨他们抄了自己的家,恨他们让自己在东南乡失去了原来的地位。他无时无刻不在想着灭了红枪会,报仇。他想了千条计策,万种办法,就是没有想找日本人帮忙。他有点头晕,又看看吉万福,吉万福有点似笑非笑的表情让李大头更捉摸不透了。他反问林凤阳:"这找日本人帮忙不是引狼入室吗?让我当汉奸?就我?能对付了日本子?他们还不把我给杀了呀?"

　　林凤阳反驳道:"哎!哎!什么引狼入室呀?别说得那么难听,人家都已经进家里来了,以后就变成主人啦。东三省都已经叫日本人全占啦,咱们这块儿那是早晚的事。你找人家,人家来;你不找人家,人家也来。来那是肯定的啦!你请他们来,你对他们有功,到时候还不给你弄个一官半职的。那时候你李大头可不是现在的土财主啦!在县政府里当官,各乡的财主还不巴结你?你想想吧,既报了仇,又立了功。有官当,有钱抓,有势力,就看你能不能抓住这个千载难逢的绝好机会啦!"说完还拍了拍李大头的肩膀。然后一仰脖,吱一声喝了一盅酒,又搂住李翠兰调情去了。

　　吉万福在一旁撺掇着:"唉!是一个机会呀!林秘书说得没有错,要不我跟你俩一起去海伦,怎么样?我要给罗锅孙、飞龙报仇。咱俩一起干。"李大头一咬牙:"豁出去了!有奶就是娘!谁能给我报仇我就找谁!"他对吉万福说:"就咱俩,说好了,就这么定了。明天咱俩去海伦,可是咱们空口无凭,日本人能信着咱们俩吗?"李大头又有些泄气了。

　　林凤阳松开李翠兰,得意地笑了笑,伸手从怀里掏出一封信来:"这是季县长写给日本大官的信。在信中把你们的事情都说啦,日本太君会相信你们的。"李大头这回的眼睛比刚才瞪得还大,张着嘴说不出话来,半天他才吐出一句:"季县长也勾结日本人呐?"

　　林凤阳不屑地说:"什么叫勾结呀?这是识时务者为俊杰。季县长追随汪精卫,搞中日亲善,你就别想那么多啦!只要能报仇就行啦!是不是翠兰呐?"说着又伸手搂住翠兰,把手伸进翠兰的衣服里面乱摸,弄得翠兰哼哼唧唧地直喘粗气,高一声低一声地尖叫:"妈呀!痒死我啦!死鬼!"好不容易从林凤阳的怀里挣出来,气喘吁吁地说:"爹,这个机会难得,就跟吉大爷一起去趟海伦。请日本人来帮咱们报仇。给双辫报仇!听林秘书的吧。"

　　这时,在窗户外面有一个人在听声,这个人就是李家的粉匠。他听到这个消息,把他给惊呆了,李翠兰的尖叫声把他惊醒了。他拍了拍脑门,寻思刚才屋里人说的话,转身出了院子,回粉坊去了。

屋里李大头跪在他家的祖宗牌位前:"各位列祖列宗,对不住了,为了报仇,就顾不了许多啦!"他站起来,走到酒桌前举起酒杯:"来!吉大哥,林秘书,干了这一杯酒!明天咱俩去海伦!"三个人一饮而尽。

粉匠回到粉坊,他魂不守舍,有时呆呆地发愣,有时拿东忘西。一起干活的伙计发觉他有点不对劲,以为他病了,劝他提前回家休息。

伙计:"师傅,你回去吧,我们能看好磨,拉满班。"粉匠在粉坊是技术把头,伙计都得听他的话。今天粉匠师傅表现异常,伙计们不放心,就催促他早点回家。粉匠也不推辞,解下围裙就回去了。

他回到家里就把自己听到的消息对老伴讲了一遍,老伴也没有啥办法,四目相对,一脸的恐惧。

粉匠说话了:"有红枪会在,李大头没有为难咱们,但是我也看出来了,只要有机会,他是绝对饶不了咱们呐!"

粉匠老伴听老头子这么一说就更慌了:"哎呀!老头子!那可咋整啊?老天爷啊!咱就没有活路了吗?"

粉匠说:"如今他们又要勾结日本人,要灭了红枪会,那就更没有咱们的好了!只有一条路可走,那就是找红枪会去,给他们报信,让他们早点做准备,灭掉李大头他们,咱们才能太平无事!"

粉匠老伴催促粉匠:"那快点走吧,晚了就不赶趟啦!"

粉匠摆摆手:"你把咱俩穿的、用的都拣吧拣吧,到哪里都得过日子,能带走的都带走。这时候还不能走,被李大头发现了还不要了咱俩的命啊?等到人静以后再走。"

粉匠老伴说:"咱有啥呀?几件破衣裳,两床破棉被,背起就走。"夫妻二人吃过晚饭,收拾好行李,等到夜静更深的时候,老两口悄悄地摸出了屯子,奔万宝山去找红枪会了。

红枪会大队开走以后,金山承担起保卫总坛、训练新会员的任务。他丝毫不敢懈怠,起早贪黑,牢记平东洋的嘱托,早晚及夜里,加强警戒。这天天刚放亮,金山又去查哨了。走到屯子的东头的时候,看见从官道的岔道上走过来俩人,走得很慢,引起了金山的注意。他叫放哨的会员从地里向前走了几十米,自己站在原地不动。两个人影越来越近了,金山察觉出来,俩人的行动很迟缓,不

第七章

像是故意放慢速度,他就迎了上去问话:"站住!干什么的?"粉匠反问道:"是红枪会的兄弟吗?我是李家粉坊的大粉匠啊!有事来你们红枪会的,别误会呀!"在他们身后走出了放哨的会员,把粉匠老两口夹在中间。

金山这时也看清了来人,是一男一女两个上了年纪的人。一个人背一包袱,包袱里是破旧的衣服被子。两个人已经是累得气喘吁吁了,看样子是走了挺远的路啦。

金山答应着:"是呀,你有什么事呀?"

粉匠喘了一口气:"哎呀!可是走到啦!我们俩走了大半夜的路了,怎么的也得进屋歇歇再说呀。"

金山也觉得有点着忙了:"是,快请进屯子吧!"他领着二位老人进了屯子,来到总坛的屋子里坐下。金山叫会员到厨房给老人盛碗米汤来。这时王友德也起来了,听到信也过来了,进屋一看认识:"粉匠大哥,你们大清早的来干啥?"

粉匠见是王友德,就站起身来拉着王友德的手说:"王东家,大事不好啦!李大头勾结日本鬼子,要灭你们红枪会呀!"一是他走得太急了,二是走了半宿的路累的,粉匠只说了这两句就张口喘气。王友德让他坐下说,接过会员盛来的米汤递给粉匠,是刚开锅的小米饭米汤,王友德让粉匠慢慢喝:"歇歇,喘口气,慢点喝,这小米饭的米汤,比人参汤都有养分。慢点说,天狗吃不了月亮,别着急。"

粉匠喝了几口米汤,烫得他直抽凉气。他还是着急说话,索性不喝米汤了,放下碗:"昨天李大头家里来了客人,是吉鬼子屯的吉万福和县政府的林秘书。他们喝酒的时候合计说是要给双辫报仇,林秘书让李大头去海伦请日本鬼子来,抄你们红枪会的老窝。今天早上李大头和吉万福就去海伦,你们快做准备吧,怕你们吃亏,我们老两口过来报信。李大头这些天没有为难我,是因为怕你们红枪会找他算账。如果他请来日本人把你们灭了,还能饶了我?"

王友德听完粉匠的话,大吃一惊:"真叫大法师给料到了!就怕日本鬼子乘虚而入,没想到竟真有人勾结日本鬼子,去请日本鬼子来祸害自己的乡亲们。这帮王八蛋,把祖宗都忘了,认贼作父,甘心当汉奸!"金山问王友德:"王掌柜的,想办法吧,咋整?"

王友德想了想:"咱们带人骑马去李家粉坊,把这几个王八蛋给抓来,省着他们去海伦找日本鬼子做帮凶。"

"行,我带五六个人去就行了。你在家里听信。这几个人我一个人就对付了。"金山知道林凤阳和吉万福他们的根底。

王友德又叮嘱金山："如果他们走了,你赶快送信回来,别耽误了大事。"

"行,这就走。"金山带了五个组长骑马奔李大头家去了。

在路上金山就对五个组长说："弟兄们,咱们进了院子就往里冲,门口留下俩人看住大门和马匹,人要躲起来,从院里出来的人别放跑了。"五人齐声答应:"是!"把金山倒弄得不好意思了:"你们回答得可真齐呀!"五个人又齐声回答:"是!"金山说:"这几天俺把你们就练成这样啦?"其中有一个人说:"我们当过兵,在队伍上都是这样回答长官的。"

"对呀!平东洋说你们是当过兵的人,在战场上跟鬼子见过阵仗,有胆略。这回就看咱们的啦。抓住这几个王八犊子,不让他们去海伦找日本鬼子,保证老家的安全。驾!"

太阳出来三杆子高了。金山他们进了李家磨坊的屯子里,来到李大头的门口,留下两个人在门口看着,金山带领三个人冲进了院里。金山往马圈里一看,马没了,他直接奔上房,一脚踹开房门,冲进屋里,李大头的家人在外屋吃早饭,没有发现林凤阳和吉万福,金山进了里屋,看见林凤阳正和李翠兰俩人在炕上吃早饭。金山用枪指住林凤阳,另外三个人挨着屋地搜查,没有发现李大头和吉万福的影子,回来报告:"报告队长,没有发现别人。"

金山伸手把林凤阳拽下炕来,在他身上搜了搜,搜出一把手枪,金山问:"李大头去哪里了?吉万福呐?"

林凤阳不语,跟金山一起来的一个叫王根发的会员上前对林凤阳就是一个嘴巴,打得林凤阳双手捂着腮帮子原地转了一个圈,疼得他蹲在地上直迷糊。"说!他们俩去哪啦?"金山继续问林凤阳。林凤阳还是不说。王根发拽起林凤阳往外就走,林凤阳杀猪一般号叫起来:"别杀我呀!我说呀!他们出门了。"王根发一拉枪大栓:"我让你啰唆没有用的。老子今天让你见阎王。走!""去海伦啦!去海伦啦!"林凤阳这回彻底害怕了,交了底。"干什么去了?"金山又问道。"去,去找日本人。"林凤阳知道有人泄露了底细,瞒是瞒不住了。金山紧逼一句:"找日本人干什么?""李大头要报仇,找日本人抄红枪会的老窝。"林凤阳如实交代了。"什么时候走的?"金山问得很仔细。"鸡叫头遍走的,走晚了怕人发现。"林凤阳无可奈何地说。"什么时候回来?"金山又问。"今天晚上务必回来一个人报信。"

第七章

金山让王根发把李家的人都赶到一间屋子里看起来。金山走到院子里,让看大门的两个人把马都牵到马圈里喂上,然后把几个人召集在一起商量怎么办。

金山对大伙说:"据这个姓林的交代,李大头和吉万福在鸡叫头遍就走啦,咱们现在追是追不上了。派一个人赶快回去送信,告诉王掌柜的,剩下的就是咱们合计该怎么办。"王根发提议:"让李贵回去送信。你把咱们这块儿的事都告诉王掌柜的,王掌柜的有什么话你再捎回来。"李贵却说:"我看不如咱们先拿个主意,我再回去告诉王东家也不晚。"金山想了想说:"也中,刚才林凤阳说今晚务必回来一个人报信。咱们这块儿就不能离开人,等从海伦回来报信的人,抓住他就知道日本鬼子怎么来,什么时候来,来多少人。咱们就好准备啦!"

王根发点点头:"对,等晚上回来的人,把情况弄清楚了。我估计日本鬼子不能马上就跟李大头他们俩回来,一是日本鬼子要核实情报,二是要调集兵力。再说大白天往咱们这边来,咱们的眼线也能够通知咱们。我看日本鬼子最好的办法就是夜行军,采取突然袭击的办法,最快也得明天早上到。你回去报信就按咱们的主意说,让王东家先把家里安排好了,我的主意是让留在家里的张立山和另外两个弟兄帮助王东家把会里的钱物藏好,以防万一。日本鬼子来少了咱们就收拾他,如果来得很多,咱们就像杨东家说的那样跟日本鬼子藏猫猫,钻柳条通。"

金山一竖大拇指:"高招!真是好主意!这样做,咱就心里有底啦!李贵,你就这样跟王掌柜的说,你回去吧。"李贵上马回万宝山去了。

金山去了李家粉坊。王友德在家里焦急地等待消息,他把亲家母,兰芝娘和兰芝叫在一起,告诉她们,日本鬼子可能要来袭击,要做搬家的准备。

"搬家?往哪搬呐?到处在打仗,躲了初一,躲不过十五。不如在家门口同日本鬼子拼个你死我活。就算死了,也埋在自家的土地上,不做野鬼。哪儿也不去!日本鬼子不也是爹妈养的,肉长的吗?怕他啥?和他拼命!"陈久思的妻子不同意搬家。兰芝娘也劝解道:"亲家母,兰芝有了身孕,你们娘俩一块走,好有个照应,给你们陈家留个后人,长大了接着杀鬼子。我们留下跟鬼子拼!"陈久思的妻子说:"我不能走。我一走,会员们的心就散了。这些伤员怎么办?日本鬼子逼到这步上啦,就拼个鱼死网破!"正说着,有人来报告:"从街北战场下来的伤员送回来啦。"

王友德马上出去安排伤员的住处,上药。从战场上回来的伤员向王友德学了乾元镇打仗的经过，伤员们依然很兴奋，他们被胜利所陶醉，精神状态非常好。几十名伤员安排了好半天，才安排完。李贵回来了。

李贵把王友德拉到一边告诉他："王东家，金山队长他们把林凤阳抓住了，李大头和吉万福去海伦找日本鬼子去了。半夜走的，咱们追也追不上了。据林凤阳说，今天晚上能从海伦回来一个人报信。金山队长他们在那里蹲坑守着，抓住回来的人审问清楚了，就知道日本鬼子和李大头他们的打算了。他们说让你领着弟兄们先把钱和物资藏起来，做好准备，打不过日本鬼子就转移。"王友德点点头："好吧，和我想到一块去了，就按照他们说的办。你回去告诉金山队长，抓住报信的赶紧审问，问仔细了马上回来报告。""嗯呢！我这就回去。"李贵连口水都没喝，上马就走了。

王友德回到屋里，陈久思的妻子和兰芝娘都去看伤员，给伤员上药去了。只剩下兰芝一个人坐着，王友德对女儿说："兰芝啊！你劝劝你婆婆吧！你们一起走，到柳大房子那里躲几天吧！过了这几天再回来。"

"爹，我婆婆说得对。我们一走，大伙的心就散了，这里一乱，不用日本鬼子来打就完啦！我们不能走。再说日本鬼子来抄红枪会的老窝，还不是冲着咱们这几个人来的，抓不住人能罢休吗？你躲到哪里，他们就会追到哪里。黄枪会车大叔家的遭遇你还不明白吗？就在家乡这块儿待着，做好和日本鬼子拼命的打算，大不了就和他们拼了。"

王友德说："唉！孩子，爹是想让仲民有个后人呐！真是！"王友德无语地在屋里走来走去。兰芝娘进屋来对老伴说："亲家母说得也在理，我看这样，让兰芝躲进咱家防胡子的地窖里，把上面的破房子推倒了，掩盖住窖口，里边多放些吃的，喝的，等外边太平了她再出来。"王友德一拍脑门："唉！急糊涂了。就这么办吧，我去把会里的财物运进去，我找人去。"兰芝娘拦住他："这件事得自己人干，一定要机密，不能让大伙都知道。你钻谁心里去看啦？保不准有人见财起意，打主意或偷盗，或明火抢劫。"王友德一想也是："等金山他们回来再说，先把粮食藏起来一部分，让会员们搬走，得多派人站岗。"

金山把李大头家里的人看在一个屋子里，把林凤阳绑好，堵住了嘴，放在粮食仓子里，锁好，把马牵进圈里。院子里留下王根发带两个人守住，自己带两个人在屯子东头的大车道上埋伏。李家的院子里只准进人不准出人。封锁了消息。

第七章

四

　　李大头和吉万福两个人从半夜起身,骑马奔海伦,一直走到响午才到海伦县城。他们俩从西头进街。道北的广信公司烧得成了一堆木炭,还有焦煳的烟味在空中飘散。他们也不停留,一直奔向街东头的火车站。到了日本驻军司令部门口下了马。门口的哨兵拦住他们:"站住!什么的干活?"李大头弯腰鞠躬:"我是来送信的。"说着从怀里掏出一封信来,递给哨兵,哨兵送进屋里。一会儿,从屋里走出来一名翻译问:"谁是李子栋?"李大头的真名叫李子栋。李大头急忙上前:"我是李子栋。"翻译:"你是季县长派来的吗?"李大头用手一指吉万福说:"是,我和他都是季县长派来的。"翻译把头一摆:"进来吧。"李大头和吉万福跟着翻译进了屋。

　　他们进的是大队长桥本的办公室,屋里墙上挂着一面日本国旗。桥本面对着国旗,手里拄着战刀,背对着房门,一动也不动。李大头和吉万福跟着翻译进了屋,翻译向桥本报告:"报告太君!季县长派来的李子栋和吉万福带进来啦!"

　　桥本猛然转身抽出战刀劈向李大头。吓得李大头和吉万福二人趴在地上磕头求饶:"饶命啊!饶命啊!太君!"桥本喝道:"你们红枪会的干活!来欺骗皇军的有,死啦死啦的有!"翻译对李大头说:"太君说你们是红枪会的探子,来欺骗皇军的。"李大头吓得要死,挣扎着跪起来:"太君啊!我和红枪会有仇哇!他们抄了我的家,拿走了我的财产,杀了我的亲戚。我与红枪会不共戴天!我来是请皇军为我报仇的呀!太君!"翻译歪着脑袋看着李大头:"是真的吗?你没有撒谎吗?"李大头连忙说:"是真的,是真的。我对日本人,不,皇军,对皇军是忠心耿耿啊!绝无二心!只要为我报了仇,灭了红枪会,我愿意为皇军效劳。不信你问他。"李大头用手指了指吉万福。吉万福这工夫有点缓过来了。他也跪起来,直着腰,抬起脸,赶紧接着李大头的话茬说:"是,是。千真万确呀!红枪会也杀了我的朋友。我们俩愿意为皇军效劳。现在红枪会全部在街北和皇军打仗,家里就剩下老少伤残了。皇军有二十人就能把它们全部杀死,还能抢到红枪会的粮台。"

　　翻译把李大头的话和吉万福的话向桥本翻译了一遍。桥本狐疑的眼光没有了,收起战刀,对李大头和吉万福还笑了笑:"误会了,二位愿意为皇军效劳,大大的好!你们提供的情报是真的,你们为皇军立了功。皇军绝对不亏待你们。"说着示意二人起来说话。李大头和吉万福战战兢兢地爬起来,依然是弯着腰,低着头,站在一边,大气也不敢出。

翻译把桥本的话对李大头和吉万福又翻译了一遍。李大头和吉万福急忙又趴在地上磕头作揖,千恩万谢。

桥本:"我请示吉冈旅团长以后再行动。这是一次报复的好机会。"他走到电话机旁边拿起电话:"给我接吉冈旅团长,是旅团长吗?是,有支那人提供情报,红枪会总坛空虚,我准备派一支小部队偷袭一次,捣毁红枪会的总部,惩罚红枪会。"

电话里传来吉冈的声音:"红枪会总坛空虚是真的。我接到北线高波旅团长的通报,说他的面前的敌人就是红枪会。已经把他的部下黑田联队全部消灭,黑田联队长玉碎。高波也有意让我在背后给红枪会一刀,但是不要再犯车家店的错误。上次车家店的行动至今人还没有回来,你要负责任。你不要拿帝国军人的生命开玩笑!"桥本立正:"哈意!哈意!旅团长阁下!我正是要报车家店的仇,以雪耻辱!这次如果不成功,我愿意剖腹以谢天皇。"吉冈:"好吧,你亲自带一队骑兵,人不要多,二十名帝国军人就够了。连夜出发,黎明到达目的地。发动突袭,把红枪会全部杀掉,一个也不留。我等你的消息。"桥本立正:"哈意!多谢旅团长阁下的厚爱,我一定会成功的。"放下电话,他转过身来对李大头说:"你们回去一个人,再探听一下消息,留下一个人为我带路。连夜出发,黎明时到达李的家里,那时再联系。你们谁留下?"李大头看看吉万福:"大哥,你看谁留下?""你留下吧。我回去向林秘书报告,再到红枪会摸摸底。表面上我和红枪会还没有扯破脸,他们不防备我。你看中不中?"李大头一想也是,吉万福回去就有去红枪会摸底的机会,而自己回去根本不可能进万宝山。于是他同意了:"中啊!你回去吧,你回去对林秘书说,明儿个一早皇军准到我家,叫他在我家里等着好消息吧。"吉万福松了一口气,点头答应:"嗯呢!我再去红枪会探听一下虚实。"

桥本示意,翻译把二人带出屋子。李大头擦擦头上的汗:"哎呀!我的妈呀!可把我吓死啦!差一点说不出话来。"吉万福也在擦汗:"这不是接上头了吗?先吃点饭吧,马也该喂了。我好往回返,给林秘书报个信呀,别的事明天再说吧。"翻译对李大头说:"李大财东有钱,该请我下馆子啊!要不是我替你们说好话,那桥本还不真劈了你们呀!"李大头很知趣地从怀里摸出几块银圆,放在翻译的手上,翻译咧咧嘴。三个人吃饭去了。

第七章

五

　　吉万福和李大头,再加上翻译一起吃完了饭,就骑马往回走。一路上他是怎么也平静不下来。红枪会杀了罗锅孙和飞龙,断了他的财路,他恨红枪会,时刻想为两个把兄弟报仇。可是红枪会还没有抄他的家。因为金山投了红枪会,他当窝主的事那是谁都知道的事情,可是红枪会还是没有动他。这次听了林凤阳的话,和李大头来海伦搬请日本人,帮助自己报仇,差点叫桥本活劈了。吓得他是真魂出窍哇!他是真正地领略了日本子的凶残。两相比较,他有些后悔,红枪会给自己留了后路,可自己还往前赶,勾结日本人,要把红枪会赶尽杀绝。他有些害怕,怕街北的红枪会回来绝饶不了他,乃至连自己的家人也难逃过红枪会的惩罚。一路上他是胡思乱想,他犹豫了。可是开弓没有回头箭呐!唉!走一步算一步吧,这真是上船容易下船难呐!他看看天色已经是吃晚饭的时候了,他狠狠地抽了马一鞭子,骑马奔李大头家跑去。

　　吉万福骑马跑到李家粉坊屯子东头,刚下官道不远,马被什么东西惊了一下,一声长鸣,马的前蹄猛然竖起来,冷不防就把吉万福从马背上给摔了下来。没有等吉万福明白过来,早被人倒剪双臂,给绑上了。

　　"吉东家,认识我吧?这是从哪里来呀?"金山走出了高粱地,来到吉万福跟前。他是用绊马索把吉万福的马绊惊了,把吉万福给摔下马来。

　　吉万福惊魂稍定,听声音很熟悉,他抬头一看是金山,认识。心里想:"坏啦!金山已经投了红枪会,是不是知道我去海伦的事啦?"吉万福心里有鬼,心想:不能说实话。他自己给自己打气,壮胆。于是他一脸笑容对金山说:"啊!是金山兄弟呀!误会了,误会啦!往日咱们兄弟处得可不错呀!啊!今儿个怎么绑起我来啦?"他和金山套近乎。"往日是往日,今天是今天。我问你是从哪里来?有事?干什么去?说!"金山急于问出实情,紧紧逼问。吉万福眼珠子转了几转,又堆下笑脸:"金山兄弟呀!我这是从三道沟子赶集回来,去李大头家里串个门。嘿嘿!"金山把眼睛一瞪:"你蒙我!你不说实话是吧?他妈的!叫你知道一下厉害!李贵!收拾他一顿。"李贵对吉万福说:"你还是说实话吧,省的大爷我动手。"他一边说一边把绑吉万福的绳子紧了一紧,吉万福的双臂往上吊起,勒得吉万福直翻白眼珠子,李贵停了一下,吉万福缓过来一口气。嗓子里咕噜了几声,长长地出了一口气:"哎呀妈呀!憋死我啦!我说,我说。我从海伦回来。"

金山催促道："快说！全部说完！别问一句你说一句，比他妈的拉屎还费劲。说！""是，是。我和李大头一块儿去的。请日本皇军来帮李大头报仇，灭掉红枪会。"吉万福很听话，全部都说了。金山又问道："什么时间？有多少人？说！有一个谎字我凌剐了你！"说着抽出来他那把短刀。吉万福一看急忙跪下磕头："今天夜里日本骑兵连夜出发，明天黎明到李大头家里，由李大头带路去红枪会总坛。派我回来到李家粉坊向林秘书报告，再到红枪会摸底，等明天黎明前日本皇军到了再定怎么办。皇军来二十多人，都骑马。我说的都是实情啊！金山兄弟，快给我松松吧，快要勒死我啦！金山兄弟呀！"

金山听完吉万福的口供，和李贵押着吉万福回到李大头家里。留下三名会员看住李大头的家人，便和王根发、李贵押着吉万福、林凤阳回红枪会总坛去了。

王友德带领会员转移大部分粮食，正商量这些伤员往哪里转移呢，金山一伙人回来了，他们一起到总坛屋里，合计怎么对付海伦来的日本鬼子。金山说："日本鬼子明天早上就到了。吉万福亲口招认的。"王友德为难地说："这时候天都黑了，给大法师他送信也来不及了，路远，返回来也不赶趟了，还扰乱军心。"金山拍拍胸脯："王东家，今天这事咱们自己扛下来，不就是二十个鬼子吗？豁出这一百多斤，也要保住总坛的安全。"王根发很有信心地说："依我看，咱们已经知道了日军的意图就好办了。他在明处，咱们在暗处，算计好了，保准收拾小鬼子。"金山对王根发说："老王，你说说看，怎么收拾小鬼子。"王根发想了想："日军是骑兵，长途奔袭，靠的就是出其不意的一个'快'字。他们不能带重武器，甚至连机枪都不能带，他们只有马枪、战刀，这和咱们的大刀长矛不相上下，如果他们下了马，就和咱们一样啦。只是他们训练得好一点罢了。但是在地下跟他们比武，他们也不占先。日军二十多人，咱们有一百多人。在数量上日军更不占先。咱们的人个个也都受过训练。还有从战场上下来的伤员，也可以上阵助威。日军步枪的穿透力强，一颗子弹能穿透两三个人，所以他们拼刺刀时都不带子弹，怕伤着自己人。这些我们在江桥和鬼子交手时就见过。从哪方面比，日本鬼子都不占先，他们跑了一夜的路，虽说是骑马，可也累得够呛。再加上缺觉，咱们在家里蹲着等他，省劲，有体力，跟他们干还能不赢他？"

王根发的一番话把几个人说得是个个摩拳擦掌，跃跃欲试，恨不得马上日本鬼子就在眼前，把它们消灭掉。

第七章

王友德连连点头:"一家子说得我还真开了窍。打仗这玩意的学问可大了去啦,可真深奥。这么着吧,金山,你和王兄弟几个好好唠唠。我去伤员中间问问大伙,有没有愿意带伤上阵的。""行,王东家。我们几个再合计合计。"金山答应着,他充满了信心。王根发解释说:"其实让带伤的会员们上阵,那是摆阵势助威,这一仗的关键是怎么把日本鬼子诓下马,这是关节眼。"李贵接上话茬:"诓下马?在咱们这块儿他是不能下马的,到了战场上他还能下马吗?只有找他不注意的地方,他得休息才下马呀!"

大家一听,是这么一回事啊!在战场上,骑兵哪能下马呢?怎么样才能把鬼子诓下马?大伙都在想,都在默默地想。忽然金山一拍大腿说:"有了!"大伙都看着他问:"怎么整?快说说。"金山说:"刚才吉万福不是说鬼子的骑兵先到李大头家吗?"王根发也恍然大悟:"对呀!是这么说的呀!哎!他小日本可又犯忌讳啦!他这中间一打站,一停,就给咱们机会了。我看战场就选在李大头的院子里,你们看怎么样?让人把李大头领的日军诓到李家的院子里就好办了。"

这时王友德回来了,他一进屋就听见王发根的话了:"要诓李大头领的日本鬼子进院里,也好办,咱们这儿不是有他的粉匠吗?让粉匠去接李大头不就完了吗?就说是李大头的姑娘派粉匠去迎接皇军的。咱们的人再装成帮助喂马的,遛马的,哄日本鬼子就行了。"

金山同意王友德的主意:"这是个办法,咱们再合计一下,先看咱们能上阵的有多少人,好好安排一下人手。另外我想再利用一下吉万福。"王友德说:"我刚才去看了伤员门,不少伤员愿意带伤上阵,都说等死不如拼死。反正也够本了,砍下小日本的一条腿也算是赚得了。"王根发说:"不用他们了,叫他们知道鬼子要来,有个准备就行了。再说,咱们守家的一百多人是干什么的?还叫带伤的兄弟再上阵!收拾二十多个鬼子,用不了那么多人。我都安排好啦!"

金山对会员说:"把吉万福押来!我跟他说一下利害,看他愿意不愿意干。如果愿意帮咱们,那就更好啦。"王友德有点不明白:"他咋能帮咱呐?又怎能帮得上呢?"金山很自信:"只要他想帮就能帮得上,把他带进来吧。"

会员又把吉万福带进来,金山上前给他解开了绑绳,让他坐下,吉万福不敢坐。对金山说:"兄弟,救我一命啊!我一家人上有老,下有小啊!"金山对他说:"吉东家,以前我在道上混,你我有交情。现在我投红枪会打鬼子,你我算是分手了。但是看在以前的交情上,我现在给你指出一条明路,你自己救自己,救你全家人。"吉万福有些糊涂:"自己救自己?救全家人?金山兄弟,我咋没明白呢?"

金山说:"你可以戴罪立功,红枪会说话算数。以前你给罗锅孙当窝主,祸害乡亲,红枪会没有惩罚你,让你改过自新,可你现在不思改悔,又勾结日本鬼子来杀害乡亲们,你是罪上加罪。可是只要你对红枪会有功,红枪会既往不咎,免除你一家人一死,还可以保全你的财产。你靠日本鬼子是靠不住的。我们已经知道他们要来,他们要偷着下手,那是不能得逞的。二十多个日本鬼子能够我们打吗?你看我们有多少人?以往同日本鬼子打的那几仗,你也听说了吧?今天也是照样,来多少就收拾多少!可打仗是要死人的,今天这仗红枪会死多少人,就用你和李大头你们俩家的人的命顶!一命两偿,死一名会员就用你们家人的两条命来偿还。怎么样啊?"

金山的一番话,把个吉万福给吓得屁滚尿流,趴在地上发抖:"金,金山,兄弟饶命啊!我,我糊涂,我该死!我不该投靠日本鬼子当汉奸,出卖祖宗。我该怎么做可以自救啊?啊?金山兄弟救我呀!"说完又是磕头又是作揖。

金山拦住他:"我可以给你一个机会,如果你帮我们把日本鬼子的骑兵诓进李家大院里,就算你立了功啦!我们再死多少人,也与你无关。红枪会绝不找你的麻烦!你自己掂量一下,哪头轻,哪头重。再说了,你勾结日本鬼子当汉奸,子孙后代都抬不起头来,上辱没祖宗,下对不起子孙。你好好想想吧!眼前两条道,你为了给罗锅孙和飞龙这两个王八蛋报仇,走这个下道不值。"

吉万福听了金山这番话,头上直冒汗,浑身都哆嗦了。他知道金山是个说到做到的人。红枪会死人一命两偿,那他全家人都赔上也不够啊!他扑通一下又跪在地上:"金山兄弟,你这些话给我开了窍。我混蛋啊!上了林凤阳的当啦!不该为了罗锅孙他们当汉奸呐!我不是人,我猪狗不如,我该死。我听你的话,帮你们,不,是为了我自己,把日本鬼子的骑兵诓进李家大院里,一定按你说的办。"说完又磕起了头。

金山对吉万福说:"我也不怕你耍奸,你要敢半道上变卦,我的手段你也知道。"说着话,金山的手一挥,只听得门槛上边啪的一声,掉下来一个蜘蛛,一把匕首插在门框上。他手指着吉万福:"你的脑袋比这蜘蛛大得多吧?"吉万福又是赶紧磕头:"不能变卦,不敢呐!金山兄弟!不敢!一定听你的话。"

王友德看金山训吉万福,就对王根发使了一个眼色,转身出了屋,王根发会意,也跟着他出了屋。到了屋外,王友德问王根发:"一家子兄弟,你看吉万福能

第七章

真心听金山的话吗?"王根发想想说道:"我看能听,这事情的成破利害都被金山说得很明白了,金山的话很有分量。吉万福得掂量掂量。吉万福现在是死里求生,不但他自己,还有他全家人,吉万福他得仔细想想。金山以前在道上混吉福是知道的,金山说得出,就做得到。我回去再烧一把火,把吉万福拿老实了。"王友德把烟袋点着:"那好吧!别拿冒了,把握住火候。""嗯呢!我进去了。"王根发进屋对金山说:"弟兄们听说是吉万福和李大头把鬼子勾引来的,一个劲儿地要杀了他俩,特别是那些受了伤的会员们,还要去他俩的家里,把他们的家人都杀了!王东家正在说服大家,说是你要给吉万福一个机会,帮助咱们灭了小鬼子。"金山说:"告诉弟兄们,我担保。吉万福要变卦,我为弟兄们做主,抄了吉万福的家,杀了他家的人。"吉万福起誓发愿:"金山大兄弟,你出头说话,做担保,我绝不变卦!一定帮红枪会,立功赎罪。如有二心,叫我断子绝孙。"金山:"只要你真心悔过,戴罪立功,机会是一定给你的。就这么定下来。"吉万福:"好好!一定,一定。"会员把吉万福看起来。

金山几个人合计了一下,调配人手。

王根发说:"吉万福反水,肯帮咱们,能把日本鬼子诓进李家大院,去李家大院的就是我们八个人训练的那四十名会员吧。剩下的人都守总坛,以防万一。记住,王东家,把人往村外带,往柳条通里跑,骑兵进不去。我们去李家大院,把鬼子诓进院里就赢了。"金山同意:"中!带四十个人去李家大院。十支枪、一挺机枪都带去吧。"王根发摇头:"不用。我们八个人,一人一条枪就行。我看你打枪不如使刀,你就使刀,瞅准鬼子当官的,你把他逼住杀掉。鬼子没了指挥官就乱了。我们在屋里一人盯一个,一排枪就打死八个,外面的弟兄们再用刀砍枪扎,那鬼子还能剩几个呀?把机枪和另外两条枪留下,给老营壮胆助威。"王友德提醒:"行!你们抓紧走吧,别错过了吉万福他们约定的时间。"金山问:"林凤阳咋整?"王友德:"捆结实了,等大法师的号令。"

金山押着吉万福,带领王根发和四十名会员连夜出发,奔向李大头家。到了李家粉坊已经是后半夜两点钟了。王根发布置李贵领五名会员在屯子东头站岗,其余的人都休息,自己和金山吉万福待在一起。

金山警告吉万福:"吉东家,节骨眼上你可拿准了,跟我耍奸没有你好。"吉万福表白自己:"金山兄弟,我不能一错再错,拿全家人的性命当儿戏呀!金山,我想起一件事,你看行不行?把李翠兰也放了,我跟她说,让她跟咱们合作,能救她爹,她准听话。她要耍奸也跑不了。你看这样李大头也不生疑,这不就帮着我把鬼子诓进了院了吗？"

金山和王根发俩人一合计，也觉着可行。让李翠兰不出院，就站在正房门口，露个脸就行。吉万福同意了。

王根发小声和金山说："我们八个人在西厢房四个，正房四个，派二十个会员埋伏在东厢房和马棚里，听见我们的枪声就一起冲出来。你带十个人在大门口两旁埋伏，大门一开你们在门后面，鬼子全部进院了你们就关门，我们枪也响了，你们就回身冲向进院里的鬼子。你千万别离开吉万福。"金山问："那剩下十个人干啥呀？"王根发："让他们在院外房后藏着，防备鬼子在院外留人看马呀！听到院里枪响，他们就顺着大墙两面包抄过来，消灭院外的鬼子。"金山说："行！就这么办吧。粉匠开门，吉万福答话，我监视他。"王根发："我去把李贵叫回来，也休息一会儿，天快亮了。"王根发出去了，一会儿工夫就和李贵一伙回来了。

金山叫醒了会员们，给会员们分配了任务。第一组二十人在东厢房和马棚埋伏，听见枪声就冲出来杀鬼子。第二组是留在院外的十名会员，金山告诉他们："你们十个人再分两组，在院外房后藏着，听见院里枪响就从两边冲向大门口，消灭留在院外的鬼子。"第三组在院里大门两边埋伏，开大门时在门后，关门时枪响就冲向鬼子。最后金山问："大伙都明白了没有？"会员们都点头应允。李贵问："我们在哪里呀？"王根发说："你领三个，我领三个，我在正房，你在西厢房。看见金队长关门咱们就开枪。一个人盯一个鬼子，枪响见物。"金山安排人手，各就各位。王根发看住李翠兰，站在正房门口。

##

李大头在海伦好不容易盼到了天黑，也不见桥本有啥动静。一直等到人定以后，翻译才把李大头领到桥本面前。李大头一看很受震动，二十名日军骑兵，清一色的马刀，枣红色的战马，马步枪，李大头走到桥本的面前给桥本鞠了一躬。

桥本："李子栋，你的带路的干活！现在出发！"骑兵们听到命令一齐上马，李大头在前，桥本和翻译并驾齐驱在后，二十名骑兵紧紧跟在他们的后边向李家粉坊进发。

这一小队骑兵的马蹄声踏碎了深夜的寂静，急促的马蹄声也正是李大头急切心情的写照。他虽然说请来了本鬼子帮助他消灭红枪会，可是红枪会几次同

第七章

　　日本鬼子的较量结果，使李大头心里忐忑不安。这一小队日本骑兵能消灭了红枪会？失败的后果令他不寒而栗，但是箭在弦上，容不得他再有别的选择，他不住地加鞭催马，以至于桥本阻拦他放慢速度，因为桥本担心，像他这样骑马是能把马跑坏的。

　　天放亮的时候，队伍到了李家粉坊屯的东头，李大头也不停留，一马当先就把队伍领到自己家的大门前。他甩蹬离鞍下了马，走到门前叫门，里面答应一声，大门被推开了，左面一扇是粉匠推开的，右边一扇是一名会员推开的，金山告诉会员把头扭向右面，借着大门把脸挡住了，李大头认识粉匠，右边的那个人没有看见脸，叫门挡住了。

　　这时站在门中间的吉万福说话了："兄弟，你回来啦？快把皇军请到院里休息，吃饭，喂马呀！红枪会那边没有什么新情况，只是从街北送回来几十名伤员，缺胳膊少腿的在那里叫唤。一会儿等皇军吃饱了，咱们就去扫堂子，报仇！快请皇军进院里休息吧。"吉万福一边说着话，一边走向李大头。李大头被吉万福的话吸引住了，也就不注意是谁开的门了。他转身跑回去，到了桥本的马前鞠了一躬："太君！这是我的家，请您进院里休息。"翻译在一旁给桥本翻译："太君，李子栋请您进院里休息。"

　　桥本一摆手，日军下马列队，从队伍里走出四名士兵，排成一排向院子里走去，李大头带领桥本和翻译跟在后面进院，其余的日军也跟在后面进了院子，只留下两名骑兵在院外站岗喂马。

　　院子里正房灯火通明，李翠兰站在正房的门口，身后是王根发端着枪瞄向桥本。李大头看见女儿在门口不动，就叫道："翠兰！快过来见过太君。"

　　李翠兰自从被金山他们看起来就不甘心，她时时刻刻地在寻找机会，给她爹送信。可是王根发看得太紧，一点机会也不给她。现在父女近在咫尺，她向她爹大喊道："爹！快跑啊！红枪会的人在屋里呐！"李翠兰是铁了心为双辫报仇，害怕她爹被杀，就不顾一切叫喊起来。她这一嗓子，把全院子的人都叫愣住了。

　　桥本问翻译："她喊的是什么意思？"

　　这翻译熬了夜，骑马跑了一宿，被颠得晕头转向，迷离迷糊的，一心找地方睡觉，也没注意，这冷不防一喊，他也没听清楚，就顺嘴说道："她说欢迎皇军消灭红枪会。"

　　桥本半信半疑："要西！良民大大的！"于是紧靠着李大头向前走。

◇ 通肯河传

　　王根发这时着急了,他一把拽住李翠兰的衣领子,用力把她摔倒在自己的身后,瞄准桥本射击。桥本这次是看得清楚了,对方有人在向自己瞄准射击。他本能地往侧旁一闪,躲在李大头的身后,子弹擦过肩头,射中身后的翻译,翻译倒在地上,糊里糊涂地死去了。枪声响起,就有七名日军和翻译倒在地上。桥本大怒,怀疑是李大头骗了他。他举起指挥刀劈向李大头。李大头这时也明白过来了,他看见桥本砍自己,他就地一滚躲过了桥本的一刀,可是还是慢了一点,肩头被刀削去了一块皮,疼得他咧着嘴爬起来往东厢房跑去。

　　金山在大门口把日军都让进院里,留在院门口喂马放哨的俩日军不肯进院里,金山趁着关门的机会,凑到这两个日军的跟前,冷不防抽出短刀把他俩杀死。王根发的枪响了,金山一挥手,埋伏在大门口的十名会员大喊:"杀啊!杀鬼子啊!"他们冲向了日军。

　　日军突然受到北面和西面的火力攻击,死了八个人,剩下的本能往大门口撤退,可是在大门口又冲过来一伙人,他们只好往东厢房撤退,几乎同时,东厢房也冲出来更多的人,大喊杀声,把日军包围了起来。桥本马上就镇静下来,组织日军反抗。

　　桥本大叫:"射击!射击!"可是日军的马步枪还背在肩上,没有来得及拿下来,北屋和西屋的枪声又响起来,这回王根发瞄准桥本开了一枪,这一枪打在桥本的大腿上,桥本跪在地上,捂住伤口,他向四周看看,就剩下六名士兵还站着,还有两个倒在地上号叫着,已经起不来了。桥本挂着战刀挣扎着站起来,命令士兵射击。周围的红枪会员冲了上来,把这几个鬼子围在中间,长枪刺向被围的日军。桥本叫六个士兵围成一圈,自己站在圈内,挥舞着战刀拼命抵抗。

　　金山喊道:"弟兄们!把地上的鬼子查看一遍,看看有没有活的。这几个鬼子交给我啦!"说完,一个虎跳跃起,刀随人落,一个鬼子被劈死,有两个日军挥舞着马刀来砍金山。金山一摆单刀,来个夜战八方的招数,脚上走一个八卦步,就把两个鬼子引出他们站的圈子外面,三步两步,金山绕到一个鬼子的身后,手起刀落,这个鬼子被砍成重伤倒在地上,另一个鬼子从金山的身后砍下一刀,金山耳听八方,急转身举刀磕开鬼子砍来的这一刀,一声怒吼,趁鬼子的刀还没有撤回,反手把刀向鬼子的脖子抹去,把鬼子杀死了。剩下的鬼子呀呀直叫,拼命死战,会员们一阵砍杀全部消灭了桥本和他的部下。王根发他们也冲出来了,王根发问:"门外还有几个鬼子?"

　　金山:"没有啦!关门的时候就让我给抹脖子啦!"门外的会员也冲进院子

第七章

里问:"门口的鬼子呢?"

王根发:"金队长,你的刀法比你打枪可强多啦!把鬼子军官的战刀给你吧,你是使刀的好手,这把刀钢口好,把枪给别的兄弟使吧!"

金山命令会员们打扫战场,缴获二十二匹战马,二十把马刀,一把指挥刀,二十支马步枪等战利品。金山把吉万福叫到跟前对他说:"吉东家,红枪会说话算数,现在就放你回家,以后你可别自寻死路了。"吉万福已经被刚才的激烈厮杀吓得半死,听说放自己回家,他千恩万谢,磕头作揖退到一边。

李贵把李大头和李翠兰押了过来,李翠兰已经昏了过去,李大头瞪大眼睛盯着吉万福和金山。他已经被桥本砍了一刀,虽说是只砍掉了一块皮,可也出了不少的血,脸色煞白,一声也不吭。

金山对李大头说:"李大头,以前你当窝主,勾结土匪祸害乡亲,红枪会对你稍事薄惩,观你后效。可是你不思悔改,今天又勾结日寇当汉奸,你这是卖国求荣,罪大恶极。今天就为死去的会员们偿命!就在你的院子里处决你。"说完手起刀落,李家父女被正法。吉万福吓得眼睛一闭,差点背过气去,直作揖:"饶命!饶命!"

金山对李贵说:"你快点儿回总坛去报告,把这里的事情告诉王东家,好叫大家放心。快去!"

这一仗消灭日寇一个骑兵小队,击毙日寇大队长桥本。会员们得到了实战的锻炼,战斗力得到了提高。

七

街北乾元镇一仗把黑田联队击溃了,他们退守到徐占海屯子里,等待高波旅团长的援兵。高波旅团长亲自带领一个大队的日军来救援,他派出一个中队日军把溃退到徐占海屯的黑田联队残部接应到于生屯,自己所在的大队本部却驻扎在离于生屯有二里半地的李岩更屯。高波调整兵力,准备进攻谭营长所据守的庞家店。谭营长也在积极筹划战守的办法。他把陈久思、平东洋、刘海峰等人召集在一起,商量如何守住阵地的事。

谭营长对大伙说:"乾元镇一仗,把黑田联队击溃,消灭了日军一百多人,剩下的日军溃退到徐占海屯子,固守待援。两天了,根据侦察报告,日军高波团增援的援军在离我们不到二里地的两个屯子里,他把溃退到徐占海屯子的黑田残部接应到于生屯子里,高波的大队本部在李岩更屯,对我形成半包围的态势。现在采取坚守的战术不行,日军的炮火猛烈,我们将受到打击,损失会很严重,也守不住阵地。如果采取攻势,日军占的两个屯子形成犄角之势,互相策应支援。攻打于生屯,李岩更屯的敌人就会出击,攻击我军的侧后,反过来也是这样,我们打李岩更屯,那么于生屯的日军就会出来攻击我军的侧后,形成两面夹击的态势,这仗怎么打?"

平东洋说出了自己的想法:"日本鬼子是变得小心了,而且这次的敌我态势确实是对我们不利呀!日军对我们已经形成半包围态势,但是可以利用我们的长处和日军一战。"

谭营长很想听听平东洋的意见:"平东洋,你说说,这仗怎么打?"

平东洋:"咱们采取攻势,对于生屯的日军实施攻击!这两天我观察了咱们屯子四周的地势和周围屯子的情况。于生屯和李岩更屯的距离是二里半地远,这两个屯子距离咱们屯子都是二里地远,这三个屯子之间的地里都是柳条通,能藏人。于生屯的院墙矮,容易突破,再加上旅部炮火的支援,很容易攻破于生屯,全歼黑田残部!这个攻坚战的任务非你们不可,我们就打于生屯。"

"李岩更屯的日军从我军的侧后攻击咋办呐?"谭营长担心腹背受敌。

"你侧后的安全由红枪会来负责,红枪会来唱主角。"平东洋蛮有把握地说,"把红枪会分成两拨,大刀队、长枪队埋伏在于生屯和李岩更屯之间,李岩更屯的日军出屯子攻击你的侧后,红枪会截击他们,和他们肉搏,快枪队用火力封锁出屯子的日军的退路,同时监视屯子里再派出援军来。这样你进攻于生屯,红枪会截击从李岩更屯出来攻击你的侧后的日军,你们打下于生屯,半路来支援的日军也回不去几个了。你看行不行?"

"能行吗?"谭营长有些犹豫。

陈久思支持平东洋的主意:"能行。这几仗都是这么打的。都是这庄稼地和柳条通帮了大忙了!看来老天爷也向着咱们,长了这么好的庄稼呀!要不是打仗,该有多好的收成啊!愿佛祖保佑咱们红枪会打败日寇。"

谭营长沉思了半天,又反复查看地图,又看看大伙:"中!平东洋的主意行!大家回去准备吧。"他看了看手表:"明天黎明开始攻击于生屯,红枪会就由大法师分配指挥,于黎明前进入阵地埋伏。我营二连守屯子,一连主攻于生屯,三连做预备队,必须拿下于生屯。"回身对参谋说:"联系旅部,请求旅部炮火支援。"

参谋:"是。马上联系。"众人散会,准备明天的战斗。

第七章

陈久思、平东洋、刘海峰一行人回到红枪会的驻地，把会员们召集在一起。陈久思对会员说："弟兄们，镇北这一仗，一百多名日寇命丧在红枪会的刀下。为国而拼杀在战场上是我们的荣耀。倭寇是不甘心失败的，明天还有一场恶仗！为国而战，奋勇向前！大家好好歇着，检查武器，准备进入阵地。"会员们原地休息，吃干粮，磨刀擦枪。

陈久思、平东洋在一起合计整编队伍，调配人手。红枪会现在能参战的还有四百六十多人。陈久思问刘屯长："自卫团还有多少人？"刘海峰说："还有二十三个人。我想不如都编进快枪队里边，统一调动有利于作战。"陈久思同意："也好。你们都编入快枪队吧。平东洋，快枪队现在一共有多少人？""加上自卫团的二十几个人，一共有一百零几个人。"陈久思："好，你就管理快枪队吧，再加上胥姑娘和刘屯长。"平东洋提议："把轻重机枪分出来，我亲自掌握，刘屯长带领五十名快枪队员，胥君茹也带领五十名快枪队员，这样便于调动。"刘海峰："行，我听你的指挥！"陈久思："大刀队由仲仁带领管理，二法师和凤英管理长枪队。黎明前进入阵地。"

晚上，在李岩更屯子里的日军旅团长高波在他的指挥部里召开会议，向他的部下讲他的作战计划："前天，黑田联队受到红枪会的伏击，损失惨重，黑田联队长玉碎。经过两天的休整和调整兵力，现在我以重兵对东北军和红枪会形成半包围的态势。等到天明以后，我用炮火打击庞家庄的东北军，然后从两面夹击东北军，逐渐形成包围，在空军的支援下，一定要全部消灭对面的东北军和红枪会。"一位日军少佐说："旅团长阁下，如果对面的敌军对我们的阵地进攻那该怎么办？"

高波得意地狞笑着："嘿嘿嘿！正好，我已经准备好了阵势，无论他们攻击哪个村庄，都将要受到我的夹击！他攻击西屯，我们从这里出发，攻击他的后侧，杀伤他们；如果他们攻击我们，那么西屯的黑田联队，不！已经换了指挥官了，应该是井上中佐，就会指挥他的部下从敌之背后攻击敌人。对面的东北军和红枪会将会死无葬身之地。"说完他用拳头砸向地图。日军军官起立鞠躬："哈意！哈意！"立正，散会了。

后半夜，红枪会的会员们悄悄地进入埋伏的阵地。在连接于生屯和李岩更屯土道的中间，大刀队和长枪队埋伏在土道两边的柳条通里，准备截杀从李岩更屯子出来攻击东北军背后的日本鬼子。快枪队在靠近李岩更屯的这一头埋伏，准备封锁攻击东北军的鬼子的退路，另外封锁李岩更屯里再出来的援军。

他们和大刀队拉开了二百米的距离。

清晨,笼罩在村庄上空的晨雾还没有散去,晨风冷飕飕地吹得人脸疼,旅部的山炮就开始炮火覆盖了,炮弹呼啸着飞向于生屯黑田残部困守的几个院子。炸的是房倒屋塌,日军也被炸得无处躲藏。谭营一连上马,向于生屯冲了过去。李岩更屯的高波在指挥所里用望远镜观察,他看到东北军骑兵像一股旋风一样冲向于生屯。于生屯的日军被炸得一片狼藉,东北军靠近被炸倒的院墙,向里面投弹射击,里面的日军死伤惨重,指挥官井上在电话里向高波求救。

高波面露得色:"命令出击!从后侧攻击东北军!"日军的两个中队从李岩更屯冲了出来,向前面的东北军攻击。当日军冲到红枪会的埋伏阵地前,遭到了红枪会的截杀。

陈久思看见日军的增援部队冲进红枪会的埋伏圈,就高声命令道:"杀呀!杀鬼子呀!""为亲人报仇啊!""杀呀!"会员们也跟着高喊杀声,冲出柳条通,冲进鬼子的队伍里和鬼子们杀在一起。日本鬼子冷不防遭受袭击,而且突然间面对面的近身肉搏战,打乱了日本鬼子的进军队形,便仓促应战,被杀伤不少,有些招架不住,指挥官命令队伍后撤,想拉开两军的距离,再发挥日军的火力威力。陈久思也发现了日军的企图,他大喊:"紧紧地咬住鬼子,别让他们后退,鬼子想用火力杀伤咱们,冲啊!"二法师奋勇当先,盯住一个正在领人后退的日本鬼子军官:"杀呀!"一声怒吼,一刀劈向鬼子军官,这个军官背对二法师,听见喊声,他转回身,二法师的刀已经劈下来了,他急忙用战刀招架,可是没等他的战刀举起来,二法师的刀在空中变了方向了,手腕子一转由向下劈变成横扫了,奔着军官的脖子抹去,扑哧一声,军官的脑袋被二法师齐刷刷地给扫掉了。后退的士兵吓得退得更快,可是还没有拉开距离,就被身后飞来的子弹给射倒了十几名。日军的指挥官这回可慌了,他也弄不明白是怎么被包围了,前后左右都是敌人,红枪会人多势众,步步紧逼,追杀不停。想拉开距离用火力杀伤红枪会,可是后退的路又被红枪会的火力封锁住了。他没有办法了。这时的日本鬼子的两个中队就像漩涡里的树叶,被红枪会的洪流冲过来,杀过去,渐渐地失去了抵抗的能力。

高波在望远镜里观察到支援部队被截击,而且被包围了,他这时才明白对手用的是攻点打援的战术。红枪会的厉害!大大的厉害!他倒吸了一口凉气。他没有绝望,他要挽救被围的日军,他又下了命令:"留在屯子里的日军全部出击!"他要把被围的日军接回来。可是当他亲自带队冲出屯子的时候,就被红枪

第七章

会轻重机枪的火力给打了一个正着。日军纷纷掉头往回跑,高波也被退回来的士兵拥回了屯子。红枪会的火力也是非常地猛烈。

冲进于生屯的一连东北军攻下了日军据守的几个院子,对日军做最后的攻击。井上组织不起有效的抵抗,连同他的部下一起都被消灭了。

一连长对部下说:"一班留下打扫战场,其他弟兄们跟我来,支援红枪会的弟兄们。冲啊!杀啊!"一连骑兵冲出了于生屯,回援红枪会。高波在指挥部里急得团团转,他想用炮火支援自己的部队,对红枪会实施炮火打击,可是双方是肉搏战,纠缠在一起,炮火无法发挥威力,急得他是乱喊乱叫,他与空军联系,可是一时半会还联系不上。红枪会围住两个中队的日本鬼子拼杀。由于红枪会出现突然,完全打乱了日军的秩序,官兵不能相见,指挥不灵,会员们只是砍杀鬼子,日军只能按照平时训练的规矩,三个人一组和红枪会格斗,双方互有死伤。战况正处于胶着状态,相持不下。一连骑兵乘胜回援,冲杀过来,红枪会士气大振,高喊:"替天行道!消灭倭寇!刀枪不入!"红枪会的大旗在硝烟中飘扬,杀声不断。日军开始溃退。红枪会和东北军紧追不舍,全部消灭了李岩更屯子出来增援的日军。这时日军的轰炸机飞临上空。平东洋指挥会员们隐蔽,疏散。还是有几十名会员被炸死,谭营也有损伤,飞机飞走了,红枪会才从柳条通里出来,回到庞家窝铺驻地。

于生屯这一仗,消灭日军三百多人。红枪会也折损一百五十多人,受伤七十多人。打得高波无力再战,只好坚守在李岩更屯子里,向齐齐哈尔请求救兵支援。

谭营长正在听一连长汇报战斗经过,通信兵报告:"报告营长,旅部急电。"谭营长看过电报,喊过来传令兵:"命令部队整装集合!向县城方向撤退。再请红枪会的首领过来议事。"

传令兵:"是。"他去请陈久思和平东洋去了。不一会儿,传令兵领着陈久思、平东洋来到营部。

谭营长对二人说:"刚才接到旅长来的电报,安达的日军经明水已到中兴镇了。前锋迫近县城南门外的瓦盆窑了,并且开始炮击县城。海伦的日军也已经进驻三道沟子,旅长命令我们迅速撤回县城。"

陈久思:"好吧,平东洋兄弟,咱们也抓紧撤退吧。"

平东洋:"不管会不会用,把缴获的东西都带回去,往回撤。仲仁、凤英,你二人带上伤员先走,二法师带一队大刀队在地里隐蔽后撤,防备日军追击。"众人答应,各自准备后撤。

八

兵临城下的县城里,居民人心惶惶,街上冷清清的,很少有人走动。各家店铺都关门了,陈方义领着学生挨门动员市民劳军。人们听说红枪会大获全胜返城,纷纷走上街头,给红枪会送干粮,倒酒喝。红枪会会员们军容整齐,刀枪明亮,陈仲仁举着红枪会的大旗,走在队伍的前面,大旗上面是弹痕累累,迎风飘摆。在欢迎的人群里,有一双仇恨的眼睛在扫视着红枪会的队伍。他在寻找他报复的目标。这个人就是《盛京日报》驻拜泉办事处的平田一郎。

自从接到金翻译传达的吉冈的命令以后,平田一郎就吩咐手下的日本浪人暗中调查红枪会的活动情况。平田一郎的人已经没有几个了(在绥化和四家店两处就被平东洋消灭了六个),而且剩下的这几个都不会说中国话。他们的活动范围受到了限制,只能在张明强和张明强的徒弟那里了解一些有关红枪会的情况。平田一郎在张明强的情报中知道了红枪会的大法师是陈久思,而红枪会的几次行动都是平东洋的主意。从日军的几次失败中,平田一郎分析出这样的结论,红枪会的每次作战都是有准备、有步骤的,行动的计划性很强,都是有军事企图的行动,而不是盲目乱打的胡匪帮会行为。这个出谋划策的人就是杀了他六名手下的平东洋。平田一郎气得发疯了,新仇旧恨一下子涌上心头。他对平东洋既恨又怕。他恨不得一口活吞了平东洋。他把剩下的浪人派出去打探平东洋的行踪。只是平东洋跟随两会行动,没有单独外出的时候,所以平田一郎一直没有机会下手。因为这个缘故,他挨了枝下好几回嘴巴和臭骂,这使平田一郎更是恨上加恨。

日军围了县城,红枪会从街北撤回街里。平田一郎认为机会来了,他亲自到街上侦查,寻找一下机会刺杀平东洋。他从办事处出来向东走,走到十字街北边的二道街的街口,正碰上红枪会的队伍也走到这块儿。平田一郎凭借张明强介绍的印象,在队伍里寻找平东洋。可是红枪会的会员都是一样的服饰,红枪会的大队快过没了,他也没有找到他认为是平东洋的人。平田一郎失望了,他摇摇头,恼怒地自言自语,咕噜了一句日语:"胡说八道,混蛋!"他在骂张明强。可这句话恰巧被在旁边的陈方义听见了。这时的陈方义正端着酒碗,向队伍的后面张望,也在找平东洋,准备向他敬酒。忽然听到了一句日语,陈方义警

第七章

惕地向身边瞅瞅,发现了平田一郎。在陈方义的身边都是百姓市民,可只有平田不一样,他梳着日本武士的三绺发髻,在脑袋的中间剃去了两道子头发,在脑袋前后都有痕迹,尽管戴着帽子,可也能看出来。另外平田的鼻子底下留的仁丹胡子也特别扎眼。"日本鬼子!"陈方义在心里说,平田引起了陈方义的注意。

红枪会的大队走过去了,平东洋走在队伍的后面,陈方义看见了平东洋,人群里有认得平东洋的人,大声说道:"快来看呐!杀鬼子的英雄平东洋!平东洋过来啦!""平东洋!平东洋!"人们欢呼着。平田一郎正一筹莫展,心有不甘地往人群外钻,忽听有人喊平东洋,他立刻来了精神,他回过身来,看见红枪会的队伍后面有一个人挥着手向人群致意。平田认定这个挥手的人就是他要找的平东洋。于是他拔出手枪,从平东洋身后面举枪对向平东洋瞄准。陈方义也走向平东洋,准备向平东洋敬酒,眼睛却没有离开平田一郎,当平田一郎转身拔枪向平东洋瞄准的时候,陈方义扔掉了酒碗,伸手拽住平东洋向旁边拉,自己向前跨出了一大步,挡在了平东洋和平田一郎之间,大喊道:"有日本特务!"随着喊声,接连起了两声枪响。在陈方义扔了酒碗伸手拽平东洋的时候,平东洋马上就意识到有情况。随着陈方义拽他的劲儿,顺手拔出了枪,回头看见平田一郎的枪口正指向自己和陈方义,他毫不迟疑地开了枪,把平田一郎的脑袋打开了花,陈方义的前胸也中了平田的子弹,鲜血流出。平东洋抱住陈方义连声呼唤:"陈先生,陈先生!"二法师闻声赶过来,看见平田一郎的尸体,踢了一脚,来到平东洋的身边。平东洋说:"快送医院!"陈方义看看平东洋,摇摇头:"日军大兵压境,县城被围,敌我力量相差悬殊,红枪会人单势孤哇!"他喘了一口气,平东洋制止了他再说话:"先别说话,治伤要紧。"二法师叫来了人力车,大家把陈方义放在车上,车夫拉起车跑向医院。

医院的大夫为陈方义检查了伤情:"幸亏子弹没有打在要害上,只是子弹留在了体内,需要手术拿出来。"大夫把陈方义推进手术室,做了手术,拿出了子弹,保住了性命。陈方义留在了医院里养伤。胥君茹找到奎祥杂货铺的掌柜的:"你们少东家被日本鬼子打伤了,快去告诉老东家,安排人护理呀!"掌柜的急忙一面派伙计回四家店送信,一面亲自到医院看望陈方义。

红枪会的队伍开进南街的天升大车店休息,和从万宝山来的会员们会合。金山和王友德向陈久思、平东洋等人详细地说了消灭偷袭总坛的日军骑兵的经过。金山说:"打过仗的人有一套,王根发出了很好的主意。他们这八个人很厉害,要都像这样的会员就好了。"

平东洋:"这仗是越打越大,成功失败不知道要经过多少次啊!把日本鬼子撵出去不是容易的事,要有信心。就算咱们没有打完鬼子,还有许许多多的中国人和咱们一样,他们会接着打下去的,不会停止的。"陈久思问:"你们带来了多少人?"王友德:"有二百人吧,其中伤好归队的有三十五个,还有的伤没好也要来,让我给留在家里了。把总坛挪到柳大房子去了,那块背静,有河套,都搬过去了。我们抓住的汉奸林凤阳咋整?"陈久思:"好吧,大家先歇着吧,还有仗要打呢。把林凤阳交给旅长处理。"

旅部的传令兵进了车店,他是来请大法师去开会的。陈久思和平东洋跟着传令兵去了。

司令部开会研究县城布防任务。朴旅长主持,霍刚团长、谭子欣营长、陈久思、平东洋,还有几名东北军军官参加。

朴旅长给大家讲敌我态势:"马主席原计划是我部西进收复省会,可是敌情变化突然,日军直接从安达经明水直击我军司令部所在地,而没走洮南路;在洮南截击日军的邓文军长的部队没有发挥作用。西线的苏炳文、张殿久两将军的部队从西边攻打江省(齐齐哈尔),而我部却不能西进与苏、张两将军一起形成对日军的夹击之势。打不下省会,现在只有坚守县城了,作为军人,唯有以身报国,炳珊愿与各位实践此誓言。现在我宣布各部队守城任务:霍团守东门,谭子欣营守南门,西门由兴安屯垦军五营防守,我直接率领旅部直属部队守北门,红枪会协助谭营长守南门。"众人齐声应道:"坚守阵地!誓与县城共存亡!"陈久思:"旅长,我们抓住一个汉奸,就是杀害季丽娟的林凤阳。"朴旅长命令:"枪毙!给季丽娟报仇。"

围城的日军有从海伦过来的吉冈旅团长带领的一个日军大队,高波从讷河和齐齐哈尔搬来的两个日军大队,还有从安达直接过来的日军森田敏联队一部,约一个大队和联队炮兵中队。司令部设在城北门外的官道旁。

高波和吉冈一见面,二人就互相指责。高波说:"吉冈君,你进展缓慢,致使我部单独与中国抗日军作战,损失惨重!"吉冈反驳说:"哪呢!高波君,你要早日南下,我又何必没有出击就损兵折将呢?"他二人互相埋怨着走进司令部。

从安达直接过来的日军大佐森田敏联队长,趾高气扬走进屋里,向两位旅团长敬礼,然后挺胸而坐,目无一切。

吉冈主持会议:"这次已经对县城形成了包围之势,务求全歼守城之敌。消灭红枪会!各位必须尽力!"森田敏发言:"二位旅团长放心,看我的联队为天皇

第七章

陛下立功吧！"他满脸的轻视之情。高波心有余悸："总结几次失利的原因,都是因为我们对地形不熟,让红枪会钻了空子。红枪会虽然武器落后,但是他们会使用大刀长矛,善于近战搏击,这本来是我们皇军的强项,可是中国武术博大精深,红枪会的人每个人都会几个招式,冷兵器搏斗,我们不占上风。"

吉冈补充道："还有就是宁死不退,那种无畏的斗志和精神,让人胆战心惊啊！这样一群种庄稼的中国农民是什么东西在支撑着他们呢？"高波建议："支那的庄稼人利用他们种出来的庄稼做掩护,多次伏击我们,致使我们的部队丧失进攻的能力。我命令接近县城道路两旁五百米以内的庄稼和柳条统统地砍倒,不要让红枪会再次利用啦！""二位太君是让红枪会打怕啦吧？"森田敏蔑视地说道,轻蔑之情溢于言表。这大大地激怒了高波。"八嘎！"高波怒视着森田敏,手里握着把刀。吉冈点头说道："这是教训！是用血换来的教训啊！森田君！"

县城周边的庄稼和柳条都被日军抓来的百姓砍倒了。只有城南没有砍,森田敏拒不执行高波的命令。他想用事实给二位上司一个难堪。

城里谭子欣、平东洋和陈久思三个人在南城壕上巡视,城壕有一人多深,是城中的市民们帮助挖的。会员们在修掩体。三个人来到城壕的东南角上,往东看庄稼已经被砍倒了,但是回过头看城南没有砍。南城壕外面的地势低洼,当地的农民在靠城壕的地里种上了庄稼,再向南栽上了成片的柳条,都长得三四米高。靠近瓦盆窑屯子又是庄稼地,中间没有空地。三个人商量着怎么守城。

谭营长分工："我负责城门以西,你们负责城门以东。我再拨一些弹药给你们。"平东洋："旅长给了一些,加上你们的也不少了。我们的人射击不准,远距离的杀伤力不大,只能靠肉搏了,以命换命吧！好在教会了他们使用手榴弹,还可以抵挡一阵子。"

陈久思望着远处的家乡房后的那棵杨树。那棵树在的地方很高,一出县城的南门就看得见它。陈久思没有作声,风吹动他头上包的红头巾呼啦啦响,听到平东洋和谭子欣的谈话声,他回过头来："拼着一死,也要保卫我们的家园！不赶走倭寇,誓死也不回家！前天金山带领老家留下的弟兄们来县城和咱们会齐。他们干得不赖,把一队鬼子骑兵都给消灭了。他们缴获了一个小队骑兵的装备,保住了总坛和伤员们。他们把家搬到柳大房子去了,把能打仗的都带来啦！咱们又增加了二百来人呐！"平东洋感叹道："咱们剩下的这些兄弟,哪个不是抱着以死报国的决心啊！用我们的死来唤醒全国民众的觉悟,起来抗战,把日本鬼子撵出去。"谭营长摇摇头："县城是守不住了。不知二位有何打算？"陈久思坚决地说："死守家园。红枪会成立的宗旨就是保境安民，如今强盗都打上家门了，只有拼死杀贼，才能报答乡亲们追随信任之情啊！"

"在县城与日寇再打上一仗，杀他个人仰马翻再说。"平东洋说着，指指对面的鬼子，"对面的鬼子和东面的鬼子不一样，有点意思。"谭营长告诉他们俩："对面的鬼子是从安达来的，和咱们还没有交过手，挺狂傲的。"陈久思也说："东面的鬼子吃了庄稼地的亏。现在拼命地砍倒庄稼，砍柳条，南面的鬼子还不知道庄稼地和柳条通的厉害，狂妄得很！"

"那咱们还是让他知道知道庄稼人和庄稼地的厉害吧！让他知道在中国，庄稼地也是打豺狼的猎场。还是老办法，预先在阵地前面埋伏大刀队、长枪队。等日军发动进攻时，出其不意地和日军短兵相接，打肉搏战。"平东洋信心十足。

谭营长提醒他："也要防备日军远程火力的杀伤，暴露在他们火力之下就损失严重了。"

陈久思说："兵不厌诈，计策不能老一样不改，要换换样才管用。再说庄稼地和柳条通咱们能用作埋伏，日寇也能利用庄稼地和柳条通偷袭咱们。"

平东洋说了自己的打算："是的，要变招式。对面是从安达来的日军，没有吃过咱们的亏，自以为是，狂傲使他们犯了兵家大忌——骄兵必败。这回咱们在庄稼地和柳条通里放潜伏哨，一直放到日军的眼皮子底下，日军的一举一动咱们都了解，就能防止他们偷袭咱们啦。"陈久思点点头："对，这样安排好，把暗哨放出去监视日寇，把传递消息的联络暗号都规定好，别出差错，敌人一动咱们就知道了。"平东洋："既能早发现日军动向，又能节省会员的体力。日军一进攻会员就进入阵地埋伏，否则就撤回掩体里休息。"谭营长："日军进攻的主要目标是城门，他们攻下城门口，便于展开火力、兵力。城门大道也便于日军后继给养的运输，城门两边有城壕，不便于翻越，运输车辆根本就进不了街里。有庄稼地和柳条通，他们也怕吃亏。咱们多联系，我在城门放两挺重机枪、四挺轻机枪，组成机枪阵地，交给平东洋你指挥。其他人手都是你们出，行不行？"平东洋："行是行，你得和你的部下交代好了，别引起误会而贻误战机。"谭营长："我一定办到！多联系。"陈久思："我和金山在一起，金山的机枪也打得不错了，刘屯长和胥姑娘负责快枪队，二法师、仲仁、凤英负责大刀队、长枪队的埋伏。"三个人分手，谭营长回本部安排作战准备去了。只剩下陈久思和平东洋二人在阵地上。平东洋对陈久思说："大法师，刚才谭营长问咱们今后的打算，你是咋想

第七章

的?"陈久思看看平东洋:"乡亲们追随咱们,和咱们一块拼命打日本鬼子,到现在咱们就是守不住县城,也只能用死来报答乡亲们的信任啦!"平东洋摇摇头:"那咱们不就是全军覆灭了吗?陈先生还对我说要保住这支队伍,要有长远打算,要坚持抗日,保住火种啊!要发展队伍和日寇周旋到底呀!"陈久思:"先打完这一仗再说吧。"

森田敏从高波的司令部回到自己的指挥部里召集部下开会,布置攻城任务。

森田敏依然是一脸的傲气,他毫无忌惮地对部下说:"吉冈、高波两位旅团长是让红枪会打怕了!在城外砍庄稼、砍柳条,浪费时间!我们联队虽然只有一个大队和一个炮兵中队,但是我们兵员足,不缺额,装备精良,士兵的体力好,格斗技术过硬,一定能打败红枪会,攻克县城。"军官们答应:"哈意!"

森田敏接着说:"红枪会利用庄稼地和柳条通埋伏,我就用庄稼地和柳条通偷袭他们。中国不是有一句成语吗?'以其人之道,还治其人之身!'他们利用庄稼地和柳条通,我也利用庄稼地和柳条通,出其不意,突然出现在他们的面前。让他们在我的士兵的刺刀下发抖吧!"森田敏很自信,他对自己的计划非常欣赏,有点得意忘形。

他手下的大队长山崎问他:"联队长阁下,红枪会利用庄稼地和柳条通多次打败我军,他们地形熟,可以利用地形,我们地形不熟,怎么迷惑他们,袭击他们?"

森田狡猾地一笑:"山崎君,你的战术的不懂,兵法的不通。兵法,诡道也!我们先虚张声势,用炮火轰击红枪会的阵地,他们的指挥官一定以为我们要开始进攻了,我们的炮火一停,红枪会的指挥官就会指挥他们的人进入埋伏阵地,在我们发起冲锋的时候,在中途截杀我们,打我们一个措手不及。可是我炮击以后不进攻,隔两个小时以后再进行炮击。在第一次炮击以后,红枪会的人进入埋伏阵地,等着截杀我们,第二次炮击的时候他们已经趴在地上两个小时,站都站不起来了,都成了我的炮兵的靶子了。在我炮兵的打击之下,他们的埋伏部队所剩无几,而且体力也消耗得差不多了,还能对我的攻击部队构成威胁吗?"山崎大队长佩服得很:"联队长高明,红枪会死啦死啦的有!"

森田敏用卖弄的口吻对部下说:"另外,在进攻的布置上我兵分三路进攻。中间一路是明的,进攻城门,队伍要高喊杀声,火力要猛,要密集,但是冲锋要慢,要隐蔽,减少伤亡。另外两路要不声不响地在庄稼地里和柳条通里偷袭,速度要快。中间一路吸引红枪会的注意力,使另外两路偷袭得手。再从两侧向城门进攻,一举拿下城门。"众军官起立鞠躬:"哈意！好主意,一定一举拿下城门。"

日本鬼子想要拿下的城门其实就是一条官道连接街里和城外的地方。这城门两侧向东、向西都挖有城壕,只是这里没有城壕而已。以城壕为界分为城里城外,连一个所谓门的影子都没有,可人们却习惯叫它为南门。城壕外路边上有几座空房子,妨碍视线,还有可能成为日军的掩体。平东洋指挥人拆房子,百姓边拆房子边咒骂日本鬼子。其实他们是不愿意毁掉自己的家的。邹培智只好带领着学生们在劝解。

邹培智:"乡亲们！这笔账一定要算,要日寇来偿还。把房子拆了,让红枪会多杀鬼子,给乡亲们报仇啊！咱们不能把房子留给日寇,让他们做挡子弹的工事啊！是小鬼子毁了咱们的家呀！只有赶走了日本鬼子,咱们才有家呀！"

百姓:"对！拆！不能留给鬼子,让他藏在里面打俺们呐！等打跑了小日本,咱们再建新的家,快动手拆吧！"

谭营长的机枪连长来报告:"报告！奉谭营长的命令,机枪连长前来报到！请分配任务！"

平东洋:"好！在城门口建立机枪阵地。"说完对机枪连长耳语了一会儿,机枪连长点点头,命令士兵把重机枪抬走,弄了几棵木头在那里,作为机枪阵地。

红枪会的会员们在修检武器,做战斗准备。几个会员一边磨刀,一边唠嗑。隋林问二柱子:"二柱子,想家了吧？"二柱子抬起头:"家？想家？这日本鬼子杀来了,我哪还有家呀？我这辈子就跟狗日的耗上了,不杀完鬼子,我就没有家。"

吴忠友:"前几天进城来的邻居二剩子说,从海伦来的鬼子可哪儿(方言,到处的意思)找咱红枪会的家人。又烧房子,又杀人。要是从谁家里翻出一块红布来,那这家可就遭殃啦！全家都不放过,说你是红枪会的人,都杀掉。二剩子也回不去啦,留下来,跟咱们一起杀鬼子啦！"小秃走过来:"二柱子,大成哥,我干爹平东洋叫你们去一趟。"大成子问:"啥事呀？"小秃:"我不知道。"三个人来到平东洋的身边,那里已经有六名会员了。

平东洋对着八名会员说:"你们就是我的眼睛和耳朵。一会儿你们带上干粮和水,每人一把大刀,四颗手榴弹。两个人一组,从咱们这往南一直到瓦盆窑屯子外,隔一段就留一组人,你们四组估计能接连到瓦盆窑的日军阵地前。看见日军出屯子向我们进攻时,就学牛叫。一伙接一伙地往回传,我就知道日军

第七章

进攻啦。一伙日军就叫一声,两伙就叫两声,听明白了吗?"会员们回答:"听明白啦。"

平东洋接着说:"大成、二柱子在最前面一组,你们接着分开,一定要打起精神来,千万可别睡着了。特别是最前面的一组,发现日军进攻,先别惊动他们,赶快往回传信,传完信就往中间集中,八个人在一起,等日军败回去的时候,你们再收拾他们一家伙。"

胥君茹自告奋勇:"我带他们去吧,我在最前面那一组。"平东洋同意:"也好,你们八个人听她的指挥。""是!"会员们答应着,胥君茹领着他们分散潜伏去了。

平东洋问小秃:"你的枪法练得怎么样啦?"小秃:"以前跟我爹打猎时就打过枪,打过不少野兔山鸡啥的,这些日子净拿鬼子练了,能打个差不多,一枪要命不一定,一枪打个挂彩没问题,干爹。"

"好!打仗的时候,你看着挎战刀的鬼子瞄准,专打日本鬼子的指挥官,当官的一死,士兵就没有主心骨啦。"平东洋告诉小秃专打日军的指挥官。"记住啦!干爹,那得用步枪打,步枪射程远,够得着。"秃子提出自己的建议。"对,用步枪,打得远。另外你要离机枪远一点,打一枪换一个地方。炮火专打机枪阵地。"平东洋告诫小秃。小秃:"是,干爹!我去准备啦!"

九

这时的城门口内外出奇的静,日军的阵地也没有啥动静,只有红枪会的大旗插在城门口的房上迎风飘动着。旗下面的屋子里设有香案,供奉着文殊菩萨。陈久思、平东洋、王友德、二法师、陈仲仁、车凤英、金山等人都在。

王友德对大家说:"这场仗不比往常,咱们再没有退路啦!只能拼命了,依我看就给仲仁和凤英成了亲,他们也好名正言顺,有个照应。亲家也了却一桩心愿不是。"陈久思不同意:"车兄弟刚走,还不过百天,怎么能办喜事呢?"陈仲仁说:"不行!亲人们刚刚被鬼子杀害,我们怎么能成亲呢?必须打败鬼子,收复家园,才能成亲!""王大爷,我和仲仁那是一样的心情,杀尽恶贼,为爷爷,爹爹报仇,为乡亲们报仇。收复失地,再论婚嫁。"车凤英的话音刚落,屋外传来了炮击的声音。

平东洋对大伙说:"快进入阵地,日军要开始进攻啦!"大家奔出屋,进入阵地观察。日军的炮火非常猛烈,落弹处房倒屋塌。阵地上弥散着一片烟火浑浊的空气。平东洋在掩体里静静地等着南面发来的信号。炮击停止了,他也没有听见胥君茹他们发来的信号。二法师、陈仲仁、车凤英他们招呼大刀队、长枪队的人,要进入阵地前埋伏去,平东洋制止了他们。二法师有些不解:"咋的?咱们不去埋伏啦?"平东洋对他们说:"先等等,看看鬼子有啥花样。你们听没听见老牛叫的声音?"会员们都认真地听了一会儿:"没有听见。"平东洋吩咐:"你们原地休息一会儿吧。注意监视鬼子!"二法师有些奇怪:"怎么回事?打了一通炮,又没有动静了,玩儿什么把戏?"会员们也是一脸疑惑:"这就奇怪啦!干打炮不进攻,虚张声势吧?"

大伙议论了一阵子,对面的日军又开炮了。这次是专门轰击阵地前的庄稼地和柳条通,对庄稼地和柳条通进行覆盖性的打击,庄稼几乎都被打折或打倒了,只剩下一些一米左右的茬子,稀稀拉拉地立在那里,柳条通也炸得七零八落。炮声一停,日军分路出击,进攻城门的一路火力强大,喊杀声也很大,嗷嗷叫着向城门冲过来。守城的中国军队冲上阵地,架设机枪,封锁日军冲锋的路线。双方互相射击。另一股日军在瓦盆窑的屯子边就潜入了庄稼地里,静悄悄地前进。趴在瓦盆窑屯子头观察敌情的胥君茹看得清楚,回身向二柱子打了一个手势,趴在地里的二柱子急忙学老牛叫,往回送信。潜伏在二柱子北面的会员一伙接一伙地往城边子传。

这回平东洋听得清楚,老牛叫的是两声,日军是两路出击。他把手一挥,大刀队和长枪队进入了阵地前的庄稼地和柳条通里去埋伏。庄稼被炮弹炸得没剩下多少了,可是剩下的一米多高的茬子还可以藏住人,特别是不少的炮弹坑,会员们趴在里面反而比趴在平地还舒服些。会员眼睛盯住前方,有的会员侧耳贴在地上听动静:"有脚步声,挺乱的,有七八十人吧?"

城门口双方互相射击,互有伤亡。但是日军冲锋的速度不快,喊声不小。平东洋觉得不对劲,回头看了一眼陈久思。陈久思也觉得有点奇怪:"有些不对劲啊!正面的进攻只是高喊杀声,冲得很慢,动静倒是挺大的,别的地方没有动静。"

"告诉在城壕里的会员们,打起精神来,随时准备出击!"平东洋对身边的金山说,"你去告诉谭营长,可能有鬼子偷袭,从庄稼地里偷袭,叫他提防着点。""是。"金山起身向城门西走了。

平东洋向机枪连长交代了几句话,起身沿着城壕向东传达命令去了,他一

第七章

边走一边察看城壕外边地里的情形。

胥君茹带领大成和二柱子在最南头,他们报完信号以后,就躲在一边,看日军静悄悄地走过去,他们三人就跟在日军的后面往回走。胥君茹断后,他们刚转过身走了几步就和来接应的第二组会合了。他们正要找第三组的人的时候,胥君茹听见身后有脚步声,她急忙叫大家躲避,他们刚趴下,从南边传来庄稼被什么东西撞动发出的哗啦哗啦的响声,胥君茹往南边看,又有一帮日军悄悄地摸过来。这时城壕边上传来杀声,红枪会和日军的偷袭部队短兵相接,打起来了,刀枪的碰撞声、双方的喊杀声交织在一起,惊心动魄,听不到别的声音。二柱子他们想再发出牛叫的信号,已经是没有用了,因为城壕那边听不见,几个人急得团团转,后摸过来的日军听见前面的杀声,就跑起来了,眼看着就要冲出没有被炸倒的柳条通,过去和先前的鬼子会合了!胥君茹果断地掏出手榴弹投向后跑过来的日军堆里,又对其他人说:"向后来的鬼子投手榴弹!"

几个会员把手榴弹投向后面的鬼子,炸得后来的鬼子有点蒙,他们隔着柳条看不见前面的情况,以为是受到红枪会的阻击,指挥官急忙下令:"向前方射击!"日军向前方开火,而前方的鬼子被红枪会杀得有些招架不住,又受到后面的攻击,这伙鬼子可受不了啦,指挥官命令:"向身后射击!全体撤退!"这样一来,后面的鬼子更加猛烈还击,双方打得很激烈。红枪会乘势砍杀,夹在中间的鬼子狗急跳墙,猛烈向对方开火,想杀开一条血路撤回去。胥君茹他们趁机和其他两组潜伏哨会合,在一旁看热闹,前后两伙日军对打,红枪会趁机追杀,先来偷袭的那伙日军所剩无几。指挥官拼命往回跑,一边跑一边命令撤退。后来增援的日军指挥官听见前边有人说日语,便下令:"停止射击!"然后他伸长脖子往前面看,对面跑过来一个日军军官,一瘸一拐的,身上还带着伤。他跑到后面的指挥官面前大骂:"八嘎!为什么在后面袭击我们?"说着就打了对方一个嘴巴,挨打的指挥官正要解释,不知道从什么地方又飞过来七八颗手榴弹,落在了敌群里,把日军又炸得晕头转向。挨打的指挥官大声命令:"撤退!"捂着腮帮子转身就往回跑。

瓦盆窑日军指挥官森田敏正在向部下吹嘘自己的计谋如何高明,说得是满嘴的沫子:"我把三路进攻改成两路,一明一暗,而且暗的这一路用的是阶梯式的进攻战术。就算红枪会有准备,能挡住我的第一次偷袭,但双方都筋疲力尽的时候,我的第二梯队又到了,加上这伙生力军,我军的士气大振,红枪会已成强弩之末,不堪一击了。"一名军官献媚地说:"联队长阁下英明,神机妙算,红枪会必然大败。"森田敏扬扬自得地在迈着方步,此刻他正陶醉在自己的神机妙算之中:"诸位!你们将看到二位旅团长怎么为我庆功吧!哈哈哈!"

此时败退回来的指挥官的报告声惊醒了森田敏的美梦:"报告联队长!进攻未能奏效。"森田敏冷不丁地听到了这个消息,打断了他的美梦,他猛然一停,差一点摔倒:"什么?八嘎!死啦死啦的有!为什么?为什么失利?"受伤的指挥官报告:"我们在前面和红枪会拼杀,遭到后续部队的袭击。我带领的士兵全部战死。"森田敏瞪着燃烧怒火的眼睛,看着第二梯队的指挥官。第二梯队的指挥官辩解道:"我们在跟进的途中遇到了手榴弹的攻击,以为是遇到了红枪会,由于柳条密集,阻挡视线,看不清楚对方。于是我们就开始攻击,引起了误会。"

森田敏倒吸了一口凉气,气急败坏地骂了部下一顿:"通通的八嘎!饭桶!红枪会!一定要消灭!一个也不留。"他恨恨地把抽出半截的战刀又推回刀鞘。他来回地迈大步,在指挥所里团团转。他知道骂部下、发狠都进不了城。他在思考,想对策。他渐渐地停下了脚步,走到桌子前,看着作战地图,对部下说:"集中火力实施正面突击!集中兵力攻击城门,正面展开攻击!"

红枪会的大旗在城门口的上空飘扬。空中弥散着滚滚硝烟,被炮弹炸起的尘土飘在空中,遮蔽了太阳,天也显得阴沉沉的。突然炮声轰鸣,枪声大作。日军集中火力、兵力,向城门口阵地进攻。日军士兵在军官的驱赶下,冲向城门口阵地。

平东洋叮嘱快枪队员:"弟兄们,瞄准了一个目标再开枪,节省子弹。"

陈久思对二法师,车凤英说:"你们一个人带一百个会员,分别埋伏在城门前离城壕三十米远的大车道两旁的庄稼地里。二法师在东,凤英在西。"二人带领会员们埋伏去了。陈久思又对陈仲仁说:"你把剩下的会员组织在一起,警戒城壕前的动静,防备日寇再次偷袭,同时准备支援他们俩。"

小秃按照平东洋的吩咐,隐蔽在城门口前面的破房框子里面,利用矮墙做掩护,观察日军指挥官的位置。第一次冲锋,日军是佯攻,干喊,动作慢,没有冲到射击范围就退了回去。这次森田敏集中兵力,想在城门这块突破,日军的动作非常迅速,冲锋的速度快,几百米的距离转眼就冲了过来。小秃发现了日军指挥官正举着指挥刀组织日军冲锋,小秃瞄准了目标,枪响处,日军指挥官倒在地上。小秃迅速转移位置,到另一处矮墙后面躲了起来。日军一片混乱,像一股污水一样原地打旋儿,往回退去。这时又有一名军官接替指挥,把转回身向后退的日军给逼回来,继续嗷嗷叫着向城门口冲过来。小秃在矮墙后边,举枪

第七章

瞄准了这个日本鬼子指挥官,一枪把他打死了。这时冲锋的日军大队已经冲到了二法师和凤英他俩埋伏的地点了。二人率领会员们冲出庄稼地,杀向敌群。日军没有了指挥官,陷入了混乱之中。二法师他们趁势砍杀,日军丢下几十具尸体,溃退了。平东洋急忙派金山把小秃叫回来。二人刚回到平东洋的身边,日军的炮弹就落在小秃藏身的地方,把破房框子的矮墙都炸平了。

溃退的日军向森田敏报告:"两位指挥官阵亡,红枪会拼杀的厉害大大的!我们进攻又失利了。"森田敏皱着眉头:"两个指挥官都阵亡啦?奇怪?难道红枪会里有狙击手?"大队长山崎:"我想是这样,他们也许是不叫狙击手,可是专门猎杀我们的指挥官。这样非常可怕,很容易动摇军心呐!"森田敏对山崎说:"这次由你来指挥,你要注意隐蔽观察红枪会狙击手的位置,用火力封锁他,把他消灭掉。"山崎立正:"哈意!"他回身拔出战刀,集合他的部队:"前进!"又一次攻击开始了。

小秃看见日军又发动进攻了,他还要去破房框子那里。平东洋拦住了他:"不要去那里了,那里已经引起日本鬼子的注意啦!你应该换一个地方,你到西边的地里去,就算打不死指挥官,打伤了也好。注意隐蔽。去吧。"

小秃:"是,干爹,我去西边地里藏着去。"说完他顺着城壕向西跑了大约有五十米远,爬出城壕,三窜两跳就进了地里。道西的庄稼没有被日军的炮火轰击,又高又密。小秃在地里又向南走了三十多米远,折回来向东走了二十多米,趴在地上隔着庄稼向地外看,见日军正猫着腰向城门口冲来。他仔细地观察发现了是山崎在指挥,这个家伙很狡猾,躲在几个身材高大的日军的身后若隐若现,号叫着指挥日军冲锋。

小秃发现了目标,可是打枪没有依托,打不准。趴在地上看不见山崎,站立打枪又打不准,急得小秃团团转,结果被庄稼绊了个跟头。他往起爬,一只手拄着枪,一条腿跪着,正好看着了山崎的身子,他想起了干爹教的跪着射击的姿势。他马上举枪瞄准,一枪打在了山崎的肚子上,疼得山崎哇哇直叫,卫生兵跑过来给他包扎。山崎咬着牙,不下火线,依然挥舞着战刀,叫喊:"前进!前进!"这时,冲锋的日军已经和小秃东西相对了,小秃从侧面又开了一枪,击中了山崎的肩膀头子。山崎吓得趴在地上观察,他找到了小秃的位置。山崎命令几名日军向小秃扑过来。

在城门口指挥的平东洋发现冲锋的日军里有几名士兵往西边冲过去,他知道小秃暴露了。他命令金山用机枪消灭冲向小秃的日军。金山站起身来端着机枪扫射,把几个日军压在地上起不来,火力一分散,日军乘机冲向阵地。大法师宝剑一挥,红枪会的会员们从城壕里冲出来和日寇交战,又是一场肉搏。

在瓦盆窑的森田在望远镜里看见日军冲上城门阵地,和红枪会进行肉搏战,他马上命令:"田植中队长!前进!支援第一梯队!快快地!"狡猾的森田敏又一次使用了梯次战术,派出了援兵,实施突袭。这伙日军大约有百十多人,由于城门前进行肉搏战,他们没有受到红枪会的火力封锁,所以冲锋的速度非常快,眼看就要冲到城门口和前一波日军会合了。

正在危急时刻,城门西边的谭营长发现了城门口的激战,也看到了日军的后续部队。他马上命令一连长带领两个排的弟兄和四挺机枪从庄稼地里横冲过来,在离城门三十米的地方截住了日军的后援部队,一阵横扫,把这伙鬼子压在冲锋的地上,有十几个来不及卧倒的就被机枪打死了。冲到城门口的日本鬼子没有后援部队,被红枪会包围,全部被消灭了。被东北军火力压制在地上的日本鬼子后援部队只好往回撤。一连长一顿捆腔枪又消灭了好几十个,最后没有几个跑回去的。

陈久思发现红枪会的大旗被炮弹给炸下来,他去扶住旗杆,往上挂旗,飞来一颗子弹打中了他的肩头。会员们上前扶下大法师。

陈久思忍着伤痛吩咐道:"平东洋,快把剩下的会员们召集在一起,查点人数。"平东洋等人把会员召集在一起,还有二百多人。陈久思对大伙说:"各位会员,佛祖指点我们与倭寇决战。我们一定能打败他们!收复我们的家园,为我们的亲人报仇,拼死也要守住城门!为国捐躯,舍身报国,就在今天!"众会员重复大法师的话:"为国捐躯,舍身报国!"

森田敏就像一个输得倾家荡产的赌徒一样,两眼冒着凶残的光芒:"田植一郎,山崎战死了,你接替他,把部队清点一下,炮火准备!"田植:"哈意!"他去清点剩下的日军。森田敏在原地大步地来回走,不停地挥舞着拳头叫喊:"红枪会!死啦死啦的有!大日本皇军是不可战胜的!"炮兵中队长来报告:"报告联队长,现在只有三发炮弹了。"田植一郎也回来报告:"报告联队长,根据各中队报告的伤亡数字,我们还剩不足二百人,能参战的也就是一百四十人。"

森田敏阴沉着脸,眼前浮现出吉冈、高波二人的脸。他想起了吉冈的话:"这是用血换来的教训!"森田敏不禁打了一个冷战。他一咬牙:"全力以赴,报效天皇。帝国的勇士们!前进!炮火准备!把庄稼地炸平!开炮!"森田敏忘记他已经没有炮弹了。炮兵中队长无奈地再报告:"联队长,炮弹的没有啦,怎

第七章

么炸平？"森田敏顽固地吼道："全部打出去！我亲自指挥，出击！前进！"又一轮的进攻开始了。在森田敏的疯狂叫喊声中，日军又冲向城门口。

守在城门口的机枪连长对平东洋说："报告！我们的子弹已经不多了。"平东洋命令道："有多少就打多少。压制日军的火力，封锁日军的冲锋路线！快！"

小秃躲在机枪掩体里，瞄准森田敏开了一枪，打在森田敏的肩膀上。森田敏咬着牙，叫卫生兵给他包扎。他继续指挥士兵前进。

金山端着机枪站出工事射击，子弹打没了，日军冲进了阵地，金山捡起一把短刀和会员们一起，与日军短兵相接，又是一场铁血的拼杀。

二法师和一个日本军官拼杀。二法师磕飞了军官的指挥刀，军官一脚踢在二法师受伤的腿上，二法师跌坐在地上，二法师用刀横扫军官的腿，那军官跳起来扑在二法师的身上，用双手掐住二法师的脖子，二法师被压在底下，受伤的腿使不上劲，翻不过来身。二法师从军官的背上插下一刀，刀锋直透军官的身体扎进二法师的胸膛，二人同归于尽了。

陈仲仁、车凤英双刀力战六个日军士兵，胥君茹用手枪击毙其中的一个，打伤一个，被金山砍死一个，其余的惊慌失措。车凤英和陈仲仁一人砍杀一个，最后一个鬼子后退，被尸体绊倒，一名会员把他扎死了。

陈久思直奔森田敏，日军看出陈久思头上包着红头巾，与众不同，知道是红枪会的首领。一个军官一声招呼，就有七八个士兵围了过来。陈久思一招就把那个军官刺死了，又挥剑直逼森田敏。一个日本鬼子端着步枪刺向陈久思，陈久思收回刺向森田敏的剑，转身把剑扫向这个日本鬼子，斩掉鬼子的一条胳膊。回手摆出一招夜战八方的招式，逼退其余的五个鬼子兵。然后跃身一跳，身体跳起有四尺多高，在空中一翻滚，落在森田敏的跟前，手中的宝剑一招白蛇吐信，刺向森田敏的咽喉。森田敏手中的指挥刀抬起，架住陈久思的宝剑，勉强躲开这一剑，可是脚下却被一具尸体绊住，身子往后倒下去了，陈久思就势按剑下去，一招拨草寻蛇式，剑尖向森田敏的脖子划过去。森田敏的右肩上有伤，行动不便，只好后仰倒地，就地翻滚，又躲过了致命的一剑。可是宝剑的余势扫在一个奔向陈久思的日本鬼子的腿上，这个鬼子倒地，手中的刺刀却依然刺向陈久思，陈久思的上身向后仰过去，用手中的宝剑架开刺来的刺刀，宝剑贴着刺刀向外推去，被推回去的刺刀指向又一个冲过来的日本鬼子的脸，吓得这个鬼子急忙收住脚步，把头一扭，躲过划过来的刺刀。陈久思迈步进身，一脚踢在被宝剑扫到腿的鬼子的脑袋上，这个鬼子立刻毙命。其余的鬼子哇哇直叫，重新围住

◇ 通肯河传

陈久思拼杀。金山正杀得兴起,发现大法师被围,大喊一声:"杀鬼子啊!"飞身跃起,人在空中,刀已经飞向围困大法师的一名鬼子的脑袋。刀光闪处,鲜血喷溅,这个鬼子早已身首异处。紧接着金山身子落地,一脚踹在一名鬼子的后腰上,这鬼子向前扑倒。恰巧这个时候另一名鬼子在对面向陈久思刺过来一刺刀,陈久思侧身扭腰躲过,可这鬼子的刺刀继续向前刺,余势不衰,正好刺在向前扑倒的鬼子的胸口,端刺刀的鬼子惊呆了,他的枪被倒下的鬼子压着,还没有拔出来,金山趁机挥起一拳,砸在鬼子的头上,这个鬼子哼了一声倒在地上。

这时候陈久思倒出手来,剑锋直指森田敏,森田敏在陈久思被围的时候,他乘机从地上爬起来,向后撤,可是被胥君茹用刀给逼住了,她的手枪没有子弹了,于是捡起一把刀和敌人拼命,森田敏退到她身边,她挥刀和森田敏格斗,森田敏肩上有伤,力气不及,又被陈久思接连几剑,刺得屁滚尿流,已成惊弓之鸟,只想逃命,因此胥君茹才能和他拼斗几个回合,平东洋看见胥君茹体力不支,过来救援。这时陈久思的宝剑已经制住森田敏。森田敏伸手拔枪,可是平东洋的枪响了,他打死了森田敏。日军开始溃退了。金山率领会员们追杀了一阵,也退回自己的阵地。

平东洋吩咐道:"仲仁,凤英,召集会员休息。"这时邹培智带领市民,送来了干粮和开水。平东洋分派大家到隐蔽的地方休息吃饭。陈仲仁手里拿着一块干粮,边吃边对平东洋说:"我去看看伤员。"平东洋说:"好吧,我去大法师那里。"二人分头走了。

平东洋走到陈久思休息的地方,看见陈久思的肩头上的白布已经被血浸透了。陈久思正在擦拭着宝剑。看见平东洋走来,让他坐在自己的身边:"让仲仁去看看伤员,再查一下还有多少人。把伤员先安排在城里的百姓家里,把陈三先生的红伤药给伤员们用上。"平东洋说:"这个仲仁去办了,安排伤员得找邹培智去办。"正说着,陈仲仁回来了。仲仁向陈久思和平东洋说明了情况:"刘屯长、二法师、王大爷都战死了。还有一百多名会员,四十几名伤员。"平东洋:"你去把邹培智找来,大法师有事情找他办。"陈仲仁把邹培智找过来。

平东洋和邹培智商量:"邹同学,你能不能想办法把这些伤员抬下去,给他们治伤,再找地方藏起来。"邹培智马上答应:"行!我去动员市民们来抬伤员。"平东洋拱拱手:"拜托啦。"陈仲仁和邹培智去找人。小秃流着眼泪,领着谭营长来见陈久思和平东洋。

谭营长:"我手下还有几十名弟兄,城是守不住啦!朴旅长刚才派人来通

第七章

知,叫我晚上撤出城外,顺便也通知你们撤退。"陈久思问道:"撤退?往哪里撤?能坚守到晚上吗?"平东洋分析道:"刚才叫我打死的日本鬼子军官是个大佐,可能是南门这边的最高指挥官。咱们对面的日本鬼子得重新任命指挥官,就逃回去的那点鬼子也不敢发动攻击。他们得补充兵力和弹药。一时半会儿不会进攻,就怕派飞机来轰炸。"

谭营长:"就东门攻势弱,北南西三面都在打,而且很激烈。现在南门停了,我们不如整顿一下装备,伺机撤出战场。"

陈久思:"平东洋兄弟,你和仲仁、凤英集合会员们,把称手的兵器整理一下吧,我和金山看护大旗。"平东洋告诫:"大法师,不要在大旗底下,防备炸弹呐!"陈久思:"放心吧,把会员们集合起来吃饭、休息。"

平东洋等人去集合会员们。战场上静悄悄的,火药味儿、血腥味儿呛得人喘不过气来。但是经历生死拼杀的人却不以为然,陈久思和金山坐在红枪会的大旗下吃东西,说话。大旗在硝烟中飘摆。

陈久思问金山:"金山,你为啥不当土匪,而投红枪会了呢?"金山:"我当胡子是被罗锅孙给骗了。后来老娘让鬼子的飞机给炸死了。我为了报仇,不当胡子,更不能当汉奸!中国人死也要有骨气,我要学岳飞,精忠报国,就投了红枪会了。"陈久思:"眼下咱们没有退路了,生死不明啊!你不后悔吗?"

金山:"后悔啥呀?给老娘报了仇,我杀死了不少鬼子了,反正是够本了。再杀几个就是赚的啦!后悔啥呀?人活到什么时候不也得死吗?只是没有看着日本鬼子被撵出中国去,有点不甘心。但是我信,中国人一定能把他们撵出去。一定能!"陈久思赞成道:"对!学岳武穆,精忠报国!"金山不懂岳武穆是谁,就问:"岳武穆?岳武穆是谁?"陈久思:"就是岳飞。岳飞死后,南宋皇帝封他为武穆王,让秦桧和他老婆王氏等奸臣跪在他的坟前。"金山:"咱们把鬼子赶出中国去,家乡就太平了。"陈久思:"就盼着那一天吧。只要中国人不怕死,就有那一天!"

突然,天空中传来飞机的轰鸣声。人们仰起头看着天空。从南边天空中出现了五架飞机。俯冲扫射,扔炸弹。红枪会的大旗被炸得倒了下来,陈久思冲上前去扶住旗杆,飞机继续投弹轰炸,在弹片横飞之中,陈久思依然扶住大旗不倒。会员们冒着飞机的轰炸,救下陈久思,可他已经中弹了。陈久思:"平东洋兄弟,你带领队伍杀出去,保住红枪会的大旗,和倭寇血战到底!收复山河!"说完便逝去了。众人悲愤痛哭。平东洋劝大伙:"大家不要悲伤,防备鬼子进攻。

把大法师的遗体托付城内的老百姓,先藏起来,日后盛殓下葬吧。"陈仲仁忍着悲痛:"我去找天升店的老板,叫他想办法帮忙吧!"平东洋:"好吧!快去快回。"

傍晚时分,瓦盆窑的鬼子又向城门发动了一次攻击,被平东洋指挥会员们打退了。

日落了,战场上弥散着硝烟,烧着的木头冒着蓝烟。谭营长来找平东洋,商议撤退的事情:"邓文军长来电报,他们在富强镇等我们归建,打算去察哈尔投奔冯玉祥将军,组织抗日同盟军。你们怎么办?"

平东洋:"红枪会的事,现在得问仲仁和凤英两位,得和他们合计。"

陈仲仁:"二位法师都归天了,只有同会员们合计了。"

车凤英:"是啊!问问大伙是啥打算。"车凤英也是想听听大家的意见。

平东洋:"小秃,把大伙都叫来。"回头又对胥君茹说:"你是啥打算呐?"

胥君茹看着平东洋:"我就跟着你打鬼子。给爹娘报仇,你走到哪里我就跟到哪里。"

平东洋:"那好吧。"

小秃把会员们都找来了。陈仲仁对大伙说:"大法师归天了,今后打算咋办,大伙说说吧。"

金山:"我打鬼子,干到底。谁打鬼子我跟谁。"

王根发:"现在咱们人少,鬼子势大。鬼子到处抓红枪会的家属。这一招损呐!没有人敢加入红枪会啦!再扩大实力就难啦!在日本鬼子占领的地方立脚很难。散伙更不行,日本鬼子会一个一个地收拾咱们。"

二柱子:"只要是杀鬼子到哪里都行。"

大成子:"你们俩就是大法师,你们领着我们,你们到哪里我们就跟着去哪!只要是杀鬼子就行。"

这时陈方义坐着人力车来到了南门里的阵地前,后面跟着江老师和邹培智。平东洋迎上前,陈方义脸色苍白,身子很虚弱,他对平东洋说:"仗打到这个份上,只有撤出县城了,不能和鬼子硬拼,抗日要有长远打算,'留得青山在,不怕没柴烧',想办法保存下这些抗日火种,不要争一时的胜败呀!你有军事才能,一定能掌握这支抗日武装,发展壮大这支队伍啊!"

平东洋:"你放心,安心养伤。大法师临终前嘱咐咱们要杀出去,保住红枪会的大旗,咱们不能在这里和鬼子死拼。"他又转回身对会员们说:"大伙一心要

第七章

杀鬼子,就跟谭营长走,到察哈尔去投抗日同盟军去。那里可以摆大战场,痛快地杀鬼子。不过就是离开了家乡。不知道大家愿意不愿意?"

王根发:"家乡?家乡都叫鬼子给占了,不赶走鬼子咱能回家吗?在这块儿不等着挨宰吗?投抗日同盟军去!"

平东洋:"好!就这样定了,走到哪都一心打鬼子,抗日不变心,收复山河。把红枪会的大旗收好,有朝一日再打出来。陈先生,你要多保重啊!鬼子进了县城,一定要报复的,你要隐蔽好啊!"陈方义对平东洋小声说:"我奉上级的指示,留在家乡继续秘密宣传民众,掩护好红枪会的伤员,坚持秘密抗战,等着你们打回来。"平东洋听了陈方义的话先是一愣,而后会心地点点头,握住了陈方义的手:"好哇,多保重!"

会员们:"陈先生,你要保重啊!养好伤!"陈方义向会员们招手致意,和江老师,邹培智一起离去。

夜色中,会员们一起跪下,向东南方向磕头。"不杀尽倭寇,誓不还乡!"喊声在心中回荡。起立,陈仲仁背上大旗。天升店老板送来战马、马刀、步枪。平东洋带领会员们和谭子欣会合,一起向富强镇出发。天破晓,一轮红日喷薄欲出,红枪会的人马和邓文的队伍会合,一起投奔冯玉祥的抗日同盟军。

(完)